一頁 folio

始 于 一 页 ， 抵 达 世 界

[美]利奥·达姆罗施 著 ⋯⋯⋯⋯⋯⋯⋯ 叶丽贤 译

重返
昨日世界
THE CLUB

从塞缪尔·约翰逊到亚当·斯密，
一群塑造时代的人

JOHNSON, BOSWELL, AND THE FRIENDS WHO SHAPED AN AGE

LEO DAMROSCH

GUANGXI NORMAL UNIVERSITY PRESS
广西师范大学出版社
·桂林·

图书在版编目(CIP)数据

　　重返昨日世界: 从塞缪尔·约翰逊到亚当·斯密,
一群塑造时代的人 / (美)利奥·达姆罗施著; 叶丽贤
译. --桂林: 广西师范大学出版社, 2022.6
　　书名原文: The Club：Johnson, Boswell, and the
Friends Who Shaped an Age

　　ISBN 978-7-5598-4793-5

　　Ⅰ.①重… Ⅱ.①利…②叶… Ⅲ.①文化－名人－
列传－英国－18世纪 Ⅳ. ①K835.615.4

　　中国版本图书馆CIP数据核字(2022)第051760号

著作权合同登记号桂图登字：20–2022–032号

CHONGFAN ZUORI SHIJIE
CONG SAIMIUER YUEHANXUN DAO YADANG SIMI YIQUN SUZAO SHIDAI DE REN
重返昨日世界：从塞缪尔·约翰逊到亚当·斯密，一群塑造时代的人

作　　者：[美]利奥·达姆罗施
责任编辑：谭宇墨凡
特约编辑：任建辉

广西师范大学出版社出版发行

　　广西桂林市五里店路 9 号　邮政编码：541004
　　网址：www.bbtpress.com
出 版 人：黄轩庄
全国新华书店经销
发行热线：010-64284815
北京华联印刷有限公司印刷
开本：635mm×965mm　1/16
印张：35　　　字数：438千字
2022年6月第1版　2022年6月第1次印刷
定价：98.00元

如发现印装质量问题，影响阅读，请与出版社发行部门联系调换。

目　录

前　言

　　本书故事的主角是 18 世纪伦敦一个由才华横溢、卓绝群伦的人物组成的团体，它以简称"俱乐部"（the Club）为世人所知。这个团体的规模不大，但它的成员为我们的文化作出的卓越贡献，至今仍为人称道。不过，要成为"俱乐部"会员，还须具备一个或许更重要的条件，即善于相处、乐于相伴——每个礼拜要到土耳其人头酒馆会面，谈天逗笑，畅饮聚食，争论辩斗直至深夜。与后来的一些俱乐部不同，它没有自己的法定房产，聚会的场所只是伦敦一家普通的小酒馆。

　　"俱乐部"成员包括塞缪尔·约翰逊、詹姆斯·鲍斯威尔、埃德蒙·柏克、爱德华·吉本、亚当·斯密，依次而论，他们可以说是英国有史以来最伟大的评论家、传记作家、政治哲学家、历史学家、经济学家。其他成员在当时同样有名，比如画家约书亚·雷诺兹，剧作家理查德·布林斯利·谢里丹和奥利弗·哥尔德斯密斯，18 世纪最杰出的演员大卫·加里克。新会员靠投票选出，只有全票通过方能入会。

　　这些人大多自食其力。有些成员事业有成，但其他成员的生活，包括约翰逊和哥尔德斯密斯，还挣扎在贫困线上。他们才智绝伦，自然可以想见，但若说名声在外，倒也未必。在很多年里，新人常常是在事业起步阶段入选为"俱乐部"成员的。

毫不夸张地说，"俱乐部"成员对同时代和后代的文化产生了极为深远的影响。约翰逊创造出了一种全新的方式，将文学批评与深具同理心的传记写作合成一体。鲍斯威尔革新了传记文学这门艺术，通过着眼于人物的特异气质和心灵深景，将人物表现得栩栩如生。柏克是一位令人着迷的议会演说家，其著作蕴含的政治智慧继续启迪着今日的保守主义者和自由主义者。吉本开创了一种崭新的历史书写方式，直接或间接地影响了后来几乎所有的历史著作。斯密，不用说，他比任何人都更有力地推动了我们今日所知的经济学学科。

"俱乐部"的其他成员，即使对后人的影响不及前几位，也同样在自己的文化中发挥了核心作用。雷诺兹是当时最受欢迎、最成功的艺术家，皇家美术学院的创始人和首任院长，还是将艺术教学规范化的先驱。加里克以前所未有的自然主义表演风格震惊了观众，而且他开先河，像现代导演那样指导手下的演员排练。再举一例，詹姆斯·库克船长首次前往南海时，一位名叫约瑟夫·班克斯的植物学家曾随他同行，此人后来成为英国皇家学会的知名主席。

本书的真正主人公其实是"俱乐部"，它创建于 1764 年，二十年后逐渐式微；而这个故事旨在追溯这个非凡群体在此期间相交集的生活经历、兴趣爱好、友好往来、竞争关系和事业发展。鲍斯威尔记录了他在那里听到的很多谈话，多亏了他，我们如今还能听到他们在两百多年前的夜谈，时常还能抢到最前排的座位。他们用以彼此试探的观念涵盖广泛的领域和行业，在很大程度上塑造了他们所生活的时代。

尽管"俱乐部"很快名扬在外，但它的诞生是出于私密的个人需求。1763 年冬季，约书亚·雷诺兹已然是他那一代英国人里最重要的画家，他很担心自己的朋友塞缪尔·约翰逊的身体状况。约翰逊一直受到抑郁症的困扰，此时正深陷其中。他的妻子早在十年前就去世了，他因此感到孤独，也感到内疚，因为他们大部分时间都过着分居的生活。八年前，他完成了一个庞大的写作工程，即那部伟大的《英语词典》，但此后几乎一无所成。尤其令他苦恼的是他未能履行 1756 年签订的合同，编校出一个重要的莎剧版本。

由于资金匮乏，约翰逊之前被迫放弃了编撰《英语词典》时居住的那栋舒适的房子，搬进了狭窄的出租屋，照拂着一群住在同一屋檐底下、依靠他过活的可怜人。这些人当中有一位学识好但脾气暴躁的盲眼妇，一名救治穷人的无执照医生，一位曾陪伴其亡妻的女人，一名洗心革面的妓女。他们有助于缓解约翰逊的孤独感，但不能算是相处融洽的一群人。约翰逊向朋友描述这个情况时说道："威廉斯讨厌所有人；莱韦特讨厌德穆兰，不喜欢威廉斯；德穆兰讨厌他们两个；波尔谁也不喜欢。"[1]

雷诺兹知道约翰逊喜欢聊天，也喜欢酒馆——约翰逊曾经称酒馆的座椅为"人类欢乐的宝座"。因此，他建议他们每周一次，邀请一些朋友前往杰拉德街土耳其人头酒馆，加入他们的聚会。这个酒馆位于繁忙的斯特兰德附近，离今天滑铁卢桥所在的位置不远。每个星期五晚上，约翰逊和雷诺兹都会与其他朋友进入一个包间，他们在那里用餐、饮酒，一直聊到深夜。[2]

在这个非常看重能言善道的时代，"俱乐部"成员碰面是为了社交，更是为了争辩，相互学习。从一开始，他们就希望政治、法律、医学、文学、艺术这些最重要的领域至少各有一位成员。最终，这个组织被公众称为"文学俱乐部"，但对其成员来说，它始终只是"俱乐部"。

毫无疑问，他们只有一小部分时间是在土耳其人头酒馆度过的，所以本书的视角时常会扩展开来，转向那个他们赖以生存的更大的世界。这些人物会在新情境中不断现身，就像出现在一幅逐渐展开的中国风景画卷里。他们的经历如同丝线，有时会分叉，有时会合拢。追寻这些人物分分合合的经历，着实有趣；尤其约翰逊和鲍斯威尔，关于二者生平的记录，细节无比丰富。

一对怪异的核心组合

詹姆斯·鲍斯威尔在"俱乐部"成立前几个月才认识约翰逊，两人立即结下了深厚的友谊，但鲍斯威尔很快就前往欧洲大陆旅行，淹留数年，直到1766年才返回。他回来的时候，迫不及待地想加入"俱乐部"。大多数会员认为他这个人讨人喜欢，但分量不够，所以不愿意接纳，不过1773年他们终于被约翰逊劝动了。从那时起，鲍斯威尔在自己的著述里提及"俱乐部"时，都会自豪地使用大写字母（THE CLUB）。

鲍斯威尔终其一生都在写日记，内容格外翔实，并最终据此撰写了《约翰逊传》。该书出版于1791年，其中最令人印象深刻的文字是对谈话的记述，里头不少谈话是在"俱乐部"里进行的。卡莱尔写道，尽管"神秘的存在之河奔流不息"，从鲍斯威尔身旁飞逝而过，但他仍然抓住了自己听见和看到的种种。他本人的生活经历也十分有趣，他和约翰逊成为我们故事的核心人物，再合适不过。[3]

约翰逊和鲍斯威尔是一对奇怪的组合，甚至在体型上也是如此，漫画家对此多有表现。约翰逊身高六英尺（约1.83米），在那个时代，这个高度不常见，而且他的身材十分魁梧。鲍斯威尔身高五英尺六英寸（约1.68米），身形肥胖。约翰逊进入牛津大学仅一年就因筹措不到学费被迫辍学（直到1775年才获得荣誉博士学位），但他精通数门古代和现代语言。鲍斯威尔曾就读于两所苏格兰大学，具有律师从业资格；他领悟力好，喜欢阅读，涉猎广泛，但无一精擅。

鲍斯威尔的血统源自一条绵延很长的苏格兰贵族世系，可以追溯至"诺曼征服"时期，鲍斯威尔对此颇感自豪；约翰逊白手起家并引以为傲，他曾评论说，尽管他在著作中探讨社会问题时强调出身和等级制度，但"我不大说得出来自己的祖父是何许人"。[4]

两人相识时，约翰逊五十出头，鲍斯威尔二十多；这个苏格兰青年对苏格兰的封建历史满怀迷恋和幻想，但极度渴望在魅力四射的伦敦度过一生。约翰逊此时已是知名作家，这就是鲍斯威尔前来结交他的原因。起初，约翰逊对这个爱出风头的年轻人颇为排斥，但他一向喜欢比自己年轻很多的人身上的蓬勃朝气和乐观精神，而且每个认识鲍斯威尔的人都证实他相处起来非常令人舒服。柏克称他是"自己见过的最招人喜欢的人"。约翰逊曾经对他说："我曾听别人说你这个人人见人爱。我觉得生活几乎再也给不了你什么了。"[5]

W. H. 奥登指出，鲍斯威尔对约翰逊的仰慕"在表现形式上异乎寻常，就像但丁对贝雅特丽齐的仰慕一样"。所有认识他们的人都认为，鲍斯威尔在捕捉约翰逊的谈吐方面——无论是活力和节奏，还是思想的力量——可谓独具天赋。他在《约翰逊传》中自豪地写道："每当约翰逊式的灵气似乎深深浸透我的心灵时，我就能轻而易举、准确无误地记住他丰富多彩的智慧和机锋，并笔之成文。"[6]

约翰逊有时确实会对鲍斯威尔失去耐心："先生，你就只有两个话题——你自己和我。我听得厌烦了。"当鲍斯威尔在《约翰逊传》中引用这句话时，他声称这是对"某位绅士"说的，没有指明这人就是自己。尽管如此，多年过后，当这位伟人得知他的年轻朋友正在为一本大部头传记搜集资料时，内心还是颇为欢喜。[7]

然而很多时候，鲍斯威尔不得不留在苏格兰，从事律师工作。据计算，在长达二十一年的友谊中，他和约翰逊的相处时间加起来总共才 425 天，而两人的结伴旅行至少占了其中的四分之一。当然，我们还有他们往来的信件；另外，鲍斯威尔在撰写《约翰逊传》时，还从很多认识约翰逊的人那里要来了回忆资料，为约翰逊描绘了一幅细节异常丰实的肖像画。从某种意义上说，他确实成为萧伯纳所说的"发明约翰逊博士的戏剧家"。[8]

在这段友谊中，让两人彼此亲近的一个隐秘的点，是他们都对精神病心怀恐惧。当时的人对精神病知之甚少，使得这种恐惧更具支配力。约翰·洛克推广的经验主义心理学只是将精神错乱描述为对感觉材料解读出错。洛克举了一个不是很有帮助的案例：一个精神病人在各方面都很正常，只是相信自己是玻璃做的，必须小心行动，免得把自己摔坏了。这个例子过度理性，出奇地缺乏同理心，没有意识到精神病患者那种混乱、失控、难以言说的体验。

鲍斯威尔的情绪大起大落，反复无常，放在今天，几乎可以被确诊为躁郁症。他的一位祖父曾患过这种疾病，深受其苦，而他的一个弟弟则不得不被送入精神病院。难怪鲍斯威尔总是时刻警惕自己身上可能出现的危险信号。至于约翰逊，从少年时代起，他的抑郁症就时常发作，持续时间长，一旦爆发，就会丧失行动能力。此外，他还有奇怪的行为怪癖，如抽搐、比手画脚、喘粗气，这常会吓着遇见他的人，也让他无法从事常规职业。今天，他可能会被诊断为患有强迫性神经症。我们如今可以确定这些行为属于神经系统失调，但在约翰逊看来，它们是癫狂初期的可怕症状。

不管原因是什么，抽搐和强迫行为只是问题的一部分。用神经官能症这一术语来描述约翰逊最深层的问题是否恰如其分，或许有待商榷，但约翰逊感觉人生像一场漫长的战斗，却是毋庸置疑的。鲍斯威尔在《约翰逊传》中打了一个精彩的比喻："他的心智类似于罗马露天圆形大竞技场。他的'理智'站立在场地中央，像一位强大的角斗士，准备与一群'忧惧'搏斗厮杀；那些'忧惧'就像竞技场上的野兽，蹲伏在四周的小隔间里，等待随时被释放出来，向他扑去。一阵打斗后，他把它们赶回了原来的巢穴；但它们没有被

图 1 塞缪尔·约翰逊（据奥齐亚斯·汉弗莱的原画而作）

杀死，仍会向他发起进攻。"[9]

最重要的是，鲍斯威尔钦佩约翰逊，认为他尽管有种种身体障碍，却取得了巨大的成就——事实上，他把约翰逊视为道德英雄。约翰逊在大多数肖像画里都显得令人不快，上了年纪，戴着假发，还阴沉着脸。敬爱他的人（人数还不少）可能会发现他的精神气质更接近于 19 世纪的一幅蚀刻画。这幅画基于奥齐亚斯·汉弗莱的肖像而作，它富有表现力的浪漫风格彰显了人物深沉的高贵。

影子俱乐部

约翰逊从事新闻业的早期阶段，有不少备受世人敬重的同行是女性，而他终其一生都与女性保持着深厚的友谊。雷诺兹的妹妹弗朗西丝（约翰逊亲切地叫她"雷妮"）说："他也许比大多数男人更看重与女性的友谊。"他的朋友兼传记作家约翰·霍金斯爵士评论说："他对女性心智的评价高于很多男人；尽管从未被怀疑与任何女人有过惹人非议的亲密关系，但他对女性极为敬重。"鲍斯威尔与约翰逊大不相同：他认为男性天生优于女性并以此为傲，尽管他的婚后生活恩爱有加，但与女人保持不检点的亲密关系却是他一贯的生活方式。[10]

约翰逊与两位女性朋友的关系十分亲近，她们甚至看到了他性格里绝不会在"俱乐部"里显露的那些方面。这两人是赫斯特·思雷尔和弗朗西丝（"范妮"）·伯尼。通过她们的日记，我们知道约翰逊戏谑笑闹时的可爱模样。此外，赫斯特和她的丈夫亨利还为约翰逊提供了至关重要的情感支持。他们为了让约翰逊脱离抑郁症所付出的心血，超过他的其他朋友或"俱乐部"成员。

思雷尔的家位于泰晤士河南岸的斯特雷特姆区，约翰逊在那里住了很长时间；那里有他的一个卧室，一间上乘的图书室（里面的书便是他帮着挑选的）。这是他从未体验过的充满温情的舒心环境。赫斯特几乎可算是约翰逊的治疗师，她远比鲍斯威尔更深刻地理解约翰逊所受的痛苦。

家境殷实的思雷尔夫妇喜欢招待宾客，他们通过约翰逊结识了"俱乐部"的多位成员。关于雷诺兹、哥尔德斯密斯和加里克最令人难忘的记述，有一些来自斯特雷特姆区，也有来自鲍斯威尔明显缺少热情的点滴印象。可以说，思雷尔夫妇及其社交圈组成了一个影子俱乐部，与土耳其人头酒馆的那个俱乐部有重叠之处，同时提供了独属于自己的视角。

一本带图画的书

"'一本没有图画或对话的书,'爱丽丝心想,'有什么用处？'"图像能栩栩如生地呈现过去的世界,其价值不可估量。历史学家阿萨·布里格斯说,图像的重要性堪比文本:"图像提醒我们,很大一部分社会历史不是抽象的,观看的本领是社会历史学家必不可少的素质。"[11]

搜寻能有效地补充本书文字,并常常值得费时思考的图像,可以说是莫大的乐事。我想补充的一点是,尽管有些博物馆和收藏馆收取了不菲的图像翻印费,但其他一些博物馆和收藏馆,尤其是耶鲁大学的英国艺术中心、大都会艺术博物馆和哈佛大学霍顿图书馆,向我们免费开放了它们极其丰富的藏品。若非它们慷慨襄助,本书恐怕会逊色很多。

本书将收录所有主要人物的肖像,以及许多地方和事件的插图。这些图像向我们传达的信息各不相同。有钱的主顾订制风景画时,想要的是光鲜而优雅的格调。有些绅士曾在威尼斯欣赏过卡纳莱托的作品,鼓励他到英国发展;关于卡纳莱托在英国九年时间里创作的那批画作,曾有人如此描述道:他的作品"硬是将秩序、对称、空白和威尼斯的雅致赋予了伦敦拥挤而忙乱的码头、街道和广场"。[12]

卡纳莱托从里士满楼看到的泰晤士河景就是这样一幅图像(彩图1)。乍看上去,这里与威尼斯别无两样:水面和天空一样辽阔,波光的闪动带着英国绝没有的特点,朦胧的远景处散布着房屋的尖顶,还有圣保罗大教堂(而非安康圣母教堂)的大圆顶。前景处,一群优雅的绅士和淑女正在里士满楼露台上漫步,圣保罗大教堂在河对面的天际线占据了主导位置。

在左边里士满楼绿树成荫的庭院里,可以看到一位勋爵穿扮的访客在敲门,而在他上方,一名男仆在清扫地面,两名女仆斜靠在阳台上。小轻艇是当时的水上出租车，沿着河道将乘客运送到对岸，伦敦的商贸活动也在画面上得到呈现，只是以极具象征性的方式。河面上装饰华丽的驳船为伦敦同业公会所有；该公会控制个人贸易，此时正以盛大的河面游行来彰显自己的显赫地位。

约翰逊的伦敦不是卡纳莱托式的。为此，我们需要前往查令十字路口。对于这个重要的交叉路口，约翰逊有个令人难忘的说法："我认为人类生活的最高潮是在查令十字路口。"那里的人潮汹涌近乎凶险，正如托比亚斯·斯摩莱特描述的："不同的谋生行当交混在一起……路人似乎受到挥霍无度和放荡不羁的恶魔驱使，到处可以看见他们在闲逛、骑行、流浪、奔涌、推搡、厮混、跳跃、击打和冲撞，汇成了一股愚蠢败坏、污浊纷乱的潮流。"[13]

托马斯·罗兰森于19世纪初描画的查令十字路口（彩图2）展示了约翰逊及其同代人熟悉的景象。画面最左边，一位富人的马车哒哒驶过，避开嘈杂的人群；这些人聚集在那里，是为了围观当天戴枷示众的两名罪犯。有时，围观者会认为判决有失公正，善待受害者，但并不总是如此。如果围观者认为罪行祸害不浅，他们就有可能变得野蛮粗暴，经常朝犯人扔砖石，不少人因此丧命。"在震慑罪犯心灵的所有刑罚中，"一位历史学家说，"死在立枷上是最可怕的。"[14]

立枷四周此时正上演着一系列小戏码。画面最左边，四个女人急匆匆赶来，要加入围观的人群；画面中间靠前景的地方，一个穿绿裙的女人正俯身捡东西（也许是要扔出去的石头？），而一条狗趁着她分神洗劫了她的篮子。在这个女人的上方，其他人在挥动手臂大喊大叫，一个穿蓝裙的女人背对这个热闹场面，得意洋洋地任凭某个男子乱摸自己的胸脯。在靠右一点的地方，有个穿粉裙的女人在与一名士兵打情骂俏；画面最右边，一个戴眼镜的男人眯眼看着这个刺激场面，似乎看不分明，而他那个圆胖的朋友正在向他描述眼前的一切。在他们上方，马夫为向前开路，鞭打起了拉车的马匹，引起一阵颠簸，导致车顶上两名女乘客向后跌倒。

更加生动的是约翰·科利特的特写《伦敦街景》（彩图3）。在画面中心，一位衣冠楚楚的绅士刚在击剑中取胜，此时正两腿分立站在鹅卵石街上。他摆出舞台的姿势，放下手里的剑，挥起一把匕首警告两名正挥舞棍棒向他冲来的看守者。看守者旁边的一人指着在混战中被打破的路灯。在那名绅士身后的人行道上放着一只大篮子，篮子的主人是卖草莓的女摊贩，那位倒下的对手仍然攥着剑，剑上穿着女摊贩的一只小篮子；而女摊贩此时颇有英雄气概，试图解除他手里的武装。在这个落败者的口袋里塞着一本名为《彼得·帕里论短剑的使用》的手册，显然他没有从中学到什么。再往后看，一名警察将身旁的罪犯扣上手铐，那人很可能是个扒手，想趁乱作案。[15]

画面右边的"新公共澡堂"打着"汗蒸、拔罐［医疗放血］和洗浴"的广告，价格为两先令六便士。顾名思义，这是公共浴室，但其实也是妓院。其中一名妓女正从楼上窗户探出身来，身后就是她的顾客。从楼上飘下来的传单是亨利·菲尔丁戏剧《被揭开面纱的少女或长了智慧的老者》的广告。在澡堂门口，另一名女子走出轿子，将路费扔入一位轿夫的帽子里。她很可能不是妓女，而是社会地位更高的女人，来这家澡堂与情人幽会。

在背景中，一辆名为"巴斯轻便车"（写在车门上）的公共马车刚准备出发，前往目的地。在车顶上，一个人开始了白日酗酒，另一个人正吸着长烟斗；他们之间坐着一只裹头巾的宠物猴。一对年长的夫妇，连同那条戴头巾的叭儿狗，正从车厢里往外看，露出不以为然的严肃神色。

比马车稍远一点的是"正品毛毯货栈"，为便于文盲辨识，该货栈还立了一个画有金羊的牌子，这是当时卖羊毛料的商家常用的标志。（到了 18 世纪末，挂广告牌属于非法，因为牌子经常坠落，砸在路人身上。）再往左一点，还有一个广告牌，上头有点阴森地写着"外科医生彼得·普洛伯"*。两个女人从楼上的一扇窗户探出身来，欣赏底下的骚乱，在她们上头的烟囱里冒出清扫烟囱的工人。

本书试图生动地呈现 18 世纪伦敦那个拥挤、嘈杂、矛盾重重、暴力频发的世界。它将提供历史学家伊恩·莫蒂默所说的时光旅行（即想象的冒险），以召回"活在另一个时间维度的感觉"。回过头看，我们发现这个时期的英国正竭力维持一个庞大的帝国，却遭受失去北美殖民地的惨痛。但是，有些事以历史的后见之明来看也许一目了然，但身在其中的人却看不分明。正如 G. M. 特里维廉提醒我们的，"过去曾与现在一样真实，与未来一样不确定"。[16]

一位历史学家近来将约翰逊称作"18 世纪最伟大的伦敦人"，而本书将不断再现约翰逊及其朋友共享的伦敦生活。"俱乐部"成立的时候，约翰逊已人至中年，被公认为那个时代最重要的作家，但这个故事刚开始的时候，他还是一个默默无闻的外省人，还在与自己的生理和心理缺陷搏斗，没有找到通往成功的明路。他为成为塞缪尔·约翰逊所作的坚决斗争本身就是动人的故事。[17]

鲍斯威尔人生起步时比约翰逊更具优势，但他同样有自己的问题要解决。尽管两人相遇时鲍斯威尔还很年轻，但他的日记已经充分展现了写作者的个性魅力。每个人都将各自的重要希望和需求带到了 1763 年那场决定性的会面。

---

* "普洛伯"的英语原文是"probe"，有"探针"之意。

第一章

遇见鲍斯威尔前的约翰逊：挣扎的岁月

前途无望的开始

塞缪尔·约翰逊遇见鲍斯威尔时已经五十四岁，之前的人生过得很充实，一路艰苦奋斗，才有了此时的名望和成就。他曾有感而发地写道："与困难抗争并成功克服困难是人类最高的幸福。仅次于此的幸福便是抗争，努力去克服；但是，如果一个人终其一生都没有遇到挑战，既无成就也无才德可引以为傲，他就只能将自己视作填充人世的废料；如果他对自己的品性感到满意，这种满足感只能归因于他的麻木。"[1]

1709 年，约翰逊出生于斯塔福德郡利奇菲尔德镇，这是主教座堂所在的城镇，人口三千，位于伦敦西北一百二十英里处。它的四周都是空旷的乡野，离其最近的大城市伯明翰也是如此，工业化前景依然遥不可期。

塞缪尔的父亲迈克尔开了一间书店，觉得将来有希望盖一栋大楼房，把书店开在一楼。一年后，两个孩子中的第一个孩子塞缪尔在此出生；如今这里是约翰逊博物馆（图 2）。迈克尔·约翰逊当时

图 2　约翰逊的出生地利奇菲尔德镇

五十二岁，妻子莎拉四十岁。

为了入能敷出，迈克尔会定期到邻近城镇的集市上摆摊，还经营一间制作皮革和羊皮纸的手作坊。但他不大是做生意的料，妻子总不厌其烦地提醒他，雇工越来越有钱，而老板越来越穷困；莎拉论出身要好于迈克尔，她为此感到自豪。就性情而言，两人并不是特别合得来。他们经常吵架，约翰逊后来在一篇文章中使用了短语"不和之家"，这个说法其实蕴含着他的个人情感。[2]

小婴儿来到人世间的过程并不顺利。约翰逊后来得知他的母亲"经历了一场艰难而危险的分娩……我生下来几乎快死了，好一段时间都哭不出来"。分娩过程中的缺氧很可能损害了他的神经系统。这也可能加剧了他的先天性疾病。多幅肖像画显示他的头部明显向右倾斜。在那个时代，这常被归因于"麻痹症"，但如今病因可以判断得更精准一些："头部倾斜与第四对脑神经麻痹有着典型的关联。"[3]

　　这个新生儿所受的伤害不止于此。莎拉产后没有奶水，把小约翰逊交给一位奶妈喂养，而不幸的是，奶妈把俗名为瘰疬（scrofula）的淋巴结核病传染给了他，给他的视力造成了永久伤害。"十周以后，"他继续说道，"我被抱回家了，很可怜，刚出生没多久就患病了，眼睛几乎失明。"多年以后，一位姑姑对他说，"这个可怜东西，她就是在大街上撞到了，也不会捡回家里"。[4]

　　感染了淋巴结核后，约翰逊的颈部和手臂冒出了恶心的肿块，必须双手绑紧，才能防止他把肿块挠破。此外，他的手臂上有一道往外渗脓液的切口，家人故意常年不让它愈合，直到他六岁为止。按照当时的理论，肿块是由"致病体液"引起的，这种体液在受激后可能移到身体的其他部位。[5]

　　莎拉甚至勇猛无畏地闯到伦敦，参加每年一度的"瘰疬（King's Evil）触摸"活动，这个传统仪式反映的是这样一种信念：淋巴结核病被君主触摸后会出现好转趋势。那年出席触摸活动的是安妮女王，她是最后一位执行该仪式的君主。小塞缪尔当时还不到三岁，但他始终保留着回忆："虽说印象模糊，但不知怎的，一回想起来就会肃然起敬。她是一位满身珠光宝气的贵妇，头上戴着一条黑色长头巾。"女王给了他一条挂在链子上的小护身符，他后来一辈子都戴在脖子上。至于淋巴结核病，几年后就自动消失了，但留给他的是脖子上难看的疤痕和一只几乎没用的眼睛。[6]

　　我们对约翰逊的早年了解不多，只知道他母亲心里总是有气。约翰逊对他的朋友赫斯特·思雷尔说："她总是说我不乖，应该努力学乖一点。老说这样的话。我有时会回道，她应该告诉我该做什么，不该做什么，这时她多半会闭嘴不再训诫我，至少会消停一会儿。"约翰逊补充道，他父亲见她唠叨个不停，通常会采取逃跑策略："他一见事情不妙，就会骑上马去别处订购图书。"小约翰逊不会骑马，却懂得回嘴。有一次，母亲生气地骂他狗崽子，"他［我］问道，她知不知道别人把狗崽子的老母叫什么"。[7]

塞缪尔三岁时，弟弟纳撒尼尔出生了。他们相处得不好，无论童年还是成人以后，都是如此。在写给母亲的一封信（这封信多年以后才被发现）中，纳撒尼尔抱怨说，塞缪尔"对待自己几乎连基本的礼貌都没有"。他曾想移民到美洲的殖民地，却在1737年逝世于萨默塞特郡，年仅二十四岁。他的遗体被带回利奇菲尔德镇安葬。约翰逊离自己过世还不到两周时，在一家教堂的地面上捐了一块石头，要将他为家人撰写的拉丁文墓志刻在石头上，他终于在这段铭文里提到了这个弟弟。而在此几年前，约翰逊曾写信给萨默塞特郡的某人，想知道那儿的人是否还能想起多年前"一个姓约翰逊的人"——"他是我的近亲。"很显然，他没法说服自己以"兄弟"指称纳撒尼尔。[8]

不久，小约翰逊被送到一位好心肠的太太家里，由这位太太教他功课，小男孩聪颖过人，给她留下了深刻印象。但约翰逊永远不会忘记一件事：她担心约翰逊的身体残疾，反倒因此伤害了他的自尊心。他告诉鲍斯威尔，放学后通常是仆人接自己回去，但有一天没有人露面，他只好独自出发，他近视得很厉害，遇到阴沟，不得不跪下来，两手着地查看阴沟宽窄，然后才会放心地跨过去。老师担心他的安全，隔着一段距离尾随其后，但小约翰逊还是察觉到了，"觉得她的细心关照是对自己男子气概的侮辱，他大怒地跑回到老师身边，用尽气力踢打她"。我们不清楚约翰逊的"男子气概"受到了挑战，究竟是约翰逊本人的描述，还是鲍斯威尔的发挥。[9]

七岁时，约翰逊被送到利奇菲尔德文法学校，这是当时一流的文法学校，他在那里一直待到十五岁。他的拉丁语学得非常好，后来他总是声称，鞭笞是将这门语言灌输进男孩脑袋的最好方式。"如今，在我们的好学校里，鞭打孩子的现象比以前少了，但孩子学到的东西也少了；结果就是东西刚从孩子的一只耳朵进去，就从另一只耳朵逃走了。"斯威夫特和吉本可不会有同感，前者犹记得"教鞭的恐怖"，而后者把学校说成是"恐惧和伤心的地牢：年轻人变成俘虏，被绑在书和书桌上，动弹不得……他们像波斯的士兵一样，在鞭笞下劳动"。[10]

塞缪尔父亲的书店常有大教堂的神职人员和其他专业人士光顾，店里有很多拉丁文图书可供翻阅。此外，这个小男孩深受用英语创作的想象文学影响，这无疑有助于他练就强有力的散文风格。他回忆说，九岁那年，他正在厨房里读《哈姆雷特》，"读到鬼魂出现时，他突然急匆匆上楼，跑到临街的小门旁，为了能看到四周的活人"。他也喜欢虚构作品："他非常爱读骑士传奇，并且一生都保持着这份喜好。"他把这一点说给托马斯·珀西（此人曾编过一部旧民谣经典集）听时，声称自己之所以"心思总是安定不下来，无法坚定地从事某一门职业"，"天马行空的虚构作品"大概要为此负责。[11]

赫斯特·思雷尔听说约翰逊只希望三本书能写得更长一些：《鲁滨孙漂流记》《天路历程》和《堂吉诃德》。沃尔特·杰克逊·贝特对此评论道："他觉得这三个流浪者——被弃者、朝圣者、无望的探寻者——是自己人生的原型。"[12]

随着体格越长越魁梧，约翰逊练就了一身惊人的膂力。他喜欢说自家的叔叔曾是伦敦史密斯菲尔德区的摔跤冠军和裸拳拳击手，"从未被人打趴或击败过"。他曾从叔叔那里学艺，"精通出拳进攻和自卫的门道"。他游泳的本事也很厉害，在那个时代，这一点极不常见，当时甚至大多数水手都不会游泳。[13]

多年以后，他写了一首以学游泳为题的诗作，其中充满了对父爱的回忆，非常动人。约翰逊在书写涉及隐秘经验的诗篇时，常会使用拉丁语，也许是为了与自己的情感拉开一定距离。不管怎样，正如有个非常了解约翰逊的人说的，拉丁语"对他而言是发乎自然的语言，与英语无异"。[14]

　　这首诗的起句是 "Errat adhuc vitreus per prata virentia rivus"，意思是 "玻璃般的溪水蜿蜒穿过绿野，流到此处"。为约翰逊立传的约翰·韦恩也是诗人和小说家，他提供的译文如下：

> 澄澈如玻璃，溪水在绿色的田野上
> 蜿蜒绵亘。
> 　　　年少时，我曾在此处洗浴
> 幼嫩的肢体，技巧笨拙，屡屡受挫，
> 我的父亲则在岸边指导我游泳，
> 声音温和。
> 　　　茂密的树枝曾围起
> 一个隐秘之所；弯腰的树木将溪水
> 掩藏在白昼的幽暗里。
> 　　　　如今
> 无情的斧头摧毁了这些古老的树荫：
> 水塘失去遮挡，从远处一览无余。
> 但流水仍然不知疲倦，继续向前淌动，
> 沿着原有的河道：时而隐身，时而现身，
> 　　不停地奔流。[15]

　　尽管迈克尔·约翰逊疼爱儿子，但他软弱的性格让儿子大为恼火，有一回小约翰逊拒绝和他一起去附近的尤托克希特集市卖书。终其一生约翰逊都对这个任性行为愧疚不已，一个重要原因是 1731 年他父亲就去世了，那时他才年仅二十二岁。"几年前，"他去世前不久告诉自己的一位朋友，"我希望能为自己的过错赎罪；有一天天气很糟糕，我去了尤托克希特一趟，光着头在雨中站了很久，就在当年

我父亲摆摊的地方。我心怀悔恨地站在那里，希望这样的自我惩罚能赎回我的罪。"鲍斯威尔的《约翰逊传》出版后，这个故事广为人知，那个集市后来竖立了一尊雕像，向约翰逊致敬。纳撒尼尔·霍桑发现这个故事很感人。"他没有戴帽子地站在那里，姿势庄重，脸上的表情极其悲伤、哀愁。风雨重重地吹打在他身上，让旁观者领略到他此刻内心的忧戚。"[16]

接下来是牛津的岁月；要不是他母亲获得了一小笔遗产，一位亲戚捐助了一点钱，一位同样要去牛津读书的同学承诺解囊相助，大学学费按理说是这家人的财力无法承受的。牛津的教学并没有给约翰逊留下深刻的印象（二三十年后吉本和亚当·斯密也有同感），他并没有在学习上投入很多精力。但是，他与彭布罗克学院的导师威廉·亚当斯结下了终生友谊。鲍斯威尔从亚当斯那里得知，约翰逊"受到所有人善待和喜爱，性格快活，爱玩闹，在这里度过了生命中最幸福的时光"。但是，当鲍斯威尔将这话复述给约翰逊听时，"他说：'啊，先生，我当时粗野又暴躁。他们误把我的激愤当成了戏谑。我那时很穷，过得很惨，想靠自己的学识和才智拼出一条路来，所以，我藐视一切权力和权威'"。（顺便说一句，鲍斯威尔一定是误读了自己的笔迹，或者他校对这段文字时，没有注意到印刷工人的错误，因此多年来，这段话里有个短语一直以"疯狂又暴躁"的错误面貌出现。）在《约翰逊传》中，鲍斯威尔添加了一件逸事：有个好心人注意到约翰逊的脚趾头从他仅有的一双鞋里露了出来，便在他的门口放了一双新鞋；约翰逊羞于受人施舍，"气愤地将那双鞋扔了出去"。[17]

鲍斯威尔将亚当斯的另一条评论转述给约翰逊听时，使他大为受用："1776年亚当斯在牛津对我说：'我名义上是他的导师，可他的水平在我之上。'我把这句话复述给约翰逊听时，他的眼睛里闪耀着感激而满足的光芒，他感叹道：'这样说太有雅量了。'"那次谈话发生在《约翰逊传》出版十五年之前，鲍斯威尔当时就已经在搜集材料了。[18]

不幸的是，那个承诺资助约翰逊的同学反悔了，一年多后约翰逊被迫辍学。要获得学位，还需要两年的时间。没有学位意味着那些重要职业都向他关上了大门。离开牛津大学带给他深深的羞辱，直到二十五年以后他才再一次回到那里。不过，约翰逊后来想，假如他当时顺利毕业，可能一辈子都会待在学院里。他的朋友托马斯·沃顿，一位著名的学者和诗人，就是在牛津大学里取得事业的成功；正是他跟鲍斯威尔讲述了约翰逊在那里的一次访问经历。那天他们遇到了一位无籍籍名的导师，即牧师约翰·米克。过后，约翰逊说道："我们在这所学院当学生那会儿，我倒是觉得米克才华出众，但可惜啊！'迷失在幽寂而阴暗的修道院里！'我记得他在讲堂里做过古典文学的讲演，我无法忍受米克高高在上的姿态，尽可能坐得离他远一点，这样就听不见他在分析句法。"约翰逊带着同情的口吻补充道："大约在人生的同一时刻，米克留在了牛津，靠着研究薪金生活，而我去了伦敦谋生。先生，你看，这就是我们学识修养不同所在！"[19]

约翰逊的精神困扰

从牛津回到家后，约翰逊立即陷入了毁灭性的精神抑郁。正如他对鲍斯威尔描述的，"他觉得席卷自己心灵的是可怕的疑病症，永无休止的恼怒、健忘和烦躁，还有沮丧、消沉和绝望，所有这些都让人生苦不堪言"。实际上，有时候，"他只觉得无比倦怠、低效，看着小镇上的时钟，却说不出几点"。他经常徒步从利奇菲尔德走到伯明翰，一来一回接近五十英里，每次都要走上两天，可锻炼依然无济于事。鲍斯威尔补充道："关于这一点，他对我是这样表达的：'当时我不知道该怎么解决。'"约翰逊告诉另一位朋友，自己从父亲那里继承了"身心两方面的病态——一种可怖的忧郁症，他有时担心那与疯癫相差不远了"。[20]

那时候的"忧郁症"（melancholy）不只意味着忧愁和悲伤；它其实是我们现在所谓的临床意义上的抑郁症。同样，"疑病症"（hypochondria）的意思并不是误以为自己身患疾病；它指的是一种真真切切的精神障碍，当时的人通常将它与身体失调联系起来。根据一种可以追溯到古希腊、当时仍然受到尊奉的医学理论，疾病是由四种流质或"体液"（血液、粘液、黄胆汁和黑胆汁）失衡引起的。这些失调的名称是我们依然在使用的不同气质的叫法的由来，尽管我们已经不大在意这四种体液了。血液过多的人是多血质的；除多血质外，其他三种气质是粘液质、胆汁质和抑郁质。

根据体液理论，"疑病症"是脾脏分泌过多黑胆汁引起的。同样，约翰逊的《英语词典》将"忧郁症"定义为"一种疾病，过去被假定为源于黑胆汁过剩，如今更常被认为是由过于浓密黏稠的血液引起的：治疗方法就是排泄、神经药物和强刺激"。这个定义所宣称的医学思维的进步，并不能算是进步。放血几乎是所有疾病的默认治疗方案，通常弊大于利。乔治·华盛顿因呼吸道感染去世，临死前，医生们应他的要求抽掉了他身上大约四十盎司*的血液。

约翰逊的教父塞缪尔·斯威芬（约翰逊被取名塞缪尔，可能与教父有关系）是利奇菲尔德镇一位受人尊敬的医生，约翰逊向他求诊。不幸的事情发生了。斯威芬见约翰逊描述自身病症的文字精妙入神，便传给周围的朋友阅览。令约翰逊感到震惊的，不仅是他背叛了自己的信任，还有他出具的诊断结果。"根据里头描述的症状，"约翰逊的朋友兼早期传记作者约翰·霍金斯爵士说，"斯威芬给出的最乐观的判断，是约翰逊的精神障碍有发展为疯癫的可能，如果不小心

---

* 原文如此。应该是八十盎司，约占华盛顿血液量的40%。

护理，可能导致理性能力的丧失。"另一位传记作者证实："他担心那种降临在人类身上的最可怕的灾难也会祸及自身，这种意识余生一直盘旋在他头顶，犹如暴君的剑悬挂在客人头上。"[21]

在维多利亚时代，约翰逊经常被认为是洋洋自得、师心自用的贤哲，但知他最深的读者明白其实不然。托马斯·卡莱尔曾用钦佩的口吻说："上天赋予了他高贵的品性，作为交换，对他说：'要活在病态的忧伤中。'"卡莱尔也曾以雄辩的笔调论及约翰逊那颗"伟大的求知心，以及难以言说的纷乱思绪"。约翰逊曾对自己在牛津大学故作欢乐发表过一番评论，也许可以像鲍斯威尔那样，将他的评论推而广之，用于解释他为人称道的机智："毫无疑问，内心忧伤的人在人群中有可能表现得十分快活，他的快乐就像战斗中的鼓声和号角声，是为了淹没受伤者和垂死者的呻吟声。"[22]

那个时候，心理学才开始脱离古老的体液理论，也才开始超越经验主义者的假设：精神病患者不过是汇总感觉材料时出了差错。"心理学"（psychology）一词并未出现在约翰逊的《英语词典》中，不过，当时确实有一些作家开始用它来表示对心智的研究，而非对灵魂（psyche）的研究。但这只能勉强算作起步而已。1767年，一位作家坦言："心理学往大说，是关于心智的知识，往小说，是关于人类心智的知识，尽管世人付出了种种努力，但依然很难就心智的实质得出任何合理的结论，更不用说任何可以实证的结论。"[23]

大多数现代作家在论及约翰逊的精神问题时，都会遵循弗洛伊德的思路，沃尔特·杰克逊·贝特在他那部出色的传记中就是如此。另一位阐释者乔治·欧文，则强调了先前通常被忽视的方面，即约翰逊对他母亲怀有矛盾的情感，对晚年的她避而不见。多年来，约翰逊一直宣称自己准备去利奇菲尔德看望她，但在她生命的最后十九年里，约翰逊一次也没有去过。欧文的结论似乎不可避免："他想去，却去不了；他以为自己想去，其实他不想。"可一旦莎拉·约翰逊入土为安，接下来的二十五年里，他回到利奇菲尔德的次数不少于十二次，经常一待就是好几周。[24]

　　一位精神病医生考察完这个证据后，认为约翰逊经常毫不留情地批评自我，可能是因为他童年时感受不到爱。这里面的逻辑是：如果我被爱的程度达不到自己的需要，那一定是因为我不可爱，不值得爱；尽管如此，我还是要克制自己，不要对那些应当爱我的人发怒，否则他们会比现在更不爱我。[25]

　　约翰逊学到的一个教训是：应对焦虑的方法是分散自己的注意力，不去想它们，不与它们搏斗。"反思自己的焦虑，"他对鲍斯威尔说，"会让人疯癫。"他一生都在严厉责备自己"怠惰"；所谓"怠惰"，不只是指通常意义上的拖延，还指总体上的松懈，这会让他的心魔出现。约翰逊的朋友亚瑟·墨菲对他的解说可谓一语中的："怠惰是危险的时刻；每当此时，他的精神不再专注于外部世界，而是带着敌意转向内部，与自己对抗。"[26]

　　约翰逊极为欣赏的一本书是罗伯特·伯顿 1638 年发表的鸿篇大作《忧郁的解剖》，该书强调忧郁症患者让自己无所事事时所遭受的痛苦："它折磨他们的灵魂，不用多长时间就能控制他们，只要他们有事可忙，比如走动或谈天，勤于正务或耽于娱乐，或与志趣相投的人做伴，他们的确安然无恙，但只要是独自一人，或者无所事事，就会立刻觉得难受。"约翰逊始终承认，他渴望别人陪伴，乃是源于对孤独的恐惧。[27]

　　约翰逊的身心状态还有一面，他将此看作"疯狂"的又一种表现，而弗洛伊德派的阐释者过去常将其解释为神经质症状。如今，人们对此的理解大不相同。约翰逊的这种怪癖由强迫性抽搐、手势和声响构成，显然能缓解他身心的不安，但必要时可以靠意志力加以控制。第一次见到约翰逊的人，说得委婉一点，总会吓一跳。范妮·伯尼的描述很有代表性："他的嘴总是动个不停，好像在咀嚼什么——他时常转动手指，扭曲双手，技法真是奇特——身体坐立不安，忽上忽下，时前时后，没个消停；脚从没有安静的时候；总之，整个人一直动来动去。"[28] 伯尼和其他人都注意到约翰逊经常发出轻微的呼呼声或咕咕声。

约翰逊走路时的举止似乎更加令人困惑。他尽量不去踩人行道的裂缝，一边走一边摸沿街的柱子，隔一个摸一下，错过了，还会回去补一下，而且会神神秘秘地重复一些动作。他的密友雷诺兹回忆说，有一次他们去拜访一位朋友，正在欣赏那人收藏的画作时，约翰逊"退到房间的一个角落，向前跨出右腿，尽量伸得远一点，然后抬起左腿迈出去，又继续向前跨出右腿"。主人家用礼貌的口吻向他保证，他家的地板很安全，没有问题。"约翰逊博士从遐思中回过神来，就像从睡梦中醒来一样，但是一句话都没说。"[29]

雷诺兹认为约翰逊的奇怪姿态以及低沉响声"是对过去部分言行的自责表现"。这个说法确有道理，可以支持从精神分析学作出的阐释。同样能支持这种阐释的，是今天看起来理所当然的诊断：约翰逊患上了当时没有人理解的强迫性神经症。如果他当时能知道这一点就好了！神经系统疾病仍然是一种疾病，但如果知道它并不意味着失心发疯，这对约翰逊无疑是一种安慰。[30]

结婚

牛津归来后的精神崩溃，让约翰逊在五年时间里仿佛失踪了；他肯定会帮助母亲打理书店，时不时还会写几首诗，除此以外，我们对这个时期的约翰逊几乎一无所知。最后他决定搬到伯明翰，住在埃德蒙·赫克托那里；赫克托是他旧时的同窗，正在伯明翰当外科医生。没多久约翰逊认识了一个叫哈里·波特的布商，以及他的妻子伊丽莎白和女儿露西。一年后波特去世，在不到一年的时间里，约翰逊和伊丽莎白结婚了。那时约翰逊二十六岁，伊丽莎白四十六岁。当时认识他们的一些人以为最初吸引他的是比他小六岁的露西，但最后他很不合宜地变成了露西的继父。

鲍斯威尔在写传记时曾采访过露西，所以，我们得以见到一幅关于此时约翰逊的生动画面。

> 波特小姐告诉我，最初有人把约翰逊介绍给她母亲时，他的外形非常可怕：身形瘦瘦长长的，巨大的骨架凸显出来，给人触目惊心的印象，瘰疬留下的疤痕清晰可见；他没有戴假发，头发又直又硬，并在后头分开；他经常会有痉挛的反应和奇怪的肢体动作，让人见了，只觉得既惊讶又好笑。波特太太被他的谈话吸引住了，所有那些外在的缺陷都看不到了；她对自己的女儿说："这是我一生中见过的最明智的男人。"[31]

约翰逊很久以后告诉一位朋友，"他三十岁之前，从没刻意要讨她欢心，觉得这件事没什么希望"。[32]约翰逊这么说大体符合实情，不过，他此时不用刻意，就已讨到了伊丽莎白·波特的欢心（他总是叫她特蒂）。一个常见的说法是约翰逊把她当成母亲一样的人物来看待，这不无可能，但约翰逊似乎发现了她身上的性感魅力，而且她对自己有所回应。伊丽莎白领悟力好，读书多，她自幼家境相当殷实，两个兄弟都被送到了剑桥大学读书。现在的人对她唯一留存的那幅肖像（彩图4）所知不多，即使对绘制的时间，也无从知晓，但从这幅画里至少能看到一位露肩领开得很低、表情自信的女性。

特蒂继承了一笔六百英镑的可观遗产，他们决定在距离利奇菲尔德三英里的埃迪尔村开办一所学校。拉丁文是年轻绅士学习的主要科目，而这是约翰逊特别擅长的，事实上在此阶段，是他唯一擅长的技艺。来求学的学生很少，这倒不奇怪，因为利奇菲尔德的语法学校本身就很不错；其中一名学生是大卫·加里克，当时才十来岁。很多年以后，那些认识他们的人惊讶地发现，来自同一小镇的两名无名青年竟然都葬在了威斯敏斯特大教堂，而且雕像彼此相邻，这实在不可思议。

加里克有着难以抑制的戏仿天赋，曾在公众场合模仿过这对新婚夫妇。"这些小淘气包，"鲍斯威尔转述道，"常贴着约翰逊的卧室门偷听，透过锁眼向里窥视，以便戏谑地学他跟太太卿卿我我时如何手忙脚乱、狼狈不堪。"鲍斯威尔还引用了加里克对特蒂的刻薄描述："她十分肥胖，胸脯高高隆起，异常丰满，喜欢涂厚厚的脂粉，加上没少喝甘露酒，胖嘟嘟的脸颊总透出红润的气色；她的穿着华丽俗艳，言谈举止矫揉造作。"[33]

可以肯定，加里克为了追求效果，总是故作夸张。他还喜欢模仿约翰逊终生不变的斯塔福德郡口音。加里克有时会学他的样子，笨手笨脚地将柠檬汁挤入潘趣酒碗中，然后环顾四周喊道："谁要来点旁续酒？"依据加里克的讲述，约翰逊在利奇菲尔德看戏，见有人占了自己的座位，"把椅子和那人一同端起，猛地一下扔进了大众席"。赫斯特·思雷尔有一回问约翰逊是否真有此事，他回答说："加里克的讲述没有走样，可以说跟事实非常接近。"[34]

在格拉布街打拼

投到埃迪尔学校的钱打了水漂。现在该如何谋生？一位历史学家指出，18 世纪的英国人在出身、社会地位、财产和职业方面寻找自己的认同感。只有最后这一项是向约翰逊敞开的。由于没有大学文凭，他不能从事任何一种专门职业。在学校教书的尝试以惨淡的失败收场。他关于那些年里一位朋友的说法同样适用于他自己："因此，他不得不寻求其他谋生手段，没有专门职业的他只好去爬格子。"[35]

要想当作家，就意味着要搬到伦敦去。1737 年，约翰逊和以前的学生加里克踏上了前往首都的旅程；特蒂等到他安顿下来后，才与他会合。加里克的戏剧梦想很快就会实现。约翰逊随身带着素体悲剧诗《艾琳》的手稿，但没有碰到将这部作品搬上舞台的运气，成功的日子离他依然遥远。

不幸的是，写作的收入很低。被称为"书商"的出版商有可能赚得盆满钵满，但版税当时是不存在的，一旦作家以不高的价格将稿子售出，他就不能指望从中获得更多的收入。我们今天仍在阅读的那些小说家都以别的方式维持生计：菲尔丁是律师；斯摩莱特是海军外科医生，后来成为记者；斯特恩是牧师。那些无需依靠外来收入的作家，比如出身高贵的唯美主义者霍勒斯·沃波尔，为从未接受过稿费而感到自豪。那些完全靠写作过活的人，比如约翰逊，只有一种选择：加入被称为"格拉布街雇佣文人"的低贱劳动力大军。

当时确实有一条格拉布街（后来委婉地改名为弥尔顿街），这条街成为一群无名作家共有的代称：他们按需向出版商提供文字稿，并按页面获得稿酬。约翰逊在后来的一篇文章中称他们为"弄笔的苦工、知识的生产者"，从没有想着留名后世，"因为他们很少指望自己的作品在世上停留的时间超过一周"。[36] 他们被称为"阁楼客"，因为在没有电梯的年代，一栋公寓的顶层是最便宜的。约翰逊在他的词典里讽刺地将"格拉布街"定义为"伦敦摩尔菲尔兹一条街道的名称，那里主要居住着撰写小型历史、编写辞典、书写应景诗歌的文人；所以，任何低劣的作品都可以称为'格拉布街之作'"。

托马斯·罗兰森于 1780 年代绘制的两幅画捕捉到了这些作家的贫困和屈辱。格拉布街的诗人（图 3）衣衫不整也不合身，右脚

图 3　格拉布街的诗人

趾露在了鞋子外面。他将一只手伸进可能空无一物的口袋里，偷偷地四处张望，很可能是在担心因为欠债遭到逮捕。另一幅画叫《书商与作家》（图 4）。约翰·布鲁尔在关于 18 世纪文化的书中写道，那位面带蔑色的书商"财大气粗、脑满肠肥"的形象与"骨瘦如柴、卑躬乞求的作家形象"形成了鲜明对照。这幅画也提醒我们，书商除了充当出版商的角色外，实际上也销售图书。画面的左边，一位牧师正在一脸愠怒地审查店里的商品。约翰逊与他的雇主们关系很好，他告诉鲍斯威尔，他们"慷慨大方、想法开明，是学识的庇护者"。但他们雇用的大多数文字计件工，论价值，都比不过后来的约翰逊。[37]

　　约翰逊抵达伦敦时，心里并不是茫然无绪的。1731 年，一位名叫爱德华·凯夫的书商创办了一本名为《绅士杂志》的月刊；该杂

图 4　《书商与作家》

志是对各式各样的材料的杂拼和摘编，到 1737 年，已经广为人知。凯夫实际上发明了"magazine"一词的现代含义。在此之前，如同约翰逊在《英语词典》里解释的，它只是表示"仓库，通常指军火库或军械库，或储存食物的栈房"。但如今新含义出现了："近来，这个词已经用来表示一本内容五花八门的小册子，这个用法源自爱德华·凯夫推出的一本定期出版、名为《绅士杂志》的杂集。"

　　《绅士杂志》是在圣约翰门（如今仍然矗立在原地）出版的，每期的首页都自豪地宣称这一点（图 5）。凯夫使用的笔名是"西尔瓦努斯·厄尔班"*。他有一幅肖像画是在约翰逊与他相会一年后

---

*　"西尔瓦努斯"是古罗马神话里的森林之神。"厄尔班"是"城市""都市"的意思。

图 5 《绅士杂志》

绘制的；在这幅画里，他手里拿着一封致"伦敦圣约翰门"先生的信函（图 6）。约翰逊告诉鲍斯威尔，他第一次看到这幅画时，"眼里充满了敬意"。[38]

约翰逊提前从利奇菲尔德给凯夫写信，表示愿为他效劳，凯夫很快认可了他的才华。两人合作得很好，凯夫去世后，约翰逊饱含深情地写道，尽管内敛的性情让别人很难了解他这个人，"但他的为人就是这样：知他越深，越能感到失去他的遗憾"。约翰逊文末的笔调发乎真情，令人动容：到了最后，凯夫"陷入了某种昏睡般的无知无觉之中，理性驱使他做出的最后一个举动便是深情地按着这只正在写这篇小文的手"。[39]

没过多久，约翰逊就成为该杂志事实上的主编，为该杂志撰写各色小文——没人知道有多少；因为在后来的岁月里，他欣然承认，其中很多文章都已经记不得了。他没有忘记的一类文章涉及他持续

图 6　爱德华·凯夫

凭空虚构的高超技艺。当时公布议会的演讲属于违法行为，但旁听者可以与约翰逊合谋，记下一些要点供他敷演成文。约翰逊发挥想象，将演讲者可能说过的内容扩展成篇，并以报道小人国（Lilliput）的议会为幌子，对英国人名和事件加以乔装改扮，达到欲盖弥彰的效果。在三年的时间里，这些报道加起来有五十万字。不用说，它们与实际的演讲相似度很低；多年以后，一位古典学者说老皮特的演讲胜过德谟斯提尼的任何演说时，约翰逊不由觉得好笑。他平静地说道："那篇演讲是我在埃克塞特街的一间阁楼里写的。"[40]

女同事

在社会底层，有许多妇女都是劳动力，但中产阶级妇女的选择很少。从事写作是其中之一。

　　伊丽莎白·卡特是肯特郡迪尔镇一位牧师的女儿，接受过不俗的教育，包括古典文学、希伯来语、数学和自然科学。她还掌握了几种现代语言，在艰苦的学习过程中，她靠大量吸闻鼻烟来保持清醒。搬到伦敦后，她与约翰逊密切合作，成为凯夫的主要撰稿人。她为《绅士杂志》撰写了不少诗作，其中一首尤其有意思，标题很简单，叫《对话》。这首诗将后来哲学家所谓的身心问题寓言化：

> 身对心说："真是神奇啊，看到
> 我们如此息息相关，却相处不好，
> 过着那种吵吵闹闹的奇怪生活，
> 如同夫妇相看两厌，彼此折磨。"

像很多知识女性一样，她从未结婚；失去独立是嫁做人妻不可避免的结果。不过，别人都叫她"卡特太太"（Mrs. Carter）。"Mrs." 是"Mistress" 的缩写，这个称呼当时既适用于已婚女性，也适用于未婚女性。[41]

　　卡特后来从涉猎驳杂的新闻写作转行，出版了斯多葛派哲学家爱比克泰德作品的一个译本，这个译本在一个多世纪的时间里一直受到推许，给她带来了一千英镑的可观收入。1745 年那幅肖像（图7）画出来的时候，她二十八岁，比约翰逊小八岁；在这幅画中，一位侍从正接过桂冠，准备戴在她头上。她手里的书大概就是爱比克泰德译本。直到 1910 年，杰出的古典学家 W. H. 劳斯还在"人人文库"系列中原原本本地重印了这本书，他的前序里有这样一句评论："卡特自己的风格并不是爱比克泰德的风格，但确实是一种风格，这是当时大多数作家无法比拟的。至少她忠实而又连贯地再现了原作者的思想。"[42]

图 7　伊丽莎白·卡特

　　有了经济保障后，卡特回到家乡，过起了自在的退隐生活，但还会时不时上伦敦，约翰逊终其一生都与她保持着好友的关系。多年以后，她的侄子说："我经常听她说，约翰逊对她从来都是客客气气，既殷勤又恭敬。"约翰逊佩服她身上集合了卓越的学识和可靠的实用技能；"我的老朋友卡特太太不仅会翻译爱比克泰德的希腊文，还会做布丁"。

　　她对希腊语的精通程度确实出类拔萃。约翰逊说，他的好友贝内特·兰顿"对希腊语的精晓程度超过他认识的所有人——伊丽莎白·卡特除外"。有一回卡特跟托马斯·塞克主教（后来的坎特伯雷大主教）友好地争论了起来；卡特声称在钦定版圣经的《哥林多前书》

里，有个动词指向男人时被译成主动态，指向女人时被译成被动态，这个说法遭到塞克质疑。为解决争议，他们查阅了这个动词，结果证明她的观点是正确的，这属于女性主义者的洞见。[43]

约翰逊的另一位朋友和同事是夏洛特·伦诺克斯，她 1730 年在直布罗陀出生，在纽约长大（她父亲是纽约的副州长），到伦敦后开始从事写作，嫁给了亚历山大·伦诺克斯，一位不负责任的海关雇员。她尝试了各种写作形式，包括创作诗歌，编撰莎士比亚参考过的素材合集《莎士比亚详解》，翻译法国人撰写的三卷本古希腊戏剧史（其中一部分是约翰逊翻译的）。

伦诺克斯后来最为人知的身份是小说家。1751 年，首部小说《哈里奥特·斯图亚特自传》问世时，她才二十一岁；约翰逊和她的其他朋友在"魔鬼酒馆"组织了一次庆祝活动。这家酒馆与文学有很深的渊源，很久以前曾是本·琼生的最爱；琼生的朋友德拉蒙德说，酒是"琼生赖以生存的元素之一"。[44]

约翰·霍金斯爵士也在场，记得约翰逊点了一份美味的热苹果派，"里头夹着月桂叶，因为伦诺克斯太太可算是女作家，写过诗歌；而且，约翰逊还为她准备了一顶月桂冠，等他用自己发明的仪式召唤缪斯后，才将月桂冠戴到了她头上"。到早上五点的时候，"约翰逊的脸上闪耀着日上中天的光芒，尽管他喝的只是柠檬水"。宴乐者打算要回家了，"但侍者们都睡得太熟，过了两个钟头才拿来账单，快到八点时，临街大门才嘎吱地响起，给了我们离开的信号"。[45]

一位现代评论家说："这是位于上流社会边缘的一个文学派对。他们自己设宴庆祝，互授荣誉，颇有波希米亚和先锋派的做派（只不过当时这类概念还没有发明出来）；这是一个欢乐的庆典，庆贺他们从恩主和书商的世界中独立出来。"霍金斯爵士的"可算是"（forsooth）暗示他对女性作家（或者女作家）屈尊俯就的态度。鲍

图 8　夏洛特·伦诺克斯

斯威尔也持有类似的看法，这有助于解释为什么在《约翰逊传》中女人的存在感较低。鲍斯威尔从霍金斯写的约翰逊早年传记中借用了很多材料，却将这个故事略去了。[46]

伦诺克斯的突破之作是她的第二部小说《女堂吉诃德》。小说主人公是个年轻姑娘，以为那些夸诞的传奇故事是可靠的生活指南，将她遇到的每个男人或者视为崇拜自己的情人，或者视为可怕的强奸犯。像亨利·菲尔丁这样的评论者都说这是"最出类拔萃、最不同凡响的作品"，并向读者保证"他们会从中获得教益和莫大的乐趣"。很多年以后，简·奥斯丁喜欢上了这本书，似乎从中获得了《诺桑觉寺》的创作灵感。那时，伦诺克斯的名气已足以请到约书亚·雷诺兹为她画一幅肖像（图 8）。[47]

失败的婚姻

　　约翰逊 1737 年移居伦敦，几个月后，特蒂便来到伦敦跟他会合。他们在伍德斯托克街、汉诺威广场一带住了一段时间，之后搬到城堡街、卡文迪什广场一带，再后来又搬到凯里街。那时候人们经常搬家。到约翰逊去世的时候，他在伦敦的住址已经换了至少十七处。[48]

　　不过，在 1740 年代早期，约翰逊事实上已经过起了单身汉的生活。特蒂从未跟他一起去拜访朋友，他们也从未邀请朋友到自己的住所来。特蒂越来越依赖酒精和鸦片，而且据说是为了呼吸到更好的空气，租住在汉普斯特德的一间小房子里。赫斯特·思雷尔听一位以前认识特蒂的人说："她总是喝得醉醺醺的，躺在床上读言情小说，还服用鸦片，因此害了自己的性命。"霍金斯认为，约翰逊对她的喜欢表现得很夸张，这"是他死记硬背藏在心里的教训"。霍金斯补充说："他俩的行为都有些反常；约翰逊对特蒂怀有深深的敬意，特蒂则是一副美人迟暮的做派。"[49]

　　约翰逊去汉普斯特德时，特蒂拒绝了他的性要求，说自己健康状况不佳，不能行房。多年后，约翰逊对鲍斯威尔说："明智的已婚女子憎恶情妇，却不介意妓女。我太太告诉我，我喜欢跟多少女人睡觉都不要紧，只要我爱她一人。"鲍斯威尔本想把这段对话写进《约翰逊传》，但他的朋友读了以后，"被不雅的内容惊住了"，警告他说："这会严重地损害到这本书"。于是，鲍斯威尔让印刷商把这部分文字删掉，但又惋惜地说："这实在是好素材。"[50]

　　实际上鲍斯威尔拥有的独家素材绝不仅于此。伊丽莎白·德穆兰比约翰逊小七岁，是他教父塞缪尔·斯威芬的女儿，和特蒂一起搬到汉普斯特德，给她做伴。伊丽莎白曾嫁给一位姓德穆兰的伯明翰人，但此人不久就去世了，伊丽莎白只好在约翰逊的家里度过余生。在约翰逊的生命即将走到尽头时，鲍斯威尔和画家莫里提乌斯·洛、当时年过花甲的德穆兰太太进行了一场精彩的对话。记录完这段对话后，鲍斯威尔给它贴了标签："约翰逊精彩素材——tacenda"；"tacenda"的意思是"不可提及，不要外泄"。

莫里提乌斯·洛调皮地暗示，约翰逊对女性的感情肯定总是柏拉图式的，对此德穆兰回答道："啊，先生，您大错特错了。没有一个男人比约翰逊博士更风流多情了。但他克制住了自己的激情。"在洛和鲍斯威尔的热切怂恿下，她继续透露说，那些年里特蒂从未和她丈夫共寝过，"但那是她的错；她往死里喝酒，说自己身体不好，不能与人同床"。于是，约翰逊经常走进德穆兰的房间，躺在她身边，头靠在枕头上。

> 鲍斯威尔：他会怎么做？说说看。（洛喜欢刺激的爆料。）他会爱抚你吗？会亲吻你吗？
>
> 德穆兰太太：是的，先生。
>
> 鲍斯威尔：这跟父亲的亲吻有点不一样吧？
>
> 德穆兰太太：是的，确实不一样。
>
> 洛（把手伸到她的胸口）：他会这样做吗？会吗？
>
> 德穆兰太太：先生，他的举动从来没有超越得体的底线。
>
> 洛：夫人，你能发誓说，你肯定他有那种能力吗？
>
> 德穆兰太太：是——是的，先生。
>
> 鲍斯威尔：但他克制住了强烈的激情？
>
> 德穆兰太太：是的，先生。他会把我从他身边推开，然后叫道："你走吧。"

鲍斯威尔几乎从未成功克制过强烈的激情，所以可能并没有领会这是个多么令人心酸的故事。他对此唯一的评论是"奇怪"。[51]

1752年，六十三岁的特蒂去世了，葬在伦敦郊外布罗姆利区的教堂里。约翰逊的余生都在悲悼她的离去，给那些不认识她的朋友留下了忠贞的印象。事实上，这里面最主要的动力似乎是他为自己在这段失败婚姻中所承担的责任感到愧疚。心理学家告诉我们，麻烦不断、冲突不止的婚姻会让还活在世上的配偶饱受悲伤情绪的折磨。

二十四年 * 后，离去世还有几个月的约翰逊给一位朋友讲述了一个令人心酸的故事。

> "我记得我妻子临终的时候，可怜的女人，有人劝她到城外休息；当她被抬到为她准备的住所时，她抱怨楼梯的状况很糟糕，因为墙壁上有多处灰泥都被蹭掉了。'啊，'房东说，'屋里以前死了一些人，这不过是那些可怜人的棺材磕碰到墙上留下的！'"他对我说这些话时，笑了起来，笑容里显然暗藏着他不为人知的痛苦。[52]

就在他去世前不久，约翰逊为特蒂的坟墓订购了一块碑石，并刻写了一段拉丁文墓志铭。他给继女露西寄去了一份英文翻译，称特蒂是"美丽优雅、聪慧虔诚的女人"，并注明"她的第一任丈夫是亨利·波特；她的第二任丈夫塞缪尔·约翰逊对她情深一片，心伤难愈，故而将这块石碑立在她的坟墓上"。一位富有同理心的学者评论道："他此处给一个爱情故事画上了句号；正是在想象的作用下，这段爱情变得无限动人，合乎期待，或许远胜过特蒂和塞缪尔·约翰逊的现实婚姻可能企及的状态。"[53]

不管约翰逊的感情有多复杂，这种失落感是深不可言的。特蒂去世两年后，约翰逊在给一位朋友的信中写道："从那时起，我似乎就与人类脱离了关系，成为生命荒野中孤独的流浪者，没有任何确定的方向，任何固定的观察点。我阴郁地注视着一个与我几乎没有

---

*   原文如此。特蒂卒于 1752 年，约翰逊卒于 1784 年，似乎应为三十二年。

关联的世界。"[54]

　　这时，约翰逊开始考虑再婚。他心目中的女人是迷人且极为虔诚的希尔·布思比。她是约翰逊的老相识，来自离利奇菲尔德不远的阿什伯恩；如今可以肯定，约翰逊当时定期与布思比通信，只不过几乎所有信函都没有保存下来。留下来的那几封可追溯至1755年12月，当时约翰逊惊恐地得知布思比病得很重，而他自己也得了支气管炎，可能还患有肺炎。他称布思比为"我可爱的天使"和"最亲爱的人"，其中最长的那封信是这样开头和结尾的：

　　　　又到午夜，我又是独自一人。我该沉思些什么，才能打发这黑暗而空虚的闲暇？如果我将思绪转向自身，将会看到什么？不过是一个无助的可怜人，被狂风摧折得虚弱无力、痛苦不堪……笛卡尔的论断你是知道的："我思故我在。"有一个推断也不错："我写故我活。"我也许还能推出一条："我活故我爱布思比小姐。"我只希望我们的友谊远比生命长久。

一周以后，约翰逊写道："我恳求你努力活下去。"又过一周，布思比撒手人寰。赫斯特·思雷尔听当时认识约翰逊的一个人说，他"悲痛得几乎精神错乱，身边的朋友们费尽周折才平息了他翻江倒海的激情"。[55]

一首诗和一篇传记

　　约翰逊的写作水准总是在线。一篇作品如果没有署名，我们常常只从风格本身就能判定是不是他的手笔。此时，他的创作开始显示出强大的雄辩气概和道德力量，我们将其视为"约翰逊式"风格。

一个例子是 1738 年的诗作《伦敦》，它改编自《尤维纳利斯讽刺诗
第六首》，原诗里的古代事例被替换成现代事例。蒲柏"模仿"贺拉
斯的诗作，采用的是双韵体;《伦敦》也是用双韵体写成，有气势，
满是义愤。其中一组对句显然是约翰逊由自己的经历有感而发:

> 世人无不承认这个真实而悲哀的论调:
> 有才者被贫困压制，难以崭露头角。

蒲柏本人也欣赏《伦敦》，说这位未署名的作者很快就会"脱颖
而出"，约翰逊听说后，深感荣幸。"使这首诗充满活力的,"T. S.
艾略特写道,"是个人情感的潜流，是约翰逊对自己年轻时切身经历
过的苦难、轻视、伤害和贫困的怨愤心。"[56]

约翰逊第一部真正有分量的作品是 1744 年出版的《理查德·萨
维奇先生的生平》。几年后，还不认识约翰逊的约书亚·雷诺兹偶然
发现了这篇传记，靠着壁炉台读了起来。他对鲍斯威尔说,"他的注
意力被这本书深深吸引了，他读到最后才把它放下来，可当他要移
动身体的时候，才发现自己的胳膊已经完全麻木了"。[57]

《理查德·萨维奇先生的生平》这部杰作篇幅不长，却颇为奇特。
理查德·萨维奇久经世故，富有魅力，还有几分诗才。他比约翰逊
大十二岁，与蒲柏的圈子有些联系，可以说是了解世道人心的出色
向导。他也是一个自负的人，控制欲强，可能还有些妄想狂，需要
得到王室赦免才能逃脱因一场谋杀而来的死刑;关于那场谋杀，他
自己从未矢口否认过，但有影响力的朋友还是设法替他弄到了特赦
令。他声称自己是一位贵妇的私生子，那位妇人不知为何总在迫害
自己，并将此说法变成了自己的营生;约翰逊一向富有怀疑精神，
竟然全盘接受了他的故事。现代学者确信萨维奇的故事是编造出来
的，那位所谓的母亲才是真正的被迫害者。

约翰逊的《理查德·萨维奇先生的生平》充满了非比寻常的诡辩，不仅反映了他对旧友的忠诚，也反映了他的深切认同，即作为努力摆脱格拉布街屈辱生活的局外人。萨维奇不向朋友讨钱的时候，同样为钱而写作。约翰逊回忆起萨维奇的生活方式时，不禁义愤填膺："他居无定所，和饮食一样，全凭运气，过夜的地方有时是晚间向碰巧还在流浪的路人开放的寒碜住所，有时是在嘈杂污秽的地下室，那里尽是最卑贱、最放荡的乌合之众；有时，他连待在这些收容所的费用都无力支付，就只能在大街上走来走去，直到觉得疲惫为止。夏天他靠在货摊上睡觉，冬天便和贫困的同事一起躲到玻璃房的草木灰里。"虽然约翰逊没有点明，但他本人就是贫困同事中的一位。[58]

"货摊"和"玻璃房"这两个简单术语对我们来说，还是有必要加以注解的。理查德·霍尔姆斯在他的杰作《约翰逊博士和萨维奇先生》中恰好提供了解释，生动地再现了霍加斯和罗兰森笔下的下层世界（与卡纳莱托和雷诺兹的上层世界形成鲜明对比）。

　　"地下室"指单间的黑暗地窖，提供麻袋和草堆铺成的简陋床铺，上头满是尿液和呕吐物之类的秽物；挤在这里的都是醉鬼、有病的老妓、疯子、流浪汉和精神变态。"货摊"是低矮的木制陈列台，装在店铺前面，新鲜农产品白天摆放在上头，像科芬园的蔬菜、比林斯门的鱼肉、史密斯菲尔德的禽畜肉，放久了晚上就扔在那里，任其腐烂。"玻璃房"是小作坊（比如面包房或窑炉），配有烧"快燃煤"的炉子；马车玻璃、窗玻璃、水壶、葡萄酒杯、装饰纽扣、拐杖头和其他花哨的装饰品都在炉子里熔化和铸造。这里，即使是最穷困潦倒的人也能保持暖和，就像现代流浪汉睡在通风护栅上一样。

霍姆斯和其他人指出，约翰逊本可以在自己的住所过夜。他显然更喜欢街头生活而不愿意回家。[59]

　　萨维奇最终决定到乡下节俭度日，他接受了朋友们给的足够多的钱，然后"噙着泪离开了本文的作者"。他去了布里斯托尔那么远的地方，结果因负债而身陷囹圄。接着，他病倒了，死在了狱中。约翰逊在记述他留下遗言的一幕时，语调哀怜感伤："[监狱]看守最后一次见到他是在 1743 年 7 月 31 日；萨维奇见他站在床边，以罕有的严肃语气说道：'先生，我有事要对你说。'但他停顿了一会儿，发现自己想不起要跟那人交代什么，便忧郁地挥了挥手，说道：'好了，没事了。'看守立刻离开了他；次日清晨，他过世了，年仅四十六岁。"

　　约翰逊在故事的结尾向读者发起了挑战："有些人常躺在象征富足的绒毯上睡大觉消磨时间，是没有资格评判他的行为的；而有智慧的人不会信口胡言，说什么'如果我处在萨维奇的境况，不管为人还是为文，都会胜过萨维奇'。"[60]

　　有一件事情约翰逊从未做过，那就是将贫穷浪漫化。约翰逊与鲍斯威尔初相识时有一场谈话，他如此说道："我在城里四处奔波、一贫如洗的时候，常大力辩说贫穷的诸般好处；但与此同时，我却为自身的贫穷感到难过。先生，不少证据被用来证明贫穷不是罪恶，但这反倒说明贫穷显然是一种大恶。你从未发现人们努力地劝你相信：有了充足的财富，你就能过得很幸福。"约翰逊在一篇文章中更有力地表达了这一点："贫困的前景，除了愁惨和忧郁，别无其他。精神和肉体一同受苦；贫困带来的不幸没有缓解之道；陷入贫困，一切美德都受到遮蔽，所有行为都难免遭人指摘；陷入贫困，愉悦即麻木，失意即愠怒，受苦得不到荣誉，受累得不着酬赏。"[61]

第二章

遇见鲍斯威尔前的约翰逊：迟来的名声

发现才能

假如约翰逊死于 1748 年（那年他快四十岁了），今天恐怕只有少数几个专家认得他的名字。到 1750 年代，他才写出一系列有分量的作品，奠定其作为文人的几乎无可撼动的地位。鲍斯威尔的评价令人信服："没有一个出身卑微、完全靠文学为生的人，简而言之，没有任何一位职业作家，能像他那样在本国备受瞩目。"[1]

经过十年匿名写作，1749 年，约翰逊终于发表了两部署上自己姓名的作品：一首双韵体诗和一部素体诗剧。要是早个三十年或六十年，这两种体裁极有可能为他博得声誉，而他似乎并未怀疑它们的黄金时代已经过去。

诗剧《艾琳》基于土耳其历史上的一个故事改编而成。约翰逊对戏剧从来没有太大的热情，而《艾琳》的致命缺陷就是缺乏戏剧性。多年来，约翰逊一直没有找到将它搬上舞台的门路，后来加里克终于伸出援手，印刷版也得以问世。前述的双韵体诗则是《人类欲望的虚妄》，就像《伦敦》一样，它是对尤维纳利斯作品的改编，但更

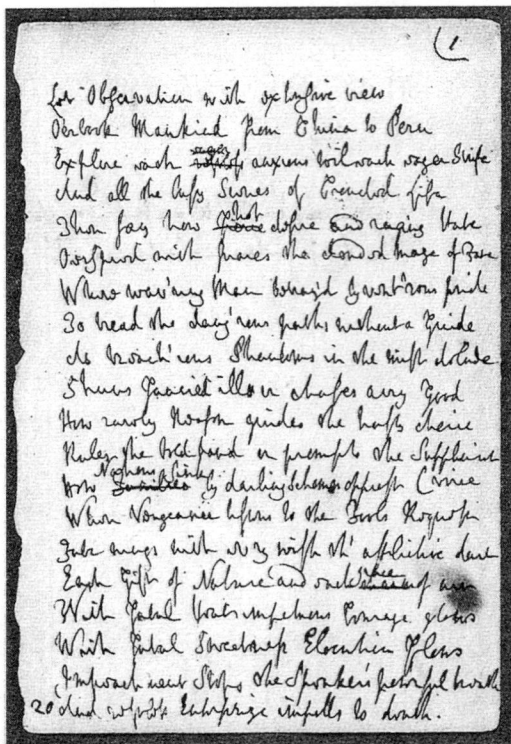

图 9 《人类欲望的虚妄》手稿

有震撼力，也是约翰逊写过的唯一有分量的诗作。图 9 显示了原稿的第一页。

尤维纳利斯的原作以尖酸的口吻讥嘲了人类的愚蠢。约翰逊永远不会成为那样的人。他曾经写道："写作的唯一目的是让读者更好地享受生活，或者更好地忍受生活。"总的来说，他避免讽刺，总是试图从更宽广、更普泛的角度来看待人类的经验；当然，正如贝特所说，约翰逊是"未发挥潜力的讽刺家"——一个有讽刺天赋却抑制这种天赋的人。他的诗歌标题取自《传道书》："虚空的虚空，传道者说，凡事都是虚空。"开篇诗句是：

让瞻望的目光拓向辽阔的寰宇，

遍览所有人类，从中国直到秘鲁……

约翰逊的目标似乎是站在超脱世俗的角度，从足够远的地方观察整个人世，看到世人的愚蠢只觉得心碎，而不觉得可笑。[2]

这首诗审视了很多美愿难以成真的例子，涉及的领域有政治、军事、教会和学术等。

无数求乞者聚集在擢升的门前，

渴望财富，祈盼着手握大权；

欺人的"时运"听到了无间断的呼叫：

他们飞升，他们闪耀，而后蒸发，最终跌倒。

"擢升"（preferment）是通过一位强大恩主的干预而实现的晋升。约翰逊本人从来没有得到过任何形式的"擢升"。[3]

有一种感觉萦绕在约翰逊心中挥之不去：生活是一条裹挟着我们向前的难以抗拒的河流。

因无知而镇定的无依无靠之人

难道要在黑暗里随命运的洪流翻滚？

在这首诗的草稿里，第二行本来是"在黑暗里随命运的流水漂游"。这里，"漂游"被改成了"翻滚"，"流水"被改成了"洪流"。

难怪这首诗的最后几行要诉诸一种超越人类的力量：

天上的智慧可以将心灵安抚，

为她打造无处可寻的幸福。

结尾意在用基督教的慰藉来抵抗尤维纳利斯的异教信仰，但这种慰藉是约翰逊自己永远无法获得的。[4]

约翰逊决心靠写作扬名立万，但这两种曾经似乎最有前途的体裁，却没有为他找到出路。他再也没有尝试写一首有分量的诗歌，唯一那部戏剧反倒证明他永远当不了剧作家。依后见之明，最佳的成功之路显然是成为小说家。但是，那时人们刚刚开始认识到小说有资格成为传统文类的接替者，约翰逊在这方面从未多费心思。后来，他确实写了一篇精悍的中篇小说，题为《拉塞勒斯》，但他并无虚构的才华。

还有一种很有前景的文类值得考虑，那就是期刊随笔；四十年前，约瑟夫·艾迪生及其合作者理查德·斯悌尔曾借助《旁观者》让期刊随笔大受欢迎。于是，约翰逊说服一群出版商为他每周出版两次的《漫游者》系列出资，每次两基尼。

约翰逊后来告诉雷诺兹，第一期快要送去印刷的时候，时间紧迫，他几乎是随机选择了这个标题。"先生，应做之事终究还是会去做的。我开始发表那个系列的文章时，茫然无绪，不知道该如何取名。晚上，我在床边坐了下来，决定不把名称确立下来，就不睡觉。'漫游者'似乎是当时想到的最好的标题，我便用它了。"当"漫游者"被翻译成意大利语时，它变成了"Il Vagabondo"（即"流浪汉"），鲍斯威尔觉得很有意思。[5]

每周二和每周六都有截稿时间，这对于终身拖延症患者而言是可怖的，但约翰逊从不疏怠。他通常要埋头写到底稿不得不送到印刷工人手里为止。从 1750 年到 1752 年，他写了不少于二百零八篇《漫游者》系列随笔，只有零星数篇是由朋友们贡献的（伊丽莎白·卡特写了一篇）。刚开始这些文章平均有一千五百个词左右，但越往后写篇幅就越短，最后剩下一千二百个词左右。今天《纽约时报》一篇典型的专栏文章大概就是这么长。

《漫游者》最初以六页小册子的形式发行，被各种出版物广泛转载，后来结集成书。约翰逊在世的时候，这本书连续出了十个版本，那时它就已被视为现代经典。特蒂对他说："我以前看好你，但没想到你写出的东西能到这个水平。"约翰逊听后，深受感动。[6]

约翰逊发现了自己作为道德学家的使命；这里的"道德学家"要按照当时的方式来理解（法国人如今依然这样理解）。在《英语词典》中，约翰逊将"道德学家"定义为"教导生活职责的人"。道德学家的目的不是用新奇的道理惊吓读者；正如他在《漫游者》第二期中写道，人们"通常更加需要的是耳提面命，而不是醍醐灌顶"。

约翰逊很快形成了独特的写作方法。他会在一篇随笔的开头陈述某种人人熟悉、似乎不言自明的道理，接着把它拆解出来，揭示它在哪些意义上是不足的，然后再把它重新组装起来——将老生常谈（truism）变成真理（truth）。贝特说，约翰逊有一种天赋，能"把一件东西上下颠倒，将其中的荒谬抖搂出来"。[7]

约翰逊在谈话中倾向于武断，以激发别人与自己争论，但他在写作中很少这样。鲍斯威尔援引一位历史学家的话说，约翰逊的著作蕴含着"伟大的思想，它们曾在他的脑袋里翻滚起伏，如同在海上一样"。[8]

这并不是说约翰逊忽视了当代生活中的重要问题。他确实讨论了这类问题，而且比世俗的"旁观者先生"表现出更深的同理心。在《漫游者》及其续集《懒散者》和《冒险者》中，大约有三十五篇随笔以第一人称讲述了女性的经历："先生，我是一位拥有巨额财富的年轻姑娘"；"'懒散者'先生，我是一位都市才子的老婆，是个可怜人。"一位虚构的男通信者写道："众所周知我是个有钱人，就是缺个老婆。"简·奥斯丁欣赏约翰逊的文章，她在写下《傲慢与偏见》开篇名句——"有钱的单身汉肯定需要娶一位老婆，这是举世公认的真理"——的时候，头脑里很可能装着约翰逊的这个句子。[9]

在其他随笔中，约翰逊揭露了社会默许甚至强加的种种残忍的行为。他早年在伦敦认识很多妓女（至于他对她们有多了解，是他的朋友们后来想不明白的问题），非常关心她们的困境。与约翰逊住在同一个屋檐下的伊丽莎白·德穆兰讲述了一件令人感动的事情。凌晨两点，在舰队街上，"有人在啼哭，似乎痛不欲生，让约翰逊吓了一跳"；而后，他发现一个衣衫褴褛的女人"躺在一堆稻草上，奄奄一息，勉强撑起气力对他说，她病成这样了，却被一个没人性的房东赶了出来，她乞求他发慈心救救自己，别让自己死在大街上"。约翰逊把她背到家里后，发现她显然患了性病，但还是收留了她三个月，直到医生治好了她的病。后来，约翰逊确定她讨厌卖淫的生活，就请朋友们出资为她在乡下开了一间女帽店，"几年前她还生活在那里，口碑很不错"。赫兹利特评论说，这个"行为将好撒玛利亚人的寓言演绎成了现实"。[10]

约翰逊随笔的另一个话题是可怕的债务人关押制度：欠债人将被永久监禁，除非能还清债务。有些人可能会有朋友愿意帮他们偿还债务；没有这种朋友的人就倒霉了。约翰逊说，如果债主真的对囚犯的妻儿所受的痛苦无动于衷，"我就必须把唤醒他们良知的任务交给其他权威，因为本人只为'人'而写作"。[11]

在这些随笔里，最具震撼力的是对一些心理体验要素的讨论；我们如今已经知道那与作者个人的心理状态密切相关，但约翰逊最早的那批读者并不知情。"生命空虚这个信条，"赫斯特·思雷尔说，"在约翰逊先生的头脑中根深蒂固，经过反复强化后，变成了他最喜爱的假设，而他推理的总体思路通常导向这一点。"遍布他作品的确实是这个主题：生命的空虚很可怖，除非强行填满——最好是用建设性的兴趣，如果没有，那就用任何能分心的事物。[12]

帕斯卡尔在《思想录》里说了非常相似的道理，而我们知道约翰逊是极为推崇这本书的。"Ennui"（无聊）不仅仅是无聊，还是一种可怕的精神空虚。"无聊：对一个人来说，最不堪忍受的是处于完全的安息状态，没有激情，无所事事，没有消遣，也无所用心。这时候，他就会感受到自己的虚无、自己的沦落、自己的无力、自己的依赖、自己的无能、自己的空洞。从他灵魂的深处就会马上出现无聊、阴沉、悲哀、忧伤、烦恼、绝望。"[13]

　　实际上，约翰逊关心的是他所谓的"对心灵的道德约束"；这个说法指对不该有的念头和欲望的控制，约翰逊发现这是在自己的生活里极难实现的目标。正因为他的内心体验如此狂乱，如此凶险，以经过深思熟虑的表述方式把它提炼出来，具有理疗的作用。这位病人试图让自己转变成导师的角色。[14]

　　约翰逊欣喜地发现《漫游者》广受喜欢，甚至广受推崇，但他知道自己永远无法赢得艾迪生和斯悌尔曾经拥有的那么庞大的读者群。到了该停笔的时候，约翰逊说了一段话，话语间掺杂着骄傲和失望，令人心酸。"对自己感到厌倦的人，很快就会使公众感到厌倦。因此，任何事务，只要无法继续令他积极投入或集中精神，他不妨将它放下来；不要试图与指摘的声音相纠缠，不要阴魂不散地待在舞台上，直到众人齐声把他嘘下台去。"[15]

"约翰逊体"

　　约翰逊喜欢繁复华丽的散文风格。在他生前和死后，这种风格，即"约翰逊体"，经常被人批判和戏仿。他尤其喜欢基于拉丁词根建构的大词，其中许多，普通读者都不熟悉。当乔治·奥威尔说"能用小词就别用大词"时，他其实是在反对心怀叵测故作晦涩的政治和广告现象，具体表现为用大词来掩盖别有用心。在这一点上，大概没有人比约翰逊更有辨别力了。但很多时候，他会争辩说，小词根本起不到效果。而且，大词的使用有助于突显那些精选的小词。[16]

当然，风格不仅仅是用词大小的问题。约翰逊在一篇随笔中描述了把各个句子和段落统合成一个赏心悦目的整体时所面对的挑战："作家经常遇到这样的苦恼，只差一个词就能写出满意的圆周句，只需一个修饰语就能让句子的铺陈充满力道，只需一个恰当的措辞就可以让一段话优雅地结束、句子成分之间相互呼应；但是，这些缺憾并不总是能够弥补的；经过长时间的苦闷斟酌之后，文字又得推倒重写，几乎织好的网也要解开重织了。"[17]

约翰逊提到了"满意的圆周句"（a happy period），因为他的风格常被称作"圆周体"（periodic）。我们如今使用"period"（句号）一词，只是表示标点符号。但在传统修辞学中，它指的是那种逐步将我们引向结论、分句相互联结的整体结构。"擅长圆周句的文体家，"理查德·兰纳姆说，"喜欢制造平衡、平行、对立，喜欢精心设计的重复模式。所有这些都是某种心智的戏剧性呈现：这种心智操控经验，将其塑造为自己喜欢的模样。"以这种方式构建句子和段落是对读者的致敬，邀请他们思考观念在互相对接或对立的过程中，其意义如何获得深化。[18]

对约翰逊来说，圆周体不仅仅是一种智力建构，也是一种美学和情感体验，它的节奏完全可以称为音乐的节奏。在最后一期《漫游者》中，他说他希望自己为英语"结构的优雅"和"音律的和谐"作了一点贡献。[19]

词典编撰家

早在 1746 年，一个由出版商组成的协会与约翰逊签订了编撰大部头词典的合同，从那时起，约翰逊就一心扑在这上面，循序渐进。

1755 年，这部词典终于问世，立即被公认为历史性的成果；一位早期的传记作家称之为"约翰逊的词语世界"。在约翰逊去世两百周年之际，《泰晤士报》的一篇社论宣称："英国人最大的荣耀是他们的语言；在所有语言中，约翰逊的词典是唯一由才华卓著的作家编撰的，它与英语的辉煌崛起大有关系。"[20]

　　这样说并没有言过其实。以前的英语词典只是单词列表。它们不大注意词义的细微差别，更不要说词义随时间演变的方式。约翰逊有着一位卓越作家的特质，他喜欢文字的风味，敏于感知词语的微妙之处，意识到语言作为生命体是如何变化的。在当时的法国，法兰西学院也在筹备一部词典，试图一劳永逸地确立所有词语的"正确"含义。与此截然不同，约翰逊开创了自己独有的定义词语的模式，后来被《牛津英语词典》所传承。他想展示词语所有的使用方法，并从之前的作家那里取来释例，说明它们在特定语境中的用法。

　　约翰逊的《英语词典》大约有四万个词条，是用作例证的引文数量的三倍。全书分成两大卷，共二千三百页，每页对开大小，分作两栏。对开本长十八英寸，宽十二英寸，大约是现代地图集的大小，可以想见《英语词典》是重磅之作，一位早期作家称这种书籍为"便携"之书，"当然，前提是你的马匹强壮有力"。在扉页上，约翰逊的姓名被冠以"A. M."头衔（我们今天的说法是"M. A."，即"文学硕士"）；约翰逊在牛津大学的朋友托马斯·沃顿为他争取到了一个荣誉学位，以提高他的学术声望。当时尚未遇见约翰逊的亚当·斯密写了一篇热情洋溢的书评："当我们把这部书与其他词典相比较时，这位作者的才识就显得超群绝伦了。"[21]

　　由四十名成员组成的法兰西学院已经为他们的词典项目苦干多年，但仍未完成，加里克提及这个事实时，不禁吟诗赞美起朋友的成就：

图 10　高夫广场 17 号

> 约翰逊，就像昔日的英雄，威风凛凛，
>
> 打败了四十个法国人，还会再打败四十人！

很快，人们提起他来，经常称他为"伟大的辞典编撰家"。[22]

　　委托约翰逊编撰这部词典的出版商们向他支付了 1575 英镑，这笔钱在当时十分可观，但约翰逊的开销同样巨大，到九年后书出版时，他已然透支。为了给这项工程提供足够的空间，他租了一套他迄今住过的最大的房子，即舰队街附近的"高夫广场 17 号"，这里如今变成了约翰逊博物馆（图 10）。约翰逊的团队由六名领薪助手组成，他们每天都会来这里，待在阁楼上搜集原材料。约翰逊会购买或借取英语作品的权威版本来通读，在他想用的单词底下划线。然后，助手们会把这些单词所在的句子单独抄在小纸条上。《牛津英语词典》的编辑们后来也采用了同样的方法。

当巨量的纸条最终按照字母顺序排列好以后，约翰逊会选出合适的释例，并将它们与定义相匹配，所以，他的词典既是对词语用法演变的回顾，也是一部妙文佳句的集萃。约翰逊尤其喜欢引用莎士比亚的作品。也许除了莎士比亚以外，没有作家使用过"瘫床者"（bedpresser）这个说法，但它竟然出现在《英语词典》中，意思是"笨重的懒汉"，释例来自哈尔王子辱骂福斯塔夫的句子："你这满面红光的孬种，你这瘫床者，你这坐塌马背的家伙，你这庞大的肉山！"[23]

在这部词典的精彩序言中，约翰逊坦承道，"活生生的语言趋于无限的混乱"，阻止其中的蜕变是不可能的。拉丁语之所以稳定，是因为拉丁语已经死了。它曾经发生变异，成为现代罗曼语，而这些语言仍然在变化，且将一直变化下去。英国人不像法国人那样，试图自上而下地阻止语言的变化，所以，英语更易蜕变，即使最简单的词语，也可能涵盖十分宽广的意义范围。约翰逊对"put"的定义足足有三页，对"take"的定义则有五页之多。"这些词之间的关系，"约翰逊说，"时时刻刻都在发生变化，要想在词典里澄清它们的内涵，殊为不易，就像在狂乱的风雨中不能依据水中倒影准确描绘树丛一样。"[24]

当几位女士祝贺约翰逊没有收录"淫猥"词汇时，他揶揄道："什么，亲爱的？难道你们一直在找这类东西？"不可否认，一些极为淫秽的词语没有出现在约翰逊的词典里，但他并不反对将"奶子"定义为"女人的乳房"。我们还会发现"后臀""腚"和"屁股蛋子"（这些词都被约翰逊用类似于"臀部：我们身体承受坐力的部分"的说法来解释），以及"吊屁股蛋子"这种说法（"粗俗的短语，表示拖拉、迟缓或散漫的意思"）。遇到这些情况，约翰逊会用幽默的例句来解说正确的用法。为说明"奶子"一词，他引用了阿巴思诺特博士（斯威夫特和蒲柏的朋友，机智诙谐，"约翰牛"这个人物的虚构者）的文字："他们说，呸！这么一个漂亮活泼、温文尔雅的年轻人，竟被一个溺爱他的老妇人管束着；你为什么不去吸她的奶子呢？"约翰逊用约翰·萨克林爵士写于 17 世纪的一首诗来解释"屁"（"从身体后头排出的气体"）：

> 爱就是人人心里
> 都装着的屁；
> 憋住不放，会让自己难受，
> 放了出来，会让别人难堪。[25]

《英语词典》给很多衍生自拉丁语的词语提供了定义，其中不少是约翰逊在旧书中找到而他同时代的人很少遇见的。T. E. 劳伦斯（即"阿拉伯的劳伦斯"）的一位朋友是牛津大学的经济学家，他知道他很喜欢这样的词汇。有一天，劳伦斯从伦敦回到牛津，这位朋友问他："首都此时是不是云迷雾锁（caliginous）？"劳伦斯回答道："有点云迷雾锁的意思，但还不至于密不透光（inspissated）。"这两个词都出现在约翰逊的词典中。"caliginous"的意思是"模糊、黯淡、昏黑一片"；"inspissate"的意思是"浓密，使……变得浓密"。约翰逊本人在一次关于莎士比亚的谈话中用过这个词："在《麦克白》关于夜晚的描述中，甲虫和蝙蝠的出现使读者关于黑暗——密不透光的晦暗——的总体印象大打折扣。"[26]

有时，约翰逊使用这些词，显然是为了开玩笑。鲍斯威尔提到，在一次晚宴上，约翰逊声称没有人会因为《乞儿的歌剧》中那位虚构的拦路强盗而"成为流氓"。"然后，他蓄足气力，重重打出一拳：'这部作品试图让所有的基本原则离析涣奔（labefactation），对道德的伤害也许正在于此。'他发表自己对作品的意见时，我们坐在那里，强忍着笑意，生怕会笑出声来，面相颇为滑稽。"[27]

《英语词典》的印刷必须分阶段进行，这样，在一部分印完以后，金属活字才可以重排，以便再次使用。但是，在将底稿送去印刷的过程中出现了无数次磨蹭拖拉的状况。常有紧急消息送到高夫广场，催促约翰逊加快进度。鲍斯威尔知道整个工程完结时发生的一段小插曲。"信差将最后一份稿纸送到米勒那里回来后，约翰逊问他：'他说了什么？''先生，'信差回答说，'他说，感谢上帝，我跟他总算一了百了了。''我很高兴，'约翰逊微笑着答道，'他此时还能感谢上帝。'"[28]

《英语词典》是一项伟大的成就，但对约翰逊来说，这意味着他花了近十年的时间致力于一项基本不掺杂个人感情的工程。这项工程完结时，特蒂已经去世三年，序言的最后几句话饱含着切身的感慨。"即使这部词典不被赞为完美之作，我也依然感到心安，试想想看，即使获得这样的美誉，悲伤落寞的一人能从中获益什么？词典的编撰进度曾经再三拖延，直至我想取悦的人大多进了坟墓，'成功'和'失败'不过成了空洞的回声；所以我如今已不再纠缠于成败，心中已是一片平静，波澜不起，就不再害怕招致责难，或希望赢得荣誉。"[29]

对恩主的定义

第四代切斯特菲尔德伯爵菲利普·多默·斯坦霍普，明明是文学票友，却认为自己是一言九鼎的权威。约翰逊开始编撰词典后不久，就意识到出版商的津贴不够用，突然想到切斯特菲尔德也许会对此感兴趣。在1747年发表的《英语词典筹划》中，他亲自恳求切斯特菲尔德考虑赞助这部词典。结尾是这样的："无论我的努力将有什么结果，我都不会轻易为自己的尝试感到后悔，因为它使我有幸如此出现在公众面前，我是您最顺从和最谦卑的仆人，塞缪尔·约翰逊。"[30]

这样的话或许让切斯特菲尔德心里颇为受用，但他并没有因此上钩。然而八年后，这部词典出版在即，切斯菲尔德在一本期刊上刊登了数篇文章，推荐这项即将面世的成果，并称赞约翰逊是语言的公裁者（dictator）。毫无疑问，他想给人造成自己曾为辞典的编撰疏财出力的印象；他的大名将出现在扉页上，他还有望获得一套装订精美的赠书。但是，他刚称赞过约翰逊，便对他大加侮辱：约翰逊应该被归入"学究型"作家，而非"文雅型"作家。切斯特菲尔德谈及约翰逊缺乏社交风度时说道，他更看重约翰逊作为裁决者的公正，而非"作为优雅绅士的风采"。正如劳伦斯·利普金所说，"人人都觉得这篇文章的作者是一位有涵养、有雅致的绅士"。[31]

愤怒的约翰逊给切斯特菲尔德回了一封信，这封信很快就广为人知（尽管多年后才得以发表）。切斯特菲尔德把这封信公开放在桌上供客人阅览，而且会称赞它写得很好。这封信可不只是写得很好而已。[32]

忆昔伫候于室外，见拒于侯门，岁月荏苒，春秋七易。七岁之间，仆励志孟晋，披荆斩棘，致力于辞书之编著；个中艰辛，今日言之何益？所幸功垂于成，刊行在即，其间未尝获君一臂之助，一言之勖，一笑之惠。惟此等殊遇，原非所期，盖仆生平迄未受恩主之惠。

维吉儿诗中之牧者，其后终得悉"爱童"之为人，方知其为铁石心肠之辈也。伯爵阁下：见人挣扎于水中则漠漠然袖手旁观，见其安然登岸则逮逮乎殷勤相助，此非恩主之为人乎？阁下于拙著之锦注，若在昔年，诚不失为美意；惜于姗姗其来迟，今仆已兴味索然，难以欣赏；仆已孑然一身，无人分享；仆已薄有声名，不劳垂顾矣。且仆既未受惠于人，自不欲对其感恩戴德；仆借天助独立完竣之功业，自不欲天下人误以为恩主所赐；此言谅不致失之于尖酸刻薄耳。

　　仆自编撰辞书以还，未受惠于任何学术赞助人，则于今大功垂成之日，即无丝毫恩赐，亦当不以为憾耳。盖仆昔时固尝陶醉于希望之美梦，今则梦醒久矣。

仆

塞缪尔·约翰逊顿首再拜[33]

　　在新版《人类欲望的虚妄》中，约翰逊有一处改动值得注意。在原诗的描写中，威胁学者生命的因素有"辛劳、嫉妒、贫困、阁楼和监狱"，约翰逊用"恩主"代替了"阁楼"。[34]

王室年金

　　1759 年，利奇菲尔德有人来信告知约翰逊，他母亲已生命垂危。但即便如此，约翰逊还是迟迟不回家看她。他声称自己不急于回家的唯一原因是要挣钱照顾她，必要时还得给她办丧事，这当然是一种合理解释。这大概就是他当时创作《拉塞勒斯》的缘由。

　　1759 年 1 月 20 日约翰逊给母亲写了最后一封信，而这一天正是她去世的日子。"可亲可敬的母亲：鉴于您的性格以及目前的状况，我不宜对您多言。您是最好的母亲，我相信您是世界上最好的女人。感谢您对我的宽容，凡我做得不好的事，凡我没有想到要做好的事，我都请求您原谅……最最亲爱的母亲，我是您的孝子，塞缪尔·约翰逊。"1 月 23 日，莎拉·约翰逊下葬，而她的"孝子"仍然身在伦敦。一位精神病专家的解读颇有道理："约翰逊在她远离自己的时候，将她理想化为'最好的母亲',构建成一种符号,与她相见无疑会让自己的幻想毁于一旦。"[35]

不管约翰逊写作《拉塞勒斯》的缘由是否真如其所言,那些年他确实极度缺钱。《漫游者》和《英语词典》出版后,他总算声名鹊起,可就在1756年,他给塞缪尔·理查逊送去一封紧急信(理查逊不仅是受欢迎的小说家,也是有钱的印刷商):"不好意思,得求您帮我一把。我被逮捕了,罪名是欠了别人五镑十八先令的债。这种情况下,我本来是可以从斯特拉恩先生那里获得帮助的,但他此刻不在家,米勒先生恐怕也找不到。如果您能把这笔钱送到我这边,我日后定将感激涕零地奉还,把它添入先前欠您的恩情中。"依据理查逊在这封信的空白处的批注,他立即派人送去了六基尼(比约翰逊所求的多了八先令);约翰逊对此表达了"最诚挚的谢意"。[36]

1762年约翰逊的手头终于宽松起来。他没想到自己会获得每年三百英镑的王室年金。这足以让他过上舒适的生活,从此以后,他靠写作挣来的钱只是锦上添花,而不是为了入能敷出。不过,这件事也有尴尬之处。在《英语词典》中,约翰逊把"年金"定义为"一种津贴,发放对象全无享受资格。在英国,一般认为这是付给国家公务员叛国行为的报酬"。批评约翰逊的人坚持认为他此时接受年金,显然是巧伪趋利,但约翰逊本人接受了这样的解释:这是为了表彰他以前的工作,而不是为了交易。英王乔治三世登基才两年,与那些前任不同,他是有着强大求知欲的读者,真心看重约翰逊的才学。

尽管如此,王室政府对约翰逊可能还是抱有期待的。那是一个充满政治纷争的时期,"七年战争"尚未结束,北美殖民地的动荡日益加剧。虽然托利党政府没有明确提出来,但他们很可能希望能够借用约翰逊的笔头功夫。事实上,约翰逊接下来确实为他们写了很多人认为不明智的论战小册子。

第三章

遇见约翰逊前的鲍斯威尔：向广阔的世界进发

法官之子

詹姆斯·鲍斯威尔的父亲亚历山大被称为奥金莱克勋爵。这不是世袭头衔，而是给予最高级别法官的一种尊称：亚历山大是苏格兰最高民事和刑事法庭的成员。"奥金莱克"（Auchinleck）是当时仍由詹姆斯祖父掌管的家族庄园的名称，有时读作"阿弗莱克"（Affleck），重音落在第二个音节上。亚历山大·鲍斯威尔私底下确实有一个世袭称号：第八代"奥金莱克的领主"。附加词"的"表示与特定地点的关系：领主是历史悠久的庞大庄园的所有者。

詹姆斯是三个儿子中的老大，1740 年出生于爱丁堡。他父亲理所当然地认为詹姆斯会做出一番骄人的事业，最终接替他成为庄园的主人。奥金莱克勋爵为人严厉、苛刻，爱冷嘲热讽，伤人不浅。他还以自己的高深学识为傲，但庄园的管事说他"像飞蛾一样在书页之间流连，没有从书中汲取任何教诲"。詹姆斯十五岁时，著名画家艾伦·拉姆齐为奥金莱克勋爵画了一幅肖像，从画中可以清楚地领略他有多吓人（彩图 5）。[1]

詹姆斯唯一愿意承认父亲教给自己的东西就是严格求真的习惯，而且终其一生，他在这方面都表现得卓尔不凡。在记录约翰逊与其他朋友的谈话时，这变成了一种巨大的优点。"我不记得父亲给我灌输过什么有价值的原则，除了一条，那就是严格以事实为依据，他在我很小的时候狠狠打了我一顿，从此这条准则就深深地印在我心里了。"鲍斯威尔在日记中说到这点时充满了悔恨和不安，因为他自己也曾一反常态，打了四岁的儿子。[2]

在约翰逊的成长岁月里，父亲为人软弱，母亲个性强悍，而鲍斯威尔的经历恰恰相反。他从来做不到能让父亲满意的程度，甚至年过三十了，还在抱怨父亲把自己当成小孩子对待。他母亲则有着截然不同的性格。她原名尤菲米娅·厄斯金，比丈夫小十岁，胆小羞怯，深居简出，极其虔诚。这种虔诚的信仰给孩子们造成了各种痛苦，因为她决意在一种异常严厉的信仰环境中把他们抚养成人。

苏格兰长老会带有浓烈的加尔文主义色彩，强调得救预定论和地狱之火的惩罚。"我永远不会忘记，"詹姆斯二十岁出头的时候写道，"年少时由于狭隘的宗教观念，我时刻承受着内心的惶惶不安、郁郁寡欢，稚嫩的心灵被地狱的恐怖景象撕裂。"他被迫背诵《小教理问答》的内容。这本小册子宣称："全人类因堕落而丧失了与上帝的交通，并在他的忿怒和咒诅之下，难逃今生的无穷悲苦、至终的死亡结局以及地狱的永恒痛苦。"鲍斯威尔曾有缘与让-雅克·卢梭相见，后者虽然也被培养成了加尔文主义者，但秉承的宗教观更为包容；鲍斯威尔语气激愤地告诉卢梭，周围的人从小要他对"那个他们称作上帝的可怖存在"心怀恐惧。[3]

在鲍斯威尔的青年时代，爱丁堡有五万居民，大约是伦敦人口的十五分之一。1707年，《联合法》*将苏格兰并入英格兰，成立联

---

* 实际上这个说法是一种误解。因为1707年英格兰与苏格兰的联合并非通过议会制定法，而是通过苏格兰和英格兰各自议会立法所批准的条约来实现的。

合王国（米字旗将英格兰的圣乔治红十字和苏格兰的圣安德鲁白十架结合在一起）。苏格兰人现在开始选举出席威斯敏斯特议会的成员，但文化统一程度却不及政治上的联合。"即使在《联合法》颁布后，"一位历史学家说，"苏格兰在很大程度上仍是一个独立的国家，其社会思想、法律体系、政治和经济结构、教育和宗教制度及原理都有实质上的不同。"鲍斯威尔一生都与英格兰，尤其伦敦，有着不解的情缘，但他始终看重自己作为苏格兰人的民族身份。[4]

附带提一句，形容词"Scotch"（"苏格兰佬的"）在这个时期逐渐不流行了。1754年，大卫·休谟在他大受欢迎的《英国史》第一版中使用过这个词，但在后来的修订版中改为"Scottish"（"苏格兰人的"）。鲍斯威尔从未作出这样的改变。在《约翰逊传》中，他说自己鄙视"任何想彻底甩掉本地口音的苏格兰佬（Scotchman）"，而认识他的英国人也证实他从来没有甩掉过自己的口音。[5]

鲍斯威尔不仅是苏格兰人，还非常期待继承自家的庄园，成为领主。他小时候住在爱丁堡，但夏天常在奥金莱克度过。古老的祖宅早已不复存在；他父亲成为领主后，新建了一栋宅邸。1762年这座花岗岩宅邸终于建成，风格古典而时尚，看起来威严壮观（彩图6）。

在奥金莱克，鲍斯威尔最喜欢的是一座中世纪古堡的废墟（图11）。他父亲的新宅邸共三层，由宽大的楼梯通向二楼的主要房间，包括主卧和一间大图书室。顶层还有五间卧室，其中一间属于詹姆斯，从那里可以看到城堡废墟，他觉得十分浪漫。[6]

鲍斯威尔曾经坦承道（话里不乏深刻的洞见）："我这个家族的荣耀可能就在于自爱。"他为"曾随征服者威廉来到这里的祖先，即法国的布瓦斯维尔人"感到自豪；他更为法夫*的托马斯·鲍斯威尔感到自豪：托马斯作为第一代奥金莱克领主的特许状于1505年得到

---

*　苏格兰东部旧郡，在福斯湾沿岸。

图 11　奥金莱克的城堡废墟

批准，1513 年他在弗洛登原野与英国人作战时阵亡。1782 年，詹姆斯继承父亲，成为第九代奥金莱克领主。他在旅行中碰巧遇见了一位实际上拥有弗洛登原野的绅士。鲍斯威尔写道："他答应让我在那里立一座碑，纪念我那位倒在那里的先人托马斯·鲍斯威尔。"但这件事从未落实过。鲍斯威尔总是将自己幻想成一名管辖佃户、受佃户爱戴的乡绅，但吸引他的其实是地位，而不是现实生活。当他终于拥有奥金莱克庄园时，几乎无法待在那里消磨时间，相比之下，他更喜欢待在爱丁堡，如果走得成的话，更喜欢待在伦敦。[7]

六岁时，小詹姆斯就读于爱丁堡一所私立学校。晚年的他喜欢到小酒馆与老同学聚会，每年一次。"我们取乐的方式总是有点奇特，大家每回都开同样的玩笑，大家都愿意被彼此消遣。"十三岁时，他进入爱丁堡大学，这是当时读大学的正常年龄；他在那里断断续续上了六年课，结识了几位终生至交。其中最重要的是威廉·坦普尔，他来自英格兰诺森伯兰郡的特威德河畔贝里克，那里离苏格兰边境南部只有几英里。后来坦普尔成为一名牧师，鲍斯威尔一生中最坦诚地吐露心迹的书信正是寄给坦普尔的。[8]

他们有一位同学名叫亨利·邓达斯，两人对他的评价都不高。邓达斯后来在全国政治舞台上迅速飞黄腾达，鲍斯威尔想从他那里寻求提携，却无功而返。中年时，他和坦普尔"回忆起大学时的同窗邓达斯，当时我们都认为他比我们逊色很多，没承想他后来竟然平步青云"。鲍斯威尔永远无法纠正自己的这个想法：要想出人头地，靠自身天赋就可以，不需要埋头苦干。[9]

鲍斯威尔并不反对教育，但他显然觉得人生在世是为了寻欢作乐。他学会了饮酒，只是没到酗酒的地步，与朋友往来相交的时间不可胜数。他总是忍不住卖弄自己。"我有一个吓人的毛病，"他年轻时曾写道，"就是为了逗人发笑，几乎什么都可以牺牲，连我自己也不例外。"他那玩世不恭的幽默颇具感染力，日后一直如此。多年以后，一位苏格兰法官说道："你看到他那张总是满透着喜感的脸，就会忍俊不禁。他属于那种光靠表情就能惹人发笑的人。"另一位熟人说，他的故事印在纸上，读起来很风趣，由他亲口讲给众人听时，更显风趣，"这不仅是因为他用词富于口语色彩，生动活泼，绘声绘色，更因为他的表情和举止在严肃之中透着幽默，甚至带有一点古怪的意味"。[10]

鲍斯威尔最擅长的是戏仿，在捕捉塞缪尔·约翰逊的说话风格时，这个天赋对他大有帮助。他能令人信服地表现出被模仿对象的面部表情、身体姿势和声音特质。二十二岁那年，在社交晚会结束之后，他写道："今晚我兴致不错，给他们带去了无尽的欢乐。我开始模仿大卫·休谟先生，表现着实精彩。说实话，这可不是什么模仿，简直就是他本人现身。我不仅掌握了他的外在谈吐，更是把握了他的情感和表达方式。"[11]

对鲍斯威尔的文学成就更有意义的是他开始写日记，学会了如何将社交活动生动呈现在纸面上。一次晚宴上，他巧遇一位退休律师，他描述此人的笔触干脆利落："他严谨、刻板而傲慢，穿深棕色外套、浅黄色马甲和黑马裤，脸型瘦长，棱角坚硬，戴着饱经风霜的短假发，笔直坐在椅子上，用英格兰口音唱起了《沾焦油的羊毛》（*Tarry Woo*）。"事实上，这是沃尔特·司各特爵士乐意在众人面前演唱的为数不多的歌曲之一：

> 牧羊人能把歌儿唱得这么好，
> 谁会想当君王，可有人知道？
> 他歌声美妙，靠着诚实的心灵
> 和沾焦油的羊毛赢得尊崇。

鲍斯威尔补充说："我们度过了一个非常愉快的夜晚——我开尽了玩笑，也喝了很多。"也就是说，他喝了不少酒。[12]

鲍斯威尔有一副好嗓子，歌唱得好。他理应为此感到自豪，但不幸的是，他自诩为诗人，一生都在发表打油诗。他以为自己的诗歌极为出色，偏偏别人都觉得那些是烂诗。别人的看法确实有道理。他的一些诗作被收进一本名叫《鲍斯威尔的劣质诗》的小书里，从书名的措辞可见，编者显然是手下留情了。

其中一首诗包含一幅充满深情的自画像，从中能很好地领略鲍斯威尔喜欢在社交场合怎样展示自己：

> 他说话那么从容，那么有魅力，
> 我们端坐着，心神全被他主宰；
> 他唱歌时的表情多么滑稽，
> 我们的肚皮都快笑得炸开。

把自己想象成观众中的一员，加入为自己喝彩的人群中，是鲍斯威尔的一贯做法。[13]

爱丁堡此时已经放宽了加尔文主义对戏剧的禁令，鲍斯威尔深深着迷于天才演员所创造的想象世界。他还十分认同一位名叫韦斯特·迪格斯的英国演员；此人在约翰·盖伊的《乞儿的歌剧》中饰演了一位潇洒时髦的劫匪英雄。去剧院看戏无疑是对他母亲价值观的直接反叛。她只进过剧院一回，竟然号啕大哭起来。[14]

奥金莱克勋爵开始注意到自家的儿子正在变成花花公子，甚至听说他与女演员纠缠不清，于是命令詹姆斯离开爱丁堡，前往格拉斯哥大学就读。这事发生在 1759 年，当时鲍斯威尔刚满十九岁。

与更有文化底蕴的爱丁堡大不相同，格拉斯哥是一座繁忙的商业城市；依据最严苛的加尔文主义传统，这里是不允许剧院存在的。鲍斯威尔憎恨格拉斯哥，回想起来时，都觉得那是"我将会永远鄙视的地方，因为那里充斥着一群没礼貌、没教养、心智狭隘的可怜虫"。在写给朋友的信中，他的诗句充溢着感伤的基调：

> 可怜的我啊！风华正茂之际
> 必须承受心灵被愁云蒙蔽时
> 暗无天日的忧郁。[15]

这所大学的纪律很严格，对学生和教员都是如此。亚当·斯密教授哲学和修辞学（经济学当时还未形成学科），每年 10 月到次年 6 月，每个工作日都有课要上，从上午七点半一直上到下午一点，午后余下的时间便用于辅导学生（其中也包括鲍斯威尔）。斯密是一位敬业的教师，学生对他既尊敬又热情。"他在私下里十分随和，"鲍斯威尔在给朋友的信中写道，"没有那种常能在教授身上发现的拘谨刻板、迂腐不化的特点。不仅如此，他还是一个很有礼数、很有教养的人，非常喜欢和自己的学生待在一起，对他们极为和蔼可亲。"斯密当时还未出名，不过也快了，他发表《道德情操论》那一年，鲍斯威尔开始跟着他读书。[16]

在格拉斯哥待了六个月后，鲍斯威尔做了一件大胆的事。他从大学潜逃出来，纵马向伦敦飞奔，走了整整三百英里。他用了两天半的时间，一路从卡莱尔骑行到伦敦，这实在是了不得的壮举。当鲍斯威尔把这件事说给几位技艺精湛的骑手听时，他们不禁叫道："什么，先生，马匹没换过吗？""各位先生，"他答道，"这算不得什么大本事。我告诉你们更厉害的：连屁股都没换过！"[17]

一到伦敦，鲍斯威尔一度动起改宗罗马天主教的念头。天主教吸引鲍斯威尔的是奢华的仪式和赦罪的承诺。这不仅会对他个人的职业发展构成致命障碍，也是对他的父母的惊人反叛，但好在他很快就抛诸脑后。虽然回到了国教会（自相矛盾的是，他在苏格兰信奉长老会，在英格兰信奉圣公会），但他仍然倾向于宽松的宗教信仰，不被任何教派拘束。几年后，他对一位耶稣会的教士说："我从耶稣那里获得了信仰，竭力热情地崇拜天主；我发现庄严的敬拜会激发自己的虔诚心，乐于在天主教堂里敬拜上帝。我说过，基于本人的天主观，我并不惧怕上帝，不认为他是残忍的。"[18]

在伦敦，鲍斯威尔尽其所能，坚持到剧院看戏。那时的观众喜怒溢于言表，也许就在那个时候（具体日期不详），他和一位来自爱丁堡的朋友——牧师休·布莱尔——一同坐在德鲁里巷剧院的大众席上。"年轻时的我真是放荡不羁，趁着心血来潮，模仿起了母牛的哞哞叫，将观众逗得不亦乐乎。"表演很成功，观众们都喊道："牛叫再来一次！再来一次！"接着，鲍斯威尔又尝试了其他各种动物的叫声，但效果不佳。"那位牧师朋友担心我名声受损，神情极其严肃认真地对我说：'可敬的先生，我要是你的话，还是只学牛叫声吧。'"[19]

图 12　鲍斯威尔学牛叫

　　很久以后，好出风头的鲍斯威尔没忍住冲动，将这个故事以印刷文字的形式讲述出来。漫画家托马斯·罗兰森受此启发，创作了一幅插画（图 12）。前景处的尖刺是为了防止观众爬上舞台，没有拦阻，他们很可能会有此举动。鲍斯威尔喜欢尽可能靠近舞台；在另一个场合，他提到自己坐在"尖刺前头"。[20]

　　奥金莱克勋爵没多久就找到了这位逆子，命他返回爱丁堡。鲍斯威尔没有回格拉斯哥，也没有拿到学位（年轻的苏格兰绅士通常对此不大在意）。相反，他开始自学法律——当时并没有专门的法律学校——家人承诺如果他能通过民法考试，就允许他返回伦敦，并指望他之后前往荷兰继续深造，因为荷兰的法系建立在罗马法的基础上，与苏格兰法律相似。

　　鲍斯威尔这段时间的日记没有留存下来，但零零散散的记录足以证实他与多位女演员、一位身份不明的贵妇以及一位"稀奇的小美人"之间有进一步的私情。那位"小美人"可能是一位名叫佩吉·多伊格的女仆，我们只知道她给鲍斯威尔生了两个私生子：一个女儿和一个儿子。离开爱丁堡后，他仍然与佩吉保持联系，向她提供经济支持。不过，两个孩子很小就夭折了，这在当时是极为普遍的现象。[21]

疑病症患者

十七岁那年，鲍斯威尔的抑郁症发作过一次，病势吓人。另一次发作出现在他刚从伦敦回来的时候，二十五年后他仍然清晰地记得"二十、二十一岁时来势凶猛的忧郁症令我饱受其苦"。鲍斯威尔的家族有抑郁倾向。詹姆斯的祖父就曾深受其害；他那个当医生的叔叔约翰也一样，比起父亲，詹姆斯觉得跟叔叔更合得来；他还有一个弟弟，也叫约翰，也未能幸免，不得不在一位医生家里禁足很长时间。[22]

更糟糕的是，奥金莱克勋爵不仅自己没有患抑郁症，而且对抑郁症毫无共情。"父亲与我完全不是一类人，"在最终得以脱身后，鲍斯威尔写道，"他完全精神正常，认为我不做实务，就是个窝囊废，在这样的家里，做一个年轻的领主，真是不胜其烦。"同样是苏格兰人的托马斯·卡莱尔听说了鲍斯威尔父亲的故事后评论道："老奥金莱克也许没有他儿子那种孔雀开屏、得意洋洋的虚荣之姿，却没少有大公鹅那种慢踱阔步、凶强好斗、嘎嘎叫嚣的自负之态。"[23]

忧郁症和疑病症在当时被视为同义词。鲍斯威尔同时使用这两个词，有时还用"气郁"（hipped）来形容自己。他认识约翰逊之后，理所当然地认为他们都为"忧郁症"所害。但与约翰逊不同，鲍斯威尔每天清晨都能精神抖擞地醒来，并在一段时间里保持一种没有理论可以解释的欣快状态。如今可以确认他患有双相情感障碍，那个时代的人们即使对这种疾病有所了解，也是很模糊的。[24]

不过，在当时的一部关于疑病症的经典文本，即乔治·切恩的专著《英国病》（外国人声称英国人特别容易患有疑病症）中，有一段文字意味深长。切恩描述了一些常见的生理症状后，开始用与鲍斯威尔的经历紧密贴合的表达来描述心理症状："忧郁根深蒂固，大脑中的画面飘忽不定、虚妄不实，所有智力活动都变得不稳定、无着落，还有失忆、沮丧、恐惧和绝望……有时会莫名地大笑，面露喜色、手舞足蹈；其他时候，则会突然大哭，只觉得悲伤、苦闷。"鲍斯威尔喜欢的约翰叔叔就显露出这样的症状。十五年后，鲍斯威尔在日记中写道："那位医生的性情太火暴了，表现出我们家族血液中那种不安分气质的种种症状。但他和我都真心喜欢彼此。"[25]

鲍斯威尔在余生中继续思考自身的病情，从1777年到1783年，他发表了一系列缘事而作的文章，总共七十篇，取名为《疑病症患者》（即 The Hypochondriack，他以约翰逊为榜样，喜欢让这个单词以"k"结尾）。在这些文章中，他对自身境况的描述富于洞察力：

> 有一位优雅而聪慧的女士受疑病症所苦，曾向我提出一道难题：该如何解释这种病症，即一个人外表看起来再健康不过，有时心神却极为不定？我对这个问题的解答是：当身体没有明显的紊乱症状时，体内较精细的部位、神经、神经液，或者任何支配感觉或情感的精致中枢，却往往会受伤害或被搅乱。由此带来的后果，每个心思细腻之人都曾体会过，只是程度因人而异。也可能是心智本身患病了，里头"爬满毒蝎子"，或者蒙上了与身体状态完全无关的"一层惨白的思虑"。

麦克白说他的脑子里爬满毒蝎子，而哈姆雷特说他果断的天性"病恹恹地蒙上了一层惨白的思虑"。[26]

当时的理论假定神经冲动必然是靠某种体液传导的，而且就像古老的体液理论一样，精神紊乱必然有某种生理基础。"神经质"这个词也有同样的起源，在 19 世纪末，它仍然指神经系统的紊乱，并不一定表现为精神疾病。在抑郁症发作时期，鲍斯威尔经常会说"神经液出现紊乱了"。似乎令他不解的是，即使在他的身体状况看似非常不错的时候，短期发作也还是会出现。[27]

终得自由

在二十二岁生日前夕通过民法考试后，1762 年 11 月 15 日，鲍斯威尔与父母话别，兴高采烈地离开了爱丁堡。"他们对我十分宽厚。我从他们身上感受到了异常强烈的父慈母爱，而我对他们则怀有非常热忱的孝顺之心。此时我作为人子，即将离家前往广阔的世界，终于可以做自己的主人了；这个场景、这个念头令我欢喜至极。"这里的陈词滥调有点乏味——"父慈母爱""孝顺之心"——鲍斯威尔也许并非真正感受到这些情感，更有可能的是他想拥有这样的情感体验。不过，他确实欣然于自己扮演的角色，即童话故事里踏上冒险之旅的王子。"场景"一词具有戏剧内涵，鲍斯威尔日后总是将自己的人生放在各种场景里想象。[28]

与家人告别后，鲍斯威尔爬上了一辆与另一位乘客共享的双人轻便小马车。"就这样我走了。经过'十字架'［一座顶部有城市徽章的装饰性建筑］时，脚夫和轿夫向我鞠躬，似乎在说：'愿上帝长久保佑我们尊贵的鲍斯威尔。'"这句话令人想起古老的民谣《出猎切维山》，它的开头是"愿上帝长久保佑我们尊贵的国王"。"caddies"

图 13　驿站马车

（脚夫）在这里指搬运工，而非高尔夫球童；"chairman"（轿夫）则是用轿子抬着顾客的壮汉。鲍斯威尔想象他们停下劳作欣赏他从身旁经过的场景。于是，他让马车夫停下来，这样就能以戏剧性的姿态朝着荷里路德宫和亚瑟王座山鞠躬；那是一座"崇高而浪漫的山峰，幼年时的我常游荡到那里，沉浸于冥想中，我的灵魂充满了上帝及其造物美哉壮哉的观念，只觉得万分欢悦"。在为自己活泼的想象力和"诗歌天赋"自鸣得意之后，他回到车里，继续自己的旅程。[29]

　　坐公共马车到伦敦通常需要五天甚至六天的时间，这是鲍斯威尔喜欢的一种旅行方式。他天性喜爱社交，享受与陌生人友好交谈带来的快乐。然而，养护良好的收费公路那时还属于新生事物，大多数道路的状况惨不忍睹。几年后，一位旅行者称英格兰北部的道路"令人厌恶"，并测量了一条泥泞道路上的车辙，发现有四英寸深。[30]

　　"驿站马车"（图 13）这个名称来自马车夫在沿路一个又一个"驿站"套换新马的做法。这类马车没有任何类型的弹簧，车厢内一对长椅上最多可坐六名乘客。如果还有人想乘马车，可以坐到车顶，不仅颠簸，也不安全，但只需付半价即可。鲍斯威尔有时也会坐到马车顶。

这一次，鲍斯威尔的旅伴是一个姓斯图尔特的人，性格"活泼、诚实、坦率"；他们相处得很好，但旅途并非一帆风顺。马车的一个轮子坏了，致使两人在"一座肮脏的小村庄"耽搁了很长一段时间；那里除了"黏稠、浑浊的啤酒"，就没什么可喝的了。鲍斯威尔从不喜欢啤酒。三天后发生了一场更严重的事故：一匹马脱缰了，导致马车翻覆。"我们被狠狠地撞了一下。斯图尔特的头和我的胳膊都受了点伤。但我们起身后，就接着赶路。"难怪伦敦终于映入眼帘时，"我浑身洋溢着活力和欢乐……连叫了三声'好啊'，我们就这样轻快地进了城"。[31]

在一家小旅馆住了几晚后，鲍斯威尔在威斯敏斯特的唐宁街找到住处，与一位公务员同租一套房——"那是一条雅致的街道，离骑兵卫队阅兵场只有几步远，离下议院很近，非常卫生。"最后这个短语的意思很可能是说那条街上没有污水。鲍斯威尔未交代自己在街道上的住址名，因为这样的地址尚不存在（当时刚开始分配住址名）。也许有人会认为他是首相的近邻，其实并非如此。首相的官邸确实位于唐宁街，但已年久失修，历届首相都更愿意住在别处。至于鲍斯威尔住过的那栋房子，早就被拆毁了。[32]

奥金莱克勋爵同意给儿子每年二百英镑的津贴，很明智的是他请代理人分批小额发放，每六个礼拜发放二十五英镑。鲍斯威尔通常花得相当快，每当收到下一笔钱的时候，他会"兴奋到无以复加的地步"。"很多时候我会把那些闪亮的、可爱的钱币放在桌子上，数着它们，像移动卫兵一样，把它们排成不同的阵列，拼成诸多不同的图案。总之，学童对糖梅的那种幼稚的喜爱，甚至比不过我对金基尼的喜爱。"当时政府没有发行纸币，只发行硬币。银行会发行自己的纸币，但对大多数人来说，金属货币仍然比纸币更显真实。[33]

鲍斯威尔租住的房子每层都有一间卧室，一座壁炉，还有一间客厅，只要每年支付四十英镑，他就可以独享其中的一层。正是从这时起，他开始格外详细地记日记，生动地展现了自己日常生活的面貌。有一次，他熬夜到很晚，不小心熄灭了蜡烛。"因为壁炉早就熄火了，冷冰冰的，我实在很为难，不知道怎么办才好。"他蹑手蹑脚下到厨房里，发现"那里几无余火，跟格陵兰岛上的冰峰别无两样"。他知道早晨用来生火的火绒匣一定备在某处，但摸索了一通，还是很遗憾，没有找到。就在这时，他想起来房东为防备外来的骚乱，在床边放了两把上了子弹的手枪，就悄悄爬回楼上，一直等到外面的巡夜人喊"三点了"。他便向楼下的更夫喊话，那人走到门口，用灯笼里的火把蜡烛重新点上。"我如释重负，继续忙碌到第二天早上八点。"在生命的这个阶段，熬通宵对鲍斯威尔来说是家常便饭，并没有造成明显的不良后果。[34]

从父亲的权威下解放出来后，鲍斯威尔开始梦想一种与法律完全不同的职业。这就是他喜欢住在骑兵卫队阅兵场附近的原因；骑兵卫队和近卫步兵都在那里操练（彩图 7）。至少有些兵团的军官被认为是风姿潇洒的，就像简·奥斯丁小说里那些趾高气扬、轻佻浮浪的青年。亚当·斯密写道："受习俗引导，我们让军人职业附上了华美、轻浮、自由、欢快这些特征。"[35]

《绅士杂志》上的一篇讽刺文章证实了是什么如此吸引着鲍斯威尔：

问：军官的职责和任务是什么？

答：在和平时期，从一家酒馆逛到另一家酒馆，从一家咖啡馆逛到另一家咖啡馆；从宫廷逛到剧院，从剧院逛到妓院；从妓院逛到沃克斯豪尔，进而逛到雷纳拉，再从那里逛到海德公园。

沃克斯豪尔和雷纳拉是很受欢迎的休闲花园，适合勾搭女人。当然，如果战争来了，军官还有其他职责："先坚忍地站立，当别人射击的靶子，直到接受命令开始行动，杀死那些素未谋面的人，杀得越多越好。"[36]

鲍斯威尔对这样的职责毫无兴趣。在一次晚宴上，一位刚从"七年战争"中返回的军官"大谈战争和可怕的伤口，使我们不寒而栗。老实说，这些东西是不应该谈论的，说出来太残忍了，只会令人感到无限惊恐"。近卫步兵是指派给首都的，从未被派往国外作战。[37]

获得军官资格的方式通常是花钱购买，但鲍斯威尔知道老父绝不会稍加考虑。另一条出路是去讨好某个身居高位的恩主。于是，他怀着这种心思，开始百折不挠地向诺森伯兰夫人大献殷勤。她常在查令十字街诺森伯兰府邸举办豪华宴会。她对鲍斯威尔有好感，但鲍斯威尔始终未能明白，无论诺森伯兰夫人，还是其他任何身居高位的人，都不打算在明知奥金莱克勋爵心思的情况下违背他的意愿行事。

鲍斯威尔为把自己引荐到那里，置办了一身光鲜亮丽的行头。正如他多年后评论的，"不管是在自己还是在别人的想法中，一个人的衣着都是他的重要组成部分"。他还说："服装就像音乐一样，对我的感受有着难以抗拒的影响。"那时的绅士都是花孔雀。一位历史学家说，直到1790年代，"男性大规模放弃蕾丝、绸带和鲜艳色彩"的现象才突然出现。蕾丝曾被当作富裕的象征而深受欢迎。虽然约翰逊对自己的衣着总是不太在意，但他有一回这么说道："先生啊，希腊语就像蕾丝，每个人都应尽可能多积累一些。"[38]

鲍斯威尔到伦敦后不久，就弄了一套"优雅的紫罗兰色礼服套装"，很可能是让裁缝定做的。他头一回准备去诺森伯兰府邸拜访时，很想买一套"有蕾丝的华丽衣裳"，但最后穿得相当朴素："我控制住冲动，只买了一套镶有金扣子的普通粉色正装。"虽然手头很紧，他总是很注意自己的外表。"我每天都做头发，这让我感觉良好。我有一位很不错的理发师，名叫切特温德，就住在我正对面。像这个行业的一般人一样，他是个有礼貌、爱闲聊的人。"[39]

数月过去了，鲍斯威尔实在不忍心放弃当卫兵的梦想，见到诺森伯兰夫人不作为，开始对她心怀怨恨。"这些大人物啊！真是一群可悲的生灵。这个女人看上去对我那么亲切友好，满口答应要好好帮我一把，可我担心她就是个爱耍花招的贱妇。"鲍斯威尔在给一位朋友的信中，满怀希望地写道："我当然是个天才。我值得被世人瞩目。唉，多希望我的孙子将来能读到这段描写自己的文字：'詹姆斯·鲍斯威尔，为人和蔼可亲。他改善和美化了他父亲的奥金莱克庄园，成为英国议会中出类拔萃的人物，有幸指挥过一个团的近卫步兵，是乔治三世宫廷里最耀眼的才子之一。'"[40]

命运对他并没有那么友好。鲍斯威尔确实改善了庄园，但把庄园弄得负债累累；他尽了一辈子的努力，也还是没能进入英国议会，而加入步兵卫队也不过是一个白日梦。至于成为"最耀眼的才子之一"，即使在生命尽头，他靠着《约翰逊传》取得巨大成功的时候，大多同时代人也没有将他归入"才子"之列。更准确的预言是他在考虑从事律师职业的前景时写下的文字："我认为自己即将踏入忧愁的迷宫，终生深陷其中，而我的心灵将受尽烦恼的折磨。"[41]

与此同时，鲍斯威尔专注于享受生活。他重新联系了第一次前往伦敦时结识的一些朋友，其中三人是苏格兰人。贵族子弟安德鲁·厄斯金与他同龄，曾被贴切地形容为"一位才华平庸的诗人（但仍然比鲍斯威尔出色很多）"。一天晚上，"厄斯金和我一同沿着干草市街走着，一边口吐妙语，一边开怀大笑。'厄斯金，'我说，'受我的影响，你整个人是不是变得比别人更机智了？''是的，确实如此。''受我的影响，你是不是说了更多的俏皮话？''是的，你激发出了我身上更多的潜力，你比别人更能让我产生化学反应。'"[42]

　　另一位朋友是乔治·登普斯特，三十岁，英国议会议员。在英格兰，鲍斯威尔总是对自己身上的苏格兰特性感到不安；他害怕给人留下粗野土气的印象。有一次，厄斯金和登普斯特的"苏格兰口音，粗鲁而放肆的做派"惹恼了他。他严肃地告诉他们，他打算"改正自己放荡的言行，养成明智的习惯"，而他们的反应十分干脆："他们笑了。"[43]

　　第三个苏格兰人是埃格林顿伯爵，他在六岁时继承爵位，现在快四十岁了。这个单身的花花公子在政界人脉通达，显然鲍斯威尔希望通过他得以提拔。有一次，埃格林顿发现有可能将鲍斯威尔弄进一个派驻国外的兵团，为他谋到一个军职，但鲍斯威尔解释说，这万万不行。"我跟您直说吧，大人。我满心想着进入近卫军，主要不是为了当一名军人，而是为了成为一名文雅的绅士。"被激怒的埃格林顿回应道："说实话，杰米，我以前不是这样看你的。"值得注意的是，他总是叫鲍斯威尔"杰米"，而鲍斯威尔总是称他"大人"。[44]

　　埃格林顿觉得鲍斯威尔是风趣好玩的同伴，但要说感佩，则可能谈不上。鲍斯威尔到达伦敦，初次拜访埃格林顿的时候，说自从头一回到伦敦以来，他已然变得冷静很多，智慧大增。"'大人，'我说，'我如今多了一点智慧。''没有你想的那么多。'他说。"鲍斯威尔不得不承认埃格林顿后来对自己的描述是准确到位的："杰米，你的脑瓜子很轻灵，后臀却重得不行；当然，这样的人向山下跑很容易，但要让他往上爬，却十分费力。"鲍斯威尔在自己的日记中评论道："这个解释很妙。我总会想到一些奇妙生动的点子，但说到付诸实施，我就显得拖沓了。"[45]

　　除了这些常出入社交场合的人士以外，鲍斯威尔还与他先前在爱丁堡认识的一个人重叙友情。那人就是托马斯·谢里丹，四十岁出头的爱尔兰人，撰写过一部关于他教父乔纳森·斯威夫特的优秀传记。谢里丹曾在都柏林经营过一段时间的剧院，剧院倒闭后，他

图 14　扮演布鲁图斯的托马斯·谢里丹

在伦敦当起了演员（图 14），也传授雄辩术；鲍斯威尔曾在爱丁堡跟着他学习过。如今，雄辩术（elocution）一词有着 19 世纪演说术的古怪味道。一位评论者说，谢里丹的真实身份实际上结合了语言治疗师、台词教练、戏剧导演、口音专家和公共演讲顾问等多重角色。在英格兰怀有雄心抱负的苏格兰人会急于甩掉他们的地方口音；当然，让从未摆脱爱尔兰土腔的人来教苏格兰人纠正口音，确实颇为奇怪。谢里丹有一部关于公开演讲的书被广泛阅读，其中一名读者就是托马斯·杰斐逊。[46]

　　谢里丹的妻子弗朗西丝是个有趣的女人，鲍斯威尔后来对她的描绘是"明智、聪慧、不做作，但能言善道"。她最出名的作品是小说《茜德尼·比达尔夫小姐回忆录》；在这部作品里，贞洁的姑娘和忠心的情人一直遭到命运阻挠，难成眷属，情人自杀后，这位姑娘被迫接受了不可捉摸的天意。约翰逊以打趣的方式称赞她："夫人，您让读者遭受了如此多的痛苦，我不知道是什么道德准则赋予了您这样的权利？"她接下来还会创作几部戏剧，由加里克搬上德鲁里巷剧院的舞台。他们最小的儿子当时只有十二岁，是哈罗公学的寄宿学生；鲍斯威尔不经意间与这个小男孩碰过面，但他当时并没有理由对此多加留意。这个孩子就是理查德·布林斯利·谢里丹，他后来成为一名才华横溢的剧作家，也是"俱乐部"的一员。[47]

鲍斯威尔的伦敦

　　就像今天一样，当时的伦敦市中心非常适合步行，鲍斯威尔去哪儿都是徒步前往，除非需要搬运沉重的行李，这时他多半会租用马车。只有富人才会坐轿子出行，轿子由两人抬着，有窗有顶，能遮风挡雨。只有大富人才拥有自己的马匹和马车。

　　下面这幅地图（图15）提供了一次穿越鲍斯威尔的伦敦的虚拟漫步，显示了诸多将在本书中具有重要作用的地点。对鲍斯威尔重要的地点中，唯一没有显示的，是东边更远的圣保罗大教堂，距离唐宁街两英里。在圣保罗大教堂墓地附近，他经常光顾恰尔德咖啡馆，主要是因为"旁观者先生"经常坐在那里偷听别人的谈话。"在我看来，这是一个相当不错的地方，"他在日记中写道，"昏暗、舒适、温暖，一群市民和医生在这里深入讨论政治，这些人非常有见识，有时还很诙谐。"[48]

　　鲍斯威尔以喜闻乐见的《旁观者》随笔为范本，小试身手，记下对话的小片段：

　　　　市民：医生，请问你那个病人怎么样了？她的头骨不是裂了吗？

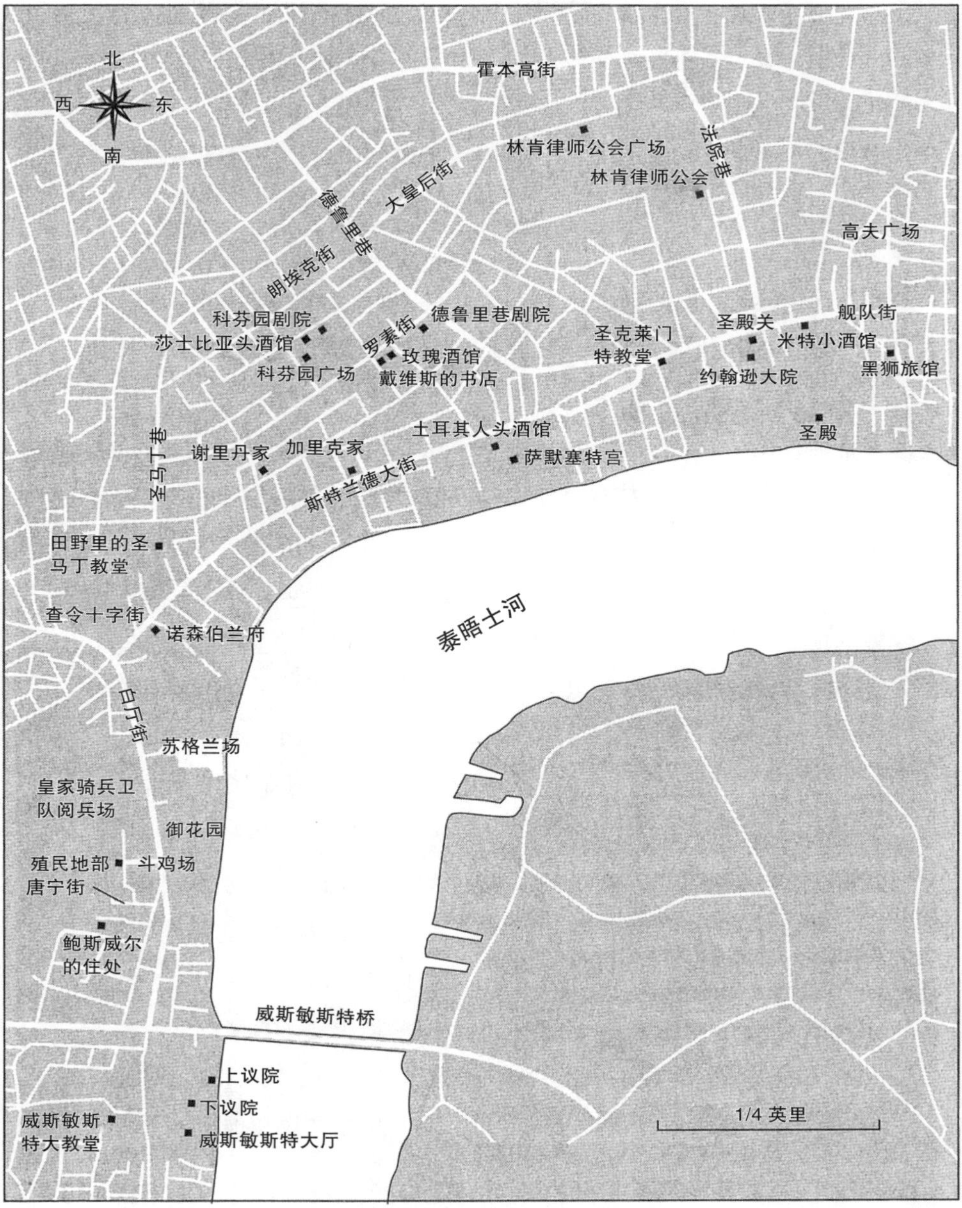
北
西
东
南
霍本高街
林肯律师公会广场
法院巷
林肯律师公会
大皇后街
德鲁里巷
高夫广场
朗埃克街
科芬园剧院
德鲁里巷剧院
罗素街
圣殿关
舰队街
莎士比亚头酒馆
玫瑰酒馆
圣克莱门
特教堂
米特小酒馆
科芬园广场
戴维斯的书店
约翰逊大院
黑狮旅馆
圣殿
土耳其人头酒馆
谢里丹家
加里克家
萨默塞特宫
圣马丁巷
斯特兰德大街
田野里的圣
马丁教堂
查令十字街
诺森伯兰府
泰晤士河
白厅街
苏格兰场
皇家骑兵卫
队阅兵场
御花园
殖民地部
斗鸡场
唐宁街
鲍斯威尔
的住处
威斯敏斯特桥
上议院
下议院
威斯敏斯
特大教堂
威斯敏斯特大厅
1/4 英里

图 15　鲍斯威尔的伦敦

　　医生：是的。裂成碎片了。不过，我还是治好了她。

　　市民：我的天。[49]

　　他被称为"市民"（Citizen），是因为圣保罗附近的金融区那时（现在依然如此）常被称作"城市"（the City），那里的咖啡馆是商业交易的主要场所。交易所巷的乔纳森股票市场是最早的非官方股票市场，而伦敦劳合社的前身劳合社在这里提供航运和保险服务。

　　靠近地图顶部的，是所有出庭律师公会里最为有名的，即林肯律师公会（Lincoln's Inn）；当时的律师正是从这类公会获得执业资格的，鲍斯威尔多年后决定成为英格兰律师时也是这样获得资格的。他经常去附近的林肯律师公会广场散步，1780 年代，他将会在略靠西面一点的大皇后街租下一栋房子。

　　聚集在林肯律师公会底下的，是所有在这个故事里占有重要位置的地点。自 1760 年以来，约翰逊一直住在圣殿（Temple），这是另一家接受非律师入住的公会。*鲍斯威尔和房东吵了一架，离开唐宁街后，也将在那里居住。黑狮旅馆——一家真正的旅馆（inn）——是鲍斯威尔抵达伦敦后首选入住的地方。后来，他带了一个他叫作路易莎的女演员去那里幽会，共度难忘时光。在它上头，米特小酒馆将成为鲍斯威尔最喜欢陪伴约翰逊的地方。在这之上，舰队街的另一边是高夫广场，约翰逊十年前就是在这里编撰《英语词典》的。

　　舰队街及其附近有很多值得一看的地方，逗留伦敦期间，鲍斯威尔参观了其中几处。一天下午，"我去舰队街看了著名的萨尔蒙夫人蜡像馆。这是蜡像馆里最好的，游览了一刻钟，只觉得妙趣横生"（图 16）。在这些展品中，有安东尼、克莉奥帕特拉和他们的两个孩

---

* 此处表述似乎不准确。四大律师公会中，有内殿公会（Inner Temple）和中殿公会（Middle Temple），但无圣殿公会。

图 16　蜡像馆

子,断头台上的国王查理一世,把自己的孩子献给摩洛神的迦南妇女,还有土耳其苏丹的妃嫔。[50]

　　离舰队街不远处,有一个更令人不安的去处;在 12 月一个寒冷的冬日里,鲍斯威尔去那里探访了一番。想到英国人爱吃牛肉是出了名的,且性情残忍,他决定表现得像个"地道的老英国人",先去一家牛排馆饱餐一顿。他用一先令买来了牛肉、面包和啤酒,还剩下一便士给服务员当小费。接着,为了领教英国人的残忍性情,鲍斯威尔去了斗鸡场,那里的公鸡"爪子上安有银亮的武器,它们被放下来后,便开打起来,打得十分凶狠,穷追不舍。有些很快丢了性命。有一对打了四十五分钟。下注时的吵闹和喧嚣令人震惊。大量的钱币在不同人手里快速流转"。鲍斯威尔补充道："我为那些可怜的公鸡感到难过。我环顾四周，想看看它们被极其残忍地撕得血肉模糊的时候，是否有观众可怜它们，但我看不到任何人的表情里有丝毫怜悯。"[51]

向西走，我们来到了土耳其人头酒馆，"俱乐部"的成员第二年将在这里聚首。沿着斯特兰德大街，靠近河岸的地方，是加里克和谢里丹的住所，还有萨默塞特宫，约书亚·雷诺兹的皇家美术学院将在这里举办年度展览。

往北走，我们来到了两个对鲍斯威尔来说极为重要的地点。1763年5月，鲍斯威尔经过数月想获得引荐的努力，终于在托马斯·戴维斯的小书店里，遇见了约翰逊。这家书店的西面就是著名的科芬园，他经常去那里打发悠闲时光。这成为整个伦敦他最喜欢的去处。

艺术家们喜欢描画科芬园。巴尔萨泽·内伯特在1750年前后画过一幅沉静而宏阔的风景画；视野西侧是圣保罗大教堂具有古典风味的正面，该教堂由伊尼戈·琼斯设计，落成于1633年（彩图8），今天依然还在，但正面的柱子1790年被拆除了。画面左侧是市场摊位，摆满了每天一大早从乡下运来的新鲜蔬菜。

托马斯·罗兰森在18世纪后半期，以同样地点为背景绘制了一幅版画，画面与竞选运动相关，气氛就没那么平静了（彩图9）。在圣保罗大教堂的前面，搭建起了一座竞选演讲台——那是过去竞选演讲台的真实模样——海军军官经常代表威斯敏斯特选区，他们作为候选人站立在由众多水手高举到半空的小船上，而人们透过窗户往下观望。横幅上写着选区内教堂的名称，如圣玛格丽特教堂、威斯敏斯特教堂和圣马丁教堂，它们代表选区内不同的地方。煤烟从烟囱里喷出来；当时伦敦的建筑就是这么供暖的，如果有供暖的话。

另外一个画面，即霍加斯《一天的四个时辰》系列中的第一幅，

图 17　霍加斯《清晨》

标题为《清晨》（图17），则一点也不欢快。教堂三角墙上的钟显示那是早上八点钟。在教堂正前方，有一间烟囱正在冒烟的小屋，牌匾表明这是汤姆·金咖啡屋。金毕业于伊顿公学，因为行为不端，被剑桥大学国王学院开除；他的妻子摩尔是一位在科芬园经营水果蔬菜摊的女人的孩子。1720年左右，他们在霍加斯画中所示的小屋里开了一家咖啡馆；霍加斯常去那里走动，给他们的老主顾画素描。他们有一个儿子，也叫托马斯，后来成为加里克和谢里丹戏里的主角，我们稍后会跟他见面。

小屋里头发生了一场打斗；除了咖啡外，店里也有很多烈酒销售。佩剑在空中挥舞，一顶假发飞出门外。在前景中，两名花花公子正在对妓女上下其手，而那两名妓女似乎并未热烈回应。与此同时，一个女人正伸手烤火；另一个女人则举起双手向一位神态傲慢的贵妇行乞，那位贵妇正走在前往教堂的路上，丝毫没有理会她的举动。

18世纪一位来自德意志的游客，名叫格奥尔格·克里斯托弗·利希滕贝格，曾对该画发表过一番颇具洞察力的评论。他指出："前景处的脚印［就在贵妇人的裙子下方］来自小木鞋下的铁制底托，当时的女性常穿这种鞋子，这让她们可以在超出大街淤泥数英寸的高度轻快滑行。这些小铁蹄在伦敦人行道上发出的哗啦声，在陌生人听来，一点也不刺耳，尤其是因为——在大多数情况下——行人都很漂亮。"他还说，这位神色严肃的女士摆出了一副虔诚的模样，"那些贴脸的花子在她闪亮的眼睛四周飘浮，就像小虫子围着烛焰飞舞一样"；她手里拿着一把在寒天里完全多余的时髦扇子。她年轻的仆人"只穿拖鞋，双脚冻僵了"。研究霍加斯的专家罗纳德·保尔森注意到冰冷的古典主义教堂和"靠人力勉强搭建、蹩脚而笨重的汤姆·金小酒馆"形成鲜明对比，并暗示霍加斯站在教堂的对立面，即狂欢者这一边。[52]

　　我们回到地图上，从西到东浏览，可以看到科芬园周围的建筑群。吸引鲍斯威尔和很多人的是位于东北角的科芬园剧院，大卫·加里克成为附近德鲁里巷剧院的经理之前，曾在这里演过主角。到伦敦后不久，鲍斯威尔观看了一场喜歌剧；一对来自苏格兰高地兵团的军官进来时，发生了令他震怒的一幕。"顶层楼座的暴民大声叫喊：'不要苏格兰人！不要苏格兰人！苏格兰人滚出去！'他们发出嘘嘘声，还向那两人扔苹果。我的心同情起我的同胞来，我的苏格兰血液因愤怒而沸腾。于是，我跳上长凳，咆哮道：'该死的，你们这些流氓！'，并且也发出嘘嘘声，心里怒不可遏。"对苏格兰人的怨恨反映了英格兰人的愤怒，因为在美王子查理 1745 年试图夺回英国王位但以失败告终的起事中，不少苏格兰人竟然支持美王子。1773 年，约翰逊和鲍斯威尔在苏格兰结伴旅行时，这场叛乱的影响成为他们经常谈论的话题。[53]

　　对很多游客来说，剧院并不是科芬园的唯一胜地。治安官约翰·菲尔丁爵士，即亨利·菲尔丁的兄弟，主持着附近的波街法庭，将该地区形容为"维纳斯大广场"。约翰·霍金斯爵士不以为然地说："戏院及其周边地区都是罪恶的温床。要不然怎么会出现这样的局面：在英王国任何地方，只要戏院一开，它就会立即被妓院的圣光所包围？"霍金斯在另一个法庭担任治安官时，曾审理过一家咖啡馆里的聚众闹事案件；而那个地方名为咖啡馆，实际上是"一处淫窝"。尤其令他震惊的是，这个鸨母竟然穿着贵格会的服装，要知道，"这个教派以反对罪恶和道德败坏闻名，甚至把所有生活不检点的人从他们的社交圈中驱逐出去。我斥责她的生活方式，劝她及早收手，可我看不出这番话会对她产生什么影响"。霍金斯是约翰逊的好友，也是"俱乐部"的创始成员。[54]

　　德鲁里巷（Drury Lane）剧院声名狼藉由来已久。研究英语的历史学家们将"Drury"这个名称追溯到中世纪英语单词"druwery"，

图 18　卖松饼的人

《牛津英语词典》将其定义为"性爱、性交、求爱；通常是不正当的
爱情、私情"。在乔叟笔下，它仍带有褒义色彩："关于女人的恋情
和韵事（druerie），/ 我即刻向你讲述。"到 18 世纪，梅毒的一个代
称是"德鲁里巷疟疾"。[55]

　　《你知道卖松饼的人吗？》这首歌最初的含义并不清楚，但"他
住在德鲁里巷"也许能提供关键线索。在菲尔丁的《汤姆·琼斯》中，
索菲亚·韦斯特恩的皮手筒（muff）与今天的皮手筒能给人一样
的暗示："藏在皮手筒里的丘比特突然爬了出来。"*不过，当时确
实有卖松饼（muffin）的街头小贩，在题为《伦敦十二种叫卖声
写生》（图 18）的流行系列版画中就有这样一位。两位优雅的女

———————————

*　"muff"在 18 世纪英语里常被当作阴道的代称。

士正在敞开的窗户前喝茶。而小贩愁眉苦脸——也许是因为她们不愿意买他的货品？[56]

在附近的科芬园广场上，莎士比亚头酒馆是卖淫大本营；下一章我们将会看到鲍斯威尔在那里逍遥快活。小酒馆旁边是一家臭名昭著的妓院，老板娘是"道格拉斯妈妈"，一位顾客形容她是"比林斯门淫妇，个大、皮松、体胖，浑身发臭，嘴里骂骂咧咧、吵吵嚷嚷、嘟嘟哝哝，英王国里大多有身份、有名望的人都熟悉这个人"。[57]

最后一次回到地图上。宫廷和政治组织所构成的官僚世界位于地图底部，也就是鲍斯威尔此时的住所所在。他曾心满意足地指出，唐宁街离皇家骑兵卫队阅兵场很近。再往下是议会大厦、威斯敏斯特大教堂和威斯敏斯特桥。这座桥是横跨泰晤士河的仅有的两座大桥之一，直到1750年才竣工，在当时相当新奇。第一座是古老的伦敦桥，位于威斯敏斯特桥以东，未在地图覆盖的范围内。由于两座桥相距遥远，过河的方法通常是雇一名船夫，乘划艇过去。

第四章

遇见约翰逊前的鲍斯威尔：寻找自我

非凡的日记

我们对约翰逊二十岁出头时的内心生活知之甚少。至于鲍斯威尔的内心活动，我们所知甚多，那是因为他本人对此深感兴趣，而且从这时起几乎天天记录。鲍斯威尔以前曾尝试过写日记，这在当时绝不是司空见惯的做法。以宗教为主题的日记传统确实存在，但很少有人直截了当地记录日常经验。塞缪尔·佩皮斯的日记显然是个例外；尽管他的日记写于 1660 年代，但直到 19 世纪他的神秘行文被破解，他的日记才得以出版。鲍斯威尔如今在伦敦持续记录了八个月的日记，写满了七百页手稿，细节异常丰富。

经常流传的说法是鲍斯威尔的手稿一直被认为已经遗失，直到 20 世纪初意外出现在爱尔兰的一座城堡里，鲍斯威尔的后人就居住在那里。一位富有的美国收藏家劝说藏主将所有资料都卖给他，不过在卖给他之前，他们已经一片片地撕掉了在他们看来颇不体面的文稿。接着这位收藏家又把手稿卖给了耶鲁大学，从那以后，它们就一直在后来被称作"鲍斯威尔工厂"的地方接受专家垂顾以及编校。

约翰·厄普代克在评论该系列中的一卷（四十年前出版）时说："人类在上头消耗的时间和智慧已经达到了评注《塔木德》的规模。"[1]

第一卷（目前共有十三卷）于 1951 年出版，标题为《鲍斯威尔的伦敦日记》，编辑是"工厂"负责人弗雷德里克·博特尔，此人后来出版了一部引人入胜的鲍斯威尔传记。除了曾连续数月位居《纽约时报》畅销书榜首，该卷还被"月度图书俱乐部"作为赠品发给会员，且成为《生活》杂志一篇专题文章的主题。这篇文章的标题是《遇见鲍斯威尔先生：认识他很有趣，有益于缓和我们目下的烦恼》。鲍斯威尔对 1951 年美国人的益处体现在他那个"阳光灿烂的世界，有饰边的外套和扑粉的头发"；在人人惧怕氢弹的时代，鲍斯威尔无疑能安慰人心。杜鲁门总统把他的日记带在身边，作为休假时的读物。当然，这本书大受欢迎，首先是因为它对性事的坦率到了令人瞠目结舌的地步。

鲍斯威尔记日志的一个重要目的，就是不间断地记录自己正在经历的生活："我通过这种方式能记住很多事，否则往事就会被遗忘，不可复得。"有一段时间他因病卧床，不由哀叹道："在将来的一段时间里，我的日记将会变成什么样子呢？那一定是一片贫瘠的沙漠，一片空白。"几个星期后，"今天没有发生什么值得写入日记的事。这一天不知不觉地逝去了，就像很多人的一生"。另一方面，从中不难感到记日记正在成为一种负担——"那被耽搁的日记啊，就像一块要推上山顶的石头，我必须不断地让它向前翻滚。"但不把事情记下来，也让他烦恼。"可悲啊，我的日记被耽误了，"他后来写道，"我能记多少时日，就能活多少时日，这就好比一个人能囤积多少玉米，就只能种植多少。"[2]

我们凭借后见之明，自然明白鲍斯威尔当时还不知道的一点，即他正是在写日记的过程中找到了自己真正的天职或天命。做事业，就像沿着成功的阶梯向上攀爬；鲍斯威尔不情愿地接受了法律作为他的事业，在这个梯子上只向上爬了几级，就没再继续攀登。对天职的选择，则除了天职本身的缘故，别无他因。鲍斯威尔曾经评论说，写作和饮酒都令他上瘾。"不知不觉地入迷，不知道在何处停下来。"[3]

至关重要的是求真存实的态度，鲍斯威尔说他父亲曾狠狠教训过自己，让他从此铭记在心。鲍斯威尔这一辈子，只要发生什么事情，都会尽可能快地做一些笔记，即使没有记叙成文，也还会留下点滴记录。否则，"一个人会渐渐远离事实，直到一切都成了虚构"。一位现代评论家为这种结果创造了一个术语："被想象的事实"。在早期的一本日记里，鲍斯威尔为他想保留的生动细节想到了一个恰当的比喻："我们在描写事物时，不知不觉间会省略很多让事物显得栩栩如生的小细节。可是，要知道，画家想把眼睛表现得栩栩如生，得画上多少小细点啊！"[4]

内在的追求

鲍斯威尔首要的心愿是养成前后一贯的人格（无论何时都有望保持稳定），并因为这种稳定的人格而获得赞赏。"我发现，"他一到伦敦就满怀希望地写道，"在某种意义上，我们可以表现为自己所选择的任何人格。"但数年后他不得不承认："我其实是由诸多矛盾的品质构成的。"博特尔称他为"一个未竟之人"。[5]

其中一个问题是鲍斯威尔永远无法抗拒成为派对主角的诱惑，他常邀请同伴与自己一同嘲笑别人，或者邀请他们嘲笑自己。"简而言之，我的人格完全不同于上帝对我的设定和我自己的选择。"要是他能确定上帝想要自己成为什么样的人就好了。

在伦敦定居下来后，鲍斯威尔试图弄清楚什么是自己理想的人格。

现在，父亲大人终于让我独立，我感到自己的心灵恢复了它天生的尊严。我有一种强烈的意愿，想成为艾迪生先生那样的人。说实在的，我已经习惯了嘲笑一切，所以需要时间来充实自己的心灵，对真实的生活和宗教形成正确的观念。但我希望自己能逐渐养成某种得体的风度。艾迪生先生的性格和思想，加上理查德·斯悌尔爵士的一点活泼和迪格斯先生的风度，就是我要实现的理想。[6]

这番剖白既有着动人的真挚，但也混乱得可以。"天生的尊严"正是鲍斯威尔从未拥有过的。他一生都在枉然地提醒自己要保持克制和矜持。而且上述那些人物是一组多么奇怪的榜样啊！艾迪生和斯悌尔共同塑造了"旁观者"先生这个形象，但他有趣、超然的人格却与两位作者截然不同。斯悌尔是个好交际的人，当过骑兵军官，还多次跟人决斗过。现实生活中的艾迪生先生则具有自闭、内向的特点，他曾在《旁观者》第一期中写道："我承受的最大痛苦是有人跟我搭讪，或者盯着我看。"而鲍斯威尔最喜欢的，便是这种"痛苦"了。

至于韦斯特·迪格斯这位鲍斯威尔在爱丁堡就已经认识的时髦演员，他有着女人无法抗拒的魅力，也是《乞儿的歌剧》中浪漫强盗麦克希思的化身。鲍斯威尔经常倾向于认同麦克希思的所作所为。

鲍斯威尔倒不需要从人格（character）的角度来考虑问题，他真正需要的是当时还没有人明确提出来的"个性"（personality）概念。在约翰逊的《英语词典》里，"个性"仅仅表示"一个人的存在或个别性"，也就是说，一个人明显区别于另一个人的标志，而不是一组独一无二的特征。一个人的人格应该是一贯的；一个人的个性可能看起来惊人地不一致，但在种种矛盾之下却有着更深层次的统一。鲍斯威尔自己也感受到了这一点，却不知道如何表述。

在这个时期的西方文化中，关于自我呈现的型式存在一个重大分歧，表现得非常突出。从古典修辞学借鉴一组对立表述来解释，这可以说是"求真者"（homo seriosus）与"修辞者"（homo rhetoricus）之间的冲突。求真的男人和求真的女人一样，都有一个核心，即本真的自我，他们用语言传达真理。"修辞者"则来往于社交圈，从社交圈获取修饰自己的颜色，他们认识自己，不是通过内省，而是通过他人的反馈。语言变成了一种游戏，使用者很不严肃地用它来取悦或说服他人，而不是用它来表达"真理"（在他们看来，"真理"甚至是不存在的）。[7]

鲍斯威尔非常想要相信本真的自我核心是存在的。然而，只有他在表演或即兴发挥时，他才是最自由、最快乐之人，在真正意义上最彻底地成为自己。

我们不知道鲍斯威尔第一次阅读休谟的《人性论》（1739）是在什么时候，不过既然休谟的密友斯密曾经当过鲍斯威尔的老师，他这时候很可能已经学到了书里的一些东西。在《论人格的同一性》一节中，休谟宣称，我们唯一能够拥有的自我意识，是对心灵无时无刻不在处理的一连串感官印象的意识。"当我亲切地体会我所谓的我自己时，我总是碰到这个或那个特殊的知觉，如冷或热、明或暗、爱或恨、痛苦或快乐。任何时候，我总不能抓住一个没有知觉的我自己，而且我也不能观察到任何事物，只能观察到知觉。"

毫无疑问，一定有什么东西将这些感官印象组织起来，但休谟坦率地承认，他不清楚那究竟是什么。由此可见，一个人"只不过是不同知觉的汇聚或集合，这些知觉以不可思议的速度彼此交替，并处于永无休止的奔流、涌动中"。鲍斯威尔在后来的一篇日记中，说了同样一番话："个人存在的延续，其实是同一身体中观念的流动，就像同一河道中河水的流动一样。"这听起来确实像是对"修辞者"的描述。[8]

休谟引出了进一步的结论。试图通过内省来了解自我是徒劳的，甚至可能让人焦虑到心慌。解决办法就是停止尝试。"我用餐，玩双陆棋，交谈，和朋友嬉笑玩闹。消遣了三四个钟头以后，我又回到这些玄思上去，可此时它们显得那么冰冷、牵强且可笑，我发现自己再也没有进入其中的心思了。就这样，我发现自己自然而然、完完全全地下定决心：要在日常生活中像其他人一样生活、交谈和行事。"

休谟的一位批评者含讥带讽地反驳道，这样说来，"在吃喝玩乐的有可能是一系列观念和印象"。热爱吃喝的休谟不会觉得这有什么不对。我们也许不知道生活的意义，但我们确实清楚该如何生活。[9]

休谟的经验观还有一个吸引鲍斯威尔的面向。约翰逊的《漫游者》系列文章充满了警告世人切勿屈服于情感的论调，以及让"理性"牢牢把控一切的指令。休谟的《人性论》迎头挑战这类伦理心理学："理性是，也应该是激情的奴隶；除了服务和遵从激情之外，理性永远不要妄想履行其他职责。"休谟和鲍斯威尔一样，在严厉的长老会信仰氛围中长大成人，但他后来成了怀疑论者、不可知论者，近乎无神论者。[10]

在休谟等人笔下，这时的"激情"（passion）开始指他们所谓的"情感"（feeling）、我们所说的"情绪"（emotion），即对生活需求的本能反应。实际上，当时"激情"正被合法化，成为对人类生活有助益的一部分。

尽管休谟关于自我的解释对鲍斯威尔看似很有意义，但其中某些方面未必如此。对休谟来说，让理性成为激情的奴隶并不是问题，因为他自身的激情是温和的。休谟得知自己将死于癌症时，写了一篇题为《我这一生》的小品文。他在文中这么说道："我可以说是性情温和之人，能控制好自己的脾气，为人坦率，善于交际，性格开朗，能爱慕却不大容易嫉恨，无论喜怒还是哀乐，都极为节制。"而鲍斯威尔的激情是极不节制的。[11]

　　休谟喜欢在社交场合浅斟低酌；鲍斯威尔经常酗酒——晚年时更是喝得酩酊大醉。休谟似乎很少有性生活；鲍斯威尔则总是不由自主地勾搭妓女，事后却又感觉特别糟糕。休谟的"流动"理论对他来说并不足够：他需要以约翰逊为模型构建稳定的人格。不久，他就会亲眼见到约翰逊，并将他引为自己的精神导师。

　　从鲍斯威尔的日记中显然可见，他在尽情享受当下而不去试图理解或解释它时，最有生命力，最像"他自己"。有一段类似的经历发生在 12 月一个寒冷的夜晚，我们需要记住，当伦敦室内和室外的温度差不多时该有多冷。"实在难以想象，我费了多少心思和精力才处理好所有事务。整个晚上，我一直坐在那里，心态平静，却又带着自我放纵。楼上两个房间都生了火。我一个人喝茶，喝了很长时间。我让人用牛奶一样温热的水给我洗脚，帮我暖了床，我便上床睡觉了，只觉得柔软又满足。"在煤贵的时代，鲍斯威尔家里竟然生了两堆火，而不是一堆。他用的不只是温水，而是"牛奶一样温热的水"，就像刚从奶牛身上挤出来的一样。最后，他感受到了"柔软又满足"的快乐。不久之后，卢梭将这种心态理论化为"存在感"（le sentiment de l'existence），即对当下时刻感到自足的心态。[12]

　　在这幅迷人的画面中，有一个部分被鲍斯威尔略过，却值得我们停下来稍加留意。是谁在给鲍斯威尔洗脚？在 18 世纪的作品中，仆人遭人轻贱，通常被视而不见。给鲍斯威尔洗脚的很可能是那位给他料理家务的女仆，鲍斯威尔数月后提到了她："早上八点，莫莉生火，打扫收拾我的餐厅，然后叫我起床，告诉我几点了。我赖了一会儿床，享受着无所事事的时光。"当他懒洋洋地躺在那里时，"女仆在饭桌上放了一块乳白色的餐巾，摆上了早餐的吃食"。

　　一个月后，莫莉再次在日记中出现。当时鲍斯威尔外出喝酒，午夜过后很久才回来，发现房门锁上了。在那个时代，通常一户人家只有一把钥匙，这样仆人就不大可能去复制钥匙，给那些品行不端的人。"我们一直到将近三点才分手，真是把女仆莫莉害苦了，她不得不熬夜等我。可怜的人啊！"鲍斯威尔或许会对她感到抱歉，但他显然认为那就是她的本职工作。[13]

精美的剑和糟糕的诗

如今关于鲍斯威尔的精神分析结论五花八门，但它们倾向于陷入诸如"弥散式自我""替代的形态""象征性阉割"等概念。有些专业色彩不那么浓的概念，确实能提供鲍斯威尔不大可能拥有的宝贵视角。说鲍斯威尔一直在寻找能替代父亲的人物，他的自恋非同一般，显然言之在理。约翰逊很快就会接受父亲替代者的角色。至于自恋，有一个令人难忘的例子。鲍斯威尔曾决定买一把剑，那时的绅士不管会不会使剑，都得随身佩带。体型矮小的亚历山大·蒲柏身侧也挂着一把比牛排餐刀大不了多少的短剑。

于是，鲍斯威尔拜会了"御用铸剑师杰弗里斯先生"，也就是说，这人不是普通的铸剑匠，而是国王光顾过的匠人——他挑了一把，价格五基尼，高得离谱。"我决定测试一下我的同胞们的斯文程度，想看看我的外表和谈吐会产生什么影响……'杰弗里斯先生，'我说，'我手头没有现钱可付。你信得过我吗？''先生，说实话，'他说，"您得体谅我。我们从不给陌生人赊账。'我彬彬有礼地鞠了一躬，说道：'先生，说真的，这么做就不对了。'我就这么站在那里看着他，他也看着我。'得，先生，'他朗声道，'我信您。'"[14]

这个小场面体现了一系列复杂的动机。这里有游戏和赌博：我能顺利过关吗？败下阵来是可耻的。这里有舞台表演的夸张：表演者创造了一出小戏码，鼓励店主接受他的角色。这里有一点阶级意识的元素：我是绅士，因此必须被信任。这里还有一点自恋：经常自吹自擂、盛气凌人的鲍斯威尔受到深深的不安全感困扰，而自恋者往往通过激发他人的积极回应来巩固不稳定的自尊心。"我就这么站在那里看着他，他也看着我。"测验成功了。

相反，负面批评可能会深深伤害到鲍斯威尔。托马斯·谢里丹的妻子弗朗西丝正在准备一部名为《艾尔维拉》的戏，鲍斯威尔主动提出写一首序诗，由其中一名演员朗诵。他自豪地将这首诗呈给谢里丹夫妇，等待他们的判决。结果令他心碎。

> 谢里丹：我们把它放在秤上称了一下，发现分量很轻。
>
> 鲍斯威尔：什么，写得不好吗？
>
> 谢里丹：说实话，我觉得糟透了。

当鲍斯威尔请他具体说明时，谢里丹指出了这首诗里的错误，"激烈的言辞透着傲慢，嘲弄起人来毫无技巧可言，我被伤得很深"。在早些时候的日记中，鲍斯威尔曾说过："这些奚落讥嘲的言语伤害了我，如果我感受不到自己身上优于他人之处，就不会有满足感。"[15]

为了给自己打气，鲍斯威尔急忙跑到诺森伯兰夫人家；她和她的朋友们很快就明白了鲍斯威尔的需要。"我跟他们讲述了自己的悲惨经历。他们真的很生气，同情我内心的苦恼。我将自己的序诗重读了一遍，他们都觉得写得不错。我将谢里丹的批评复述了一遍，他们都认为他的评论既无趣又愚蠢，声称在他们眼里，谢里丹就是个无趣的家伙。这番话产生了可喜的效果，我的心情又舒畅起来，虽然仍残留着先前的一点窘迫。"他们当然会说序诗写得不错。要不然，他们还能说什么？

六周以后，《艾尔维拉》开演了，鲍斯威尔欣喜地发现这出戏平平无奇。他的朋友登普斯特提议他们一起喝倒彩，但他觉得必须保持沉默，"因为这看起来像是对他们拒绝我的序诗所作的报复"。但几天后，鲍斯威尔还是对谢里丹进行了报复。"我跟他复述了不少尖刻讥嘲他老婆的喜剧的言论，但他还是面带微笑，压抑着怒火，不敢流露出来。我必须指出，我有一种很特别的本领，能惹怒别人，却没有留下故意为之的痕迹。我很少使用这项本领，但发现它很管用。"[16]

鲍斯威尔奇特的虚荣心是一种对自我怀疑的防御，他在社交场合的寻欢作乐则是为了躲避抑郁的威胁。现代剧作家莫斯·哈特的一番话可用在鲍斯威尔身上，他说很多演员最开始都有一段不幸的童年，后来发现"自己内心的隐秘目标是有望实现的——做自己，同时又做别人，在此行为过程中受人喜爱和敬重"。[17]

抑郁症的发作只是偶尔出现在《伦敦日记》里，但这些迹象足以证实双相情绪波动仍在延续。鲍斯威尔在一个冬夜里写道："我的情绪非常低落，内心极其沉闷，愤懑不平。一切看起来都是黑暗的。我感到再也好不起来了。我无法促成任何生活前景的实现。"然而一个星期后，"今天下午我兴致勃勃，踌躇满志"。两个月后，他给朋友坦普尔写信说："忧郁笼罩了我的心灵，不知道是何原因。我就像一个房间，有人不小心熄灭了里头的蜡烛。"坦普尔以于事无补的调侃语气回应道："我的情绪极其高昂，不知道是何原因，反正我连自己的想法都表达不清楚了。我就像一个黑暗的房间，突然被蜡烛照亮了。"[18]

鲍斯威尔在《伦敦日记》中的一则评论显示了他非凡的洞察力："在生活中，我是被动的人，而不是主动的。要让别人清楚地理解我的感受很困难。可以说，我的行为很被动。也就是说，我并不是全心全意地行动，思考这个或那个真正紧要的问题，而是因为事态已经确定了，我只能遵从。"这就是20世纪存在主义者所谓的"自欺"或"失真"心态：我们机械而敷衍地做一些事情，非出自本心，而是因为他人的期待。鲍斯威尔补充道："你很难对一件你在现实中并不重视且视为虚构的东西产生浓厚的兴趣。"他终其一生都渴望世俗的成功，但骨子里也知道所谓的成功根本上是一场空。[19]

多年后，鲍斯威尔在散文集《疑病症患者》中以第三人称描述自己，精彩地阐述了上述这些观点："他在懒散的心性与羞耻的心态之间徘徊。每一种劳作都使他厌烦。但是，他依然没有下定决心，停止他惯于从事的种种。虽然在内心里跟自己争辩，不将别人的轻视放在眼里，但受自己情感导向的影响，他总是竭力不让自己遭人轻视。因此，他的行动就像奴隶一样，不是被心意推动，而是被恐惧驱使。"内疚是良心的自我惩罚；羞耻是害怕被别人发现。[20]

死亡

随着 1763 年春天的到来，鲍斯威尔终于架不住病态的好奇心（这种好奇心在他的一生中反复再现），去泰伯恩观看了一场公开的绞刑，绞刑架就位于今天大理石拱门矗立的位置。鲍斯威尔还是个孩子的时候，就已经狼吞虎咽地读过耸人听闻的《罪犯的生平》，现在"我有一种可怕的心理，急于去那里看看"。

为了做好准备，他提前一天去了一趟纽盖特监狱，遇到一位被判有罪的囚犯，那是个名叫保罗·路易斯的年轻强盗。"他不过是现实版的麦克希思，身穿一件白大衣、一件蓝色的丝绸背心、一条银亮的裤子，头发梳得很整齐，斜戴着一顶饰有银色蕾丝的帽子，显得十分潇洒……他步伐坚定，身姿优雅，镣铐在身上咔嗒作响，就这样走向小教堂。"麦克希思出现在《乞儿的歌剧》的结尾时，也是戴着镣铐。就像曾经的美国黑帮一样，强盗的形象紧紧抓住了大众的想象，人们认为他们在抢夺女士身上的贵重物品时，会表现得颇有骑士风度。

在执行死刑的那天，鲍斯威尔和一位朋友"爬到绞刑场台上离'致命之树'*很近的地方，这个可怕场面的所有细节，我们都能看得一清二楚。观众人数多得不可思议。我被吓得很惨，陷入深深的忧郁之中"。尤其可怕的是，他们没有将那些罪犯猛然快速放下，让他们的脊柱一下子折断。相反，那些罪犯得忍受缓慢的窒息过程，可能需要半个钟头才能咽气。他们的朋友则会从底下抓着他们的腿，加快这一过程。

鲍斯威尔自从看过路易斯的死亡场景后，"阴惨惨的恐怖画面"一直沉甸甸地压在心头，到了晚上，他不得不请求厄斯金允许他同睡一张床。第二天晚上，他"惊恐未消"，和登普斯特待在一起。[21]

一部介绍 18 世纪犯罪与惩罚的重要著作是《阿尔比恩的"致命之树"》；这本书的标题取自布莱克的一首诗，布莱克在该诗中使用了与鲍斯威尔一样的表述方式，由此来看，"致命之树"的说法当时应该是家喻户晓。今天看起来可能很难相信，到 18 世纪末，至少有二百五十种被判处死刑的罪行（到 1850 年只有两种）。† 几乎所有这些都是危害财产罪。其中包括从江河（不包括运河）的船只上偷盗任何东西；从商店偷走价值五先令的货物；从别人那里偷了一先令的财物；进入别人家的田地，意图杀死鸟兽或野兔。不仅成人，连儿童都会被处死。然而，行凶杀人的话，只要受害者还活着，就不至于沦为死罪。这反映了明显的阶级偏见：一个富有或高贵的人可能会去行凶，却不可能去当扒手。[22]

实际上，很多犯人被运送到殖民地，而非绞死。这样一来，这个制度的设计者就能够声称自己以仁慈来调和正义。尽管如此，罪犯们知道自己无论犯什么罪，都有丧命的可能。由于公开处决被认

---

* "致命之树"（fatal tree）即指绞刑架。

† 作者引用的是经济学家雅各布·维纳的论文，原文是"在 18 世纪，有一百五十到二百五十种死罪，即以死亡为最低惩罚的罪行。到 1850 年，只有两种"。

为是对犯罪的有效震慑手段，每年泰伯恩都会举办几次这样的活动。

约翰逊曾如此评论道："这个时代正在疯狂地追求革新；世间所有事务都将以一种新方式来操作；人们将以一种新的方式被绞死。连泰伯恩也不能免于革新的热潮。"这条评论看似冷酷无情，其实需要稍加解释。泰伯恩的革新之处在于周边地区士绅化的程度越来越高，使得在那里执行死刑有碍观瞻，因此公开处刑被转移到纽盖特一个更狭小的空间。[23]

约翰逊之所以为公开行刑的大场面不复存在感到遗憾，是因为他希望这样的场景能促使观众去审视自己的内心。在《漫游者》的一篇文章中，他引用了一位荷兰医生的话说："他每次看到罪犯被拖去行刑必会如此自问：'那个人果真比我罪过更深，更应受罚吗？'"约翰逊还提出了一个引人深思的观点。既然死刑如此泛滥，为什么贼匪抢夺了受害者的财物后不把他杀死，以免身份败露？"一个善良的人想到自己的权利轻微受损就要判人死刑，不免往后退缩，不去报案；尤其当他想到这个贼人本可以取他性命来确保自己无事，却仅凭着自身残留的美德克制住杀人的冲动时，就更有了退缩之心。"[24]

不管公开行刑的大场面是否起到震慑作用，作为公共假日的活动，它却备受群众欢迎。霍加斯描述了这样一个场景（图19）。一个被判死刑的人正站在囚车里，车上已然装好了他的棺材，与此同时，一位卫理公会传教士正对着他宣讲。这辆囚车前面的马车里坐着纽盖特监狱的忏悔牧师——这个细节很要紧，因为监狱教士承担着为服刑者提供精神慰藉的法定职责。在绞刑架上方，刽子手正平静地抽着烟斗。一些观众花钱买了看台的座位，而另一些人则四处乱转，等待开场。在画面右下角，一个卖蛋糕的小贩没有注意到一个男孩正手法娴熟地扒他的口袋——很明显，这个孩子即将目睹的行刑场面并没有对他起到震慑效果。

图 19　泰伯恩

　　行刑结束后，罪犯"临终遗言"（当然通常是出自捉刀人之手）的手抄本就有了现成的销路。在《伦敦十二种叫卖声写生》系列的一幅画中，死者犹挂在远处的绞刑架上，一位衣衫褴褛的女人已然在叫卖他的"遗言"了（图 20）。

　　鲍斯威尔告诉自己，他去观看行刑是为了熟悉死亡的气息，从而使它显得不那么可怕。不用说，结果适得其反，鲍斯威尔经常做自己被绞死的噩梦，这说明他一定觉得自己在某种意义上也是个罪犯。他那位当法官的父亲在消除他的疑虑方面，没有起到多大作用。5 月份，奥金莱克勋爵给鲍斯威尔寄来了一封言辞粗暴的长信，说詹姆斯过去的行为令他非常恼火。"你的乖僻行为曾惹得我下定决心，要把所有家产都卖掉，本着这样的理念：与其让蜡烛在烛窝里发臭，不如把它掐灭算了。"这意味着剥夺鲍斯威尔的继承权。奥金莱克勋爵之所以打消了这个念头，只是因为"你那了不起的母亲，为了你，她与我一同承担各种痛苦与耻辱"。[25]

图 20　临终遗言

性

　　鲍斯威尔很少光顾科芬园附近的妓院。他通常的做法是先喝不少酒，再冲到夜色里，逮住一个妓女，在某个公园或某条黑暗小巷里狎戏一番。他可能喜欢冒险的感觉。有一次，他带着"一位身体强壮、性情欢快的年轻姑娘"上了威斯敏斯特桥。"我一想到在桥上做，底下是波涛滚滚的泰晤士河，就觉得无比有趣。然而，在那野蛮的欲望得到满足以后，我不由得鄙视自己，因为我竟然和这样低贱的女人紧紧结合。"事情发生在将近凌晨三点的时候，他提到这一点，是因为他回到住处时，发现莫莉这回已经不再等他了，把他锁在了门外。[26]

　　其他时候，鲍斯威尔试图让自己相信他只是在遵循自然的指令。他喜欢用"淫乱的姘居"这个说法，就好像他是《旧约》中的长老。

他去伦敦的教堂做礼拜时，乐于把苏格兰长老会的警告抛在脑后。"人心是多么奇怪、多么矛盾的东西啊！"他心想，"在神圣的仪式过程中，我盘算着怎么钓女人，但我有着最真诚的宗教感情。"在思忖这道难题时，鲍斯威尔给出了一个似是而非的解释："我有热情的心和活泼的想象。因此，令我欲罢不能的，有爱，也有虔诚或对上帝的感恩，以及最华丽炫目的公开崇拜仪式。"用"爱"这个字来形容不太恰当，但他关于自身"情感型宗教信仰"的看法显然是有道理的。[27]

钓女人并不难。德意志作家利希滕贝格（前面引用过他对霍加斯的评论）对伦敦街头"淫荡女性"的直率行为感到震惊。在一封家书中，他说："每隔十码的距离就有一个人被团团围住，甚至连十二岁的小女孩也会围着路人，只要见到她们说话的方式，就不必问她们是否知道自己要什么了。她们像帽贝一样附在路人身上，不给她们一些东西，通常难以脱身。至于她们经常抓着路人的方式，最好的描述便是我说不出口。"鲍斯威尔并不想脱身。尤其令他欣喜的是，一位年轻姑娘"对我的尺寸感到惊讶，说我若是给处女开苞，一定会让她尖叫不断"。[28]

现代研究发现，大多数街头娼妓并不是全职妓女，而是在经济困难时期寻求微薄收入的女性。她们在有可能的情况下，会尽快脱离街头的营生。1758 年，一项对斯特兰德大街二十五名妓女的调查发现，她们的平均年龄为十八岁，其中一些人从十四岁，甚至更小的时候起，就开始拉客了；二十二岁以后，没有人活跃在街头。这二十五人中，多达十七人是孤儿，还有五人曾遭父母遗弃。[29]

有时候，鲍斯威尔似乎会被年轻姑娘的困境所触动。"夜晚回家的时候，我感到肉欲在体内肆虐，决定好好发泄一通。我去了圣詹姆斯公园，像约翰·布鲁特爵士一样，跟一名妓女勾搭上了。这是我第一次穿上盔甲［避孕套］，觉得实在不够痛快。这个年轻的姑娘顺从地偎依在我充满激情的怀抱里，她来自什罗普郡，只有十七岁，相貌姣好，名叫伊丽莎白·帕克。可怜的人儿，她的日子可难过了！"约翰·布鲁特爵士是复辟时期喜剧《愤怒的妻子》中的一个人物，是加里克最喜爱的角色之一。[30]

鲍斯威尔可能以为伊丽莎白·帕克很喜欢自己充满激情的拥抱，所以才会有询问她姓名的举动。其他时候，鲍斯威尔对自己的行为感到厌恶，比如一个星期后，他在公园里"一见到妓女，就跟她勾搭上了"。"她又丑又瘦，嘴里酒气熏天。"当然，鲍斯威尔也一样。"我自始至终没有问过她的姓名。完事以后，她就溜走了。我看不起这样猥琐的举动，决定以后再也不干了。"[31]

值得注意的是，在外出"觅食"之前，鲍斯威尔总会喝得大醉。博特尔说"他把自己灌醉了，是为了给嫖娼行为开脱"；另一个评论者则冷嘲道："良知是心灵中可以溶解于酒精的那个部位。"[32]

"除了诱惑，我什么都能抵抗"常被当作奥斯卡·王尔德的话引用，其实不正确。王尔德在《道林·格雷的画像》中说过的话更有意思，也非常适合用来形容鲍斯威尔："摆脱诱惑的唯一法门是向诱惑屈服。一旦抵抗，你的灵魂将会患病，因为它会日思夜想那个它主动禁止的东西，渴望那些被可怕的心灵法则变得可怕、非法的事物。"但是，鲍斯威尔的意识充满了加尔文主义伦理观，这种观念可以追溯到圣奥古斯丁那里；圣奥古斯丁在《忏悔录》中说，"因为意志败坏，遂生情欲，顺从情欲，渐成习惯，习惯不除，便成为自然了。这些关系的连锁——我名之为铁链——把我紧缠于困顿的奴役中"。[33]

路易莎

在伦敦这一年里，鲍斯威尔确实谈过一次正经的恋爱，从中衍生出了一个小故事。1762年行将结束时，鲍斯威尔对街头的那些短暂遭遇越来越感到沮丧，他在日记中宣称："在我看来，世间之人所能获享的最高级别的幸福，便是与温柔的女性两情相悦，而且这份情意必须是发自真心、缠绵缱绻的。"他还说，恋爱中的男人理应能够"意识到自己高于女性并因此感到欢喜。他维持了男性的尊严"。[34]

考虑到这一点，鲍斯威尔拜会了科芬园一位名叫安妮·刘易斯的女演员，她只比鲍斯威尔大一岁，鲍斯威尔在爱丁堡时对她略有了解，在日记中称她为路易莎（改自她的姓氏）。她彬彬有礼地接待了鲍斯威尔，两人边喝茶边闲聊，鲍斯威尔注意到"她穿着赏心悦目的便装，看上去非常漂亮"。第二天鲍斯威尔再次登门，"用动情的神色让她明白了我的心意"。第三天，他试图相信自己的激情是发自真心的，尽管用了不少陈词滥调来表达。"我投入这场情事，原先只是为了方便自己寻欢作乐，但如今，那个苦中带蜜的爱神非常认真地攫住了我的内心。我感到了爱的美妙癫狂。"[35]

初次相遇两周以后，鲍斯威尔便打算把两人的关系推向顶点。"我开始有些放肆了。'别啊，先生——这时候——还是请考虑一下——''啊，女士！''快住手，你这家伙就会占人家的便宜！'我一听这话，干脆放肆到底，把那迷人的衬裙撩开了。'我的上帝，先生！''女士，我忍不了了。我爱慕你。你也喜欢我吗？'她的回应便是热情地吻我，然后把我搂在怀里，叹道：'唉，鲍斯威尔先生！'"[36]

路易莎仍在故作矜持，表明她不是普通的妓女，而是想和鲍斯威尔发展出一段真正的关系。鲍斯威尔很乐于配合。他们有过几次令人沮丧的挫败。有一回，鲍斯威尔"正要得意洋洋地进入"时，他们听见女房东上楼来了；还有一回，路易莎不得不推迟幽会，因为"自然对人类体质，或者更确切地说，对女性体质的周期性影响，不允许她做那样的事"。这样的细节是当时任何虚构作品都不可能提到的。

　　过了一段时间，两人在黑狮旅馆度过了一晚。鲍斯威尔之所以选择这里，是因为这是他抵达伦敦后最早落脚的地方，也因为它是迪格斯强烈推荐的（迪格斯扮演的麦克希思令鲍斯威尔印象深刻）。鲍斯威尔特意用"迪格斯先生和太太"来登记。[37]

　　在鲍斯威尔的叙述里，措辞风格无所不包，既有简朴的表述，也有荒谬的套话。先说简朴的表述。路易莎在侍女给自己脱衣服的时候，假装腼腆地请鲍斯威尔离开。"于是，我拿了一支蜡烛，走到院子里。那天晚上非常黑，非常冷。有那么几分钟，我感受着这个时节的严酷，脑海里浮现出很多与苦难相关的可怕想法，这样，我就能从这种沉闷低落的思绪过渡到最愉快、最美妙的情感。"这是典型的鲍斯威尔做派：营造强烈的感受对比，以便更好地体味即将发生的事情。

　　再来看看他的套话。"我轻手轻脚地走进房间，欣喜若狂地爬上了床，立刻被她雪白的手臂紧紧抱住，压到她奶白的胸脯上。"紧接着便是一连串"多情的狎戏""甘美的盛宴""如神的伟力""极度的狂喜"之类的表述。正如纳博科夫曾经评论的，色情作品通常是"陈词滥调的交媾"。[38]

　　鲍斯威尔接连成功地做了五次，"内心对自己的表演颇有些自豪"。的确是表演。鲍斯威尔接着承认："我情不自禁地在幻想中漫游，游到了其他一些女士的怀里，她们清清楚楚地呈现在我活跃生动的想象里。"鲍斯威尔可以作为弗洛伊德在《情欲生活中最普遍的降格》中所描述现象的案例，加以研究。他和同阶层女人做时，会觉得不安和拘束，与女仆或妓女做时，则能体味到专横和自由的快感。[39]

　　路易莎不是妓女，但她仍然是作风放荡的女人，乐意接受男人的馈赠，当然，前提是双方都不将馈赠当作她的服务酬劳来理解。女演员通过这种方式弥补自身微薄的戏剧收入，在当时是相当普遍的现象，由此她们与后来被视为其"包养者"的男人建立了某种联系。

在一次回访中，鲍斯威尔明确"将她当作饰演过很多淑女角色的女演员来占有和玩味"。两人其实都在演戏。[40]

这件情事极大地增强了鲍斯威尔的自我形象；他在其中接连扮演有绅士派头的访客、假丈夫（"迪格斯先生"）、一匹不知疲倦的种马。几天后，在诺森伯兰夫人家里，"我趾高气扬地走来走去，自以为是个威猛的男人，能一夜五次满足一位女士的爱欲。为迎合自己的虚荣心，我心想，如果我这个能力以及其他好品质被传开了，这个房间里的几乎所有女人都会向我求爱"。[41]

四天后，当鲍斯威尔和路易莎再次睡到一起时，游戏显然即将结束。"路易莎允许我随心所欲履行爱的仪式，但我觉得自己对她的激情已经荡然无存。我对她开始冷淡起来，我发现她喜欢装模作样，只觉得恶心。"更糟糕的事情还在后头。鲍斯威尔曾指望"至少一个冬天的安全交媾"是有保证的，但他惊恐地感到"专用于供奉丘比特的那个身体部位有点热辣辣地疼，很像维纳斯女神发怒时有意用以折磨其信徒的一种疾症"。说得直白一点，"很显然，患上了淋病"。这意味着数周闭门不出，还要使用不舒服甚至危险的手段来医治（会用到汞）。"什么！我想，这样美丽、明智、可爱的女人怎会如此肮脏不堪？如此美好的形体难道也是藏污纳垢之所？"[42]

他回到路易莎身边，同她对质。在日记中，他为自己引入这个话题的"巧妙本事"感到得意。

> 鲍斯威尔：你知道吗？自从见到你以后，我一直很不开心。
>
> 路易莎：为什么会这样，先生？
>
> 鲍斯威尔：唉，我担心你并不像我想象的那样深爱我，也不关心我。
>
> 路易莎：没有这回事，亲爱的先生！（似乎不为所动。）
>
> 鲍斯威尔：女士，难道我平白无故这么说？

> 路易莎：是的，先生，确实是平白无故。
>
> 鲍斯威尔：真的平白无故，女士？请好好想想。
>
> 路易莎：先生！
>
> 鲍斯威尔：请问，女士，你最近这段时间身体怎么样？
>
> 路易莎：先生，我不懂你在说什么。[43]

路易莎最后承认她曾经得过淋病，但声称自己已经很久没有显露症状了。而据我们所知，鲍斯威尔也曾患过淋病，一些评论者据此怀疑那只是旧疾突发，而非传染的新病。但是，一位研究学术问题的医师考察过这些证据后认为，这个病确实是从路易莎那里传染的，只不过在她身上处于潜伏状态，她觉得自己已经完全康复，倒也不是在说假话。[44]

鲍斯威尔曾借给路易莎一笔钱，数额不大，只有两基尼，他气咻咻地写了封信，想把钱要回来。"这笔钱既不是我嫖娼付的，也不是我做慈善给的……不要写信给我。把钱封好寄过来。我跟你没什么好说的了。"几天后，路易莎的女仆送来了一个密封的信封，里面装着两个基尼，"但一个字也没有写。我心里千头万绪，感觉奇怪得很。我不由动起了怜悯心，觉得自己对她太粗暴了。我想她——或许——不知道自己的真实状况"。尽管鲍斯威尔觉得自己喝了太多"莎士比亚所谓的'仁爱之乳'"，为此心满意得，但他不打算继续纠结于这个问题；这段小插曲的结尾是鲍斯威尔想道："结果我比自己料想的多了两基尼。"[45]

结果证明，这次患病只是漫长的自我毁灭过程中的一段早期插曲。鲍斯威尔的日记多年里记录了至少十九次尿道炎发作，其中一些是由淋病反复感染引起的，病况严重。这些感染最终将直接导致鲍斯威尔的死亡。

路易莎的故事从 12 月开始，到翌年 2 月中旬结束。鲍斯威尔现在困于自己的住处，不情愿地认识到自己将永远进不了护卫队。前面等待他的是荷兰之旅，他不想去那里学习自己不想学的法律。前景显然是黯淡的，但他并不知道自己三个月后将迎来一生中最重要的一次会面。

第五章

决定性的会面

"看，大人，它来了！"

鲍斯威尔已在伦敦待了半年，尽管很想见到约翰逊，但还是无缘得见；他读过《漫游者》和《拉塞勒斯》，十分欣赏作为智慧大师的约翰逊。很多人知道托马斯·谢里丹是约翰逊的朋友，鲍斯威尔曾在爱丁堡跟着他修习雄辩术，到伦敦与他恢复联系后，以为很快会被引荐到约翰逊那里。可是，当他提出这个请求时，谢里丹却愤恨地对他说，他们不再说话了。他声称那是因为约翰逊接受了三百英镑的政府年金后，却继续批评首相和王室，这令他心生厌恶。[1]

后来鲍斯威尔知道了事情的全部真相。约翰逊并不是 1762 年唯一被授予年金的人。谢里丹自己也得到了二百英镑。当时的首相布特勋爵是苏格兰人，他奖赏谢里丹的原因是后者教会了苏格兰人像英国人一样说话，使苏格兰人在公共事业上大获成功。区区一名演员竟然获得了与自己同样的荣誉，这令约翰逊感到愤怒。他听到消息后惊叫道："什么？他们给了他年金？那该是我放弃自己年金的时候了。"这句嘲弄的话被及时转达给了谢里丹。谢里丹从此再也没

图 21 戴维斯的书店

有释怀，即便听到约翰逊后来补充的话——"不过，我很高兴谢里丹先生有了一份年金，因为他是个非常好的人"，他依然心存芥蒂。[2]

约翰逊并不太在意自己和这位敏感人士的友情就此结束。谢里丹很不喜欢别人叫自己"谢里·德里"，当约翰逊听说谢里丹厌恶自己的另一段俏皮话时，他只觉得好笑。那段话是这样说的："谢里真是无趣，无趣得毫不做作；但他一定是费了很大一番苦心才变成我们现在看到的模样。先生，愚蠢透顶可不是天生的。"[3]

还有一人能将鲍斯威尔和约翰逊联系起来，即一位叫托马斯·戴维斯的兼职演员，他在靠近科芬园剧院的罗素街开了一家书店（图21）。如果讽刺作家查尔斯·丘吉尔的描述是正确的，那么戴维斯算不上好演员——"他嘴里含着台词，就像野狗嘴里叼着骨头"——但他很好相处，鲍斯威尔很快与他成了好友。戴维斯提到约翰逊经常光顾自己的书店，在店里与他邂逅是很有可能的。正如莱斯利·斯

蒂芬所说，约翰逊"见到这位命中注定要给自己立传的人"的时刻
终于到来了。[4]

　　1763 年 5 月 16 日，鲍斯威尔照例是在与朋友坦普尔的共进早
餐中，开始了一天的生活。下午，他顺便去了一趟戴维斯的书店，
被主人留下来喝茶。这时约翰逊突然现身了。在《约翰逊传》中，
鲍斯威尔将这个时刻呈现为自己人生中一个戏剧性的转折点："透过
我们坐着的房间的玻璃门看见约翰逊朝我们走来，戴维斯立即宣告
他正威仪非凡地向我靠近，那说话的方式颇像扮演霍拉旭的演员；
霍拉旭在哈姆雷特父亲的鬼魂出现时对哈姆雷特说：'看，大人，它
来了！'"鲍斯威尔在日记初稿中并没有引用这个莎士比亚的典故。
戴维斯当时可能并没有提及这个典故，鲍斯威尔也没有说自己提到
了。毫无疑问，他只是事后想到了，觉得很贴切，当然确实用得贴切。
约翰逊日后将成为一个理想化的父亲形象。[5]

　　戴维斯把约翰逊介绍给鲍斯威尔，鲍斯威尔立刻犯了个口误。"我
非常激动。我以前常听到他对苏格兰人有偏见，此时想起来了，便
对戴维斯说：'别跟他说我是从哪里来的。''从苏格兰来的。'戴维
斯搞恶作剧似的喊道。'约翰逊先生，'我说，"我的确来自苏格兰，
可我是身不由己啊。'"

　　鲍斯威尔的意思是他成为苏格兰人乃身不由己，但约翰逊把这
个短语理解成：很多苏格兰人为名利驱使，不由自主纷纷涌到英格兰。
"'先生，我发现，你的很多同胞都是这样身不由己。'这一妙语令我
大吃一惊，我们坐下来后，我觉得自己尴尬得要命，担心接下来会
发生什么事。"

　　如今的人们通常会认为这是无端的侮辱，可当时的人未必会这
样看。约翰逊喜欢突如其来地刺激别人一下，以此试探他们。有人
认为这种手法的"目的是戏弄和惊吓那些迷恋明星、身心脆弱的年
轻人"，这样的描述颇有道理。纵观两人的关系，约翰逊喜欢假装讨

厌苏格兰和苏格兰人，不过是为了惹怒鲍斯威尔。很多时候他其实是在戏弄鲍斯威尔。[6]

但是，鲍斯威尔再次发言时，事情变得更糟了。约翰逊对戴维斯提到，他替朋友安娜·威廉斯向加里克要一张戏票，加里克却拒绝给他，"因为他知道剧院将座无虚席，而且一张票值三先令"。鲍斯威尔立刻说错话了。"我很想见缝插针跟他对上话，便壮起胆来对他说：'哦，先生，我难以想象加里克先生会舍不得给您这样一个小礼物。''先生，'他神色严肃地看着我说，'我认识大卫·加里克的时间比你长，我不知道你有什么权利跟我谈论这个话题。'"鲍斯威尔在《约翰逊传》中承认，"我作为素不相识之人"，对约翰逊与他认识最久的一位朋友之间的关系发表看法，确实是"僭越之举"。[7]

这场交流展示了鲍斯威尔写作方法的一些有趣之处。在最初的日记条目中，没有关于加里克拒绝赠票给安娜·威廉斯的记录，也没有关于约翰逊"神色严肃"的描写。鲍斯威尔的手稿中倒是有一个旁注："备忘：加里克拒绝送票给威廉斯太太。"所以，这场对话确实发生过，但《约翰逊传》中的版本是鲍斯威尔二十多年后根据记忆创作的故事的扩展版。[8]

鲍斯威尔的失言和约翰逊的反驳看上去很像致命的打击，但鲍斯威尔是不可能被击倒的。他继续待在原地，只是偶尔加入谈话。约翰逊离开后，戴维斯说："不要担心。我看得出来他很喜欢你。"

一个礼拜后，鲍斯威尔鼓起勇气前往约翰逊的住处拜访。戴维斯可能告诉过他，约翰逊喜欢别人来看望自己。"他那套棕色的衣服像是生了锈；一顶皱巴巴的、没有扑粉的旧假发戴在他头上，显得小得可怜；衬衫领子和马裤的膝盖处都松开了；黑色毛线袜没有往上拉好；脚上拖着一双没有扣上搭扣的鞋子。但是，他一开口说话，你就会忽略所有这些邋遢的细节。"虚荣的鲍斯威尔总在意自己的外表，但他深深地意识到约翰逊的价值与着装毫无关系。

　　其他一些访客很快起身离开，鲍斯威尔也站了起来，"但他喊道：'别走，快别走。''先生，'我说，'我生怕打搅到您。您能允许我坐下来听您说话，已经是大发善心了。'他见我这么真诚地恭维他，心里很受用"。约翰逊离开时，亲切地握了握鲍斯威尔的手，鲍斯威尔在日记中写道："说实话，我真是个幸运儿。我要跟他好好结交一番。"[9]

　　鲍斯威尔在《约翰逊传》中说："约书亚·雷诺兹爵士在约翰逊出版《英语词典》后，给他描画了一幅肖像，画中的他端坐在舒适的靠背椅上，陷入深深的沉思，正是从这幅画里我清楚地领略了他的模样。这是约书亚爵士为他朋友描绘的第一幅作品；约书亚爵士很好心地向我展示过这幅画，有人曾以它为模板绘制了一幅版画。"[10]

　　事实上，这是不大可能发生的。这幅画像（图 22）当时并未完成，也未公开展示或复制过，而且鲍斯威尔当时还没有见到雷诺兹。要么是他记错了多年以前想过的事情，要么就是他需要给《约翰逊传》的读者展示更积极的第一印象，有别于他在未发表日记中描述的那个言行粗鲁、爱咆哮的人物。他用这幅画作为卷首插图，可以鼓励读者直接从他的叙述转向这张图像；我们"通过充满仰慕之情的年轻陌生人的眼睛"看到了约翰逊，"一个令人敬畏的神秘人物"。雷诺兹比约翰逊小十四岁，在画这幅画的时候还不是他的朋友。[11]

　　不到三个月后，鲍斯威尔动身去荷兰，此时一段持久的友谊已经形成。有人说，约翰逊在他身上看到了"这样一个人：他所需要的正是约翰逊不能不给予的，而且他这种人性的需求几近疯狂"。两人的关系持续了二十一年，直到 1784 年约翰逊去世；其间，鲍斯威尔一直仰赖约翰逊，向他寻求建议、鼓励和关爱，这些东西正是奥金莱克勋爵从未给予他的。从他们的关系发展而来的那部伟大传记代表了"一个巨大的人性弱点对一个伟大的人性优点几乎不自觉的致敬"。不过话说回来，这种致敬绝非不自觉的。这是鲍斯威尔一生

图 22 《约翰逊传》卷首插图

中唯一逼迫自己尽可能做好的事情。[12]

就约翰逊这一方来说，他正感到被渐增的年岁所迫。前一年，五十三岁的他在给一位朋友的信中写道："我回到故乡小镇，发现那里的街道与刚离开时的印象相比，要狭窄、短小很多，那里住着一群陌生的人，几乎没有人认识我。我幼时的玩伴们都年事已高，这让我不得不想到自己不再年轻。"现在约翰逊有了一位年轻朋友，与他相伴，可以享受轻松的社交氛围，而这样的氛围正是鲍斯威尔善于营造的。多年后，约翰逊对他说："鲍斯威尔，我觉得与你相处，几乎比其他任何人都来得容易。"有一回约翰逊当着众人的面说"他认为与鲍斯威尔相识的那一天，正是他一生中最快乐的日子"，鲍斯威尔听闻，深受感动。[13]

鲍斯威尔很喜欢扮演门徒的角色，但他们的关系中也存在着有趣的对立。两人的个人气质迥然不同，他们代表了一个充满各种可能性的双螺旋结构。鲍斯威尔是浪漫主义者，幻想领主与佃户之间存在封建式的情感，而约翰逊则是彻头彻尾的实用主义者。约翰逊坚持理性和自我控制，而鲍斯威尔则沉浸于冲动的"感性"，只要有机会，就会及时行乐。约翰逊追求他所谓的"宏大的一般性"，而鲍斯威尔则追求特异性和刺激的细节。约翰逊的语言依据圆周句风格一块块精心组装而成，而鲍斯威尔的风格则是对话式的、随意的。[14]

很快，鲍斯威尔成为备受约翰逊看重的朋友之一，被邀请随时到内殿巷喝茶，约翰逊占据了那里的一栋房子（也即插图中那栋带小门廊的房子）的三楼，就在一个过路人的上方（图 23）。1760 年离开高夫广场后，约翰逊就住在这里，正如他的朋友亚瑟·墨菲所说，他过得"一贫如洗、无所事事，带着饱学之士的自负"。1762 年他就是在这里收到获得年金的消息。[15]

整整十年过去以后，鲍斯威尔才被邀请到约翰逊家中吃饭，当邀请送到时，他感到非常惊讶。公寓房里一般没有厨房，居民通常

图 23　内殿巷

在外头吃饭。两人坐下来"享用美味的汤、菠菜煮羊腿、小牛肉馅饼和大米布丁"。约翰逊提到他的肉馅饼是从公共烤炉那里买来的。[16]

　　鲍斯威尔和约翰逊晚上出去聚会时，通常选择舰队街的米特小酒馆（图 24）。有一次，他们每人喝完一瓶波尔图葡萄酒后，鲍斯威尔小心翼翼地问约翰逊是否想再点一些。"'好啊，'他说，'我要再喝一点。我想再来两瓶刚刚好。'于是我们又叫了两瓶。"那晚快分手时，约翰逊"亲切地握着我的手说：'亲爱的鲍斯威尔！我真的非常喜欢你'"。这大大弥补了第二天宿醉的痛苦。"英国的波尔图葡萄酒相当浓稠、度数很高且极为刺激，可以当作药剂使用。今早它

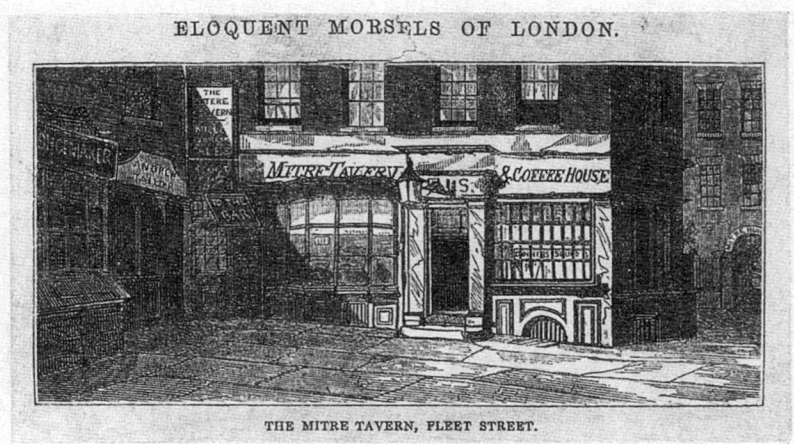

图 24　米特小酒馆

在我的血管里沸腾。"《伦敦日记》中的这段有趣的回忆片段并没有
出现在《约翰逊传》中；鲍斯威尔在这部传记中总是尽量少提及饮酒，
尤其是他自己的饮酒习惯。[17]

鲍斯威尔：角色扮演者

　　鲍斯威尔尊崇约翰逊，将其视为导师，但这并不意味着他不再
勾搭妓女。有一件事使他感到特别难堪，当然，他照例只考虑自己。"晚
上，我带一个站街女到汉普顿宫花园交欢作乐。那个贱人偷了我口
袋里的手绢，却发誓说没偷。我回到家的时候，惊讶地想到自己竟
和这样一个卑贱、放荡、发假誓、偷窃成性的女人亲密合体了。我
决定就此罢手，但如果塞浦路斯的爱火缠住了我，我只与出身名门
的姑娘分享激情的火焰。"维纳斯出生于塞浦路斯。鲍斯威尔没有考
虑这个他不知道名字的女人的悲惨生活。一块丝帕或亚麻手帕可以

偷偷转手，换取一小笔钱——虽是一小笔，但还是要多于鲍斯威尔付给她的嫖资。对她来说，偷手帕是值得一试的。[18]

在《伦敦日记》的最后阶段，鲍斯威尔展现了两场颇具戏剧效果的邂逅。他认为其中一场有趣，另一场尴尬，但过后他的自我感觉都很不错。他的自知之明也就到此为止。

首先，与约翰逊见面两周后，鲍斯威尔玩了一场他最喜欢的游戏：假装相信所有女人都想要他，是因为他的个人魅力而不是因为他的钱财。

> 我冲向科芬园广场，浑身奔涌着旺盛的血气，燃烧着强烈的欲望。我遇到了两个非常漂亮的小姑娘，她们要我把她们带走。"亲爱的姑娘们，"我说，"我是个穷小子，给不了你们什么钱。不过，如果你们愿意陪我喝杯酒，愿意一起快活，彼此效劳，不谈钱，那么，我就是你们的人了。"她们欢欢喜喜地表示同意。于是我又回到了莎士比亚头酒馆。"伙计，"我说，"我这儿来了两个人。我不知道她们的活儿怎样。""我帮你瞅瞅，大人，"他说着脸上露出了难以模仿的猥琐神色，直盯着她们的脸看，然后朗声道，"她们保准干得不错。""是吗，"我说，"她们都是一把好手？那就把她们带上来。"我们被领进一间装修不错的房间，很快一瓶雪利酒摆在了我们面前。我打量了一下我的这两位妃嫔，发现她们都是适合调情狎戏的对象。我和她们一起嬉戏，一起喝酒，唱着《青春正当好》的歌谣，把自己想象成麦克希思船长。然后，我按照她们年龄的大小逐一临幸，以慰藉自己的肉身。[19]

鲍斯威尔创造了一个戏剧性场景——就在与真正的剧院相隔咫尺之地——那两个姑娘配合他演戏。很显然，既然他要得起一个包间和一瓶雪利酒，他根本不是不名一文。这件事再次说明鲍斯威尔只有

图 25　科芬园广场

在假装别人时，才最自由、最快乐；而这一回，他不可避免又假装
自己是麦克希思。鲍斯威尔也抱有一个广为流传的男性幻想——成
为土耳其苏丹，拥有庞大的后宫，可以随心所欲地挑选女人。

　　事实上，莎士比亚头酒馆是著名的妓女信息提供中心，对这里
的侍者来说，这是日常工作的一部分。莎士比亚头酒馆的一位侍者
出版了一本口袋大小的名录，即《哈里斯的科芬园淑女名单》，里头
有对妓女外貌和性爱专长的描述，信息每年都会更新。广场上雅致
的拱廊（图 25）通向远端的酒馆入口处。科芬园剧院就在左边的转
角处，约翰·里奇长时间拥有这家剧院，他居住的房子在画面上看
得见，就在靠柱的轿子后头。[20]

　　两周后发生的事情大不相同。那时国王的生日是全国性的节日，
那天晚上，鲍斯威尔"决定成为一名'黑卫士'（blackguard）"。这
个词后来被用以表示彻头彻尾的恶棍，但约翰逊只把它定义为"下

层民众的黑话，指代着装邋遢、言行极其龌龊的人"。鲍斯威尔精心挑选的服装包括一套深色套装，沾满了从假发上掉落的粉末，一件好几天没洗的衬衫，"还有一项用银色蕾丝修饰的小圆帽，这是一名退伍的皇家志愿军军官的"。毫无疑问，鲍斯威尔是故意拿来做道具的。"我手里拄着一根老橡树手杖，敲打人行道。我不就是个十足的'黑卫士'吗？"

他的第一步是在圣詹姆斯公园勾搭上一位妓女。"我称自己是理发师，跟她说定了六便士，便手挽着手走到公园尽头，将自己的器具浸入她的水道里，大秀我刚劲威猛的本事。"六便士根本算不上什么钱。为什么鲍斯威尔假扮退伍军官，最后竟变成了理发师，这不得而知。那个女人既然拿到了六便士，也不会多问什么。鲍斯威尔经常喜欢假扮下层社会的人，这无疑是为了淡忘压在他绅士身份上的责任。

这还只是刚起了个头。他"一路大喊大叫"来到圣保罗大教堂墓地的一家潘趣酒馆，潘趣酒一碗三便士，他喝下了三碗，这个量是很大的。

在斯特兰德大街上，我勾搭上了一位淫荡的小贱人，给了她六便士。她答应让我进入，没想到临时却耍起赖来，不让我尽性。我比她强壮得多，不管她愿不愿意，就把她按到墙上去。但是，她突然从我身边跳将起来，扯着嗓子尖叫，一群妓女和士兵跑来解救她。"士兵兄弟们，"我说，"我是个享有半薪待遇的军官，付了六便士难道不应该爽一把吗？而她在这里却这样待我！"我把他们争取到了自己这一边，用"黑卫士"的方式把她打骂了一顿，然后扬长而去。在白厅附近，我又搭上了一个姑娘，我称自己为拦路的强盗，告诉她我没有钱，恳求她信任我。但她死活不肯。我今晚穿了这样一身衣服，却总被当作乔装外出的绅士。这让我的虚荣心多少得到满足，我大约两点钟回到家，非常疲惫。[21]

这是个不堪入目的场景，鲍斯威尔却丝毫没有认识到。很显然，他喝得酩酊大醉，那个"淫荡的小贱人"跟他谈妥后，却被他的举动吓到，将他推到一边。鲍斯威尔这时试图强暴这位妓女。听到她的尖叫声，众人冲上来帮忙，最后他们又都退开了。鲍斯威尔志得意满地自认为众人这样做，无非是因为他们意识到他是一位乔装外出的绅士。他认为这意味着众人承认了他内在气质的优越。其实众人真正意识到的是，治安法官只会相信他的证词，而不会相信他们的。

约翰逊那时肯定经常和鲍斯威尔谈论妓女的悲惨境遇，但鲍斯威尔只在日记中提到过一回，而且略去了对话内容。这件事发生在数月以后，再过几天，鲍斯威尔就要出发前往荷兰了。"今晚，我们手挽手沿着斯特兰德大街散步时，一个街市上的女人向我们走来，浑身散发着魅惑。'不行，'约翰逊先生说，'不行，我的姑娘，这样不行。'于是我们谈到这些可怜人的处境如何不幸，不伦之爱造就的苦难总体上要比它带来的幸福多多少。"鲍斯威尔总把自己的行为委婉地说成是"爱"，而约翰逊是不大可能这样使用这个词的。[22]

约翰逊在那些穷困潦倒的岁月里，结识了很多妓女。在《漫游者》中，他虚构了米塞拉这个角色，以她的口吻写信，这对读者而言是一种挑战。米塞拉的一个亲戚诱奸了她，让她怀上了孩子，把她当成情妇养了一段时间，最后彻底抛弃了她。那时，她只有一种生存手段（不管她多么厌恶这种手段）。

我就是这样悲惨地度过了四年，卖力敲诈，靠酗酒作乐，有时沦为一人的财产，有时成为众人淫性突发的猎物……有些人一直过着丰衣足食的安稳日子，如果他们能在妓女夜游结束后，前往她们避居的可怕住所参观一会儿，看见那些可怜人拥挤着躺在

　　一起，因放纵而心神狂乱，因饥饿而面色如鬼，因污秽而令人作呕，因患病而浑身发臭，他们内心会立即生出要把那些人救离苦海的愿望，哪怕有丝毫的嫌恶之情，也难以压制这样的心愿。

约翰逊告诉一位朋友，他其实认识这个故事里的女人。[23]

　　在那个年代，人们通常会把妓女视为误入歧途的烂女人，而不是看成某种社会经济体系的受害者；关于那种体系，当时的人虽有正式的谴责声音，在实践中却是百般纵容。婚姻通常是不同家庭之间为了经济考虑而安排的，配偶之间的性吸引很少是考虑因素，离婚不大可能，除非少数人身居要职，能获得议会的特批。卖淫亚文化实际上为男性欲望的满足提供了一个出口，当然也包括像鲍斯威尔这样的未婚男性。妇女的需要则不在考虑范畴。

告别伦敦

　　对鲍斯威尔来说，伦敦的浪漫已经开始褪色。他登上圣保罗大教堂的楼顶欣赏风景时，"伦敦并没有给我留下了不得的印象。我只看见四处铺张、鳞次栉比的瓦片屋顶和狭窄巷子，因为距离太远，我看不见街景和建筑之美。泰晤士河和四周的乡村，汉普斯特德和海格特的优美山峦都显得十分耐看。前些时候我看到这些多姿多彩的景物时，心里非常激动，此时这份热情已经淡去了"。此前鲍斯威尔曾答应父亲去荷兰学习一年，但他此刻似乎一点都不急于动身。[24]

　　出发两周前，鲍斯威尔和约翰逊同游泰晤士河，留下了难忘的回忆。他们乘船沿河而行。途中，鲍斯威尔随口问道，懂点希腊语和拉丁语是不是对所有人都有好处。约翰逊认为实情可能并非如此："'比如，眼前这个孩子就不用学识，照样能把船划好，看那样子，他可以给最早的水手——阿尔戈号上的英雄们吟唱俄耳甫斯之歌。'于是他问那个孩子：'小伙子，你愿意付出什么来了解阿尔戈英雄？''先生，'男孩说，'我有什么，就愿意付出什么。'约翰逊对他的回答很满意，我们给了他双倍的船资。"[25]

随后，"我们在老天鹅码头停靠，步行到比林斯门，然后从那里坐船沿着银亮的泰晤士河平稳前进"。这意味着他们很谨慎，不愿意"飞速穿过"伦敦大桥的桥拱，因为潮水太危险，唯有胆大的船夫才乐意穿拱而过。有一张画（彩图 10）显示了退潮时潮水从桥那一面倾泻而出时形成的惊人激流。顺便提一句，桥上的房子就是在这个时候拆除的，以扩大车辆通行的空间，但约翰逊对这些房子很熟悉。他过去常去那里的一家书店买书。这座桥在 19 世纪被拆毁，新桥取而代之，到今天，旧桥已经全然消失了。[26]

比林斯门的环境与鲍斯威尔经常出入的地方大不一样。正如《英语词典》指出的，"比林斯门"这个名称后来成为"粗言秽语"的同义词；《英语辞典》是这样解释的：它是"从伦敦比林斯门那里借来的一个隐语，那里总有下等人聚集，经常发生争吵，常能听见连篇的脏话"。渔民就是在那里把捕获的鱼送上岸卖掉的；任何大小的船只都不能从伦敦大桥下通过进入更靠近城市中心的地带。

有一幅画（彩图 11）就展现了这样一个场景。到处都在爆发口角，不少人被打倒在地。在前景中，一名喝醉了的鱼贩无助地躺在那里，一名好意的渔夫又给她递了一杯酒。一只狗正在吞食她的鱼。

比林斯门底下的河段被称为"伦敦深池"，它为英国庞大的国际贸易提供了令人叹为观止的证据。1757 年绘制的版画（图 26）展示了繁忙的商贸活动，如林的桅杆挤满了码头，可以看到远处的伦敦塔。当时，这个"深池"每年吞吐量超过一千五百多艘船，运送近二十五万吨的货物。这幅画的标题是《从法国进口大不列颠的货品》；"七年战争"暂时中断了与法国的贸易，而这幅画正是"七年战争"

图 26　"伦敦深池"

刚开始没多久问世的。

　　在靠右的前景处是桶装的法国葡萄酒，酒桶上写着"克拉瑞特"（来自波尔多的红酒）、勃艮第和香槟。葡萄酒通常是在目的地装瓶，所以，桶前有一木箱酒瓶。在画面中间，一名衣着得体的年轻黑仆嘲弄地指着一对相互亲吻致意、动作浮夸惹眼的时髦女士。当时有几千名黑人在伦敦当仆人，他们多是来自西印度群岛的获得解放的奴隶。[27]

　　在比林斯门，鲍斯威尔说，他和约翰逊乘坐了另一艘船。"那天天气晴好，我们进入乡野之地的深处时，被河两岸美丽的田野深深迷住了。"他们的短程航行在格林尼治结束；二十五年前，约翰逊曾在诗歌《伦敦》中称赞过此处：

　　　　我们不言不语站在泰晤士河畔，

　　　　格林尼治含笑望着银色的波澜。

　　　　我们为诞下伊丽莎白的王宫大感惊异，

　　　不禁跪下，亲吻神圣的大地。

　　伊丽莎白女王出生于格林尼治。鲍斯威尔在口袋里塞了一本约翰逊的诗集，为这个场景提前做好了准备。"我在泰晤士河畔读着这段文字，并用嘴唇亲吻了这片神圣的土地。"[28]

　　之后，他们乘船返回，逆流而上，在土耳其人头酒馆吃了晚饭，"俱乐部"成员那年晚些时候将开始在那里聚会。约翰逊说："我必须给你送行。我和你一起到下游的哈里奇去。"几天前，他刚说过："我对别人的好感很少能比得过对你的好感。"当鲍斯威尔谈到自己整装待发时，"约翰逊说道（带着一种几乎让我流泪的感情）：'我亲爱的鲍斯威尔！分手的时候，只要想到我们不能再次相见，我心里就会觉得特别难过。'"在《约翰逊传》中，鲍斯威尔略去了"几乎让我流泪"。[29]

　　从东边七十英里的哈里奇起航的原因是，即使泰晤士河没有堵满船只，航线也依然十分曲折，如果要等待适合航行的风向，需要耽搁很长的时间。鲍斯威尔和约翰逊一同搭乘公共马车前往下游。旅途中，一位乘客夸口说，她抚育孩子，"从来不让他们有片刻的偷懒"。约翰逊受此触动，调侃起了鲍斯威尔，令他觉得难堪：

　　　约翰逊说："太太，我希望你也能教导我一下，因为我一辈子都是个懒人。""我敢说，先生（她说），你以前绝不是什么懒人。"
　　　约翰逊说："不，太太，这是千真万确的。那位绅士（他指着我）一直是个懒人。他在爱丁堡就很懒。父亲把他送到格拉斯哥后，他继续在那里偷懒。接着他来到了伦敦，也还是那样懒散。现在他要去乌特勒支了，他将跟以前一样懒得要命。"我私下问他怎么能这样揭我的短。
　　　约翰逊说："哎呀，他们又不认识你，听过也就忘了。"[30]

那天晚上，他们住在一家小旅馆里。用晚饭时，约翰逊说了一句话，很不幸地预言了鲍斯威尔余生的情绪问题。"一只蛾子绕着蜡烛飞来飞去，而后烧了起来，他抓住这个小事来警示我，说话时神色狡黠，语气严肃却又平静：'这个家伙自己折磨自己，我猜它的名字叫鲍斯威尔。'"鲍斯威尔真把这句话写入了《约翰逊传》。[31]

最令人难忘的是鲍斯威尔对他与约翰逊道别、登上开往荷兰的轮船的叙述。

　　我那位可敬的朋友与我一起走下海滩，我们在那里深情地拥抱道别，约好将来要相互通信。我说："先生，我希望我不在的时候您不要忘了我。"约翰逊说："啊，先生，更有可能的是你忘了我，而不是我忘了你。"轮船出港的时候，我凝目注视他好长一段时间，而他仍然像往常一样，庞大的身躯摇来摆去；最后，我看见他走回城里，消失不见了。[32]

第六章

鲍斯威尔在国外

饱受折磨的灵魂

鲍斯威尔在乌特勒支那所知名大学乖乖安顿了下来，准备遵从父亲的意愿在那里度过一年的时间。作为奖励，父亲允许——也就是说，资助——他前往德意志、意大利和法国做一次大范围的旅行。当时有钱的年轻绅士通常会花一年或更长的时间进行所谓的"大旅行"（Grand Tour）。这背后的理念是他们可以借此学习语言，获取关于更广阔世界的知识，如果可能的话，建立对日后人生有用的社会联系。

起初，鲍斯威尔由于孤独感和陌生的环境陷入毁灭性的抑郁状态。遗憾的是，他这段时间的日记全部丢失了，因为他离开荷兰时把日记寄往苏格兰托人保管，途中不知怎么就不见了。不过，我们仍能找到他写给坦普尔和其他朋友的书信，正如博特尔所说，这些书函表明他有着"一颗饱受折磨的灵魂"。[1]

与坦普尔的通信能流传下来，实属侥幸。19世纪，一位英国人在法国布洛涅的一家商店购买一样东西时，注意到包裹的纸张里有詹姆斯·鲍斯威尔的签名。他循着这个线索追踪，才发现这些书信曾落入废纸小贩的手中，最后他找到了至少九十七封鲍斯威尔写给坦普尔的信函。坦普尔生前无疑是保存了这些书信，但他过世以后，他的女婿为了躲避债主，离开英国去了法国。我们不知道他为什么随身带着鲍斯威尔的信函，也不知道它们是怎么落到法国废纸商手里的。[2]

一开始，乌特勒支给鲍斯威尔留下了"极其沉闷"的印象，绝望之下的他于是逃到一个更大的城市——鹿特丹。这无济于事。他从那里写信给坦普尔说："我整个人都塌了。我的脑海里充斥着最黑暗的想法，所有理性的力量都离开了我。你相信吗？我在街上发狂似的跑来跑去，叫喊着，大哭着，从内心深处呻吟着……一切事物似乎都毫无价值，乏味透顶。我想我永远不会恢复过来了，我真正失心发疯的时刻终于到来了。"[3]

很显然，鲍斯威尔也曾用类似的说辞给约翰逊写过信，但那封信已经遗失。约翰逊等了三个月才给他回信，抱怨说，这封信所描述的"精神状态已经无可救药，几乎不必要也不值得回复"。约翰逊如此缺乏同情心，有点出乎意料，但或许他觉得鲍斯威尔真正需要的是有人严正劝告他振作起来。约翰逊心里深知这样的建议提出来简单，实践起来却有难度。[4]

至少鲍斯威尔对此是深怀感激的。他在备忘录中对自己说："约翰逊先生与你通信，是你所能想象到的、能够企及的最高荣耀。"此时鲍斯威尔早已开始诗歌练笔，他在一首习作中感叹道："杰出的约翰逊！一想到你，/ 我就胆怯地缩回到小小的自我里。"[5]

不久，鲍斯威尔开始结交新朋友，乌云很多时候消失不见了。但并不是一直都这样；有时他内心在遭罪，却仍然装出一副安然无恙的模样。他在给自己的备忘录中记道："你的生活没有乐趣，你的宗教信仰是黑暗的。然而，你是快乐的，你歌唱着。你是好样的。

你在勇敢地战斗。"两个月后，鲍斯威尔在无比绝望的心境里写信给约翰·约翰斯顿，这是他的另一位在国内的知心密友："最黑暗的忧郁以最可怕的态势复发了。我所承受的，超过了以往的种种。实在难以向你描述恐怖的幻象对我的诸般折磨，没有哪一门语言有充足的词汇可以描绘我脑海里那些意念的惊怖效果。上帝保佑我，不要让我再次经受那严重的病症，最近它几乎把我压垮了。"[6]

与此同时，鲍斯威尔也给父亲写信，虽然家书没有保留下来，但内容应该迥异于上述这类信函。很显然，他想给家人留下一种印象：他已经安下心，准备在未来生活里做一个勤奋而有担当的人。"你要清楚，"奥金莱克勋爵回答，"你没有哪个朋友能像我这样同情你。万能的上帝在描述他对人类的怜悯时，将之比作俗世父亲的怜悯。"他还说，他自己的父亲（詹姆斯的病症显然源自这位祖父）埋首于工作、无暇他顾时，就能从顽疾中解脱，而闲下来的时候最容易受其影响。这也是约翰逊常向鲍斯威尔提出的建议。[7]

鲍斯威尔没有注册任何正式的培养计划，如果愿意的话，他可以怠慢自己的学业，但事实上，他对待自己的学业非常上心。鲍斯威尔结识了一位教授，每天听完他的课后，还会再读三个小时的法律文本。此外，鲍斯威尔虽然已经精通拉丁语，但还是跟着大学里的讲师继续修习拉丁语课，在一位导师的帮助下，他的希腊语也有所进步。

鲍斯威尔在乌特勒支认识的人通常说法语，所以他也加强了法语的学习，每天都会写好几页的法语。他有非凡的语言天赋，而这正是善于模仿之人常有的特征。不用说，他也会犯一些小错误，但很快他就能轻松自如地说法语了，甚至还能用法语调情：

斯佩恩夫人：先生，很抱歉，我的裙箍挡了你的去路。

鲍斯威尔：哪里，夫人，是我的身体挡了你的裙箍。

除了法语，鲍斯威尔还在不经意间学了一些荷兰语，他评论说，这是"一门古老、强大、丰富的语言"，而且特别迷人，因为"我可以夸耀自己的血管里流着荷兰人的血液"。他的一位曾祖母名叫维罗妮卡·范·阿尔森·范·索默斯戴克，是个荷兰的女伯爵。[8]

关于性病带来的痛苦，鲍斯威尔此时还留有鲜明的记忆，所以在荷兰期间，他从头到尾都竭力避免与陌生人有性接触；偶尔也会爱抚街上的妓女，但他总会适时放开。此外，他觉得这时候该物色一位妻子了，首要考虑的是女人是否适合作为未来奥金莱克领主的配偶。鲍斯威尔无意听从欲望的支配，在他的经验中，欲望总是很快会消散的。

两位年轻的荷兰女人，在鲍斯威尔眼里，是特别适合的人选。其中一位是漂亮的寡妇，与鲍斯威尔关系相当亲近，但她坦率地提醒他，自己属于情感冷漠型。另一位则有趣得多：漂亮，极有才智，与鲍斯威尔年龄相仿。与那位寡妇不同的是，她异常富有激情，但这种激情是善变的，令鲍斯威尔感到惊恐：也许她让鲍斯威尔过多地想到了自己。

这位出众的女子冠有一连串威严的名号：伊莎贝拉·阿涅塔·伊丽莎白·范·图伊尔·范·瑟罗斯克尔肯。她为人熟知的名字则是贝拉·德·祖伊伦（她出生在乌特勒支附近的祖伊伦城堡），笔名泽莉德。她已经用法语出版了一部小说，在之后的人生里还会创作大量小说和戏剧。她还会作曲。

"她比我强太多了，"鲍斯威尔在给坦普尔的信中承认，并补充道，"没人会喜欢这一点。"一位乌特勒支的朋友安慰鲍斯威尔说："她缺乏良好的判断力，结果就是经常行差踏错，而一个男人，论才智和学识不及她一半，却仍有可能比她出色。"这句话让他大感欣慰，因为正如这位朋友继续说的，"如果不是因为这个缺陷，泽莉德将拥有绝对的权力。她将对男人拥有无限的统治权，并颠覆男性的尊严"。鲍斯威尔对男性权威的坚持，就像它所支持的社会和政治准则一样，将伴随他一生。[9]

吸引是双向的，泽莉德发现鲍斯威尔要比她平常社交圈里那些呆滞的男人有趣得多。在鲍斯威尔离开荷兰后的一段时间里，他们常给彼此寄去充满爱意和调侃的书信，但鲍斯威尔总忍不住教训她，强调正统宗教信仰（泽莉德是个自由思想者）和行事谨慎的重要性。泽莉德声称，不管嫁给什么人，如果发现无法深爱他，她当然会去找情人，这样的言论让鲍斯威尔尤为震惊。"我恳求你，永远不要抱有这样的想法，"他回复说，"尊重人类。尊重社会制度。"在另一封信中，鲍斯威尔洋洋自得地宣称："有我这种脑袋和心肠的男人是罕见的。一个多才多艺的女人并不稀奇。"[10]

过了一段时间，泽莉德厌倦了一整套伪装，她唐突地写道："你说得很对，我确实不配做你的妻子。关于这个问题，我们看法完全一致。我没有那些下等的才能。"当鲍斯威尔继续寄送欺凌泽莉德的信件，将自己描述成她的精神导师时，她厌恶地回复道："我有一位朋友，我曾经认为他是个明智的青年，可是在他身上，我很惊讶也很伤心地发现蠢人那种幼稚的虚荣心，其中还掺杂着老加图傲慢而又刻厉的心态。"他们的大部分通信都遗失了，这或许是好事。[11]

1771 年泽莉德嫁给了她哥哥以前的导师，成为查理尔夫人，定居于瑞士的纳沙泰尔。在那里，她继续写作，在她的帮助下，卢梭的遗作《忏悔录》于 1782 年出版，她还与包括邦雅曼·贡斯当在内的其他作家广泛通信。泽莉德于 1805 年逝世；乌特勒支大学有一个贝拉·德·祖伊伦教席。

德意志人当中的鲍斯威尔男爵

把鲍斯威尔从抑郁中拯救出来的最有效的方法是四处奔走；旅

行总是令他心情愉悦。在荷兰待了十个月以后，他动身前往德意志；当时德意志还不是一个统一的国家，而是由邦国、公国、侯国和自由城市组成的松散集合体，普鲁士的腓特烈大王是其中最强大的统治者。(《德意志高于一切》这一颂歌与政治统治无关；它写于1841年，预言一个统一的德国将取代反开明政治的小邦。)

鲍斯威尔大部分时间都流连于一个个宫廷，有身份的外国访客在那里深受欢迎。这被认为是英国旅行者建立有价值的联系、体验各个地区的文化中心的最佳方式。约翰逊出发之前对他说："凡是有宫廷和博学之人的地方，我都会去。"[12]

鲍斯威尔每到一处宫廷，都会自称鲍斯威尔男爵；其实他并非男爵，但这个词倒是相当准确地表达了他在国内的地位。在苏格兰和德意志，它都是一种与土地所有权相关的封建头衔。在苏格兰，它只能由长子继承，这意味着父亲健在的时候，鲍斯威尔还不是真正的男爵，但他确实会在适当的时候当上"奥金莱克男爵"。不过有一个尴尬的事实，鲍斯威尔选择不去理会。当时男爵的头衔已不复存在，因为1707年苏格兰与英格兰合并后，该爵位就被废除了。[13]

鲍斯威尔需要现身宫廷，就有了购买更多华服的好理由。在荷兰的时候，一位裁缝已经给他做了两套正装，分别是"海绿色镶银边，猩红色镶金边"。他在荷兰的仆人列出了一份清单，包括一件白扣蓝外套，一件金扣玫瑰色外套，十五件褶边衬衫，一条鹿皮马裤，一条黑丝马裤，当然还有"一把银柄剑"。为了德意志之行，他往自己的行头里添置了"一套夏装，料子是精致的羽纱，饰金线扣，无蕾丝，一套防冬的绣花天鹅绒装，饰天鹅绒纽扣，以及四条蕾丝边。我想这就行了"。天鹅绒套装有五种颜色。羽纱最初是用骆驼毛织成的，后来变成了一种丝绸和羊毛制成的、光滑且防水的织物。[14]

从柏林开始，鲍斯威尔统共在德意志待了五个月的时间。大多数时候，他都在艰苦的旅途中度过，并以此为荣；他经常坐在架在敞篷马车一侧的平板上。第一个星期结束时，他在一家小旅馆的饭桌上过夜，之后那个晚上，他睡在地板上，身下铺着床单，床单下面铺着草秆，两边围着牛马。"令我心惊肉跳的是拴在床头附近的一条巨型獒犬。它发出极其可怕的咆哮声，把锁链拽得咯咯作响。我请人送来一块面包，和它建立了友好关系。在我面前有两扇大折叠门敞开着，我可以看到美丽的夜空。我就这样睡着了，醒来后只觉得无比满足、舒泰。"这里的"舒泰"既指身体康泰，也指心理舒适。鲍斯威尔总是通过"东奔西走的活动"让自己振作起来，而一旦"缺乏活动，我就垮下去了"。[15]

在地方宫廷里被当作尊显的人物对待，是能带来极大满足感的；这些宫廷惯用的语言是法语，但鲍斯威尔也开始学一点德语。他热心地记录从尊贵之人的唇边落下的智慧之言。"礼拜日晚上，我们和那位王储站在窗口，他说：'很难寓事于乐，也难寓乐于事。'"[16]

如果说鲍斯威尔对贵族抱有钦慕之情，他对国王则几乎是心怀崇拜了。整趟旅行的一大要旨是借机瞻仰腓特烈大王。"真是气派。他身穿一套纯蓝色制服，头上一顶朴素的帽子绣着一颗星星，插着一根白羽毛［他的宫廷侍卫的制服］。他手里拿着一根手杖。阳光朗照。他站在王宫前，透着不容人反对的坚定自信的神气。"后来，鲍斯威尔向一位德意志将军"激情四射"地描述了这场邂逅，"他按着我的手臂说：'先生，快别这么激动'。"出乎意料的是，当鲍斯威尔找不到机会近距离面见这位国王时，他的崇拜之情也随之慢慢消退。[17]

在维滕贝格，鲍斯威尔在路德派神学家菲利普·梅兰希顿的墓地前给约翰逊写了一封信，这是相当戏剧性的场面。"我的信纸放在这位伟大而善良的人物的墓碑上，这个无疑是所有改革者中最值得尊敬的人……在这座坟墓前，我永远可敬可爱的朋友，我向您发誓，我将永远心系于您。我要尽自己所能使您过得幸福，如果您先我而去，我将用心追思您的过往。"利顿·斯特雷奇说："鲍斯威尔的余生都在兑现这一誓言。"[18]

至于性爱，也还是一无所获。"自从离开英国，"他在给坦普尔的信中写道，"我一直像隐居的道人一样贞洁。"有一回，他和朋友们"去了柏林的一家妓院，我很想去看看。我们找到的那个小房子很简陋，里面只有一位老鸨，一位窑姐。眼中所见给了我很大的满足。"看来他只是旁观而已。[19]

最后，在通宵达旦的写作之后，鲍斯威尔接受了一个意想不到的机会，这个良机是他用半生不熟的德语获得的。

> 我喝了浓烈的酒，醉意朦胧。大约八点左右，一个女人进来了，提着一篮子要卖的巧克力。我跟她调情，发现她怀孕了。哇哦！搞这女人很安全。进入我的私室。"你有男人吗？""是的，在波茨坦附近的护卫队。"直接到床上。很快就了事了。我起身，既沉着又惊讶，既好气又好笑。我打发她走了。上帝保佑，我现在犯奸淫罪了吗？等一下，士兵的老婆不能算是有夫之妇（因为她的丈夫从来不在家？）。难道我现在就要思忖罪恶问题，思忖自己用一个早晨就毁灭了一年的贞操，就这样自我折磨？……唉，我不会以此为傲的。我要当一名温和谦卑的基督徒。

几个星期后，他告诫自己："拔出剑庄严地发誓，不要不戴避孕套就和女人睡觉，除非是瑞士姑娘。"至于他为什么认为瑞士女性身体健康，目前还不清楚。[20]

鲍斯威尔似乎认为手淫是一种危险的诱惑，这既是他成长的宗教环境所致，也与当时的医学理论（手淫会导致精神错乱）有关。他给自己的一条备忘录是这么写的："昨天晚上，真是淫邪堕落。要当心。拔出剑发誓，没有女人的协助，不要去寻求快感。"一个事例是鲍斯威尔勾搭上德累斯顿街头的妓女时，就曾强忍着不插入她们的身体：

> 但我又一次和街头那些放荡的姑娘搞上了，夹在她们大腿中间——只是为了健康考虑。我不会跟她们交缠。首先，因为那是危险的。其次，因为我无法想象自己会和卑污之人紧密结合。昨晚，还有今晚，她们顺走了我口袋里的手帕。我生自己的气。我不得不向自己的仆人承认，晚上跟那些姑娘搞到一起了。男人有时免不了下流。

我们再一次注意到一位几乎隐身的仆人。[21]

两位名人

到 11 月，该是前往瑞士的时候了。鲍斯威尔决定去那里会见两位当时在世的最伟大的作家，如有可能，还要博得他们的好印象。他打算先会见让-雅克·卢梭；卢梭撰写了不少被认为具有颠覆性的政治和宗教著作，为避免因此被捕，最近刚从法国逃离出来。鲍斯威尔接着再去会见伏尔泰；伏尔泰是启蒙运动的教父，最多产的启蒙宣传家，锲而不舍地反对政治和宗教不公的活动家。

当时，卢梭住在纳沙泰尔附近一个叫莫蒂埃的偏远山村，这个地方当时还不属于瑞士，而是由普鲁士国王统治。12 月 3 日，鲍斯威尔到达那里，被雪山深深震撼，而后他住进了旅馆。一位认识卢梭的朋友给他写了一封推荐信，但他更喜欢检测别人对自己个人素质的反应。"我与凡夫俗子不同，"他给自己下达指令，"我要让这位人性的大法官公正地审判我的才德。"[22]

于是，鲍斯威尔在旅馆里坐下来，用法语写了一封信；他之前一直在研读卢梭的著作，为会见做准备，写信精心雕琢行文，以便讨好卢梭。"先生，我对自己的描述是内心善感，气质活泼而忧郁。唉，如果我受的种种苦难不能使我在卢梭先生心目中获得别样的价值，那我为什么要变成如今这个样子呢？卢梭先生为什么要这样笔耕不辍呢？"[23]

卢梭上钩了。尽管他饱受慢性泌尿疾病折磨，声明不能接待客人，但鲍斯威尔按捺不住接连五天上门。要做到这一点，脸皮不厚不行，但鲍斯威尔应付得了这项挑战。

> 卢梭：你惹烦了我。这是我的天性。我也没办法。
> 鲍斯威尔：别跟我客气。
> 卢梭：离开这里吧。[24]

鲍斯威尔立刻对卢梭的终身伴侣泰蕾兹·勒瓦瑟产生了兴趣，她已经四十三岁了，但给他的印象却是"一位小巧、活泼、整洁的法国姑娘"。他特意巴结泰蕾兹，以确保自己能有机会回访卢梭，还对泰蕾兹的厨艺赞不绝口。"我们的晚餐是这样的：1.一碗美味的汤。2.成年牛肉和小牛肉炖煮的肉羹。3.卷心菜、白萝卜和胡萝卜。4.冷猪肉。5.腌鳟鱼（卢梭戏称为舌头）。6.一道我记不起来的小菜。甜点包括去核的梨子和栗子。我们喝了红葡萄酒和白葡萄酒。一顿简单而美味的晚餐。"鲍斯威尔一到日内瓦就买了一条石榴石项链给泰蕾兹寄了过去。[25]

与这位伟人的谈话并没有出现太多有趣的内容，不过鲍斯威尔倒是从他的口里引出了一句惊人的评论："先生，我不喜欢这个世界。我生活在一个虚幻的世界里，我无法容忍这个世界的真实面目。"鲍斯威尔可能没有意识到卢梭引用了自己的小说《新爱洛依丝》：女主人公对她的爱人说，虚幻之地是唯一值得生活的地方。[26]

　　鲍斯威尔相当大胆地评论道，在苏格兰，人们可能会说，"让一雅克，你为什么纵容自己想入非非呢？你能这样评说自己，倒是个男子汉。来吧，到社会上来，像其他人一样安顿下来"。鲍斯威尔在日记中补充道："卢梭似乎当场被蓟［苏格兰的标志］刺了一下，就好像我用苏格兰口音说：'哎呀，约尼·卢梭，嫩为啥喜欢瞎想八想呢？嫩把自个儿说成这样，倒真是个爷们。得了，得了。嫩不能像别人家那样过日子吗？'"[27]

　　鲍斯威尔虽然领悟力好，却缺乏知性，他有意关注的是名人卢梭，而非思想家卢梭。他对卢梭著作的浅薄理解从《约翰逊传》的一段评论中可见一斑："他真是荒唐，竟然喜欢野蛮生活更胜过文明生活，这个偏好以及其他怪异之处都只能说明他的理解力有缺陷，而不是他的心灵败坏了。"鲍斯威尔以为自己的"理解力"胜过卢梭，真是令人哭笑不得。他完全没有抓住《论人类不平等的起源和基础》这部伟大著作的要点。卢梭在书中清楚地指出，即使是所谓的"野蛮人"，也在很久以前就脱离了自然状态，无论这种状态是否比社会生活更理想，人类都不可能回去了。[28]

　　当鲍斯威尔同卢梭在后者与泰蕾兹租住的房子的小阳台上闲聊时（图27），他们都没有预想到会有一件事让他们再次短暂相聚。这次拜访一年后，当地加尔文宗牧师煽动村民反对据说不信神的卢梭，这倒是颇有讽刺意味，因为卢梭常说他是唯一相信上帝的哲学家。当天晚上，阳台遭到石头的轰击（类似于《圣经》中的石刑），这件事如今常被称作"莫蒂埃投石事件"。第二天，卢梭和泰蕾兹就离开了那里。

　　伏尔泰与遁世隐居的卢梭截然不同。他出生在巴黎的一个富裕家庭，原名弗朗索瓦—马利·阿鲁埃，以伏尔泰为笔名，成为著名的诗人和剧作家，又通过谨慎的投资发家致富。他这时居住在日内瓦郊外一座富丽堂皇的城堡里；他的住处与法国接壤，只要跨过边境，他就会因为自己的著述遭到起诉。伏尔泰虽然不是卢梭那样的原创

图 27　卢梭在莫蒂埃的房子的阳台

思想家，但他是一位锲而不舍地反对政治和宗教压迫的斗士。此外，他还是一位文采四溢的才子，一位伟大的思想普及者。他与欧洲各地的人们有大量通信，以高贵而疏离的态度迎接四方来客；多年来，仅仅来自英国的访客就有五百多人。得到卢梭接待对鲍斯威尔来说是一项壮举，得到伏尔泰接待则不然。[29]

鲍斯威尔和伏尔泰的谈话随意而简短。他记录的最有趣的评论是，虽然伏尔泰曾在英国度过了两年的流亡生活，能说一口流利的英语，但已经不再使用英语了："说英语必须把舌头放在牙齿之间，可我的牙齿全都掉光了。"[30]

鲍斯威尔带着无法抑制的自信，开始向这位对基督教真理持怀疑态度的大人物展开一番说教。"大家都去吃晚饭了。伏尔泰先生和我坐在客厅里，眼前摆放着一本大大的《圣经》，在我们两人之间，爆发了人类有史以来最激烈的争吵。在相当长的一段时间里，伏尔泰和鲍斯威尔势均力敌。"鲍斯威尔没有想到伏尔泰这位经验丰富的演员是在装腔作势，自娱自乐。"他年迈身躯的下半部分在瑟瑟颤抖。他大叫道：'啊，我浑身不舒服，只觉得晕头转向。'接着他轻轻地倒在一张安乐椅上。然后，他恢复过来了。我继续与他对话。"[31]

鲍斯威尔回顾这次拜访经历时，在日记中沾沾自喜地写道："我的举止圆柔从容，人见人爱。我跟任何人相处，只要受得了他，就会调整自己，去迎合他的做派，这样一来，他就像与另一个自己相处时那样轻松自在，在我起身告辞之前，他都不会以为我是陌生的访客。"这些话有一定道理，但卢梭和伏尔泰对鲍斯威尔的印象似乎都没有他想象的那么深刻。在意大利，鲍斯威尔遇到一个日内瓦人，这人对他说："卢梭嘲笑过你。伏尔泰会给任何得到大力推荐、充满热情的年轻人写信，可一写完就记不起来了，只隐约记得'那个英吉利小子'。"[32]

几个月后，鲍斯威尔写信给伏尔泰，希望能继续联系下去，却收到了伏尔泰冷嘲热讽的回复（用有瑕疵的英语写成）："你似乎很关心那个叫作灵魂的可爱玩意。我向你郑重声明，我对它一无所知，不清楚它是否存在，有何特性，它将会变成什么。年轻的学者和神父对这个问题了如指掌。至于我呢，我不过是非常无知的人。"[33]

一年多以后，鲍斯威尔同卢梭和泰蕾兹的相遇又有了令人惊讶的后续发展。卢梭被驱逐出瑞士后，接受了大卫·休谟的邀请到英国避难，而泰蕾兹打算等他找到住所后，再前往英国与他会合。鲍斯威尔抵达巴黎，听说她在那里，便去看望她。她问能否同鲍斯威尔一道去英国："我的上帝，先生，我们可不可以一起上路？"鲍斯威尔对她说，自己正求之不得，结果并不是与她同行那么简单。他们在加莱等待风向转顺时，泰蕾兹把鲍斯威尔邀请到了自己的床上。[34]

很久以后，当鲍斯威尔的日记要卖给收藏家拉尔夫·艾沙姆时，日记的藏主撕掉了很多令人尴尬的段落，包括鲍斯威尔与泰蕾兹一起同行的记录。"塔尔博特夫人看了一眼，惊叫道：'这种东西不能留下来，是吧？'壁炉里的火正燃烧着，她突然将那些不堪入目的纸页扔了进去。我看在眼里，痛在心里，却无法干预。"[35]

不过，这些不堪入目的记述艾沙姆是读过的；依据他的回忆，鲍斯威尔抱怨泰蕾兹骑在自己身上，"焦躁不安，就像骑术蹩脚却偏要疾驰下山的骑手"。这可能是因为鲍斯威尔应对在性行为中扮演主动角色的女性几乎没什么经验。泰蕾兹声称鲍斯威尔的性爱技巧不如他自以为的那么好，这深深地伤害了鲍斯威尔的感情；她建议鲍斯威尔探索手的妙用，考虑用手可以完成的壮举。所有这些都只是基于艾沙姆的报告，但毫无疑问，两人确实有过性接触。在鲍斯威尔的日记中，第一条留存下来的记录与多佛有关："2 月 12 日星期三。昨天早上我睡得很早，做了一次：总共十三次。真是对她百般温柔。"[36]

鲍斯威尔向泰蕾兹保证永远不会告诉别人，他似乎遵守了自己的诺言。但是很显然，泰蕾兹向卢梭交代了实情。鲍斯威尔一直期待能经常在英国与卢梭会面，但送走泰蕾兹之后，他就再也没能见到卢梭。当他写信询问卢梭的健康状况时，得到的回复很冷淡；卢梭说他的身体不太好，还向他提出了一个尖锐的建议："请允许我反过来劝告你要注意身体健康，特别是要时不时给自己放血。我相信这对你有好处。"言外之意是，定期放血可能会缓和过度活跃的性能量。[37]

温暖的南方

意大利是所有进行"大旅行"的英国年轻人青睐的目的地。旅行者只有费力地爬过阿尔卑斯山的一个隘口，才能抵达意大利；那个时代，大多数旅行者仍然将大山看作丑陋和危险的障碍，而不是本身值得欣赏的景观。鲍斯威尔选择了穿过格勒诺布尔以东近七千英尺高的塞尼山这条路线。卢梭十几岁的时候曾徒步穿过同样的地方，但像鲍斯威尔这样家境殷实的游客一般是坐在绑于两杆之间、联结成网的绳子上。六个人两人一组，轮流抬他。[38]

从 1765 年 1 月至 10 月，鲍斯威尔在意大利待了十个月；都灵、罗马、那不勒斯、威尼斯、米兰和锡耶纳都是他的长期停留之地。鲍斯威尔正是在罗马请了一位年轻的苏格兰画家乔治·威利森（彩图 12）为他画了一幅肖像。他选择拜访卢梭时穿的那套缀有花边的猩红色正装，以及用狐毛镶边的绿色斗篷——这是一个奇怪的选择，因为卢梭是崇尚朴素的人。鲍斯威尔在写日记时思忖了一会儿画面的背景应该是"人头还是猫头鹰"。如果选择人头，那应该是古典半身像，但他选择了象征智慧的密涅瓦的猫头鹰，毫无疑问，他希望这是一种吉祥的预兆。[39]

观光永远无法吸引鲍斯威尔的兴趣。他登上维苏威火山的顶峰后，唯一的评论是："可怕的大山。烟雾；几乎看不到任何东西。"尽管鲍斯威尔观赏起艺术品尽职尽责，但艺术品的情况也还是好不到哪去。鲍斯威尔对《望楼上的阿波罗》的唯一反应是"膝盖雕得不好"；尽管我们从他的备忘录中得知他看过达芬奇的《最后的晚餐》，但他对此无话可说。只有人，尤其是女人，才会引起真正的兴趣。"陪同我们的是拉文纳的一名医生和他的妻子，他的妻子身材相当不错，有一头漂亮的黑发。"[40]

鲍斯威尔乐于见到的一个人是约翰·威尔克斯；伦敦科芬园剧院楼上有一个"牛排俱乐部"，他在那里与埃格林顿勋爵一起用餐时曾遇到过威尔克斯。当时威尔克斯已经成为一场重大政治争议的焦点，他多次当选为下议院议员，却被拒绝进入下议院，因为他在一本名为《北不列颠人》的期刊上发表了尖锐批评政府的言论。当局最终以色情罪起诉了威尔克斯，罪证是一首名为《论女人》的荒唐诗作；这首诗是威尔克斯为自己所属的"地狱之火俱乐部"（一个嘲弄宗教、言行放荡的社团）偷偷印制的。威尔克斯的一位仆人把这首诗交给了当局，于是他不得不流亡国外。

　　不知道鲍斯威尔是否看过这首诗，但如果他果真读过，诗里的哲学应该会引起他的兴趣。在《论人》中，亚历山大·蒲柏称宇宙是"一座巨大的迷宫，却非没有筹划"。在威尔克斯的改编版本里，

> 让我们（既然生命最多只能允许
> 我们痛快交媾几次，就此死去）
> 自由地徜徉在人类欢爱的场所，
> 一座巨大的迷宫，等着巨棍来探索。[41]

　　"威尔克斯与自由"一直是他的伦敦支持者的战斗口号，很多远在美洲的殖民者也很崇拜他。（他和另一位自由派政客催生了宾夕法尼亚州威尔克斯-巴雷这座城市的名字。）鲍斯威尔在很多方面是政治保守派，但他对"自由"抱有浪漫的想法。在伦敦，他"津津有味"地阅读了每期的《北不列颠人》，即便这个标题隐含着对苏格兰人的侮辱，而他自己也评论说，"其中暗含着辛辣刻毒的意味"。鲍斯威尔来到都灵，发现威尔克斯也在那里，他便寄了短笺过去，戏谑地描绘了自己的各种感受："我听说威尔克斯先生此刻在都灵。作为政治家，我崇尚君主制的灵魂痛恨他。作为苏格兰人，我对他冷眼相向。作为朋友，我不了解他。作为社交伴侣，我喜欢他。我觉得设宴款待他对我来说是不体面的。但我还是很想见到他。一点钟的时候，我将独自在家,聊备薄酌。"鲍斯威尔和威尔克斯一见如故，几年后，他们的友谊促成了威尔克斯与塞缪尔·约翰逊一次值得铭记的相遇。[42]

就像掌握其他语言一样，鲍斯威尔很快就能说一口流利的意大利语。一位船夫老是推迟航程，把他彻底激怒了，他用意大利语大叫道："你这个大蠢蛋，别想再玩弄我了。我今晚铁定要走。我对上帝发誓，如果用棍子把人打死不算犯罪的话，我现在就动手！"[43]

在荷兰和德意志，鲍斯威尔尽量不去触碰妓女，但在意大利，就不再克制了。他不可避免再次感染了淋病，还被传染了阴虱。"昨天好多了。发现了一些小畜生。刮毛。不堪其苦。发誓要检点。将家族铭记在心。"此外，他还决心要与上流社会的女子弄出一些风流韵事，他知道在温暖的南方，这是不难办到的。[44]

都灵两个大不相同的女人对他热烈的祈求都无动于衷："啊！当我们在黑暗的面纱下纵情享乐时，我们将是怎样的惊喜欲狂，怎样的心醉神迷！……啊，爱！致死却美妙的疯狂，我感觉到了你，我是你的奴隶。"在佛罗伦萨，鲍斯威尔的求爱行动取得了更大的成功，一位名叫吉罗拉玛·皮科洛米尼的女人似乎真心实意爱上了他，不过，她痛苦地意识到那人只是在逢场作戏。鲍斯威尔前往别处后，吉罗拉玛不断给他寄去挑逗意味浓烈的书信："就在我给您写信的这一刻，你强有力印在我脑海里的印象又猛然复活了，我感受到了甜蜜回忆的诸般效果。很遗憾的是，你无法亲眼看到我写这封信时的激动神色，觉察到我在动笔时体味到的诸般情感；如果你曾经爱过，你就不难想象我此刻的心境，因为你知道欲望的力量，你知道恋人分开时，必须采取什么疯狂的补偿之道！"[45]

鲍斯威尔一路上学习各地的语言，熟悉欧洲文化，但他还需要通过建立有用的人脉来实现"大旅行"的第三个目标。等威尔克斯获准回到英国以后，他和鲍斯威尔将会恢复友谊，可是他太过声名狼藉，不大可能对年轻人的事业发展起到助推作用。在罗马，鲍斯威尔建立了另一段友谊，那正是他长期以来梦寐以求的类型。蒙特斯图亚特勋爵是苏格兰布特伯爵的长子，比鲍斯威尔小四岁。虽然布特不再担任首相一职，但他的儿子将来有可能成为举足轻重的人物，并能在适当的时候成为鲍斯威尔的恩主。当鲍斯威尔写信告诉父亲这件事时，奥金莱克勋爵大为欢喜，允许他更改原先的计划，在意大利多待一些时日，以便进一步稳固两人的关系。

　　不久以后，鲍斯威尔和蒙特斯图亚特大部分时间都待在一起；鲍斯威尔在给卢梭的书信中提到，他的新朋友对自己说："鲍斯威尔，我要教你如何生活。"他们同意结伴旅行，但很快就发现两人的性情大不相同，争吵频频爆发。鲍斯威尔不喜欢蒙特斯图亚特对自己盛气凌人，所以经常故作狂妄自大，顽钝固执，惹得对方不悦（他最终不得不承认这一点）。至于他希望得到的恩庇，从来没有降临过。[46]

　　除了憎恶蒙特斯图亚特的优越感之外，鲍斯威尔还得应付他的旅行导师，一位名叫保罗·马勒的日内瓦人对自己的鄙视。"你对任何学问都是一窍不通，"马勒对他说（说得很到位），"你从来不读书。我说这句话并不是要冒犯你，可是，在那些读过书的年轻人当中，我从来没有发现有人像你这样思想贫乏的。"一路上，他们三个人不停地争吵，有一次，鲍斯威尔郑重宣告："马勒先生，如果你再惹我生气，我就揍扁你。"[47]

科西嘉岛

　　与蒙特斯图亚特分别后，鲍斯威尔离开惯常的"大旅行"路线，去科西嘉岛小探了一番。那时，科西嘉岛几乎没有外来的访客，但它经常出现在新闻中，因为当时发生了反抗热那亚城邦的叛乱（热那亚自中世纪以来就统治着这个岛屿）。科西嘉叛军占领了内陆山区，由一位具有超凡魅力、名叫帕斯夸莱·保利的将军领导。如果他们真的成功地赢得了自由，保利将成为他们的第一任总统——类似科西嘉人的乔治·华盛顿。

在《社会契约论》中，卢梭曾提到科西嘉是个孤立之地，尚未沦为现代化的牺牲品，有可能成为欧洲唯一真正的共和国。"我有一种预感，"他写道，"总有一天这个小岛会震惊欧洲。"鲍斯威尔看到了机会。他想到科西嘉人和苏格兰人一样，都是生活在崎岖高地上的勇敢民族，他们捍卫自由，抵御外来势力；这个想法唤起了鲍斯威尔对"自由"的激情。他推想自己如果能结识保利及其士兵，就能撰写一本关于他们的著作，从而赢得名声。这个梦想，不像鲍斯威尔怀有的其他荣耀梦想，最终竟然实现了。[48]

保利是一个名副其实威风凛凛的人物，他给鲍斯威尔的感觉就像是从普鲁塔克《希腊罗马名人传》中走出来的英雄。在此处重印的图片中（图 28），吹着贝壳号角的女子手里拿着权杖，杖头是一顶象征自由的帽子，这在法国大革命后成为一个标志性符号。一名自由战士抬头凝望着她，身后是科西嘉的徽章图案，即摩尔人的头像（这可以追溯到科西嘉岛被阿拉贡王国统治的时代）；保利将军的肖像耸立在上方。

鲍斯威尔被那些身形高大的科西嘉犬深深震撼；它们中的一些总是紧挨着保利，以防有人刺杀它们的主人。"他待它们极为仁慈，它们也十分依恋他。如果有人在黑夜里接近将军，它们会立即把他撕成碎片。"[49]

令鲍斯威尔印象深刻的是科西嘉人很像古代的斯巴达人，卢梭同样钦佩斯巴达人的自律和对民族的忠诚。欧洲的君主们经常使用雇佣军，而卢梭则赞成公民组成民兵组织，为自己的土地和家庭而战。这样的观念启发了鲍斯威尔，体现在他后来出版的《科西嘉纪实》的文字中："科西嘉的战斗力主要蕴含在一支勇敢而坚定的民兵队伍中。每个科西嘉人一到能扛得动滑膛枪的年纪，手里都会握着一杆；由于他们经常比拼射击术，各个都成为神枪手，能隔着很远的地方

PASCALIS de PAOLI.

Dux Corsorum pro Libertate Pugnantium.
Natus 1723.

L. de Montagna del.   I. E. Nilson fec. et excud. Aug. V.   C. Gr. et Priv. S. C. R. M.

图 28　帕斯夸莱·保利

用一颗子弹打中一个很小的靶子。"[50]

岛民的生活似乎也可以让人一瞥古典的黄金时代。那些士兵与鲍斯威尔翻越险峻的山岭时，会随身携带"最好的佳酿和美味的石榴"，还会朝亭亭如盖的栗树扔石头，打下栗子作为食物的补充。"就这样，我们打下了一阵阵如雨的栗子，装满了口袋，然后津津有味地吃了起来。我们觉得口渴了，见到小溪就在旁侧躺了下来，嘴凑近水面，直到喝够为止。这就像暂时成为'原始人类'的一员，在森林里跑来跑去，吃橡果喝生水。""原始人类"引自贺拉斯。鲍斯威尔喜欢引用古典作品，熟记贺拉斯的四十首颂诗。[51]

有人亡故，有人重聚

鲍斯威尔在科西嘉岛待了六个星期，其间他徒步穿越了两百英里的山区，然后乘船返回热那亚，准备回国。他通常是步行或骑马，沿着里维埃拉悠闲地向西走，而行李则是靠船只运输。但是，当时里维埃拉还没有成为旅游胜地。"我惊讶地发现安提布这个地方这么小，看起来这么破旧。"[52]

接着鲍斯威尔前往马赛、艾克斯和阿维尼翁，乘公共马车到里昂，最后抵达巴黎。此时正值 1766 年 1 月，从鲍斯威尔从哈里奇乘船到荷兰算起，快有两年半的时间。他打算在巴黎待一段时间，但意外收到一个令他震惊的消息，不得不立即回家。威尔克斯此时在巴黎，他的寓所里有英国报纸。偶然间，鲍斯威尔拿起一份《圣詹姆斯纪事报》，惊讶地发现一篇关于他母亲死亡的报道。他曾听说她身体"微恙"，却不知道她可能患了重病——我们也不知道她患了何病。

鲍斯威尔"像得了热病一样"冲进妓院寻求安慰。第二天，他父亲来信，证实母亲病故。"最能证明虔诚信仰的真实性和有效性的，"

奥金莱克勋爵写道，"便是她身体不适期间一直保持的举止形态……她离开了我们，没有抗争，甚至没有呻吟，就像睡着了一样……不用多说，我希望你尽快回家。你的弟弟［大卫］十分想念你。我亲爱的儿子，我是深爱你的父亲。亚历克斯·鲍斯威尔。"[53]

"我完全惊呆了，"詹姆斯在日记中写道，"继而号啕大哭起来，并向她祈祷，就像最庄重的天主教徒向圣人祈祷一样。"在之前的旅途中，鲍斯威尔就已经有了预感。"我收到了我那亲爱的母亲的一封信，这给了我极大的安慰；自从离开英国以后，我就没有再收到她的来信；有时我的脑海里会浮现出可怕的想法：她可能已经死了，生病了，或者生我的气了。"[54]

2月12日，鲍斯威尔和泰蕾兹抵达多佛，第二天她与卢梭团聚。鲍斯威尔发现卢梭令人失望，他在以第二人称写给自己的日记中写道："他看上去很老气，很虚弱［他已经五十四岁了］，你对他不再有热情了。"话说回来，他唯一想见的导师就是塞缪尔·约翰逊；他一回来就跑去看望他。"立即到约翰逊那里；迎接你的是张开的双臂。你跪下来，祈求他祝福。威廉斯小姐很高兴见到你回来。她出去后，他把你搂进怀里，像抱着一个大麻袋，嘴里嘟囔着：'我希望不管将来多少年，我们都能相视莫逆。'"[55]

当然，鲍斯威尔对失去母亲感到悲痛，但摆脱母亲那种以被动为武器的虔诚信仰，对他而言，也可能是一种解脱。鲍斯威尔在约翰逊身上找到了自己真正需要的父亲形象:道德高尚，具有批评能力，却不会妄下判断，充满爱心。他们的确会相视莫逆度过多年的时光，而鲍斯威尔将以一部不朽的传记来报答他的善意。

第七章

"俱乐部"的诞生

在 1763 年那段不到三个月的较短相处中,鲍斯威尔和约翰逊对彼此的好感和友爱有助于约翰逊振作起来。但是,那年秋天,鲍斯威尔身处荷兰之时,约翰逊陷入了令人担心的抑郁状态。部分原因是他七年前签订了编校莎士比亚版本的合同,却未及时完成,为此感到羞愧。但这种抑郁状态主要说明从年轻时起就一直困扰他的各种顽念此时又喷涌了出来。

约翰逊的牛津朋友威廉·亚当斯此时来看望他,"发现他的状态可悲堪忧,他不断唉声叹气,自言自语,从一个房间不安地踱步到另一个房间。而后他用了这种表达来强调自己感受到的痛苦:'要是截掉一个肢体能恢复我的精神状态,我也是愿意的。'"[1]

当约翰逊开始痛苦地忏悔时,另一位朋友亨利·思雷尔大惊失色。亨利的妻子赫斯特后来写道:"我清楚地记得,我丈夫不由自主地抬起一只手,要让他住口,因为他被约翰逊满口胡言乱语深深刺激到了;他所说的那些东西,任何人都会想尽办法不让别人信以为真,即使真是实情,也是不适合吐露出来的。"赫斯特没有暗示约翰逊有可能想说什么,但她十有八九猜到了:涉及"肉欲"——与性有关的念头,约翰逊认为这样的念头不加以抑制是有罪的。[2]

　　约翰逊最深的恐惧是对被判下地狱的恐惧。他每年复活节都有审视自己心灵状态的习惯。1764 年 4 月，他写道："我的思绪被肉欲笼罩着……一种奇怪的遗忘感将我吞没，使我不知道过去一年发生了什么事，我发现任何事情和信息穿过自己的脑海，都不会留下任何印象。这不是有望进入天堂的人生。"约翰逊常常思考《圣经》里与才干有关的寓言，害怕因为浪费自身的才赋而遭受永世的惩罚："把这无用的仆人，丢在外面黑暗里，在那里必要哀哭切齿了。"[3]

　　约翰逊的宗教信仰总是基于恐惧，在《漫游者》中，他甚至提醒读者要心存足够的恐惧。"有些人明明知道自己悬在永世毁灭的深渊之上，维系自己的不过是一条生命之线，而这条线必将很快因自己的软弱断裂，时间之翼也可能随时将它折断；可是，环顾四周的时候，他们仍然不会因为恐惧而颤抖，不会急于寻找安身之所——这些人该如何评判自己？恐怕只能说他们尚未觉醒，尚未足够坚信自己所处的险境。""旁观者"先生从来不会这样写。[4]

　　思雷尔夫妇出面干预，邀请约翰逊到泰晤士河对岸的乡间庄园做客，对他盛情款待，不久之后还邀请他长住在那里。约书亚·雷诺兹所给予的帮助几乎同样重要。到 1764 年，他和约翰逊已经成为亲密的朋友，很清楚社交对他的朋友来说是必不可少的疗法。在最早的一期《漫游者》中，约翰逊写道："当一个人不能忍受自己的社交同伴时，他一定是出了什么问题；这一点可以确认为颠扑不破的真理。"约翰逊的读者可能不清楚他其实是在谈论自己。[5]

　　早在 1764 年，雷诺兹就向约翰逊提议组建一个俱乐部，由喜爱社交的有趣朋友构成，每周挑一个晚上聚会。他们一致认为，九名成员比较合适——即使不是每个人都能参加聚会，也足以确保谈话生动，包罗广泛。另一名成员后来说，他们对善于相处的理解是，"如果那天晚上碰巧只有两人能够见面，他们也能相伴作乐"。他们为该俱乐部选择了一句拉丁文座右铭——"愿它与世长存"。[6]

"俱乐部"的规模开始扩大后，他们采取了一项规定，即新成员必须通过推选产生，且必须获得全体同意；一张反对票就足以将候选人阻拦在外。鲍斯威尔 1766 年回到英国后就迫切希望入选，但直到 1773 年才实现这个目标。"俱乐部"的成员都很喜欢他，但都觉得他分量不够，唯一的优点就是对约翰逊忠诚。

在头二十年里，"俱乐部"的成员定期在杰拉德街 9 号的土耳其人头酒馆（离斯特兰德大街不远）会面（彩图 13），但它没有自己的活动基地，这与后来的一些伦敦俱乐部不同。威斯敏斯特市议会曾在外面贴了一块牌匾："这里曾是土耳其人头酒馆，塞缪尔·约翰逊博士和约书亚·雷诺兹 1764 年在此创建了'俱乐部'。"正如画上的标牌所示，这座建筑后来被一个慈善组织买下用作施药所，为穷人提供药品。这栋建筑如今被新龙门行（New Loon Moon Supermarket）使用。

有人说这是伦敦的第一家俱乐部，实则自 18 世纪初以来，各种各样的俱乐部在伦敦市和其他城镇都很活跃。这个词来源于"凑钱"（clubbing together）这种做法，即每次咖啡馆或酒馆聚会后众人分摊费用，共同出资。在《英语词典》中，约翰逊将"俱乐部"定义为"在某些情境中聚集的良友佳伴"。

除了约翰逊和雷诺兹，这些"良友佳伴"在当时的公众中间并没有多少知名度；他们被选中，仅仅是因为两位创始人喜欢他们。埃德蒙·柏克当时是一位议员的私人秘书，直到两年后他才进入下议院。克里斯托弗·纽金特医生是柏克的岳父；安东尼·夏米尔是股票经纪人，如今我们对他所知不多。除了约翰逊，奥利弗·哥尔德斯密斯是唯一的职业作家；他像曾经的约翰逊一样，一直在做匿名的新闻工作者，此时他刚崭露头角，名字开始为人所知。他年轻时学过一点医学，所以喜欢被叫作"哥尔德斯密斯医生"，但他并

图 29　约翰·霍金斯爵士

无实际学位，也从未行医。约翰逊总是叫他"哥尔迪"，尽管后者讨厌这个绰号——"我总是希望他，"哥尔德斯密斯对鲍斯威尔说，"不要叫我哥尔迪。"[7]

最后三位成员是约翰逊特别想要纳入"俱乐部"的朋友：两名善于社交的时髦青年托珀姆·博克莱尔和贝内特·兰顿，以及治安官、音乐学家约翰·霍金斯爵士（图29）。

霍金斯拘谨古板，毫无幽默感。几年后，他与柏克吵了一架，觉得自己不受欢迎，于是退出了"俱乐部"（他自己的解释是他不喜欢熬夜）。约翰逊忠于老友，不过对于他的离去，并未放在心上。几年后，范妮·伯尼听到约翰逊说："至于约翰爵士，我真的相信他在根子上是诚实的人；但可以肯定的是，他很吝啬小气，而且必须承认，他身上有一定程度的残暴气质，有一种野蛮脾性，要替此辩护，是不大容易的。"约翰逊将霍金斯描述为"不可俱乐之人（an

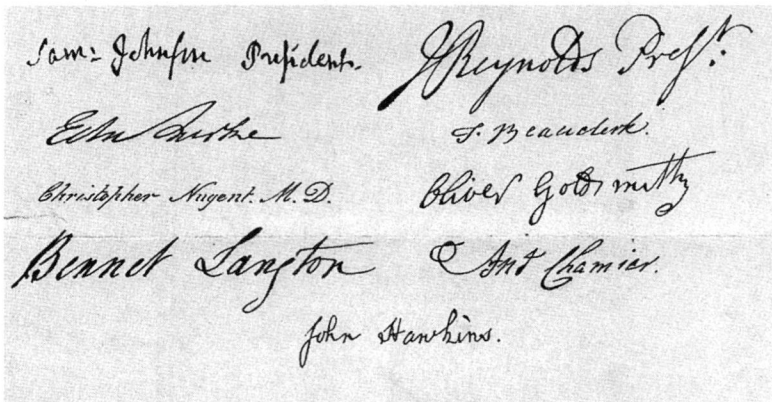

图 30 "俱乐部"成员签名复印图

unclubbable man)"，这个常被人引用的说法正是出自这场对话。[8]

最初九名成员的签名复印图（图 30）能让我们很好地领略他们的个性。"主席"是个轮换的职位，每次聚会时被推选出来主持局面。

吃吃喝喝

头一件大事就是在土耳其人头酒馆二楼的一间私人包间落座，点一份大饱口福的晚餐。关于这些人所点的菜肴并没有太多的记录，但我们从其他渠道得知，英国酒馆里的食物选择令人眼界大开。几年后，附近的王冠与锚餐厅（位于斯特兰德街）的两位主厨出版了《万能的厨师与城乡管家》，展示了他们准备呈献给顾客的菜肴的详细食谱，当然，那些菜肴不是所有时候都能烹调的。书里的列表是按季节排列的（比如，冬天没有绿色蔬菜）。肉类包括成年牛肉、成年羊肉、小牛肉、猪肉、羊羔和兔肉。家禽的范围更广：鹅、家鸭、野鸭、鸡、火鸡、鸽子、山鸡、山鹬、沙锥鸟、云雀、鸽、鹧鸪和雏鸡。

鱼类也在考虑范围：大菱鲆、胡瓜鱼、鮈鱼、鳗鱼、鲟鱼、鳎目鱼、鲤鱼；你还可以点到鸟蛤、贻贝和牡蛎。在那个只有富人才有自己的厨师的时代，能去酒馆吃一顿丰盛的晚餐是一种享受。[9]

　　晚餐当然少不了葡萄酒，饭后也还是饮用葡萄酒。度数更高的酒很少饮用。只有很穷的人才会喝杜松子酒，而鲍斯威尔尽管身为苏格兰人，却不喜欢威士忌。波尔图葡萄酒的烈性不如今天增浓版的波尔图，它之所以受欢迎是因为价格不贵；英国对法国葡萄酒征收的关税要高于葡萄牙的葡萄酒。鲍斯威尔提到，位于圣保罗大教堂墓地的女王徽章酒馆的老板有"八百打""优质波尔图老酒"。那就是九千六百瓶，据推算足够供应一段时间了。[10]

　　还有不少其他饮料可供选择。潘趣酒以白兰地为底料，配上柠檬汁、橙子汁和糖水。香甜果子酒是用热波尔图、糖、肉豆蔻和烤橙子配成的。牛奶甜酒的配料包括在葡萄酒中结成凝乳的热牛奶、蛋黄、肉桂或肉豆蔻。当时的人喜欢喝甜饮料。有一次，鲍斯威尔提到"每个人都喝了一瓶加糖的莱茵白葡萄酒"。[11]

　　约翰逊一生戒过好几次酒；他说自己能做到滴酒不沾，却不能节制饮酒。但是，他不反对自己的朋友喝酒。在戒酒期间，朋友们曾劝他对一杯波尔多干红葡萄酒作出评价，"不是根据可能已经模糊的记忆，而是即饮即品"。约翰逊尝了之后，摇摇头说："什么东西！听我说，各位先生，干红是给小男孩喝的；波尔图是给男人喝的；但立志成为英雄的人（他微笑着说）必须喝白兰地。"在另一个场合，有人问他一个人是否可能觉得当下很幸福，他回答说："永远不会，除非在喝醉了的时候。"[12]

　　豪饮的风俗一直延续到下一个世纪。在托马斯·洛夫·皮科克的小说《梅林考特》中，一位生性快乐的教士说："喝酒有两个原因：你口渴时，可以解渴；你不渴时，可以防止口渴。我是因为预感到自己会口渴才喝酒的。预防胜于治疗。死亡是什么？化成尘与灰罢

了。没有比这更干燥的了。生命是什么？精气。精气是什么？酒气
而已。"[13]

值得一提的是，我们从来没有听说有人在"俱乐部"里喝麦酒
或啤酒。喝啤酒被认为是下层民众的奢侈嗜好；虽然如此，他们平
日里依然狂喝滥饮。18世纪初，本杰明·富兰克林在伦敦当过一段
时间的印刷工，他发现自己的同事都在"暴饮啤酒"。"啤酒馆的伙
计"——当时伦敦大约有七千家啤酒馆——必须跑前跑后，给客人
添酒。富兰克林在印刷厂的伙伴"每天早餐前喝一品脱，早餐喝一
品脱，配面包和奶酪，早餐和午餐之间喝一品脱，午餐喝一品脱，
下午六点左右喝一品脱，完成一天的工作后再喝一品脱"。勤劳的富
兰克林并不认同这种喝法；他的一大个人决心就是"不要吃得像个
傻子，不要喝得飘飘然"。[14]

啤酒和烤牛肉一样，被认为是英国性的象征。在霍加斯的名作
《杜松子酒巷》所展示的可怕画面里，有一群无助的醉汉，一位母亲
失声惊叫，因为一个疯子将她的婴儿插在尖桩上；这个画面可以与
内容更健康的《啤酒街》（图31）并置对照。《啤酒街》画面下方的
诗句乐观地宣称：

> 啤酒是我们小岛出产的快乐水，
>
> 可以强健肌肉、增长力量，
>
> 可以让每一颗因辛苦疲惫
>
> 而萎靡的男人心激情昂扬。

虽然作者提到了"男人心"，但在画面中，一位卖鱼的女贩子正
拿着一个大杯子。我们可以确定她的职业，因为她头上顶着一篮子
鲱鱼，正在阅读《鲱鱼业新歌谣》。

傍晚，身体强健、食物充足的劳工们都已停下来休息，修屋顶

BEER STREET.

Beer, happy Produce of our Isle
Can sinewy Strength impart,
And wearied with Fatigue and Toil
Can chear each manly Heart.

Labour and Art upheld by Thee
Successfully advance,
We quaff Thy balmy Juice with Glee
And Water leave to France.

Genius of Health, thy grateful Taste
Rivals the Cup of Jove,
And warms each English generous Breast
With Liberty and Love.

Design'd by W.Hogarth.   Publish'd according to Act of Parliament Feb. 1. 1751.   Price 1.°

图 31 《啤酒街》

的工人则在楼上举杯祝酒。轿子里一位女士正坐等轿夫喝完他们杯里的啤酒，那些啤酒是从他们身后的馆子里端出来的。啤酒街唯一生意不好的就是当铺老板（在《杜松子巷》里当铺老板生意兴隆）。在《啤酒街》里他感激地接过一大杯啤酒，不过得通过门上开的小口，如果他走出家门，可能会因为债务问题遭到逮捕——当铺老板实在太穷了，而他的四邻个个富足，并不需要他的业务。[15]

谈笑风生

"俱乐部"存在的首要目的是交谈：并非只是闲聊，而是包罗各种话题的广泛讨论。更早的时候，霍金斯和约翰逊曾共同创立一个俱乐部，叫"常春藤巷俱乐部"。就在那时，霍金斯听到约翰逊宣称："小酒馆里的椅子是人类欢乐的宝座。"正如约翰逊说的，在小酒馆里，侍者有望提供殷勤周到的服务，也没有需要恭维的东道主。"那里的葡萄酒使我精神振奋，激发我侃侃而谈，与我最喜欢的人展开话语的交流。我会武断地提出观点，也会遭人反驳，而正是在这种意见和观点的冲突中，我找到了乐趣。"[16]

鲍斯威尔将约翰逊典型的谈话方式形容为"为占上风而说话"。哥尔德斯密斯曾经说过："与约翰逊争执毫无意义，如果他的手枪没有打中你，他还会用枪托把你击倒。"鲍斯威尔非常喜欢这句俏皮话，在《约翰逊传》中两度引用。[17]

雷诺兹对鲍斯威尔说，约翰逊总是毫不犹豫地投入辩论中。"是的，"鲍斯威尔回应道，"他不需要任何正式准备，也不需要将利剑挥舞两下；他瞬间就穿透了你的身体。"约翰逊选择某种立场，通常只是为了好玩。鲍斯威尔对加里克说："他一般这样开始：啊，先生，至于打牌到底是好是坏呢……""你看，"加里克回答说，"他正在考虑自己应该站在哪一方。"[18]

如果这是地位平等者之间的公平较量，并不必然会出现恃强凌弱的情况。莱斯利·斯蒂芬评论道，在喜欢竞争型对话的文化中，约翰逊的批驳只有在变成真正的侮辱时才会令人不悦。斯蒂芬说，他的犀利反驳"在竞技语境里是公平玩法，就像在足球比赛中踢对手小腿是公平玩法一样"。[19]

约翰逊特别喜欢与柏克斗智逞才；柏克拥有辩手那种编构论据的天赋，在使用说服性语言方面，也有着非凡的天分。"他的思想之流是持续不停的。"约翰逊曾经说过。柏克滔滔不绝的话语、源源不断的观点，连鲍斯威尔都无法记到纸上。约翰逊说："下雨的时候，你不可能和这个人在棚子下站上五分钟，但你必须相信，和你站在一起的这个人，是你见过的最了不起的人物。"[20]

有一次，约翰逊病倒了，有人提到柏克，他大叫道："那个家伙激起了我所有的力量。我要是现在就见到柏克，大概会没命的。"鲍斯威尔评论道："约翰逊太习惯把谈话当成一场竞赛，而把柏克当成自己的敌手。"柏克自己曾写道："与我们搏斗的人强化了我们的神经，磨炼了我们的技能。我们的敌人正是帮助我们的人。"[21]

约翰逊喜欢使用珠玑妙语，让自己的论断显得不容置疑，鲍斯威尔描述过约翰逊在妙语生效时得意洋洋环顾四周的模样。这也是约翰逊竞争意识的体现。约翰逊告诉兰顿，他梦见有人在才智的比拼中打败了自己，觉得很沮丧。醒来时，他才意识到正反方的立场都被他包揽了。[22]

这并不是说约翰逊总像他想表现的那样机智，或者像鲍斯威尔认为的那样机智。有一次，鲍斯威尔为苏格兰作家的卓越表现辩护："但是，先生，我们还有凯姆斯勋爵。"凯姆斯是一位杰出的法学家，也是鲍斯威尔的好朋友，但他的写作成就有限。对此，约翰逊提高了嗓门："你们有凯姆斯勋爵。留着吧。哈，哈，哈！"[23]

图 32　查尔斯·亚当斯画的约翰逊

　　鲍斯威尔在《约翰逊传》的很多地方，引用了他当选会员后在"俱乐部"听到的对话。"俱乐部"成员严正地告诉过他，他们私下的言论必须严格保密，所以，他很小心地掩饰他们的身份。他经常会在日记中记下令人难忘的交流，有一次，他逼迫自己尽可能再现整个晚上的谈话。在《约翰逊传》中，这段记述足足占了六页。没有人说过什么刻骨铭心的话，但谈话显示出高度的知性，而最引人注目的是那种既放松自在又富于思想的氛围。

　　这段对话发生在 1778 年 4 月 3 日，也即鲍斯威尔入选"俱乐部"五年之后。在《约翰逊传》中，他用字母表示说话人，例如，代表雷诺兹的是"P"（"画家"的首字母）；代表柏克的是"E"（"埃德蒙"的首字母）。由于有原始的日记手稿，我们可以确定那些字母代表谁。[24]

第一位发言者是奥索里勋爵，他告诉大家他去看过一尊古罗马时期的犬雕，这尊雕塑将以一千基尼的价格售出。奥索里听说真狗应该属于雅典政治家、苏格拉底的门徒亚西比德。约翰逊插了一句评论，说得既权威又实在："那么他的尾巴必须是截断的。这是亚西比德的狗的标记。"这个令人惊讶的细节来自普鲁塔克的《希腊罗马名人传》；约翰逊对他读过的所有东西几乎都过目不忘。

与此同时，柏克对价格感到震惊："一千基尼！任何动物的雕像都不值这么多钱。"约翰逊不同意，用哲学的语调说：

> 先生，真正值钱的不是这件东西本身，而是制作这件东西的技巧。任何东西，只要能扩展人类能力的极限，能证明人类可以做到曾自认为做不到的事情，都是有价值的。第一个把稻草顶在鼻子上的人，能同时骑三匹马的约翰逊［一位著名的骑马师］，总之，所有这些人都值得世人称赞，不是因为他们所做的事情的用处，而是因为他们表现出的精湛技巧。

雷诺兹也在场，但是没有说话。显然，他并没有选择将美术与马术或"顶草术"作比，替美术辩护。他可能认为约翰逊只是为了故意挑衅柏克。

酒馆里的讨论此时转向了移居殖民地这个充满政治色彩的问题。母国的人口是否会因此减少，产生某种危害？柏克声称，移民实际上导致了国内人口的增长。"这听起来很像悖论。"吉本评论道。柏克可能有意那么说。他和约翰逊都喜欢这样来引发众人辩论。

这时的柏克成为下议院的议员已超过十年，他高超的演讲术赢得了世人的赞赏，但谢里丹评论说，柏克的演讲很少产生他所主张的结果。柏克对此的回应被所有为他立传的人引用："我相信在英国任何一个群体中，我都会是少数派；我一直是少数派。"

接着话题转向了最近的旅行作家，他们对自己在旅途中遇到的人群抱有不好的看法。

> 柏克：我从自身的经历中——我有很多这样的经历——学会了一点，即要对人类抱有更积极的看法。
>
> 约翰逊：我从自身的经历中发现世人在商业往来中表现低劣，有意相互欺骗，其程度超出了我的认识；可是他们也愿意互相帮助，这超出了我的想象。
>
> 吉本：少了些公正，多了些仁慈。
>
> 约翰逊：真是不可思议啊。想想世上的人需要多少精力才能照顾好自己，才能避开迫在眉睫的灾祸，与此同时，他们又为他人做了那么多好事，这真是不可思议。

雷诺兹提到一个人指控自家的仆人偷窃，但法官发现那人故意把钱扔在外头，看仆人是否会去偷窃，于是法官把那人投入监狱。约翰逊的评论具有其典型的包容意味："你知道，从人性的角度说，诱惑到了一定程度，就会战胜任何美德。所以，你只要把诱惑带给一个人，就是在伤害他；如果他被诱惑征服了，你就得分担他的罪过。"鲍斯威尔大部分时间似乎都保持沉默，但此时忍不住以自己的方式类推："是的，你是他的诱惑者；你让他堕落了。"

在所有这些谈话中，没有人故意卖弄，尽管约翰逊有时为了占上风而争论，但在这里，他与自己的同伴完全搭调合拍。所有人围绕着每个主题（毫无疑问，鲍斯威尔的书面记录属于压缩版）展开一段讨论，直到每个想参与的人都贡献了自己的想法，然后某人——通常是柏克——抛出一个新的话题。

需要再三强调的是，这一集集故事之所以得以实况转播，完全是因为鲍斯威尔用心聆听，并将其完整记录下来。夏洛克·福尔摩斯对华生说："也许你自己并不发光，但你是光的导体。"[25]

随着时间推移，"俱乐部"的规模将扩大，成员数量先是小量增长，而后大幅攀升。1760 年代选出了四名新成员，1770 年代选出了二十一名新成员。约翰逊更喜欢早先团体的亲密氛围，为此颇觉遗憾，但他对"俱乐部"代表的成就之广感到自豪。1777 年，他对赫斯特·思雷尔说："夫人，我们的'俱乐部'是世上几乎无可比拟的团体。绘画有雷诺兹；诗歌有哥尔德斯密斯；文物有珀西；医学有纽金特；贸易、政治和所有与钱财相关的领域有夏米尔；雄辩术有柏克；风雅学识有博克莱尔；现代历史和旅行有戴尔；法律有钱伯斯；教会历史和所有门类的学识有兰顿教授；司法和古代音乐有约翰·霍金斯爵士。"不可否认，前面提及的一些成员只是略有名气，而且霍金斯已经退出"俱乐部"很多年了。赫斯特评论说，约翰逊的夸耀"几近于可笑"。[26]

关于社会地位，有一点也许并非显而易见。那个时候，大多数人都理所当然地认为贵族会被邀请加入"俱乐部"。1777 年，也就是上述对话发生的前一年，奥索里勋爵当选为会员，这是第一位获选的贵族。在头二十年里选出的四十二名成员中，只有三人具有贵族身份。几乎所有其他成员都是"中产阶级"（middle class），只不过当时这个词还不存在；那时的人们会称其为"中等阶层"（middling sort），这个群类的界定是浮动的，并非马克思学说意义上的一个独立"阶级"。约翰逊的父亲是外省的书商，同时还经营一家制革厂，珀西的父亲是杂货批发商，柏克的父亲是律师，雷诺兹和哥尔德斯密斯的父亲都是经济条件几近拮据的牧师。（本书附有一份到 1784 年，也就是约翰逊去世那一年为止的"俱乐部"成员完整名单。）

C. S. 路易斯曾经说过："当我还是孩子——资产阶级的孩子——

的时候，地位更高的阶级正是用这个词来形容我的社会阶级。'资产
阶级'的意思是'非贵族，因此庸俗'。我二十多岁的时候，情况发
生了变化。这时轮到地位更低的阶级来诋毁我所属的阶级；'资产阶
级'开始有'非无产阶级，因此寄生、反动'的意思。于是，把一
个人归入那个为全世界提供了几乎所有神学家、诗人、哲学家、科
学家、音乐家、画家、医生、建筑师和管理者的阶级，常常成了一
件令他蒙羞的事。"[27]

　　小说家兼诗人约翰·韦恩在为约翰逊写的传记中指出，俱乐部
在伦敦扮演的角色，就像咖啡馆在 20 世纪的巴黎。这么说是有一
定道理的，但是西蒙娜·德·波伏瓦可以陪让-保罗·萨特前往双
叟咖啡馆。"俱乐部"里却从来没有女人，甚至没有人考虑过这个问
题。既然约翰逊非常重视女性的相伴，这就可以充分解释为什么赫
斯特·思雷尔在斯特雷特姆举办的晚宴会变成某种影子俱乐部。[28]

在"俱乐部"之外

　　在评点鲍斯威尔的《约翰逊传》时，麦考利公开称赞这部传记
所呈现的丰富多彩的社会场景：

　　　"俱乐部"包间呈现在我们面前，饭桌上放着为纽金特准备的
　　煎蛋卷［他是天主教徒，逢礼拜五不吃肉］，为约翰逊准备的柠檬
　　水［有时他喝柠檬水，不喝葡萄酒］。这些相聚的个体永远活在雷
　　诺兹的画布上。柏克戴着眼镜，兰顿又高又瘦，博克莱尔露出文
　　雅的冷笑，加里克满脸温和的笑容，吉本敲着鼻烟壶，约书亚爵
　　士将助听筒凑在耳旁。在前景处是一个奇怪的形象，这与我们成
　　长过程中见到的众多形象一样熟悉：巨大的形体，庞大臃肿的脸（满

是疾病留下的疤痕），棕色的外套，黑毛袜，额发烧焦的灰白假发，肮脏的手，被咬到或剪到跟指尖肉齐平的指甲。[29]

麦考利精心描绘的这个场景可以被恰如其分地称为"一幅被重新激活为漫画的静物画"。在他看来，"俱乐部"的成员就像狄更斯笔下的人物给人妙趣横生的熟悉感。从他的画面里几乎感受不到这些人在伦敦的完整生活，更别提他们的事业。他们之所以是了不起的健谈者，是因为他们知识广博且建树颇多，其中很多人的成就可谓一流。至少七个人——约翰逊、柏克、雷诺兹、加里克、吉本、亚当·斯密和鲍斯威尔——组成了一个几乎很难匹敌的天才星丛。同时代的人还会把哥尔德斯密斯和谢里丹列入这份明星名录里。[30]

《约翰逊传》的焦点自然是在约翰逊身上，并不是所有"俱乐部"成员都得到了足够的关注。鲍斯威尔非常钦佩柏克，但他坦承，要记下柏克的精彩谈话是不可能的，此外，他对柏克政治思想的了解也很肤浅。鲍斯威尔与雷诺兹关系和睦，但他对绘画不感兴趣；他虽然喜欢去看戏，但只是把加里克看作演员，而不知加里克也是一位有探索精神的导演和剧院经理。至于吉本和斯密，他们在《约翰逊传》中几乎是隐形的。鲍斯威尔讨厌吉本，对以前教过自己的斯密表现出令人吃惊的高傲态度。然而，这两个人都写出了不朽的杰作，分别为《罗马帝国衰亡史》和《国富论》。

至于"俱乐部"里的那些星光更淡的成员，要指出的是，只是就后世声望而言，会觉得他们不那么耀眼。但就社交艺术和口才而言，他们几乎个个都出类拔萃，这也是他们一开始被选为会员的原因。其中一些与约翰逊的个人关系非常密切，在《约翰逊传》中随处可见。鲍斯威尔熟知他们，在写《约翰逊传》的时候，他用心搜集他们能提供给自己的所有回忆文字。

其中两位是托珀姆·博克莱尔和贝内特·兰顿，跻身最初九名

图 33　托珀姆·博克莱尔

会员之列。他们从就读于牛津大学起就是朋友,只比鲍斯威尔大两岁,
能在约翰逊身上激起逗笑玩乐的冲动,这是崇拜约翰逊的鲍斯威尔
做不到的。"我喜欢这个年纪的狗崽子们,"约翰逊说,"他们比我
们年轻时更机智、更幽默,对生活有更深的了解。"范妮·伯尼评
论说,博克莱尔的"最高荣誉是可以把自己列为约翰逊博士的一位
朋友"。[31]

　　博克莱尔(图 33)出身于贵族,家境富裕,是一位有娱乐心且
好讽刺人的健谈者。鲍斯威尔曾经说过:"博克莱尔的心智灵敏聪慧,
十分罕见。"约翰逊回答说:"是的,先生,所有的话从他嘴里出来,
都显得那么轻松自如。而我要说点有意思的东西,似乎得费不少气
力。"鲍斯威尔圆滑地回应道:"先生,您不过说得大声了些,这跟
煞费气力不是一回事。"[32]

　　鲍斯威尔从兰顿那里得知了一件极为有趣的逸事。一天晚上,
兰顿和博克莱尔连着喝了几个钟头的酒,凌晨三点来到约翰逊的

图 34 贝内特·兰顿

住处，使劲敲他的门，要他一同去喝酒。最后，"他穿着衬衫出来了，头上没有戴睡帽，只是戴着那顶小小的黑假发，手里拿着一根拨火棍，他大概以为有几个匪徒要来找他干架。等他知道了他们是谁并知道了他们此行的目的后，不禁莞尔，非常愉快地同意了他们的提议：'什么，是你们？这些狗崽子！那我就跟你们一起去乐呵一下吧。'"鲍斯威尔讲述得十分生动，很难让人想起当时他并不在现场。[33]

兰顿（图 34）虽然与博克莱尔形影不分，却非常不同：古典学识渊博，谈话却笨拙，甚至混乱。他瘦得惊人，身高六英尺半（约 1.98 米），身材引人注目。有人把他比作一只单腿站立的鹳；柏克说，他站在一群女士中间时，"她们就像围着一根五月柱跳舞的少女"。[34]

兰顿讲述的另一件逸事展现了约翰逊富有人情味的感人一面。约翰逊有一只叫霍奇的猫，他常常怜爱地抚摸它，甚至给它买牡蛎吃。

有一次，他对兰顿说，有个年轻人疯了，在城里跑来跑去，见猫就射杀，"然后他的神思缓慢地飘走了，飘到了自己最喜爱的那只猫身上，只听他说道：'霍奇可不能给打死：不，不，霍奇可不能给打死'"。弗拉基米尔·纳博科夫非常喜欢这则逸事，甚至把它引入作品——不知何意——作为小说《微暗的火》的题词。[35]

第八章

约书亚·雷诺兹爵士

白手起家

"俱乐部"的大多数成员都是白手起家,"俱乐部"的创始人约书亚·雷诺兹尤其如此;他飞黄腾达、积累巨额财富之路是世间罕有的。雷诺兹的父亲是德文郡的一名牧师和校长,在发现了儿子的艺术天赋后,他便把他送到一位伦敦画家那里当学徒;不过,在那个时候,绘画职业不大可能带来世俗的成功。

尤值一提的是,肖像画家被认为是一群亦步亦趋复制世人容貌的匠人。米开朗琪罗和拉斐尔也许享有崇高的声誉,但英国人,特别是英国的肖像画家,却不可能有此声望。颇具影响力的美学家沙夫茨伯里伯爵曾在 18 世纪初说过,肖像画艺"不是博雅之艺,不值得推崇,因为它不需要博雅学识、天赋、教育、社交、礼仪、道德学、数学、光学,它只是实用、庸俗的技艺"。雷诺兹决心驳斥这里的每一条批评意见。[1]

即使在肖像画方面,英国人也想当然地认为优秀的艺术家全都来自国外。彼得·莱利爵士原名彼得·范·德·法斯,是个荷兰人。

安东尼·凡·戴克爵士来自安特卫普。戈弗雷·内勒爵士在德意志出生，原名戈特弗里德·克尼勒，据说"他张嘴的时候，还是自称戈特弗里德·克尼勒"。自 1714 年乔治一世登基以来，英国宫廷一直由德意志人把持；于是，人们认为只有像亨德尔这样的德意志人才能创作出真正好的音乐。[2]

1769 年，也就是雷诺兹和约翰逊创立"俱乐部"五年后，四十六岁的雷诺兹被封为爵士；他坦率地说："我们所有人都想要出人头地。这个世界确实很看重头衔，而我也跟着生活的大流走。"能在自己的姓名后头加上"爵士"确实是巨大的成功，雷诺兹的朋友们总是称他为"约书亚爵士"。[3]

雷诺兹以和蔼可亲、平易近人的性情著称，这一点在他成为约书亚爵士后依然没有改变。约翰逊谈到自己抑郁症发作时说："有些人，包括富有思想的人，并没有那些恼人的思绪。约书亚·雷诺兹爵士一年到头都保持不变的状态。"范妮·伯尼在社交场合怕羞怕得要命，约书亚爵士随和平易的气度令她铭感五内："他是那么和颜悦色，毫不做作，蔼然可亲，我在与其他名人交谈时体验到的那种轻松自在的感觉，都不及与他交谈时的一半。"[4]

雷诺兹二十五岁左右所作的自画像（图 35）捕捉到了随和性情与强大雄心结合形成的效果。这幅画被形容为"这位艺术家的志向和抱负宣言：雷诺兹把自己塑造成一个有远见的人，用过去的技艺来展望未来"。"过去的技艺"指伦勃朗对光影的处理；当时雷诺兹正在仔细研究伦勃朗的作品。他使用了头肩肖像画的标准规格，即竖长三十英寸、横宽二十五英寸，但对调了横竖的长度，从而取得了一种不同寻常的效果。[5]

雷诺兹是个俱乐部达人，他和约翰逊一起创办的"俱乐部"是他经常参加的六个俱乐部之一。其他俱乐部有德文郡俱乐部、尤米利安俱乐部（鲍斯威尔也是其中一员）、星期四夜总会、阿尔马克赌

图 35　雷诺兹的早期自画像

博俱乐部，以及鼓励研究希腊和罗马艺术的玩票者协会。不过，研究希腊和罗马艺术只是这个协会的官方说辞。实际上，如霍勒斯·沃波尔所说，"要成为会员，摆在明面上的条件是去过意大利，而真正的条件是能一醉方休"。[6]

约翰逊曾对鲍斯威尔说："约书亚·雷诺兹爵士是他所认识的最无懈可击的人，如果真要与他争吵，你会发现极难对他进行人身攻击。"不过，这对朋友确实发生过口角，而且不止一次。雷诺兹盛赞喝酒对社交的好处，约翰逊不以为然；还有一次，约翰逊抱怨说，喝酒非但不能提升谈话的质量，反而会引发众人"嬉笑作乐，场面混乱、嘈杂、喧闹"。正当雷诺兹携着自己的观点向前紧逼时，约翰

逊突然爆发了："我不想再和你争论了，先生。你真的扯远了。"受
伤的雷诺兹回答道："先生，要是我也像你那样长篇大论，也会觉得
自己扯远了。"约翰逊懊恼地说："别，别生气。我不是有意冒犯你。"[7]

　　不管约翰逊的爆发多么不得体，人人都知道雷诺兹确实是个酒
鬼。他从不否认这一点。他曾给身处苏格兰的鲍斯威尔写信说："我
喜欢开着一瓶酒信口闲聊，满嘴大呼小叫，胡说八道。"根据"俱乐
部"的记录，有一回雷诺兹和另外三个人——博克莱尔、吉本和谢
里丹——共干掉了八瓶葡萄酒：六瓶波尔多干红和两瓶波尔图。[8]

家里另一位画家

　　雷诺兹喜欢女人，据说有过很多风流韵事，但他不愿被婚姻束
缚手脚。他常请女性亲戚帮自己招待客人，最常求助的便是他最小
的妹妹弗朗西丝（弗朗西丝的生活依赖他的经济支持）。

　　弗朗西丝也成了一名才华横溢的画家，尽管约书亚爵士会邀请
她翻摹自己的作品，但常力劝她不要与自己竞争；不过，弗朗西丝
最终在皇家美术学院的数次展览上展出了自己的作品。弗朗西丝的
主要职责是管理家务。在很长一段时间里，她都认同这一点。她在
备忘录里这么告诫自己："一个女人离开家庭生活的幽径而踏上公共
生活的大道，那是违背自然的。正是这个考虑使得绘画——所有人
都认为我从事绘画只是为了自娱自乐——变成了折磨，因为它与诸
多家庭责任构成的光荣本分发生了冲突。"毫无疑问，弗朗西丝的哥
哥尽了最大的努力来强化这个信条。[9]

　　弗朗西丝曾说，约翰逊"也许比大多数男人更看重与女性的友
谊"。约翰逊到雷诺兹家里做客时，雷诺兹常会在自己的画室里忙碌
着，于是，约翰逊以及其他朋友常与"雷妮"（约翰逊亲切地给弗朗

西丝取了这个绰号）坐在一起喝茶。有一次，他和托马斯·珀西到
雷诺兹家后，开始即兴仿拟珀西搜集的传统歌谣：

> 所以，我求你，亲爱的雷妮，
> 再给我沏一杯茶，
> 放入奶油和白糖，
> 调出口感的润滑。

> 好姑娘，别害怕，
> 等我把茶水喝到底，
> 喝得一滴没剩下，
> 绝不会攥着杯子不给你。

> 唉，听着！有个寒心的事实，
> 听我说，切莫动怒：
> 你沏茶沏得再快，
> 也赶不上我吞饮的速度。

约翰逊不停地往下说，直到珀西求他就此打住。[10]

　　约翰逊嗜茶如命，霍金斯相当惊讶地证实了这一点："他对茶的
热爱几乎到了难以置信的地步；只要有茶水端上来，他就会赞不绝
口。"有一回约翰逊碰巧为一本题为《论茶：茶有害健康，使人民怠
惰、国家贫穷》的小册子撰写书评，他借此机会发表了对饮茶习惯
的辩护文字。他承认自己是"一个离了茶就不要命、不折不扣爱喝
茶的人，过去二十年里他常将这种神奇的叶子冲泡了配饭来吃，他
的茶壶很少会有冷下来的时候，他常在傍晚饮茶自乐，半夜饮茶暖胃，
清晨饮茶提神"。[11]

约翰逊知道弗朗西丝是位画家，但他对鲍斯威尔说："雷诺兹小姐不应该画画。在公共场合直盯着男人的脸看，是一种与文雅相悖的行为。"当鲍斯威尔把这句话写入《约翰逊传》的时候，他省略了弗朗西丝的名字，而代之以"对女性来说非常不文雅"的表述。这倒不是说约翰逊怀疑弗朗西丝有丝毫不雅的动机。赫斯特·思雷尔曾劝约翰逊不要费力探察自己内心的隐秘动机，她如此问道："你在自己的心灵上安放了一台时刻工作的显微镜，有谁的心灵忍受得了这个？"约翰逊回答道："我从没见过这样的心灵，除了我亲爱的雷诺兹小姐；她的心灵已经几近纯洁了。"约翰逊对鲍斯威尔所说的那番话很可能是这个意思：凝神注视另一人的眼睛有可能激起他的欲望（这是心理学家所证实的）。[12]

弗朗西丝继续缠着约翰逊，要求给他绘像，约翰逊最终同意了。结果是她画出了一幅真正打动人的肖像（彩图 14），人物气质温柔，却袒露着真诚。它捕捉到了约翰逊庞大的体型、佝偻的身躯、疲惫的神态，以及他从阴暗处向外注视时的诚挚目光。约书亚爵士永远不会，也永远无法为这位朋友画出这样一幅真诚得令人难忘的肖像。

并不是每个人都像约翰逊那样高度评价弗朗西丝。赫斯特评论道："雷诺兹小姐有一种古怪且冷淡的气质，介于心怀恶意与心思纯真之间。"弗朗西丝还优柔寡断，从未消停，常把自己的朋友逼得抓狂。范妮·伯尼说，约翰逊"看到了她的缺点，心里可怜她，想纠正她的毛病，却徒劳无功。那是一种习惯性的精神困惑和行为上的犹豫不决，对她而言是没完没了的折磨，对周围的人而言则是不堪其扰的疲惫。不管她这一天提议或计划做什么，第二天就会全盘推翻，到第三天又会依照原先的设想，仿佛就是为了到第四天将它否定掉，如此往复，简直没完没了"。[13]

渐渐地，弗朗西丝对她哥哥的要求感到不满，因为伴随着这些要求而来的，并不是他的爱和感激。赫斯特说："这样一个妹妹，有那么多值得哥哥引以为豪的地方，当哥哥的理当多爱她一些，可雷诺兹爵士却没有做到这一点；也许是她画得太好了，或者学了太多拉丁语，学识胜过她哥哥。我越细想越觉得她哥哥心怀嫉妒；毕竟，如果他不喜欢妹妹与自己一起生活，为什么不给她一笔体面的年金，让她住到自己喜欢的地方，按自己的心意生活？这位可怜的女士总是痛苦不堪，总是焦躁不安；但她似乎已经下定决心——倒是难能可贵的决心——当她不能靠体贴温柔保住自己的地位时，她决不会靠阿谀奉承来保住它。"[14]

1770 年代末，这对兄妹的外甥女玛丽·帕尔默年至二十五，愿意接替伦敦住处的管家一职；约书亚爵士在泰晤士河畔的里士满有一栋乡间别墅，弗朗西丝提议自己可以搬过去，因为她哥哥很少住在那里——约书亚爵士把它当作身份的象征，而不是一个愿意在那里消磨时间的地方。约书亚爵士回信说，她无权占用自己的房子。弗朗西丝只好作罢，搬进自己的简朴公寓。后来她回到了他们的故乡德文郡。她在哥哥逝世后说，在自己的记忆里，他只是"一位阴郁的暴君"。这是和蔼可亲的约书亚爵士从未向世人展示的一面。[15]

肖像工厂

雷诺兹喜欢当富人的感觉。马车是富贵人生在公共场合的标志，雷诺兹有能力养护一辆气派的马车，而且他经常举办晚宴，宴会结束后他会把马车借给朋友乘坐回家。在晚宴上，他特意强调众人完全不用拘于礼节，但并不是所有人都对此感到满意。约翰逊绝不是拘谨之人，可他还是免不了向鲍斯威尔抱怨道："先生，那些仆人不去办交代给他们的事，全都围着饭桌站开，三三两两闲凑到一起，傻乎乎地望着客人；招待一群人的难度，对他们来说，堪比指挥一艘军舰。"雷诺兹的学生、传记作家詹姆斯·诺思科特证实,"偶尔会有两三名不守规矩的家仆。主人纵容每个人争抢拼夺,完全不加以约束"。[16]

约翰逊从未像雷诺兹那样富有;傲慢的贵族不齿于为生计而工作,约翰逊对这种态度深恶痛绝。他的激烈言辞曾令鲍斯威尔觉得惊愕:"不为钱而写作的,都是傻瓜。"鲍斯威尔引用这句话时,称之为"奇怪的观点"。[17]

据弗朗西丝·雷诺兹回忆,有一次,约翰逊觉得自己受到一位公爵夫人的怠慢,他怀疑是因为自己的衣着过时了。于是,他转过去对坐在身旁的约书亚大声说道:"我们两个人,如果从事各自的行当,从早到晚卖力工作,坚持一个礼拜,我想,谁赚的钱多?"[18]

这个问题刺激听者的神经,有两方面的原因:它否定了艺术应该超越金钱的观念,而且讨论金钱被认为是低俗的表现。例如,性格从来不大圆滑的奥利弗·哥尔德斯密斯第一次和思雷尔夫妇吃饭时,竟然"一脸严肃地问思雷尔先生,他做这门生意一年能挣多少钱",思雷尔夫妇听到后无比震惊。赫斯特说,亨利以"难得的得体"回答道:"哥尔德斯密斯医生,我们聚会不常谈论这些事,但我希望能有幸跟你好好结识一下,这样你问我这个问题时,我就不会那么震惊了。"[19]

当时最负盛名的美术门类是"历史绘画",再现古代历史或神话里的故事片段。人们认为这类画面传达了哲学观念,从而将绘画提升到博雅之艺的地位。雷诺兹非常清楚这一点,但他也知道,要想获得世俗的成功,就得画肖像。威廉·布莱克说得精辟:"他的眼睛盯着大众,或者说盯着大钱。"雷诺兹的声名确立以后,他每画一幅头像,就会收取三十五基尼(一基尼亚相当于一英镑加一先令),而画一幅全身肖像要价一百五十基尼。1755 年有一百二十人坐下来请他画像;1758 年有一百五十人,这给他当年带来了六千英镑的巨额收入。[20]

雷诺兹曾有机会到罗马学习，他认为大师们创造的是理想的人物类型，而不是面目可辨的个体。"历史画家，"他说，"画的是普遍意义上的人，而肖像画家画的是特定的人，所以，他们的模特是有缺陷的。"不过，有一个方法可以部分解决这个问题。"甚至在肖像中，人物的生动性，还有，与真人的相似性，更多地体现在总体气质上，而不是取决于每个面貌特征是否完全吻合。"[21]

这听起来颇有理想主义的意味，但眼毒之人却不这么看；在他们眼里，雷诺兹懂得如何取悦自己的顾客。顾客之所以不断涌入雷诺兹长长的排队名单中，是因为他有一种在肖像里表现与真人相似性的天赋，他能确保这种相似性是可以辨识的，并用提香和拉斐尔的视觉语言作了微妙的理想化处理。

威廉·赫兹利特本人就是一位颇有成就的肖像画家，他喜欢想象雷诺兹画室里的场景。"约书亚爵士一定与那些绘画对象度过了美妙的时光。爵爷、夫人、将军、作家、歌剧演唱家、音乐家、学者和才子围住了他的大门，他一如既往盛情迎接他们的到来。画室里顿时丝绸窸窣作响，荷叶装饰和浮花锦缎轻舞飞扬，香粉和香水氤氲如雾，假发飘垂，众人嘘寒问暖，互报头衔。"赫兹利特还捕捉到了雷诺兹老练的奉承手法，这正是顾客们渴盼雷诺兹描画自己的缘故。"他通过'巧妙的心灵炼金术'突显他们所有的优点，调和他们的缺陷，赋予博学的朋友一种从容的学者气度，或者用智慧、优雅的微笑照亮愚蠢而时尚的面孔。"[22]

雷诺兹作画的对象并非都有贵族头衔，但那些没有头衔的都是名人；在那个时代，不少人宣传自己，为人所知，无非是为了名气本身。其中包括一些"交际花"——不是普通的妓女，而是风雅女人，依附于一个或多个有钱或有地位的男人。将雷诺兹所绘的肖像制成印刷品，有利于大大提升这些女人的知名度。据传，雷诺兹与她们中的几个人有过绯闻。

图 36　雷诺兹《奥利弗·哥尔德斯密斯》

　　不管有些批评者对雷诺兹那些"美颜"肖像怎么冷嘲热讽，他在试图捕捉"总体气质"而非精确的相似性时，是完全认真的。一个很好的例子就是他给奥利弗·哥尔德斯密斯（他最亲密的朋友之一）所绘的肖像。每个见过哥尔德斯密斯的人都会惊讶于他极其质朴的外表，不少人认为他长相丑陋。尽管雷诺兹尽可能作了美化处理，但这一点在他所绘的肖像中依然显露无遗（图 36）。弗朗西丝称这是体现雷诺兹绘画技巧的一个显著例子——"赋予哥尔德斯密斯医生的面容一种庄严感，但又保留了极大的相似性"。[23]

　　侧脸肖像并不常见；雷诺兹可能是想让人想起古典硬币和奖章，以此表达对朋友的敬意。同时，这张画里的形象明显给人非正式的感觉，衬衫领子敞开着，没有假发，传达出哥尔德斯密斯简单而质朴的气质。[24]

　　毫无疑问，亨利·威廉·邦伯里的素描更准确（图 37）；当然，

图 37　邦伯里《奥利弗·哥尔德斯密斯》

这两幅画像除了鼓起的额头和向后缩的下巴外，都没有显示出天花在哥尔德斯密斯脸上留下的深深凹痕。弗朗西丝说，从头到脚，"他给每个人的第一印象就是他是低级技工，尤其容易让人以为他是手艺熟练的裁缝"。"技工"（mechanic）是用自己的双手工作的劳工，而裁缝的固化形象则是身材矮小、举止笨拙。在雷诺兹家的一次聚会上，他愤怒地讲道，他碰到的一个人伤害了自己的尊严——"那个家伙把我当成裁缝了！"在场的众人不得不努力压住自己的笑声。[25]

哥尔德斯密斯喜欢穿华丽的服装，明摆着将此视为补偿。鲍斯威尔说，当约翰逊和加里克拿这件事取笑他时，哥尔德斯密斯说："嗯，跟你们说实话吧，当我的裁缝把淡玫瑰色外套带到我家时，他说：'先生，劳烦您帮我一个忙。如果有人问您，您的衣服是哪个裁缝做的，请跟他说是哈罗区沃特巷的约翰·菲尔比。'"约翰逊反驳道："啊，

图 38 淡玫瑰色的大衣

先生，那是因为他知道这种奇怪的色彩会吸引众人的目光，众人将
因此听说他这个人，亲眼看到他用颜色如此可笑的布料制成一件无
比好看的外套。"[26]

　　萨克雷是一位小说家，也是一位艺术家，他把这个场景画成了
一幅有趣的素描（图 38）。近视眼的约翰逊入迷地读着手里的书，
而哥尔德斯密斯则得意洋洋大踏步走在他身旁。我们知道他带着那
根手杖，是因为他曾用它来击打一个诽谤过自己的人，之后在"俱
乐部"现身时，他满脸流血。在画中的商店橱窗里，菲尔比先生盘
腿坐着（裁缝的典型姿势），心满意足地俯视着自己的得意之作。乞
讨的顽童抬头望着他们（其中一个顽皮地模仿哥尔德斯密斯）。这些
先生肯定很容易上钩吧？[27]

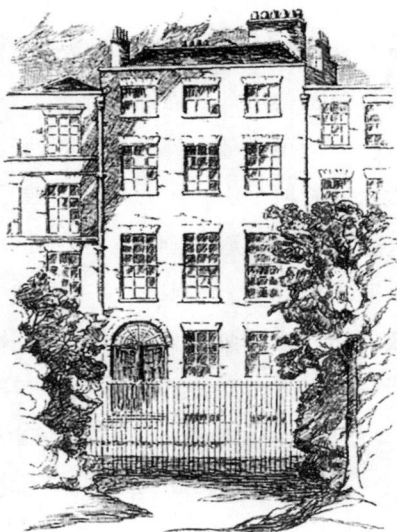

图 39　雷诺兹的家宅

为了展示自己的作品，雷诺兹需要一栋既有工作室，又有充足陈列空间的房子。1760 年，他租下了莱斯特广场 40 号，这是一个非常时兴的住处（图 39）；此外，他还花一大笔钱扩建了画廊和工作室。在他的画廊里有很多他自己的作品，也有他多年来搜集的一些早期大师的作品，这些作品在他死后卖出了一万多英镑的价钱。

宽大的八角形工作室占据了从房子后面延伸出去的空间。作画对象被告知有几个时间段可选，每段一个半钟头；他们坐在一把可以在脚轮上旋转的扶手椅上，雷诺兹会时不时退后，隔着一段距离观察他们。然后，正如一位贵妇人回忆的那样，"雷诺兹会突然冲到肖像前，朝上面猛泼油彩——我有时觉得他会弄错，把油彩都涂到我身上来了"。[28]

为了处理大量订单，雷诺兹建立了类似于工厂的机构。一旦脸部和头部画完了，他也就完成了任务。其余的工作都由助手来填补，多年来，他雇用了数十个助手。有些人是计日工，即"journeyman"（来自法语 journée）的字面意思。还有一些是有抱负的年轻艺术家，他们通过工作来换取技艺的培训。他们的任务是画帷幔、窗帘、家具和背景——事实上，除了头部以外的所有东西。他们的表现不一定是一流的。鉴赏家霍勒斯·沃波尔委托雷诺兹为他的三个侄女画了一幅油画，称这是"一幅极美的画作"，但到手一段时间后，沃波尔变得挑剔了。他说，尤其那双手画得"一塌糊涂"。[29]

任何人，只要暗示雷诺兹画得太快，他都会反应过激。有一位贵族问雷诺兹画成一幅肖像需要多长时间，他回答说："一辈子，我的老爷。"至于把大部分工作留给助手做，雷诺兹认为那是他觉得自豪的地方。劳伦斯·利普金评说得相当宽容："雷诺兹获得酬劳，靠的是发挥自身的才智。"[30]

这些助理还要承担的工作是完整临摹原作（仿作卖给多位买家）。例如，雷诺兹为加里克所画的肖像共有五幅仿作。另一种传播他作品的方式是雇佣熟练的雕版工和网线铜版工临摹原作，制成黑白印刷品，其中一些出现于本书中。由于这类印刷品的大范围销售，不仅国内的民众，就连国外的民众，也都熟知雷诺兹的画作。[31]

需要补充的是，如今，经过巧妙制作的仿品可能比原画更有利于我们了解作画的对象。雷诺兹从来没有停止过对材料的尝试，有一些他最喜欢的颜料往往容易褪色。"研究绘画的专业历史学家，"一位评论员说，"将不得不同意，由于颜料会严重分解，过于热情的修复者会对一些油画作美化处理，网线铜版画——大多数在雷诺兹的监督下制作，当时原画的颜料尚还鲜艳——比大多数现存的布面油画更好地记录了原作的形态。"[32]

除了肖像，雷诺兹有时还创作更有难度的绘画，为此他会到街上寻找模特。举个例子，为了表现具有英雄气力的男子形象，他会雇用一个身体强壮的搬运工。在他的画作里，孩子们总是那么可爱迷人，甚至到了令人腻烦的地步，但真实模特却不是这样。一位传记作家评论道："他笔下那些伦敦街头的流浪儿，在他面前摆好姿势后就累得睡着了，但他眼里的灿烂异象将他们理想化了，即使是他们的褴褛和贫穷，也变得超凡脱俗。"[33]

维多利亚时代的画家威廉·弗里思在 1830 年代碰巧遇见其中一位，问他是否做过模特。"是的，做过一回，我还是个孩子的时候。一位耳聋的绅士让我做模特；他手里至少拿着一个助听筒，我得朝他大声叫喊。"这人记得"那位老绅士让我脱得只剩下裤子，然后叫我拿着一个弯柄杖。他画的一幅画里有一只羊羔"。这幅画一定是《荒野中的年幼施洗者》无疑了。[34]

艺术学校和系列讲座

1768 年，在国王资助下，皇家美术学院成立了，雷诺兹非常自豪地接受了第一任院长的职位。他将一直担任这个职务，直到二十四年后去世。这是一所名副其实的学院，一所为有抱负的年轻人开设的艺术学校，有雕塑、绘画等学科的教授。其中一位是他的朋友，也是"俱乐部"成员：奥利弗·哥尔德斯密斯曾出版过一部粗制滥造的罗马史，雷诺兹任命他为古代史教授。

除了实践训练外，皇家美术学院每年还会为其成员和其他画家举办一次新作展览。为此，泰晤士河畔的萨默塞特宫（当时还是一座王宫）新添了一列侧殿；1780 年，这一列宏伟的侧殿终于竣工，在此举办的年度展览成为不可不参观的社交盛景。在现代人眼里，这些展览着实有点奇怪，因为五花八门的画作挤满了每一寸的墙壁。1780 年展出了将近五百件作品，而 1790 年——这是雷诺兹最后一年展出自己的画作——共有超过七百件的展品。[35]

图 40 《皇家美术学院展》

从这幅描绘 1787 年展览的画作明显看得出来（图 40），大多
数画作从展厅底下几乎是看不清楚的。人群中几乎无人去瞻仰画作，
多是彼此对望。威尔士亲王乔治是雷诺兹苦心结交的对象，他站在
前景的中间，而雷诺兹则一只手指向一幅画，另一只手拿着他的助
听筒。在房间的远景处，最下面一排画作的右手边，可以清楚地看
到雷诺兹为鲍斯威尔所画的肖像（彩图 30）。

罗兰森的水彩画《展厅的睽梯》*（彩图 15）或许可以在这庄重
的场景之外，提供别样的风景。通往展览这些画作的大厅的，是一
段楼梯，蜿蜒陡峭，出入之难，远近皆知；过世前三个月，约翰逊
曾自豪地写信给医生，说他"没有休息，没有停顿"地爬到了楼梯
顶端。建筑师威廉·钱伯斯爵士希望费力爬楼能让人联想到帕纳塞
斯山的斜坡，但罗兰森的画作其实暗指鲁本斯的《末世审判》。在这

---

* 画家玩了一个文字游戏，将 staircase（楼梯）改写成 starecase。

场滑向地狱的喜剧中，那些观众本来准备凝神静赏古典男神和女神，此时却大饱眼福地欣赏了一番英国女人的肉身。左边戴假发的绅士们一脸惊叹地看着这个场景，在楼梯后面的壁龛里，维纳斯面露赞许地望着这一幕。[36]

雷诺兹很享受担任皇家美术学院院长的威望。这个威望带给他的好处之一就是获得发表自己著述的机会。雷诺兹每年都会向毕业班发表演说，这一系列演讲后来结集成书，取名为《艺术演讲录》。在一次演讲中，他对听众说，大凡读书无法获得的知识，"可以通过与有学问、有才情的人的谈话来弥补，对那些缺乏深入研究门道或机会的人来说，这是最好的替代手段。这个时代有很多有学问和才情的人"。毫无疑问，他想到了自己在"俱乐部"的经历，那时"俱乐部"已经存在十二年了。[37]

雷诺兹非常看重与约翰逊的友谊。他告诉鲍斯威尔："我承认自己受了他无上的恩惠。可以说，他塑造了我的思想，从中抹去了一大堆垃圾。"雷诺兹很大程度上依赖约翰逊关于"普遍真理"的观点，他利用"普遍性"来提升绘画在思想分量方面的声誉；在一次演讲中，他明确提到了"艺术理论"。这个说法今天听起来不足为奇，但在当时，它是对绘画的思想价值的肯定，颇有挑战性。[38]

雷诺兹对"普遍性"的强调在实践中似乎自相矛盾。他深信"普遍性"的价值，总是轻视细节表现，比如荷兰绘画中的服装和东方地毯。所以，他主张画家应该设法呈现织物的某种印象，但不要表现织物是何材质。"在他眼里，衣服的料子不是羊毛，不是麻布，不是丝绸、缎子或天鹅绒。它只是布料，仅此而已。"[39]

威廉·布莱克在皇家美术学院当过一阵子的学生，觉得雷诺兹屈尊对待自己；读到雷诺兹的《艺术演讲录》时，他在页边空白处写满了咒骂的话："傻瓜——笑柄——恶棍——谎言——哦，可耻而虚假的人——愚蠢！——废话——我确实要感谢上帝，我跟雷诺兹不是一类人。"这部分是由于布莱克对雷诺兹在艺术市场上的主导地位感到不满，部分是因为布莱克敏锐地认识到在雷诺兹意欲传达的教诲里存在难以调和的矛盾。他试图将洛克的具体性与柏拉图的普遍性结合起来，但手法之笨拙，让许多人怀疑《艺术演讲录》究竟是他自己撰写的著述，还是约翰逊等人给他的材料的大杂烩。

布莱克对此的评论非常犀利："从雷诺兹《艺术演讲录》中的诸多矛盾可以断定，这些演讲稿出自不同人之手；但这并不能说明它们不是雷诺兹写的。这个人，不管是作为画家还是哲学家，所知道的一切都是从别人那里学到或习得的，因而他必然是充满矛盾的。"[40]

布莱克这样评议，别有动因。尽管雷诺兹努力将油画提升到受重视的博雅之艺的地位，但他和他的同事们却认为雕版术是不费脑力的机械复制——即使技艺精湛的雕版师对雷诺兹的画作做了高超的再阐释，雷诺兹依然这样认为。而布莱克正是一位专业的雕版师。

布莱克在自己持有的《艺术演讲录》的扉页上写道："这个人就是被雇来贬低艺术的"；他在下一页写道："在约书亚爵士及其雇来的一群奸诈恶棍压迫下，我耗尽了自己的青春活力和才情，没有用武之地，几乎食不果腹；读者从我对这些书籍所作的评论里读到的，自然只有愤怒和怨恨。"这个版本的《艺术演讲录》包含埃德蒙·马龙对雷诺兹之死的叙述，刺激布莱克写下一段巧妙奚落雷诺兹的诗歌：

> 约书亚·雷诺兹爵士死后，
> 整个自然都退化了；
> 国王滴了一滴眼泪到王后耳朵里，
> 于是他所有的画都褪色了。[41]

图 41　自画像：雷诺兹挨着一尊半身像

　　在雷诺兹为数众多的自画像中，有两幅是这些年创作的，引人注目。第一幅（图 41）是 1780 年为刚刚竣工的皇家美术学院展馆创作的。雷诺兹的站姿是从凡·戴克的站姿修改而成的。这幅作品令人想起伦勃朗的名作《亚里士多德凝视着荷马半身像》，但雷诺兹画里的半身像是他崇拜的英雄米开朗琪罗。一位艺术史学家评论说，这幅画"散发出一种妄自尊大的气息；不管这是不是雷诺兹的本意，就连米开朗琪罗那尊模糊的半身像似乎也在向他点头致敬"。他身上的长袍和帽子是牛津大学授予他荣誉博士学位时颁发的，他为这个学位感到十分自豪。[42]

　　另一幅自画像可以追溯到 1788 年（图 42）。虽然当时的人们在

图 42　戴眼镜的雷诺兹

日常生活中很自然地使用眼镜（就像雷诺兹那样），但将世人戴眼镜的形象描画下来，却并不常见。雷诺兹描绘自己戴眼镜的形象，很可能是为了表明他不仅仅是画家，更是读者、作家，甚至是有远见的哲学家。[43]

第九章

埃德蒙·柏克

崇高与优美

在"俱乐部"的所有成员中，柏克将才智锋芒、文学技巧和公共生活结合得最为出色。他比约翰逊小二十岁，是都柏林一名律师的儿子，他父亲曾从天主教改信爱尔兰新教。当时天主教徒不能上大学，基本被禁止从事任何职业，所以，这是一项审慎的举动，没有引起其他天主教徒的反感。那些天主教徒知道自己四处碰壁的处境可以通过新教亲戚得到改善。

埃德蒙是作为新教徒接受教育的，因此有资格进入都柏林的三一学院。1748年毕业后，他去伦敦学习法律，但不久就放弃了。为了谋求生计，他以匿名作家的身份写作，就像约翰逊和哥尔德斯密斯一样，这三个人这个时候一定已经相互认识。1758年，柏克成为《年鉴》的编辑，年薪一百英镑。《年鉴》是文章和评论的合集，长度与书籍相仿，其中不少论说都具有相当的思想深度。

今天的读者知道柏克是一位伟大的政治作家，但也许没有想到的是，他发表的具有突破意义的著述竟是一部美学论著——《对我

们崇高和优美观念的起源的哲学探讨》。该书出版于 1757 年，扉页
上没有署名，但立即得到了世人的赞赏，柏克的作者身份也很快为
人所知。

早期的艺术理论强调模仿。在这个历史悠久的理论中，艺术的
功能是大体准确地再现外部现实——艺术就是哈姆雷特所说的"一
面映现自然的镜子"。谈论艺术的作家，尤其是文学评论家，也倾向
于以一种高度教条的方式强调形式"规则"。柏克更突显心理效果，
对读者来说，这似乎是一种令人兴奋的新体验。柏克关注的议题是
艺术作品激起的情感，就像大自然激起的情感一样。"优美"是一种
特质，存在于风景中，也存在于人身上，我们在现实生活中会对"优
美"产生心理反应。柏克同样是从心理效果来理解"崇高"。在大自
然中，它表现为不可抗拒的宏大气象和危险力量，从强大的雷暴或
海上的风暴中可见一斑。

因此，艺术的作用并不仅仅是像镜子那样再现世界。它所激起
的强烈情感与崇高或优美的体验在我们生活中所激起的情感相似，
只不过带有一定程度的愉悦而超然的感觉。观看一幅描绘海上风暴
的油画，我们可能会对潜在的危险产生兴奋感，但我们知道这不过
是想象而已，自己并无溺水的危险，于是我们便有了安定感。

"崇高"被定义为由某种宏大气象或危险力量引发的神经紧张的
感觉；"优美"是令人愉快的，而不是令人惊恐的，触发它的是光滑
和精巧的特质。关于"平缓变化"的讨论，柏克用情色反应来说明：
"观察一位美女身上最美的部位，比如颈部和胸部，那样平滑，那样
柔软，那样流畅而细微的曲线；多变的外表永远不会保持相同，哪
怕是片刻之间……这难道不正好说明了外表的变化，在任何一点上
都难以察觉的持续变化，是'优美'的重要组成部分吗？"[1]

对柏克的读者来说，这里的性别假设似乎很自然：优美是女人
的属性。但人们对优美的心理反应绝不仅限于此；"平缓变化"在任

何情境中都令人欢喜。同理，虽然"平滑"同样与阴柔品质有关联，但人们喜欢"平滑"的情境不计其数。"一张铺得平滑柔软的床，阻力从各个方面来说都是微不足道的，带给人莫大的舒服，令人产生全面的放松，比其他任何事物更能催生出一种叫睡意的放松感。"鲍斯威尔应该喜欢"平滑"的感觉。[2]

柏克的论述特别关注语言中的崇高和优美，他令人信服地指出，我们不仅要对文字的字面意义，还要对文字的声音和它们唤起的联想作出反应。在那个年代，普通的马随处可见，这种实用的动物可能是"优美"的，却绝不是"崇高"的。但是，当柏克用自己的措辞解释钦定版《圣经》的语言时，马匹便具有了象征性力量："它的脖颈上披着惊雷，喷气之威使人惊惶；它发猛烈的怒气将地吞下，一听角声就不耐站立。"

在这段文字中，柏克说："马的实用特性完全消失了，威武和崇高的气质一同迸发出来。"这位能体会到语言的崇高力量的作家会成为有史以来最引人注目的演说家之一，这一点不足为奇。[3]

1758年，柏克与天主教医生克里斯托弗·纽金特的女儿玛丽·纽金特结婚；后来，柏克把克里斯托弗·纽金特带入"俱乐部"，使其成为创始成员。当时纽金特正在巴斯行医，而柏克去巴斯是因为身体疾病和精神紧张，希望能恢复健康。纽金特成功治好了他，柏克用诗歌表达谢意，谈到他时用了第三人称：

自从他发现这个青年身体孱弱、
精神衰惫，两年已然倏忽而过；
他给了他世人所能请求或给予的帮助，
恢复了他的生命力，教导他生活的艺术。

玛丽·纽金特嫁给柏克时还是个十几岁的孩子。这将是一段持久幸福的婚姻，结晶便是深受父母宠爱的孩子理查德或"迪克"。[4]

　　柏克对政治感兴趣，但对于没有钱的爱尔兰青年来说，在政治上出人头地的唯一途径就是获得恩主的提携。考虑到这一点，他成了议员威廉·杰拉德·汉密尔顿的顾问，而此人恰好是鲍斯威尔的远亲。多年后，范妮·伯尼见到汉密尔顿时写道："这个汉密尔顿先生非常高大英俊，透着一股傲慢和上流社会的优越感，他有思想，有巧智，爱冷嘲热讽。"他在议会的首次演讲非常成功，再次尝试的结果却令人失望，从此他再也没有发表过别的演说，因此有了"只演讲一次的汉密尔顿"的绰号。[5]

　　过了一段时间，汉密尔顿提出让柏克做自己的终身助理，薪水优厚。使汉密尔顿大为恼火的是，柏克竟然拒绝了。柏克把这个职位看作沿着成功阶梯往上攀爬时的一个临时的梯级，他相信，如果这成为自己的终身职位，他将沦落为仆从，被迫"放弃任何自由的可能，结果必然是永远毁灭自己"。柏克从来不喜欢节制的论说。[6]

谈话中的柏克

　　1782年，范妮·伯尼第一次见到柏克时，正值柏克政治生涯的巅峰，她在给姐妹的信中写道："他身材高大、形体优雅、神态威严、谈吐迷人；他的声音清晰、洪亮、有穿透力、有感染力；他的语言丰富多样，充满雄辩；他的仪态令人倾心；他的谈话令人欢欣！我几乎没法跟你描述他说了些什么，因为谈话并不连贯。柏克先生从一个话题跳到另一个话题，令人乐在其中，应接不暇。他的演说魅力不仅在于内容，更在于风度。因此，所有从他嘴里说出的话，只要从别人嘴里说出来，就会失去一半的效果。"[7]

　　范妮的描述提醒我们，尽管"俱乐部"的很多成员都是优秀的

图 43　埃德蒙·柏克

作家，但无论在土耳其人头酒馆还是在别处，他们都认为谈话同样重要。他们喜欢随意的聊天，但也很重视经验、意见和想法的生动交流。尤其受崇拜的是那些能用令人信服的语言表达自己思想的人。宗旨就是使谈话引人入胜，与此同时，维护融洽的社交关系。

柏克能做到口若悬河，也知道如何保持安静和专注。这里复印的肖像（图 43）让人领略到他没有高谈阔论时冷静思考的形象。

不过，在一个重视隽言妙语的文化中，柏克并不显得出众。当鲍斯威尔问"柏克不是很机智风趣吗？"时，约翰逊回答说："我倒不这么看，先生。他确实不断想表现得机智风趣，但都失败了。听一个人要说妙语却失败了，我不会觉得欢喜，就像看一个人想跳过水沟却跌下去一样。"兰顿也提出了类似的观点，但更风趣："柏克将他才智的铁块拿到铁砧上敲打，可那个铁块是冰冷的。没有火花闪耀，四处飞溅。"[8]

柏克喜欢的是双关语，但这与当时的文化气氛格格不入。正如艾迪生在《旁观者》中将双关语斥为"虚假的巧智"一样，约翰逊也痛责双关语或者"一语双关"（quibble），尤其是莎士比亚的双关语。他在自己的莎剧版本的前序中抱怨道："哪怕是个下三烂、无生趣的双关语，也能让他开怀大笑，他真心实意地追逐它，甚至不惜以理性、体统和真理为代价。对他而言，双关语就好比是克莉奥帕特拉，为了祸水红颜，他失去了整个世界，失去得心甘情愿。"[9]

在《英语词典》中，约翰逊将"一语双关"定义为"基于词语发音的低级俏皮话；双关语"。为了说明这个词语的用法，他引用了艾萨克·瓦茨一句严厉的断言："在追求真理的过程中，没有俏皮话或双关语的容身之地。"赫斯特·思雷尔记得，在一次宴会上，一位名叫马尔格雷夫勋爵的爱尔兰政客"听到那位了不起的埃德蒙说了一句下流的双关语，便以他自有的粗鲁方式喊道：'怎么，柏克！为什么你今天这么沉迷于双关语，难道是因为约翰逊不在旁边？'我从未见过一个人如此怒形于色，羞愧难当。马尔格雷夫勋爵似乎并没有察觉，我自己倒是注意到了。"[10]

柏克的双关语确实显得勉强生硬。鲍斯威尔曾说，如果柏克能往议会内部注入一些生命活力，他就会成为傲视群雄的"泰坦"；柏克回答说："是啊，太贪了。"鲍斯威尔评论道："他喜欢双关语，但常常说得十分蹩脚。"不过，有时候，鲍斯威尔也很欣赏柏克费力劳心的结果。"柏克一如既往有创造力，爱逗笑。他站在一块火腿旁边时，会说：'我是汉柏克（"汉堡包"的谐音）。'"要感受这个效果得亲临现场。[11]

对柏克来说，双关语确实是一种游戏。有一个认识他的人记得，

"他总是兴高采烈地参与儿童的游戏，与他们在地毯上滚来滚去，他常在嬉笑的时候向外倾吐最宏大的观念，里头掺杂着最糟糕的双关语"。一位音乐家在皇家美术学院的晚宴上遇到柏克，"对他有趣生动的谈话以及谈及的逸事"大感惊讶。"在我的一生中，我还从来没有听到过这样活灵活现、扣人心弦的谈话，也许永远也不会听到了。听着他那古怪而风趣的谈话，我们失控大笑了将近两个钟头。"[12]

　　还有另一种理解柏克的双关语（即使它们都很拙劣）的方式。乔纳森·斯威夫特是爱尔兰一位更早的语言大师，他和朋友们互相投喂双关语，把它视为创造性的游戏，他们喜欢词语偏离其"规范"意义的诸多方式。斯威夫特对朋友斯特拉说，一位政治同僚在自己和诗人马修·普赖尔之间放了一块四边有流苏的餐巾，"我对那个人说，我很高兴看到普赖尔先生和他的关系不流俗。普赖尔很铁定地说这是他听过的最糟糕的双关语；我说我也是这样认为的"。[13]

　　另一位伟大的爱尔兰作家詹姆斯·乔伊斯同样喜欢炮制双关语。当人们抱怨他的双关语很低级（trivial）时，他喜欢回答："是的，但其中有一些很高级（quadrivial）。"柏克也许会喜欢这个双关语。中世纪人的教育，先从基础的三艺（语法、逻辑、修辞，称为trivium）起步，接着修习高级的四艺（算术、几何、天文、音乐，称为 quadrivium ）。[14]

政治家、演说家

　　尽管威廉·杰拉德·汉密尔顿与柏克意见不合，但他还是成为柏克的恩主。他设法为他在贸易委员会里安排了一个职位，让他在哈利法克斯勋爵手下做事。这个工作虽然完全是汉密尔顿私下的安排，但其实是官僚机构里的一个重要岗位。这给了柏克一个了解政府如何运作的极为有利的位置，而年薪三百英镑，是他从《年鉴》所得收入的三倍。1765 年，他当选为议员，代表离伦敦三十英里远的温多佛小镇。这发生在他成为"俱乐部"创始成员一年之后。

这时柏克已在比肯斯菲尔德（位于伦敦以西的白金汉郡）购置了一幢宅第和六百英亩的庄园。从此他将能优雅体面地招待客人，符合世人对冉冉升起的政治家的期待。他在给一位老朋友（也是他的老同学）的信中写道："于是我拿出了自己的积蓄，还请朋友来帮忙，拼尽全力，总算在这个地方扎根立足了。……这是个非常令人愉快的地方，如果上帝允许，我打算认认真真当个农场主。"事实上，他确实在努力学习农业知识，热情参与到当时地主们开始采用的现代改良计划中。[15]

不幸的是，购买房产的两万英镑几乎全是借来的。柏克的余生被债务所迫，好在他只要是议员，就不会被捕入狱。他曾经极其期待在东印度公司的股票上狠赚一笔，他的一位密友在那里担任政府职务，给他提供了内部建议。但他的投机买卖破灭了。这场灾难可能左右了柏克后来对东印度公司的敌意，并在一场反对殖民剥削的运动中开花结果。

18 世纪政治中不断变化的同盟关系和内讧暗斗非常复杂，令人迷惑，但总体图景并非如此。重要的是要明白，那时不像今天，没有政党纪律来约束议会的投票行为，也没有所有成员都会认同的意识形态纲领。吉本以辉格党员身份入选议会，但他在投票中忠实地支持托利党的诺斯勋爵；这是因为他要坐稳目前这份政府闲职，需要表现得忠诚。几年后，他在给一位朋友的信中怒斥"那些愚蠢、过时、可憎的名称，像辉格党和托利党"。[16]

不过，从更大的角度来观察，还是有可能将这两大群体区分开来的。总体而言，辉格党人与伦敦的金融和商业势力有关联。正因为如此，他们渴望看到大英帝国的扩张，并支持任何有望助其扩张的对外战争。托利党人认为自己是传统主义者，忠于君主政体和英国国教。他们的支持者分布在外省的有地乡绅中间，他们痛恨这个事实：战争资金来自对他们土地所征的税收。但两个群体之间的边界是相互渗透的。成功的商人经常让他们的孩子嫁入贵族家庭，经常购置乡村地产作为己用。

1774 年，柏克通过选举坐上更重要的席位，成为西部商业城市布里斯托尔的代表。他坚信，议员应该听从自己的判断，而非选民的意见。在他最著名的演讲之一《对当前不满情绪的源头的思考》中，他宣称政治家应该是行动中的哲学家，应该去找出合适的途径实现"合理的治理目标"。在另一场演讲中，他将自己描述为一名医生，世人必须信任他的医术。"人民是患者，他们说出了疾病的症状；但我们知道疾症的确切源头，也知道如何根据行医的法则来救治。"[17]

在这一点上，柏克和约翰逊意见一致。真正爱国者的职责就是在推动国家利益时遵循自己的最佳判断，即使这意味着——正如柏克在"俱乐部"中评论的——他可能永远是少数派。约翰逊对此的评论被无休止地引用："爱国主义是恶棍最后的庇护所。"引用者可能并没有理解原来的语境，约翰逊真正考虑的是反对党政客投机取巧使用"爱国者"一词（那些政客声称托利党背叛了国人的托付）。在一篇题为《爱国者》的论战小册子中，他对爱国主义的属性作了面面俱到的描述："支配爱国者的公共行为的动机只有一种，即对自己国家的热爱；作为议会成员，他无论期盼还是恐惧，无论行善还是嫉恶，都不以自我为中心，而是把所有事务都交由公共利益来裁夺。"[18]

布里斯托尔的选民对柏克的独立立场不满意，一个尤为重要的原因是在代表布里斯托尔的六年里，他只访问过这座城市两次。所以 1780 年，他们拒绝再次提名柏克，于是柏克又找到了一个自治区。此时他已经成为罗金厄姆勋爵（辉格党一个小派系的领袖）不可或缺的人物。一个同时代的人评论说,柏克不只是罗金厄姆的右手,而是他的双手。[19]

罗金厄姆这个派系被称为"罗金厄姆人",目标是成为执政联盟的主导者。1782 年,约克镇的失败导致诺斯勋爵政府垮台。这似乎是柏克一直在等待的事业突破。他被任命为军队的军需长,年薪高达四千英镑。如果罗金厄姆政府持续存在下去,柏克的债务本可以全部还清,但不到一年,罗金厄姆勋爵就去世了,他的政党陷入困境。约翰逊同情地说:"据估算,这场巨变给柏克先生一家带来了每年一万两千英镑的损失。升得多高,又跌得多重!"约翰逊的估算反映出一种看法,即高级官员除了薪水之外,还有其他形式的收入来源。[20]

在下议院五百五十八名议员中,大多数人从未想过要发表演说,但有些是明星水准的演说家,能滔滔不绝地讲上数个小时。有说服力的雄辩术至关重要,在针锋相对的辩论中,快速反应同样关键。柏克在这两方面都很出色。尽管媒体不能报道这些辩论——这就是约翰逊当记者时不得不加以虚构的原因——演说者总可以过后出版自己演讲的文字版,柏克就经常以小册子的形式来发表自己的演说。

于是,他立刻被誉为大师。一个同时代的人惊叹道:"那个家伙用比喻来推理,还能推得丝丝入扣!"马修·阿诺德很久后所说的一番话在当时是一种共识:"柏克是了不起的人物,因为他让思想影响了政治,使政治充满了思想,这在英国几乎是绝无仅有。"[21]

尽管如此,许多人还是认为柏克是一个靠不住的爱尔兰冒险家。霍勒斯·沃波尔在柏克的演讲首秀之后说道:"他的雄辩口才很快声名鹊起,远非普通人所能企及",但随后沃波尔又加上了一系列影射。"他叫埃德蒙·柏克,是一个罗马天主教家庭出身的爱尔兰人,事实上,他后来又与信奉这个教派的人联姻。在有些年里,他被公众所知的是《对我们崇高和优美观念的起源的哲学探讨》和其他一些天才之作，但有限的财产影响了他的发展，他最大的收入来自为书商写作。"

托马斯·科普兰清楚解释了其中的言外之意。"沃波尔以万无一失的眼光，成功辨出了这个新人的社会盔甲上的四个薄弱之处。柏克是爱尔兰人；他是罗马天主教徒的姻亲；他是个穷人；据传他在'为书商写作'。"即使是知名度相对较高的《年鉴》，仍然被视为雇佣写作的结果，像沃波尔这样的贵族绝不会屈尊为之。[22]

反爱尔兰的成见确实正在英国滋长，柏克尤其值得怀疑，因为他发起运动，反对爱尔兰遭到的各种政治压迫。他从未甩掉爱尔兰土腔，还要面对势利眼的假设，即他由于出身问题，注定难有上流社会的派头。

鲍斯威尔曾在意大利遇到民粹主义辉格党人约翰·威尔克斯，威尔克斯对他说："柏克有雄辩的口才，但他的雄辩并不得体，是一种狂野的爱尔兰式雄辩。在阿佩利斯*的画笔下，有一位优雅而丰满的女子，据说是以玫瑰为食；柏克的艺术也向我们呈现了一位优雅女子，但她是以土豆和威士忌为食。"鲍斯威尔在《约翰逊传》中复述了这个故事，没有提及柏克的名字，并删除了"爱尔兰"这个词，但是读者不用费力就能猜到哪位"知名演说家"是以"绝艳的想象、丰富的机智"著称。[23]

就连赫斯特·思雷尔也免不了暗中嘲讽。在比肯斯菲尔德住过柏克家后，她写道，夫妇两人都喝醉了，柏克说起了下流话，他们价格不菲的绘画和雕塑沾满了蜘蛛网和尘土。"爱尔兰的罗马天主教徒，"她补充说，"不知怎么的，总像外国人：生活脏乱，却爱讲究，衣服穿在身上，就像挂在钉子上一样。"[24]

---

* 公元前4世纪希腊宫廷画师。

图 44　耶稣会士柏克

图 45　演说家柏克

　　柏克的反对者最喜欢传播的一个谎言是，他私底下仍然是一名天主教徒（他很有可能会因此失去在英国从政的资格）；他们甚至谎称他在年轻时曾有意成为一名耶稣会士。漫画家经常这样描绘他（图 44）。在漫画中，柏克戴的眼镜暗示他不只是患有生理的近视。

　　在英国议会进行重要辩论时，旁听席上经常挤满了参观者，尤其是在柏克要发言的时候。鲍斯威尔在那里听柏克演讲时，和其他人一样深受震撼，但他也发表了一通敏锐的评论。"各种各样的修辞手法都蜂拥而来，真叫人吃惊。……然而，他的雄辩术似乎更倾向于突显自己，而不是为自己的主张助力。这是娱乐，而非劝说。这就像人气很高的演员的表演。但是，如果能成为他这样的人，我还是非常高兴的。"另一幅画（图 45）让人很好地领略了柏克的戏剧性讲话风格。[25]

　　关于柏克的演讲，哥尔德斯密斯在为一些朋友虚构的墓志铭中，也表达了类似的观点。

　　我们善良的埃德蒙躺在此处，他的天分，

　　我们几乎怎么赞美或批评都不过分；

　　他本为宇宙而生，心灵却变得狭隘，

　　将本用于全人类的东西献给了党派。

　　他虽然学识渊博，却扯高了腔调，

　　要劝说汤米·汤申德投给他一票；

　　别人听不懂他的演说，他日夜苦修，

　　别人想吃饭的时候，他就只想到劝诱。

鲍斯威尔认为哥尔德斯密斯之所以提及托马斯·汤申德，是因为他谴责政府将年金颁给约翰逊。[26]

　　柏克有一位最亲密的政治盟友在"俱乐部"成立十年后当选会员，在这里值得一提。他就是漫画家们喜欢描绘的查尔斯·詹姆斯·福克斯。即使在一幅正式的肖像（图 46）中，他那肥胖的腰身和松垂的五官特征都很明显，他永远留着短短的胡茬。

　　福克斯的出身和生活方式与柏克完全不同。他是一位贵族的次子，带有花花公子的习性，勾引女性的手段十分成功，在政治上比柏克更激进；最终他们会为政治问题争吵闹翻。在演讲方面，他与柏克旗鼓相当；一个同时代的人说"我们的现代德谟斯提尼，即查尔斯·福克斯的雄辩犹如万钧雷霆"。两人联手合作时，简直可以说是所向披靡的一对。[27]

　　福克斯有赌博的资本，是个肆无忌惮的赌徒。他二十四岁时，债务就已达到惊人的十四万英镑，而他寄希望于赢钱来填平。福克斯经常连续二十四小时玩牌，有时光一小时就输掉五百英镑。在赌桌上施展完连玩二十四小时的绝技后，他还能在下议院起身发言，这样的事没少发生。有一次，福克斯和他的兄弟连续玩了三个晚上，共输掉了三万二千英镑。有钱的花花公子们不只是玩牌赌钱，他们

图 46 查尔斯·詹姆斯·福克斯

还会乘兴下注，不拘于对象是什么。在豪华的怀特俱乐部，两位贵族子弟下了三万英镑的赌注，赌从窗户淌下来的两滴雨，哪一滴会先落到底下。[28]

　　福克斯本可以轻而易举地一笔勾销柏克的债务，但他似乎并没有想过这一点。而对柏克来说，接受一位同事兼朋友的施舍无疑是一种耻辱。

民享政府

　　当柏克和福克斯最终分道扬镳时，他们的分歧在于扩大选举权、纠正长期以来分配和控制议会席位的不当做法。半个世纪后，这项运动最终催生了《1832 年改革法案》。但此时尚属早期阶段。福克斯在辉格党联盟中占据了一个相对激进的边缘——只不过他后来变得更为激进。柏克是坚定的传统主义者，与约翰逊的立场非常相似。他们与当时大多数知识分子（更不用说大多数普通人了）都有相同的意识形态，了解这一意识形态很重要。从狭义上来说，柏克和约翰逊并不是政治盟友，因为柏克是辉格党人，而约翰逊总是声称自己憎恶辉格党人（当一名议员宣称"自由精神"正在被摧毁时，约翰逊大叫道："先生，我看你是卑鄙的辉格党人！"）。然而，从广义上来说，两人有着相近的世界观。[29]

有个说法相当到位：柏克不相信民治政府，而是相信少数精英所控制的民享政府。大多数美国开国元勋都持有同样的观点。到了下个世纪，约翰·昆西·亚当斯抱怨说，杰克逊式的民粹主义者错误地宣称"民主就是全体人民来统治，统治的主体是人民，而不是最纯洁、最强健、最富有、最明智的人群"。约翰逊的表述更为严苛："俗众（the vulgar）是国家的孩子，必须像孩子一样教育他们。"在那个年代，"vulgar"一词不一定有贬义；在《英语词典》里，约翰逊简单地把它定义为"普通民众"。[30]

对约翰逊和柏克来说，维持社会秩序的关键是他们所说的"主从关系"（subordination）。今天，这个词可能意味着奴性，甚至压迫。在他们看来，这意味着一种传统的顺从结构，可使全社会的人保持合作，相安无事，不至于沦落为无政府状态。"我拥护'主从关系'，"约翰逊说，"因为它最有益于造就全社会的幸福。在统治和被统治的关系中有一种互补的快乐。"[31]

那时的英格兰就是今天所谓的极简主义国家。有行动力的警察队伍尚未出现，存在商品税，但不存在所得税，而且几乎没有来自上层的直接控制。很多我们今天理所当然认为是政府责任的事务——消防、公路养护、供水、监狱管理——即使存在，也是属于私营企业的领域。

因此，地方的需求必须在地方解决，即由高级市政官和乡绅来处理，这群人对所属的社区具有很大的影响。法官偶尔会来访，组建巡回法庭，审判严重的罪行，其余时间，乡绅们充当治安法官，基于当地的法律体系来裁决轻微的罪行。亨利·菲尔丁笔下的乡绅奥尔华绥非常认真地承担起这个责任；与他相邻的乡绅韦斯顿却并非如此，他不得不请一位助手耐心地向自己解释法律。

需要指出的是，"保守"一词当时还不具有现代内涵；它的现代内涵是为回应这个世纪末的法国大革命而出现的。托利党人和大多数辉格党人都持有一个共同的信念，即社会是否稳定取决于大多数人是否接受自己的地位，是否顺其自然。劳伦斯·斯通说："精英阶层根本上是团结一致的，身居下位的群体已然养成了顺从的习惯，几乎不会加以质疑，日常行动和祈祷不断强调这种习惯，对侵犯财产的下层人的处决和庄严的死刑仪式也强化了这种习惯；正因为如此，18世纪英国的国家机器可以保持相对较弱的状态，却不会引发社会秩序的全面崩溃。"[32]

大卫·休谟认为自己既不属于辉格党，也不属于托利党，在一篇题为《论原始契约》的文章中，他写道："服从或顺服变得司空见惯，大多数人不会探究其源头或原因，就像他们不会探究引力法则、阻力原理之类最基本的自然规律。"休谟相信服从是好事，约翰逊和柏克也深以为然。[33]

鲍斯威尔的政治思想——如果"思想"这个措辞合适的话——是一种已经过时的浪漫主义。当听到有人"嘟囔着支持共和制"时，鲍斯威尔回家后写道："一个权力受约束和限制的王室政府无疑是对人类幸福最好、最有益的。在我看来，共和制是一种最混乱、最庸俗（vulgar）的制度，而君主政体则以其欢乐而活泼的理念来感召我们。"这里的"vulgar"确实具有现代内涵。[34]

约翰逊从来没有这样说过。他的看法是务实的，并且体现了强大的心理洞察力。在与鲍斯威尔对谈时，约翰逊强调社会名分的关键就在于它的主观性。要就哪些人最有德有才达成一致意见并不容易，但关于哪些人的名分是继承而来的，却无可争论。"由于对权威的尊重，"约翰逊说，"我们这些平民百姓才不会向上攀升，把你们这些绅士从原来的位置上拉下来，并说道：'让我们替代你们，成为绅士可好？'我们尊重权威，难道不是依据主观意见吗？先生，如果一个人有个有权威的父亲，与暴发户相比，他就更容易获得对权威的尊重，社会秩序也因此更容易维持。"[35]

约翰逊非常愿意承认，尽管取得了非凡的成就，但在这个意义上，自己仍然是一名"暴发户"和"下层贫民"的一员。而鲍斯威尔作为未来的奥金莱克领主，则是一位公认的绅士。他可以自豪地把自己的家谱追溯到"诺曼征服"时期。约翰逊说："我的祖父是何许人，我不大说得上来，却坚定地支持主从关系以及与出身有关的荣誉，这是我的一大优点。"[36]

约翰逊为了说明世人已经将这种准则深深内化了（包括那些自认为是激进分子的人士），喜欢复述自己曾在餐桌上嘲弄作家凯瑟琳·麦考利（"一位伟大的共和主义者"）的那番话。

> 我摆出一副非常严肃的样子，对她说："夫人，我如今要洗心革面，改换成你的思维方式了。我如今开始深信所有人类都是平等的，夫人，我要给你一个确实的证据，来证明我是认真的。这位公民，你的仆人，有理智，有礼貌，有教养，我希望能让他坐下来和我们一起用餐。"先生，我就这样向她表明了平等主义的荒谬。从那以后，她就再也不喜欢我了。先生，你那些平等主义者希望上面的人能被压到他们的高度，但无法忍受底下的人被抬到自己的层次。他们总要有一些人位于自己底下；那为什么不能有一些人凌驾在他们头上呢？[37]

从主从关系原则可以推断得出来，少数人之所以应该享有特权地位，只是因为他们拥有这种地位。吉本在《罗马帝国衰亡史》中写道，在任何社会，"持续从事实用的劳动"是大多数人的宿命，而"被选中的少数，因为生逢好运不用为衣食发愁，可以用各种方式填满自己的时间，比如追求个人兴趣或荣誉，改善自家庄园，提升自己的理解力，履行社会生活职责，或者在社会生活里寻欢作乐，甚至放纵驰荡"。[38]

这就是吉本对自己在世界上的位置的理解。吉本的好运是继承了一笔不大的财产，因此他有机会终生致力于自己的事业，而不需要谋生的工作。他在《回忆录》中承认，如果出生在古罗马帝国时代，"我可能会落入奴隶、野蛮人或农民的命运；好在我出生的背景是自由而文明的国度，学问和哲学昌明的时代，因好运而获得丰富馈赠、地位尊贵的家庭，老天待我真是不薄，每每念及于此，我都感到衷心欢喜。"[39]

主从关系从哲学层面解释了这个严峻的事实：那时候，绝大多数罪行，甚至那些可判处死刑的罪行，都与侵犯财产有关。约翰逊认为当时的律法过于严厉，但大多数知识分子不以为然。吉本在《罗马帝国衰亡史》中有一句不刊之论："财产法虽不平等，却有必要，将许多人梦寐以求的事物集中在少数人手里，以此来限制人类的欲望，而扰乱社会内在和平的大部分罪行都是这种限制被打破造成的。"[40]

与吉本结交的亚当·斯密在一系列法学讲座中也说过完全一样的话。"法律和政府可以被视为富人的一种合谋，意在欺压穷人，为富人维护利益不均等，不然这种局面很快将因为穷人的发难毁于一旦；如果没有政府阻挠，穷人将会通过公开的暴力很快让他人沦落到跟自己平等的地位。"[41]

卢梭和马克思未必会比斯密表达得更好——只不过在斯密看来，这是件好事。卢梭的伟大著述《论人类不平等的起源和基础》（斯密曾仔细研究过并表示反对）将社会及其法律体系的发展描述为一种灾难，"它彻底摧毁了天然的自由，让维护财产和不平等的法律永远固定下来；它将巧取豪夺变成不可变更的特权，为了少数野心家的利益，使全人类陷入劳苦、奴役和悲惨的境地"。[42]

　　大多数英国思想家，无论辉格党还是托利党，都将宗教视为主从关系的基本保障。托利党人希望英国国教享有特殊权利，并不是因为其神学优于其他教派，而仅仅因为它是国教。"人民这个群体，"柏克在法国大革命后的恐慌中写道，"绝不应挖空心思用似是而非的论断来推导'天然主从关系'这个原则。他们必须尊重他们不能享有的财产。他们必须参加劳动，以获得通过劳动可以获得的东西；当他们发现成功与努力不成比例时——这是司空见惯的事情——他们必须懂得从永恒正义最终提供的比例中寻求安慰。"这不禁让人想到，这些人赤裸裸地宣传的立场恰恰是今天特权人士及其政治盟友小心翼翼加以掩饰的。[43]

　　柏克和吉本等保守的辉格党坚信，权力必须集中在土地寡头手中。他们认为，这个阶层与国家利益最为休戚相关，而商人和投机者却以牺牲国家利益为代价致富。柏克积极地捍卫贵族的特权，当然，他从未否认不少贵族是彻头彻尾的白痴。在他看来，他是在捍卫一种原则，而不是捍卫个体。

　　需要强调的是，就像约翰逊一样，柏克认为自己的立场是脚踏实地、注重实效的。1772 年，他写信给议院的盟友里士满公爵说："你们这些来自名门望族、拥有世袭重任和财富的人，跟我这类人不一样……我们不过是一年生植物，时季一过就凋零衰亡，身后不会留下任何痕迹。如果你们真是自己应该成为的那类人，你们就应该像高大的橡树，荫庇着这个国家，使你们的利益代代相传。"如果撇开语境来看的话，柏克似乎十分尊重贵族，远甚于他实际的尊重程度。保罗·朗福德说："这是柏克的众多努力之一：他试图让容易分心的辉格党领导人履行他们的职责。"[44]

柏克为人所知的是坚持渐进式变革，矫正弊端，但绝不拆除从前人那里继承来的体制，以全新的制度取而代之。美国的开国元勋们也从没想过要这么做。他们都是贵族，拒绝来自伦敦的统治，但希望自己的社会形态能一如既往地大体延续下去。"改革的进程，"约翰逊在一篇文章中写道，"是渐进而无声的，就像暮色的降临。"当鲍斯威尔评论说："这么说，先生，您是在嘲笑政治改良计划咯"的时候，约翰逊回答道："是啊，先生，大多数政治改良计划都是非常可笑的。"[45]

柏克论革命

对后人来说，柏克的名字将永远与 1789 年爆发的危机，即法国大革命联系在一起；这场革命推翻了君主制，处决了成千上万的贵族，并警告其他国家在它们境内也有发生起义的危险。

在英国，人们已经提前领教了这种危机爆发时的景象。1768 年，约翰·威尔克斯被排除在议会之外，于是，伦敦爆发了"威尔克斯与自由"骚乱。当时本杰明·富兰克林还不是革命者。他在伦敦代表宾夕法尼亚殖民地时，写信回家说，英国人"有最好的宪法和最好的国王，任何国家都未曾享有这样的福祉，但他们不知珍惜，背恩忘义"。他又对另一位记者说："普通人似乎失去了所有对法律和政府的尊重，他们还不断受到那些煽动性文人的鼓动，践踏权威，践踏一切曾令他们保持秩序的事物。"[46]

"威尔克斯骚乱"没有持续很久，但 1780 年，远更可怕的"戈登暴乱"在伦敦爆发，导火索是反天主教的偏见。天主教徒的教堂和房屋被洗劫一空，纽盖特监狱几乎被焚毁，酿酒厂被捣毁，杜松子酒在排水沟里流淌。亨利·思雷尔的酿酒厂就曾遭到一群危险暴徒入侵。幸运的是，他的经理约翰·珀金斯用大量啤酒安抚住了他们。那时候的警察队伍没有执法效力，只好调军队恢复秩序。经过一周的暴乱，近一千人丧命，其中数百人被士兵开枪打死。

这个事件以令人震惊的方式揭示了郁积在大多数民众心中的怨恨，吓坏了统治阶级。鲍斯威尔把这些暴乱描述为"令文明国家蒙羞的最可怕的系列暴行"。[47]

1789 年法国大革命爆发时，很多辉格党起初同情其民主理念，包括柏克的盟友谢里丹和福克斯。他直接而激烈的谴责导致了与他们的永久决裂，到 1791 年，柏克实际上不再是辉格党人了。

早在 1790 年，柏克就发表了他的伟大著作《法国大革命反思录》；在这本书中，他高明地预言道，即使最有善意的革命也可能会引发大屠杀，并导致卡里斯玛型的独裁者横空出世。"有位将军受人爱戴，懂得安抚士兵之道，深谙指挥艺术的精髓，将会把所有目光都成功吸引到自己身上。就在这个瞬间，这个能有效指挥军队的人就成为你们的主人了。"[48]

在这个发生在法国的重大事件推动下，"revolution"一词的含义出现了变化。约翰逊在《英语词典》里把它定义为"任何事物返回它的运动起点的过程"——实际上就是旋转。在政治语境中，它的意思是"一个政府或国家状态的改变"。这很可能只是一位统治者取代另一位统治者，而整个社会结构没有出现任何重大改变。柏克的作用是赋予了"revolution"现代意义，即剧烈的、全盘的变化。

柏克衷心支持"主从关系"，把社会契约看作诸多共享关系所组成的复杂网络，"不仅牵涉生者之间的合作关系，也牵涉生者、死者和即将出生者之间的合作关系"。这样说，意味着否定人民有权改变他们的政府系统，这确实点到关键所在。托马斯·潘恩反驳道："柏克是在为死者的权力高于生者的权利和自由而辩护。……政府是为生者而不是为死者设立的，因此只有生者才享有统治的权利。"布莱克在《地狱的箴言》中说道："要让你的手推车和犁从死人的尸骨上碾过。"[49]

现代保守主义者——类似于 18 世纪被称为自由主义者的群体——已经将柏克理想化，使他的思想成为保守主义的基石。的确，他的很多观念如今似乎仍然很有影响力。但是，要知道，给美国开国元勋带去灵感的是潘恩，而不是柏克。在 1770 年代，柏克捍卫了美国人不被征税的权利，但一刻也没有捍卫过他们自治的权利。

在 1790 年代，一个革命团体开始宣称人民有权选择自己的统治者，如果他们胡作非为，有权解除他们的职务，并在必要时为自己建立新政府。"这种全新的、闻所未闻的权利法案，"柏克在《法国大革命反思录》中写道，"尽管是以全体人民的名义制定的，但只属于那些绅士和他们的派系。英国人民并没有参与其中。他们根本不承认它。他们会以他们的身家性命来反抗对它的实际肯定。"英国人不仅缺乏政治权利，而且会为了拒绝这些权利而战斗到死。[50]

对革命可能蔓延到英国的恐惧使柏克改变了先前的人道主义政治观，态度猛然变得强硬起来。1794 年的寒冬过后，粮食歉收，引发了一场严重的饥荒，继而引起了面包暴动。一些议员开始呼吁政府帮助正在挨饿的百姓。柏克借鉴《国富论》的思想，坚持认为供需关系永远不应加以干涉。他甚至把饥荒归因于全能者的意志。如果要让饥饿的穷人得到救助，就必须靠私人的善行。这绝不是政府的分内之事。

柏克在《关于短缺的意见和论说》中的态度严苛到了冷酷无情的地步。他向议会呼吁，"有个想法只要浮现出来，不管是限于理论思考，还是要付诸实践，都应该果断抵制；那就是，政府，甚至富人，有权向穷人提供生活必需品。要知道，穷人暂时缺衣少食，是神圣天意使然。我们民众应该认识到，想缓和上天的不悦，不要寄希望于打破商业法则（这是自然法则，也是上帝的律法），不要以此消除任何我们饱受其苦或在我们头顶盘旋的灾难"。

柏克还有进一步的建议，即应该鼓励穷人喝蒸馏酒（"啤酒绝不管用"），让他们接受自己的命运。"虽然蒸馏酒不是食物，"他解释说，"但它大大缓解了食物的匮缺。"[51]

柏克绝不是唯一对法国大革命感到恐惧的人。惊恐席卷了英国的有产阶级，他们害怕不久的将来会有断头台出现，柏克的观点几乎得到了所有朋友的认同。鲍斯威尔写信给一位有点同情法国大革命的牧师，说革命"造就了野蛮无政府状态里的所有恐怖现象"。那是在 1791 年，当时的法国领导人还是高蹈的改革者，距离恐怖统治的兴起还有两年时间。[52]

1792 年，一份英国王室公告表示"要禁止所有非法集会；有些人士撰写和发表煽动性的小册子，离间臣民对国王陛下的感情，扰乱国家和平、秩序和安宁，因此成为罪人，要对所有这些人士加以严惩"。无独有偶，英国出版业公会宣布"坚决制止和打击一切煽动性和蛊惑性的作品"。确实有不少记者因为在今天看来并非极端激进的出版物而进了监狱。[53]

第十章

大卫·加里克

大获成功

加里克生于 1717 年，比约翰逊小八岁，他和约翰逊一样在利奇菲尔德长大。他的家族姓氏源自法国，即德·拉·加里克（De la Garrique）；这与法国南部的"灌木丛林地"（garrigue）其实是同一个词。加里克的祖父是胡格诺派难民，父亲当上了陆军军官，但对军务并不积极。他娶了利奇菲尔德一位牧师的女儿以后，就靠自己的半薪待遇在那里定居下来。[1]

约翰逊曾试图开设一所寄宿学校，但学校很快就办不下去了，加里克是为数不多的学生之一（学校从来没有超过八名学生）。这次创业失败后，约翰逊决定去伦敦闯荡，卖文为生。在此之前他花了大约一年的时间创作出《艾琳》这部悲剧，他希望《艾琳》能公开演出，令他一举成名。特蒂等他安顿下来，再与他会合。与此同时，加里克打算经伦敦前往罗切斯特的一所学校继续读书，两人遂约好一起上路。

就在这时，加里克的父亲去世，导致计划发生了变化。大卫和他的兄弟彼得每人得到了一千英镑，虽然不是一大笔钱，但足以允许他们到社会上独立创业了。他们决定从事葡萄酒生意。彼得将在利奇菲尔德开一家店，而大卫将在伦敦打理生意。

日后约翰逊和加里克都喜欢夸大他们出身的卑微。"就在那一年，"约翰逊在加里克出席的晚宴上说道，"我来到伦敦时，口袋里装着二又二分之一便士，而你，大卫，口袋里装着一又二分之一便士。"至于加里克，他是这么说的："我们两人轮流骑马。"这意味着他们只有一匹马。其中一人先向前骑一会儿，再把马系在柱子上，转为步行前进。另一人一直跟在后头，到了系马的地方，骑上马继续向前。[2]

加里克对经商缺乏热情，这一点很快就显露了出来，于是他把手里的股份卖给了自家兄弟。加里克的志愿是成为演员，但他知道家人认为这个职业声名狼藉——事实上，压根就不能算是职业。如果他在伦敦的剧院当学徒，很可能会被家里人发现，所以他一开始是在外省的剧团偷偷地学习表演艺术，还用了一个艺名。1740年，加里克的母亲去世，他终于可以按照自己的意愿行事了。当时谁也没有料到他的戏剧生涯会如此辉煌，更没有料到他竟能提升演员的地位。日后埃德蒙·柏克终将会评说道："加里克把他职业的格调提升到了博雅之艺的高度。"[3]

在当时的伦敦，只有两家剧院获得了许可证：科芬园剧院和附近的德鲁里巷剧院。从伊丽莎白时代开始，政府就试图压制政治讽刺剧，1730年代出现了一股新的政治讽刺浪潮，直指罗伯特·沃波尔爵士领导的不得人心的政府。1737年，也即加里克和约翰逊抵达伦敦的那一年，沃波尔通过了《戏剧审查法》（该法令到1968年才被废除），授权内廷大臣对戏剧进行彻底审查。亨利·菲尔丁靠一系列讽刺闹剧活跃于戏剧界，但这部法令也结束了他的戏剧生涯。

一些没有执照的小剧院声称不卖戏票，试图以此逃脱政府的惩罚。其中一家小剧院名叫"古德曼的菲尔兹",于 1741 年上演了《理查三世》；在广告宣传单里，这出戏只是"人们自娱自乐免费演出"的节目，是招牌节目（"一场有声乐、有器乐的音乐会"）的幕间剧。这是加里克在伦敦的首次亮相，他被当作"一位从未在舞台上露面的绅士"来宣传。真正的亮点就在这里：加里克被描述为绅士而非普通演员，还被描述为无名的新手。加里克在伦敦确实是无籍籍名，但在别处已经积累了宝贵的经验。[4]

《理查三世》的演出非常成功。加里克立刻成了明星，所有见过他的人都声言他们从未见过如此有气势的表演。当加里克扮演的理查看到可怕的异象时，他突然又惊又怕的反应尤其受到称赞。在接下来的职业生涯中，加里克将继续表演这个角色，他的朋友霍加斯为他绘制了一幅引人注目的画像（彩图 16）。这幅六英尺乘八英尺的宏伟巨画所展示的是带有写实特点的背景，而不是当时简单的舞台布景。据此制作的印刷品在宣传活动中被广泛传播。

这幅画描绘的是博斯沃思原野战役的前夕，远处可以看到士兵的帐篷和篝火。理查的盔甲倒在地上，王冠放在旁边的桌子上。他刚从梦中惊醒，梦里那些受害者的鬼魂预言他命不久矣。他头发凌乱，眉头紧锁，凝视的目光透着惊恐，左手握着一把匕首，右手要挡开他想象中的危险。

不管在今天的我们看来这个姿势多么程式化，看过加里克表演的人都被他写实主义的突然反应惊呆了，感觉那简直是因为恐惧自然产生的反应。加里克说出下述台词时的恐惧同样令观众印象深刻：

再给我一匹马！包扎起我的伤口！
怜悯我吧，耶稣！——且慢，我只是在做梦。
啊，怯懦的良心，你使我好痛苦！
烛光呈惨绿色。现在正是死寂的午夜。

> 我的战栗的肌肉冒出了冷汗珠。
>
> 我害怕什么呢？我自己？身旁并无别人。
>
> 理查爱理查；就是说，我爱我自己。[5]

约翰逊看着这轰天烈地的成功，内心五味杂陈。四年前，他俩一起离开利奇菲尔德时，他是一位有大志的作家，而加里克只是他的年轻学生，要去从事葡萄酒生意。如今，加里克一夜之间成为英国最著名的演员，而且即将赚得盆满钵满。他将在几年之内成为德鲁里巷剧院的经理，而那时约翰逊仍然是一名书商的雇佣文人，穷困潦倒，几乎默默无闻。

多年以后，两人都成了名人，约翰逊听说一个可怜的女人来到伦敦，遇到了生计的困难，她的故事把约翰逊乐着了。有人问那妇人来自哪里，她说来自利奇菲尔德，但她过去认识的人都不大可能还活在世上了。"我确实认识一个叫大卫·加里克的人，但我有一回听说他成了巡回演出团的演员，可能很久以前就过世了。我还认识一个没名气的人，叫塞缪尔·约翰逊，他也是个好人——不过，谁有可怜的约翰逊的消息吗？"约翰逊听说这个故事后，替她从朋友那里筹集了一些钱款。[6]

作为剧院经理，加里克表现出了杰出的管理才能，并得到另一位兄弟乔治的得力协助。德鲁里巷剧院就在竞争对手科芬园剧院的东面，被限制在一个形状古怪的地块内，周围是布里奇斯街、罗素街和德鲁里巷。它大约长一百英尺、宽五十英尺，舞台宽四十五英尺、纵深三十英尺，缓缓向前倾斜，形成一个突出的台唇。后来人们找到了增加座席容量的方法，但建筑物本身是永远无法扩建的。[7]

剧团规模很大，因为戏剧需要的演员阵容庞大，而且每个季度两家剧院要轮流上演数量惊人的剧目。从 1747 年到 1776 年，德鲁里巷剧院每年平均上演六十八出不同的戏，科芬园剧院每年上演七十出。演员们须随时出现在任何一出戏里，准备时间很短，因此他们会持续出演特定的角色，将其划为自己所有，保留数年甚至数十年的时间。当加里克接管德鲁里巷剧院时，他接手的是一个七十人的剧团：五十三名男女演员、十五名舞蹈演员和两名歌手。后来演员的规模得到了进一步扩展。[8]

在此之前，还没有导演来负责整场演出，并让演员们作为整体进行排练。演员的排练，如果真有的话，也是不正式的，他们只需记住自己的戏份，很少或根本不注意其他人表演的角色。他们会在舞台上以雄辩的气势念诵自己的台词，然后泰然自若地站在那里，浑然不在意自己的行为举止。加里克教剧团演员用肢体语言和眼神接触来加强互动，他还像现代导演那样排演剧目。作为演员兼经理，他完全掌控了整个旺季的演出。[9]

与强大的自我打交道是不可避免的挑战。托马斯·戴维斯是兼职演员，鲍斯威尔曾在他的书店遇见约翰逊；戴维斯说："在剧院这个有限的圈子里，常会发生利益的冲突，嫉妒和猜疑占了上风，原因显而易见。"考虑到每个演员只能跟这两家剧院中的一家签约，这个话说得十分在理。戴维斯指出："他们不能像其他行业的人那样，在多个市场上销售自己的货物，将它们卖给不同的买家。"[10]

除了莎士比亚的作品之外，德鲁里巷剧院上演的大部分剧作都是复辟时期以及后来家喻户晓、喜闻乐见的戏剧。加里克认为新戏能成功的时候，也会把新戏搬上舞台。他的朋友亚瑟·墨菲是思雷尔圈子里的宠儿，有大量剧作在德鲁里巷剧院上演，所以被称为这家戏院的御用编剧。墨菲的戏剧在当时深受好评，如今却被人遗忘了。[11]

虽然莎士比亚大受欢迎，但他的戏剧被改得面目全非，只是以17世纪晚期以来观众喜好的面貌出现。加里克第一次扮演麦克白时，曾演过这个角色的詹姆斯·奎恩问他到底从哪里找到这样奇怪的表达："瞧你这脸色惨白的狗头，让魔鬼罚你变成黑炭！"加里克建议他看一下莎士比亚的文本。[12]

尽管加里克为恢复原始文本作出了不小的努力，但他充分考虑观众的期待。哈姆雷特甩给他母亲的猥亵暗示必须删除，就像悲剧中的"下流"或喜剧场景必须删去一样。《李尔王》里的小丑不见了，《麦克白》里喝醉酒的守门人不见了，《哈姆雷特》里的掘墓人和击剑比赛也不见了。

从后世的角度来看，反对改编的一个更为重要的理由是，改编不仅从悲剧中去除了喜剧要素，还去掉了大部分悲剧元素。也许很难让人相信，在当时的戏台上，《李尔王》竟然有了美满结局；这样的结局最早是那厄姆·泰特于1681年设计的。在戏剧结尾处，考迪莉亚不仅没有死，还爱上了埃德加，嫁给了他，继承了李尔王的王国。与此同时，李尔王本人与格洛斯特和肯特一起归隐，安享晚年。墨菲认为，这个结局令人动容，"总免不了让人潜然泪下；德性的愉悦总会让人的眼里涌起高贵的泪水"。直到1823年，悲剧的结局才得以恢复，而傻小丑要到1838年才重返舞台。[13]

约翰逊后来推出了自己的莎士比亚版本，恢复了原始文本的面貌，他雄辩地证明了《李尔王》原有结局的力量，但也接受了同时代人的定论。"公众已经对这个案例作出了裁决。从泰特时代起，考迪莉亚总是带着胜利和幸福离去。如果我的感受能为公众的普遍意见再添一点筹码的话，我可以提及这个事实：很多年前我曾为考迪莉亚之死感到无比震惊，我不知道自己再次读到这出戏末尾的场景时，内心是否承受得了，直到我以编辑的身份加以修订时，情况才有转变。"[14]

多位女演员和一位妻子

加里克曾与玛格丽特（"佩格"）·沃芬顿同居过一段时间。沃芬顿是一位貌美的女演员，加里克在都柏林巡演时遇到她，她后来饰演考迪莉亚，与加里克饰演的李尔王搭戏。两人1744年分手，沃芬顿又有了一连串的情人。托马斯·谢里丹记得她曾经带妹妹到演员休息室，有人问她要怎么安排妹妹的生活，她回答说，她的"妹妹永远不该成为两种人——妓女和戏子——她已经受够了这样的生活方式"。[15]

雷诺兹为沃芬顿画了一幅可爱的肖像——话说回来，雷诺兹没有为谁画过肖像呢？她在扮演变装角色时能令人信服地表现出男人的身段或姿态，尤为受人褒奖。一位演员说："绅士和淑女要判定她究竟是最优雅的女人还是最俊美的男子，这真是个无比微妙的问题。"[16]

经历过几段风流韵事后，加里克深深爱上了一位名叫伊娃·玛丽·维格尔的年轻舞蹈家。伊娃在自己的故乡维也纳接受训练，二十岁出头来到伦敦，在德鲁里巷剧院以"紫罗兰"的艺名跳舞，并大获成功。两人于1749年结婚，在《无事生非》中，加里克说这句台词时引发哄堂大笑："也许你们会看到我培尼狄克娶妻成家。也许有人会因此朝我冷嘲热讽，极尽巧舌之能，毕竟我长久以来一直在数落婚姻的不是。"[17]

婚后，伊娃退出了舞蹈行业，显然是自主选择的结果。尽管她的出身高度隐秘，但她声称自己来自维也纳的贵族阶层。可以肯定的是，女皇玛丽亚·特蕾莎对她恩宠有加，她到英国后，家财万贯的伯灵顿夫人成为她的保护人。婚后，加里克夫妇成为贵族府邸的常客，而普通的演员通常不会被单独邀请到贵族府邸。人人都认为他们是坚贞恩爱的夫妻，在三十年后加里克去世之前，他们连一个晚上都未分开过。

　　至于佩格·沃芬顿，她仍然人气旺盛，不过她的事业在四十四岁那年（也即 1757 年）戛然而止。当时她在《皆大欢喜》中扮演罗莎琳德，突然大叫道："神啊！神啊！"而后她倒下了。原来是中风发作，从此她再也没有演过戏。[18]

加里克的演技

　　同时代有大量称颂加里克了不起的文字，但即使来自富有智识的见证者，这些文字还是过于笼统，无法传递很多信息。范妮·伯尼二十岁的时候看过《理查三世》，只觉得目眩神迷。"加里克的可怖表演透着崇高的意味！我的上帝，他只要一现身，我就浑身发抖！他表演的这个角色有多精彩，实在不可思议。我再也不会去看他把自己丑化成这样了——他简直就是自己饰演的那个怪物，我每次看到他都觉得怒气填胸。现场给他的掌声，不在场的人是永远想象不到的。我以为掌声最终会掀翻整栋房子。我们身下的座位都在颤抖着。"这确实是很高的评价——但是，究竟在什么意义上，加里克的可怖表演透着崇高呢？[19]

　　幸运的是，有些关于具体表演的记述富有洞察力。一位名叫托马斯·威尔克斯的爱尔兰演员曾如此评说扮演李尔王的加里克："我从来没有见过他这样从舞台的一个角落走下来：灰白的头发几乎直立起来，脸上满是惊恐和忧虑，双手摊开，整个身躯被一种可怖的庄严感所驱动。我被他惊呆了，对他所有的痛苦都感同身受……只觉得阴雨飘飞，狂风大作。"尽管德鲁里巷剧院舞台用烛光照亮，背景简陋，但加里克能让你感受到暴风雨般的存在。威尔克斯的表达非常有表现力。他接着说道："他说这些台词时，流露出无与伦比的

图 47 《扮演李尔王的加里克》

柔情：'别拿我取笑了（我是个糟老头），／我把那位夫人当成我的孩子考迪莉亚了。'"[20]

　　威尔克斯的描述中最惹人注目的措辞是"我从来没有见过他"。你也许会多次看到加里克扮演同一个角色，但仍然会被他深深震撼。

　　在一幅描绘扮演李尔王的加里克的画作中（图 47），风暴清晰可见。忠诚的肯特抓着李尔王的手，埃德加假扮成"可怜的汤姆"回头凝视着他们，这时天空炸开了多道闪电。加里克第一次扮演这位年迈的国王时年仅二十四岁；由于自己身高不足五英尺三英寸（约1.6 米），他担心矮小的身材会成为表演的障碍。可是，加里克却将此变成了自身的一种优势。他首开先河，把李尔王想象成身体孱弱、受尽虐待的老者。有鉴于此，加里克拒绝扮演某些英雄角色，例如奥赛罗，因为他觉得自己的形象无法让人信服。[21]

　　关于加里克如何演绎李尔王这个人物，墨菲讲述了从加里克那里听来的一个难忘的故事。加里克的邻居有个两岁女儿跌落到院子里，丢了性命。他恰巧看到邻居抱着孩子，无助地站在窗户旁，"悲痛欲绝地嘶喊着"，随后失去了理智。后来，加里克试图安慰他时，会着魔般重演那一幕，抚摸着那个想象中的孩子，然后痛苦地尖叫起来。"就是从这里，"加里克说，"我学会了模仿别人的疯状；我摹仿自然，我在《李尔王》中的成功要归因于这一点。"[22]

从今天的眼光来看，加里克的表演可能显得矫揉造作。然而，他某些重要的天赋无疑是出类拔萃的，只有最伟大的演员才具有。他能使每个想法和手势都显得由心而发。范妮·伯尼一部小说的女主人公说："我简直不敢相信他曾仔细揣摩过剧本，因为每个词似乎都是借着一时冲动说出口的。"墨菲也说过同样的话：加里克扮演哈姆雷特时，似乎真的在边想边说，自言自语。"他声音和姿态的变化快得惊人，每一次停顿，他的神色都是内心状态的流露。"[23]

1775 年，德意志作家格奥尔格·克里斯托弗·利希滕贝格看过加里克扮演的哈姆雷特，并注意到加里克在表现哈姆雷特见到鬼魂时的一些细腻处理。加里克在那个瞬间的受惊模样很像他扮演理查三世时的样态，同样也成为一幅流行版画的题材。但给观众留下深刻印象的是，这似乎是真实的惊吓，而不是做戏的姿态。

在利希滕贝格看来，最有力量的依然是加里克对台词的驾驭能力。"他的整个仪态，"利希滕贝格说，"是恐惧的缩影，他还没开口说话，就已经让我毛骨悚然了。在鬼魂出现之前，观众鸦雀无声，几乎被恐惧主宰，充满了不安全感，这也许大大增强了鬼魂出现的效果。他最后趁着一口气吐尽、下口气还没上来的时候开口说话了，声音瑟瑟发抖：'求仁慈的天使和神差保佑我们！'"[24]

在菲尔丁的《汤姆·琼斯》中，有一段插曲是对加里克的自然主义演技的致敬，颇有意思。汤姆和他天真的朋友帕特里奇去观看《哈姆雷特》演出，后来汤姆问他最喜欢哪个演员，帕特里奇回答说，他最喜欢扮演国王克劳狄斯的那个人。汤姆反对说，加里克是有史

以来最好的演员，深受世人赞赏；帕特里奇惊叫道："他是最好的演
员？哼，我演起来也能跟他一样好。我敢打包票，要是撞见鬼了，
我的表情和动作也会跟他一模一样。"帕特里奇接着往下说什么是真
正的演技："我以前在乡下看过戏，我中意的是国王。他所有台词都
说得一清二楚，而且声音要比哈姆雷特大一倍。谁都可以看出他是
个出色的演员。"[25]

正如哥尔德斯密斯在一篇论及巡回演员的文章中评论的，自然
主义的表演会让外省的观众觉得毫无演技可言。"在城里也好，乡下
也罢，取悦观众的唯一门道就是大哭，扭捏，缩成各种姿势，突出重点，
拍打衣袋，像患了癫痫病那样用力。"这就是赢得掌声的诀窍。[26]

加里克之所以是大师，还因为他对所有角色的演绎都各有特点。
你知道自己看到的是加里克，但你无比强烈地感到自己看到的是理
查三世、哈姆雷特或李尔王。有一首讽刺短诗（作者不知是何人）
对比加里克和他的竞争对手，即名叫斯帕兰杰·巴里的演员，来说
明这一点：

> 国王！是的，从里到外都是国王，
> 巴里就这样在众人面前亮相；
> 但加里克则是迥然不同的形象：
> 他从里到外都是李尔王。[27]

除了身高，加里克还缺少适合出演风流角色的长相。他在德鲁
里巷剧院扮演罗密欧时，巴里则在科芬园剧场演起对台戏。有个人
看过他们的扮相，评论道，如果她是加里克的朱丽叶，会希望他爬
上自己的阳台，但如果她是巴里的朱丽叶，就会自己爬下去。[28]

最不同寻常的是，加里克在悲剧和喜剧里的表现同样出色，这
在雷诺兹的一幅迷人的画作里得到体现。雷诺兹模仿的是赫拉克勒

斯的著名抉择：选择美德，还是选择享乐（图48）。"悲剧"女神腰带上插着一把匕首，正严厉地对他说话，手还指向天空，但含笑的加里克显然屈从于轻浮的"喜剧"精神。

加里克最受欢迎的喜剧角色之一是本·琼生《炼金术士》（图49）中上当受骗的烟草老板阿贝尔·德拉格。那群骗子让包括他在内的一个个冤大头相信他们有望获得一大笔财富。利希滕贝格也评论了加里克在该剧中的演出。

> 占星家从星辰的排列中拼读出阿贝尔·德拉格这个名字，宣称他从此要飞黄腾达，这个可怜的冤大头带着由衷的喜悦说道："这正是我的大名。"加里克让这个人的喜悦隐而不露，因为在众人面前脱口而出有失体面。于是，加里克转过身去，默默地沉浸在这份喜悦中，心想："这正是我的大名。"过了一会儿，他的眼眶果真红了一圈；这种红晕多是伴随狂喜而来，尤其在当事人拼命将狂喜压下去的时候。这种谨慎的克制所产生的效果是难以言喻的，因为在别人眼里，他远比上当受骗的呆子更为可笑：脸上带着隐隐得意的神气，自以为是天底下最狡猾的流氓。

范妮·伯尼在那个社交季也看过加里克饰演的阿贝尔·德拉格。加里克是伯尼家里的熟客，当时她已经与加里克很熟；她在日记中写道："呈现在我眼里的这种神奇蜕变简直匪夷所思！极端的猥琐——粗俗——愚钝——表情的空洞——他的一举一动都显示出没有教养的本性——总而言之，这个角色与他的性格有着天壤之别，可他从来没有这么娴熟地进入角色！"一位来自加里克故乡利奇菲尔德的杂货商说了一番话，把加里克的弟弟彼得逗乐了。他看完戏回去后，像帕特里奇那般说道，别人常说大卫多有钱，他可没法相信。"加里克先生，虽然他是你的兄弟，但他是我这辈子见过的最猥亵、

图 48 《加里克身处"悲剧"与"喜剧"之间》

图 49 《加里克扮演阿贝尔·德拉格》

最卑鄙、最可怜的一个无赖。"[29]

　　一年后，鲍斯威尔听到加里克庄严地宣告："假如要重新开始生活，我想我不应该扮演那些低俗的角色。"鲍斯威尔反驳道，他这样说就不对了，"因为你的过人之处就在于表演风格的多样化，你能把如此截然不同的角色演绎得如此完美"。当约翰逊嘲笑加里克这番话时，鲍斯威尔问道："那么，先生，他为什么这么说呢？"约翰逊答道："为什么？先生，他就是想引导你这样回答。"鲍斯威尔大吃一惊。"我不明白，先生。他似乎是在深入自己的内心反思这个问题。"约翰逊的回答显示了他对加里克的了解。"先生，他可没什么好深入的。同样的话，他大概已经说过二十回了。"[30]

　　有人曾经对加里克的朋友和演戏搭档汤姆·金（图 17 中的咖啡馆是他的父母开的）说，既然加里克能在观众心里激起如此强烈的情感，他自己肯定也是同样心潮澎湃。"呸，"金回答说，"他会心潮澎湃？先生，一天晚上我和他在《李尔王》里搭戏。戏进行到最最热烈、最感人的部分时，全场的人都泪流满面，他转过头来对我悄声说：'哎呀，汤姆，这样就行了。'"[31]

　　加里克踏访巴黎时，巴黎的哲人们，包括狄德罗，请求他展示一下自己的演技。加里克意识到并不是所有人都能流利地说英语，选择了一些实质上与哑剧无异的片段，他的表现令他们大为惊讶。弗里德里希·梅尔基奥·格林是有重大影响力的《文学通讯》的编辑，加里克在不同情绪之间的灵巧切换令他叹为观止。

　　　　我们观看他演绎悲剧《麦克白》中关于匕首的一幕——在一个房间里，身穿平常的衣服，没有配以戏剧舞台上的幻觉术。他的目光停留在半空中，随着匕首而动，表演得极为精彩，引得在场观众一片叫好。谁能相信下一刻那个人能同样完美地模仿糕点厨师手下的伙计：他头上顶着一托盘的馅饼，边走边朝四周观望，

托盘掉落到阴沟里，他先是目瞪口呆地望着眼前发生的这一幕，
而后号啕大哭起来？ [32]

甚至在私人生活中，加里克也一直在"表演"。哥尔德斯密斯在
一首戏仿墓志铭的诗作中完美地捕捉到了这一点：

> 舞台上，他的举止自然朴实、动人心弦，
> 只不过他下了舞台，就开始表演。
> 说到底，他没有理由费尽心思
> 一天十次摇身变成别的样子！
> 他不被我们的心灵左右，却想要奸弄巧
> 俘获我们的心，如若不成，则万分懊恼；
> 他摆脱自己的朋友，就像猎人摆脱猎犬，
> 他知道一声口哨就可以将他们召回身边。 [33]

雷诺兹同样认为，有些人总是念念不忘要给他人留下深刻印
象，加里克便是其中之一。"过分追求名利导致他们完全忽视了老朋
友——或者我们应该说，这些人从来没有朋友。" [34]

范妮·伯尼回忆起一场堪称精彩绝伦的表演。当时一位男仆告
诉她的父亲、音乐学家查尔斯·伯尼，约翰·霍金斯爵士正在门外。
伯尼听后大惊失色。他认识霍金斯，也讨厌他，因为霍金斯正在写
一部可与他的《音乐史》相匹敌的著作，而且反对他入选"俱乐部"。
伯尼叫仆人别让他进来，但已经来不及了："先生，他跟在我后头呢！
他就在门口！他停不下来了！"

这位不受欢迎的客人就这样进来了，他裹在一件厚重的大衣里，
头上的帽子耷拉下来，一块手帕捂着嘴巴，显然是因为牙痛。令伯
尼及其朋友惊讶的是，他平静地坐到火炉边的一把扶手椅上，"带着

一副盛气凌人、君命无二的神态"。当众人在惊讶中面面相觑时，这位不速之客将手帕扔进了火中，"向众人展示了他的真实面目：五官生动，尤其眼睛闪闪发亮，表情含笑，洋溢着活力。这就是不可模仿的模仿者：大卫·加里克"。[35]

这不禁让人想起另一位天才模仿者——夏洛克·福尔摩斯。"快到四点的时候，门开了，走进来一个醉醺醺的马夫，蓬头垢面，留着络腮胡，脸色红润，衣着邋邋遢遢。尽管我已经对这位朋友惊人的化装本领习以为常了，我还是得看三次才确定那就是他本人。"[36]

加里克和约翰逊

我们记得第一次见到约翰逊时，鲍斯威尔对加里克几乎一无所知，竟然冒冒失失地说，加里克肯定不会拒绝帮他一个小忙，约翰逊一脸严肃地反驳道："我认识大卫·加里克的时间比你长，我不知道你有什么权利跟我谈论这个话题。"鲍斯威尔不知不觉中触及了约翰逊与加里克之间潜在的紧张关系（这种紧张关系经常浮出水面）。认识他们的人认为这主要是因为约翰逊嫉妒加里克的名气和财富。

毫无疑问，约翰逊在撰写《漫游者》最后一期时，浮现在脑海里的是加里克。在这篇文章里，一位虚构的通信人描述了他拜访一位发迹老友的经历。"我们一同出发去这个世界闯荡，在很长一段时间里，我们遇到危急情况时都会相互扶助。"但是如今，"普洛斯彼罗"有了一幢大宅子，里面铺满了不许他的老友踩踏的地毯，摆满了他的老友不配使用的精良瓷器。"漫游者"先生评论道，这样的人"因为自我虚荣给别人带去痛苦，但这通常是无心之过；他们侮辱别人，最糟糕的用意也不过是为了取悦自己"。尽管如此，约翰逊承认，加里克永远没有原谅他对"普洛斯彼罗"的刻画。[37]

加里克的生活作风的确奢侈，但他从不自私；约翰逊钦佩地说，他"捐出的钱比伦敦任何人都多"。他慷慨地帮助自己的朋友，在明知柏克不会偿还的情况下，还借给他一千英镑；不仅如此，据墨菲所说，约翰逊每回让自己的朋友去帮助穷人时，"他从加里克那里得到的捐款比任何人都多，总是超出了他的预期"。[38]

加里克的豪宅不止一处，而是两处。其中一处是一栋六层高的联排住宅，位于名为阿德尔菲的全新住宅区，在从泰晤士河远眺伦敦的图画（彩图 17）中，它出现在画面最左边。圣保罗大教堂位于画面中心；两年前（1769）建成的黑衣修士桥在夕阳的照耀下熠熠生辉。（现在的这座桥则是维多利亚时代的替代品。）

"阿德尔菲"（Adelphi）的意思是"兄弟"，整个楼盘是四位姓亚当的兄弟投资的宏大项目，以戴克里先宫殿（位于达尔马提亚的斯普利特市）为原型建造而成。它由二十四栋联排住宅组成，由于地势向泰晤士河倾斜且坡面陡峭，所以楼房前面盖了一些货栈，底下是带有大环拱的入口。加里克一家人搬进来时，首席建筑师罗伯特·亚当就住在隔壁，托珀姆·博克莱尔也是他的近邻。

精美的家具都是从奇本代尔那里订购的，他那栋楼的房间不少于二十四个，所以需要大量的家具。整个阿德尔菲住宅区在 1930 年代被拆毁，这让那些欣赏古典主义建筑的人大为恼火，但在维多利亚和艾伯特博物馆仍可看到加里克家的装饰性天花板和大理石壁炉。[39]

加里克家的另一住所是乡间别墅，这几乎是有钱绅士必备的，但与柏克不同，他们有能力购置这样的房宅。加里克的别墅位于汉普顿的泰晤士河畔（图 50），附有一座加里克建造的敬拜莎士比亚的八角形神庙。神庙里有一尊精美的莎士比亚雕像，出自著名雕刻家鲁比利亚克之手，现藏于大英博物馆。加里克亲自摆姿势，充当雕塑模特。庙里还有各种各样的遗物，包括据说莎士比亚曾戴

图 50　加里克的乡间别墅，位于汉普顿的泰晤士河畔

过的皮手套。加里克无疑知道莎士比亚的父亲是斯特拉福德的手套制造商。[40]

　　还有一幅惹人注目的油画，呈现的是别墅前面的草坪（彩图18）；作画者是巴伐利亚人约翰·佐法尼，他是众多在伦敦发展自己事业的外国艺术家之一。伊娃·加里克正坐在一把精致的椅子上，这把椅子由她的丈夫委托别人订制，据说是用曾矗立在莎士比亚花园里的桑树制成的。汉娜·莫尔是一位有抱负的剧作家，受加里克夫妇提携，有一回她到加里克家里做客，"坐在这把椅子上，但没有找到一丝灵感"。[41]

　　西蒙·沙玛将这一场景描述为"第一幅绘制成图的英国周末田园风光：众人在户外河边饮茶；查理王猎犬扑倒在草地上；细心周到的仆人随时准备倒茶；一位来家里做客的朋友举止安适自在；加里克一边打手势，一边对正在钓鱼的弟弟乔治说话，乔治转过身来想听听大卫说什么"。[42]

　　约翰逊的朋友们认为他对加里克怀有复杂的感情，还有一个原因，那就是尽管加里克尽其所能确保《艾琳》卖座，并设法使它连演九个晚上，但它在德鲁里巷剧院还是没有大获成功。加里克无疑帮了约翰逊大忙，因为他让第三个晚上的票房收入归剧作家所有，第六晚和第九晚同样如此。约翰逊得到了两百英镑的可喜收入，还从罗伯特·多兹利那里收到了一百英镑；多兹利曾出版他的《人类欲望的虚妄》和《拉塞勒斯》，而且最早提议编撰《英语词典》这部巨著。无疑多兹利想要像加里克一样，帮助约翰逊渡过难关。

《艾琳》是用素体诗写的，而约翰逊根本没有写素体诗的天赋，另外，《艾琳》极度缺乏戏剧性。约翰逊认为戏剧就是演员们要念诵的演说词的合集，却不知戏剧情节为何物。加里克加入了一些舞台手段来活跃气氛，未承想惹恼了约翰逊。鲍斯威尔的一位朋友评论说，《艾琳》"就像新地岛*一样冰冷；也许你会时不时感到一点热度，那其实不过是触摸冰块产生的灼热感"。[43]

然而，约翰逊从不承认这次受挫伤害了他的自尊心。他告诉鲍斯威尔，他的内心"坚定不动"，犹如"大纪念碑"，即克里斯托弗·雷恩爵士为纪念伦敦大火建造的两百英尺高的圆柱。不过，他本人倒是承认《艾琳》并非佳作。有一次，他到一幢乡村别墅做客，有人为了讨好他，朗诵起他剧本的片段。于是，约翰逊离开了房间。主人问他是何缘故，他回答说："先生，我现在不觉得它有那么好了。"据沃尔特·司各特爵士说，一位叫波特先生的人被引荐给约翰逊博士，那人是他的崇拜者，认为《艾琳》是最出色的现代悲剧；"约翰逊回应道：'如果波特这么说，那他就在撒谎。'"[44]

加里克和约翰逊之间的紧张关系还与莎士比亚的版本有关系。加里克收藏了莎士比亚四开本和其他珍本，很有价值，约翰逊希望在编辑文本时能借用这些书籍。加里克拒绝了他的请求，这倒是可

---

*　位于北冰洋，介于巴伦支海与喀拉海之间。

以理解，因为约翰逊常毁损借来的图书，一向有此恶名。雷诺兹为约翰逊描绘的一幅肖像（图 60，见第 255 页）显示他就是这样做的。约翰逊遭拒后，觉得深受侮辱。

此外，约翰逊对表演的整体评价很低，他视力低下，听力不好，很难欣赏得了舞台演出。当鲍斯威尔问他为什么不在《〈莎士比亚戏剧集〉序言》中以某种方式致敬加里克时，他回答说："我不会让一名戏子污损我的页面。加里克已经靠装腔作势说些莎剧台词得到丰厚的报酬了。他其实不理解莎士比亚。"有好几年，他甚至反对加里克加入"俱乐部"。当加里克暗示他想被选为"俱乐部"成员时，约翰逊向鲍斯威尔抱怨说："他恐怕会插科打诨，打搅到我们。"加里克最终在 1773 年当选，与鲍斯威尔同一年。[45]

《约翰逊传》出版后，有一个故事广为人知，这个故事关乎约翰逊有可能对加里克说过的一番话："大卫，我不会再来后台了，你那些女演员的长丝袜和雪白的胸部让我心猿意马，难以把持。"鲍斯威尔是从第三者那里听说了这个故事，他的信息来源的可信度颇值得怀疑，但如果真有此事的话，约翰逊很可能说的不是"心猿意马，难以把持"。鲍斯威尔想为约翰逊"洗地"。休谟声言这个故事是从加里克本人那里听来的；依据休谟的说法，约翰逊实际上说的是"你那些女演员的白面团和长丝袜让我的男根充血，一柱冲天"。[46]

罗兰森的水彩画（图 51）似乎证实了女演员们不大注意保持端庄的形象。虽然鲍斯威尔从未听过约翰逊这样说话，但毫无疑问，有时候这就是他的说话风格。在一位爱尔兰神职人员出席的晚宴上，有人问约翰逊最大的乐趣是什么，他回答说："打炮。"他还说仅次于此的爱好是喝酒，"因此他不明白为什么醉汉不多一些，毕竟人人都能喝酒，但不是人人都能打炮"。[47]

不管约翰逊和加里克之间存在着怎样的紧张关系，人人都会注意到，约翰逊不允许加里克受到任何人批评，除了他自己。有一回

图 51　德鲁里巷剧院的化妆间

鲍斯威尔暗示加里克过于看重自己的名声，想借此激怒约翰逊，约翰逊反驳道："先生，说到装腔作势，加里克的表现算是好得出奇了。想想吧，先生，你前面提到的那些名人，别人都是隔着远远地给他们欢呼叫好。但加里克不一样，滔天的叫好声直冲到他面前，在他耳边炸响，每天晚上回家，他的颅骨里都会回荡着千万人的喝彩声。……如果这一切发生在我身上，我恐怕会请两人手持长杆子走在前面，只要有人挡了去路，就把他们一个个打趴下。"[48]

　　至于加里克，他常以模仿约翰逊对他的态度为乐。鲍斯威尔记得加里克说过："'大卫身上有诙谐风趣、活泼爽朗的一面，但他总是喋喋不休。'加里克说这话时的语气神态与约翰逊如出一辙。"[49]

鲍斯威尔是有天赋的模仿者，他对加里克的欣赏其实是惺惺相惜。汉娜·莫尔记得有一次他们应别人的请求，比拼谁能把约翰逊扮演得更好。判决的结果是，加里克在诗歌朗诵方面技高一筹，而鲍斯威尔在"日常谈话"方面艺高一等。加里克认识约翰逊的时间比鲍斯威尔长得多，而且他是那个时代最伟大的演员，能超越加里克，着实了不起。[50]

约翰逊并不是加里克能完美模仿的唯一人物。范妮记得在伯尼家，加里克提到他约好要与鲍斯威尔共进晚餐，"他立刻戏仿起鲍斯威尔，神态极其喜乐滑稽，把鲍斯威尔扮演得惟妙惟肖"。要能知道加里克如何戏仿鲍斯威尔，我们简直可以付出任何代价。[51]

鲍斯威尔最动人的一段描述关乎加里克和约翰逊的一次深情邂逅。他邀请两人到伦敦寓所吃晚饭，同被邀请的还有雷诺兹、哥尔德斯密斯、墨菲和戴维斯。"加里克以一种带着深情的活力绕着约翰逊转，抓住他的上衣前胸处，调皮地抬起头看着他的脸，大赞他看上去身体健康，精神焕发。而那位贤哲摇摇头，看着他，露出温和的自得神情。"[52]

尽管如此，加里克对自己和约翰逊的关系还是有一种本能的敏感。有一次，他请一位名叫珀西瓦尔·斯托克代尔的牧师去打探翰逊对自己的真实看法。于是，斯托克代尔装作突然想到这个问题似的向约翰逊问道："你真认为他在戏剧界所享有的崇高赞誉、显赫名声是他应得的吗？"接着，他赶忙跑去向加里克报告约翰逊的答复："哦，先生，他得到的一切都是值得的，因为他抓住了莎士比亚的灵魂，将其植入自己的身体，并将其荣耀传遍全世界。"加里克流着热泪喊道："哦，斯托克代尔！这样慷慨的赞美！来自这样一个人！这足以弥补过去的种种了。"[53]

图 52　老去的加里克

伤心的结局

　　德鲁里巷剧院场景设计师画的一幅素描显示（图52），那个时代的人衰老得很快。1776年，五十九岁的加里克宣布退出舞台，并就他最知名的角色作了一系列告别演出。他最后一次出演李尔王时，扮演高纳里尔和里根的女演员在剧中忍不住当着众人的面抽噎起来。[54]

　　最后一场演出并不是莎翁笔下的角色，他担心演莎剧的角色太过劳神费力；他选择苏珊娜·森特利弗《奇迹：一个保守秘密的女人》中的唐·费利克斯，一位心怀嫉妒的情人。演出结束后，加里克走上前来，向他的忠实观众简短致谢。据墨菲说，"剧院里每张脸都笼罩在悲痛的阴云中。大堂各个角落都有泪水喷涌而出，所有人都不

图 53　加里克逝世当年

约而同流露出悲伤的神色。在轰然响起的掌声中，'再会'的声音从四面八方响起。眼前这轮戏剧的太阳曾经绽放出超绝的光芒，此刻人们看见它就要落到地平线下面，不再升起来了"。后来，加里克送给他的老朋友托马斯·金一把他最喜欢的道具剑，上面刻着《哈姆雷特》里鬼魂所说的话："再见，别忘了我！"[55]

　　加里克夫妇期待过上愉快的退隐生活，但这样的生活并没有如期而至。加里克多年来重病缠身，时常发作，早在 1762 年，他就给他的兄弟彼得写信说："我整夜都很紧张，因为两肾那里有虫爬的感觉，应是某种症状。"加里克的感觉是对的，只不过他似乎生来就只有一个肾脏，而这个唯一的肾脏正因为感染逐渐丧失功能。在他 1779 年去世前不久，有人绘制了一幅颇为阴森恐怖的网线铜版画（图 53），由此画可见，欢乐已经不复存在。沙玛评论道："那像公牛

一样大大的眼睛注视着观画人，这透着热力和深意的目光曾使他成
为知名的演员。"[56]

稍早的时候，伯尼曾评论说，加里克看起来未老先衰，约翰逊
回答道："是啊，先生，没有人的脸比他的更显沧桑老态了。"伯尼
在加里克离世两天前去看望他，很惊讶地见到他那张以灵动出名的
脸竟变得呆滞了。"虽然我看到了他，但他似乎没有看到我——或者
任何世间的东西。从前聊天的时候，他的表情从来没有一刻是一样的，
现在那张脸却像大理石块一样僵硬、没有生气了。"[57]

伊娃·加里克悲痛欲绝，她的干女儿汉娜·莫尔也是痛不欲生；
汉娜·莫尔给朋友写信说："我的心几乎都快碎了！我茶饭无心，夜
不能寐。还在给你写着信，眼泪就模糊了眼睛。"汉娜急忙赶去安慰
伊娃。"她投入我的怀里，我俩沉默了好几分钟。最后她低声说：'我
正抱着他的棺材，你就来了。'"[58]

至少有三十四辆马车将哀悼者运送到威斯敏斯特大教堂，其中
四辆分配给了"俱乐部"成员。剧作家理查德·坎伯兰回忆说，他
看到"老塞缪尔·约翰逊站在莎士比亚纪念碑底下，站在他的坟墓旁，
泪流满面"。[59]

第十一章

欢乐的精神

加里克是"俱乐部"里唯一的演员，但不是唯一涉足戏剧行业的人士。正当英国剧本创作似乎处于低潮的时候，两名"俱乐部"成员推出了他们的喜剧作品；这些作品立即大受欢迎，从此成为观众快乐的源泉。它们分别是哥尔德斯密斯 1773 年的《屈身求爱》和理查德·布林斯利·谢里丹 1777 年的《造谣学校》。

然而，两位作者的生活轨迹截然相反。哥尔德斯密斯是"俱乐部"的创始成员，在《屈身求爱》上演一年后去世，享年四十四岁。由于《造谣学校》大获成功，谢里丹在这部戏上演那年被选入"俱乐部"，当时年仅二十六岁。他几乎立刻就放弃了剧本创作，开启了令人瞩目的漫长政治生涯。

前文提及的两个伦敦剧院只相距几个街区，但表演风格截然不同。科芬园剧院喜欢推出哑剧和形体喜剧，而德鲁里巷剧院则庄重高雅得多。德鲁里巷剧院更为古老，1674 年由克里斯托弗·雷恩爵士设计，从那以后就没有太大的变化。它被称为皇家剧院，因为它最初是由国王委托建造的。[1]

科芬园剧院也是一家皇家剧院，于 1732 年开业，经营者是著名制作人约翰·里奇。四年前，他推出的卖座戏是约翰·盖伊的《乞儿的歌剧》（据说这部歌剧让盖伊日进斗金，让里奇大喜过望 *）。里奇一直拥有这家剧院，直到 1761 年去世。

加里克 1747 年开始接管德鲁里巷剧院，等到他 1776 年退休之际，谢里丹成了这家剧院部分产权的所有者，而这栋建筑在罗伯特·亚当的设计下，此时已经多了古典风格的临街立面，气势庄严。1794 年，谢里丹拆除剧院，取而代之的是一栋更为宏大的建筑。不过该建筑在 1809 年被烧毁，如今矗立在原地的剧院开放于 1812 年。

正如罗兰森所描画的科芬园剧院图所示（图 54），一大群观众坐在大众席里的无靠背长凳上，而较为有钱的主顾则会买下舞台两侧的舒适包厢。舞台正下方是管弦乐队，一般在演出前和幕间演奏。剧院后方和两侧立着两层楼座。在这幅画中，国王乔治三世和夏洛特王后坐在舞台一端的王室包厢里。

由于没有预留席位，观众们来得很早，在剧院外头转悠，等大门打开的时候，他们蜂拥而入抢占座位。碰到热卖的演出，他们当中很多人就只能将就于站着看戏。甚至连包厢里也没有预留座位，所以中上层家庭会提前派仆人来占位。

滑动百叶窗或景片可以从两侧沿着滑槽滚动到舞台中央，这样就可以频繁地变换彩绘背景，也便于切换到下一场：切换过去时，表演者在戏台上都已就位。当时的表演很少使用道具，也没有尝试使用 19 世纪很普遍的写实主义布景。[2]

当然，那时没有聚光灯，充当脚灯的是带反光镜的油灯。与今天的情形不同，剧院的其他地方并没有笼罩在黑暗里。摆满蜡烛的枝形吊灯照亮了观众席，观众受此影响，常会在台下搞些小动作，鲍斯威尔尤其喜欢参与其中。

---

* 原文为 "…it made Gay rich and Rich gay"。

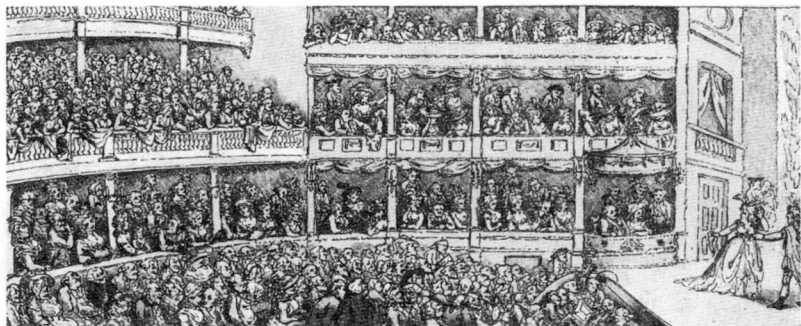

图 54　科芬园剧院

　　一晚上的娱乐活动就像一场马拉松，全程通常长达五个小时。有两场主要的演出，首先是五幕的戏剧，而后是三幕的音乐剧。最后，会有一场闹剧或哑剧作为"余兴节目"。为了顺应如此冗长的安排，演出通常傍晚六点左右开始，这意味着观众们在演出开始前几个小时就已经用过饭了。

　　罗兰森还有两幅图描画的是此时的德鲁里巷剧院，从中可见当时的观众多么闹腾。在大众席里（图 55），看戏人挨挤在一起逗笑作乐，鲍斯威尔就曾在其中学牛叫声。最右边的那个人似乎头部被撞了一下。在后面的楼座上（图 56），几乎没有人往戏台上看。年轻男士正意味深长地盯着衣着时髦的女士，如果发现她们露出挑逗的意味，就会跟她们打情骂俏。

　　这个时期，悲剧的味道不是很足，喜剧同样缺少味道。当时流行的是所谓的感伤喜剧，用法语来说，即是"含泪的喜剧"。1773 年，哥尔德斯密斯发表《欢笑喜剧和感伤喜剧的比较》，认为这些流行戏剧根本不是喜剧，而是温暖人心的幻想剧："几乎所有的角色都很善良，且非常慷慨。"观众们含泪而笑，却忘了怎么开怀大笑。[3]

　　有人问一个曾去看这种戏的人有没有喝倒彩。"我怎么喝？"他回应道，"谁都没法一边喝倒彩，一边打哈欠。"[4]

图 55　德鲁里巷剧院的大众席

图 56　德鲁里巷剧院的楼座

哥尔德斯密斯，那个好心人

哥尔德斯密斯的第一部戏《好心人》（1768）有自己独特的感伤之处。男主人公被刻画为极其好心之人，所以很容易被人利用，他名叫哈尼伍德*，可谓恰如其分。不过，还有比遭人利用更糟糕的事情。哥尔德斯密斯认为自己是个好心人。

他的朋友们根本不敢肯定这出戏会卖座。首演那天晚上，他们成群结队地前来声援，还带来了一个人；此人"天生就有一种才能，能发出极其洪亮，同时也极具感染力的笑声，在曾于人类肺部回荡过的笑声里，堪称绝无仅有"。当晚剧终时响起了热烈的掌声，哥尔德斯密斯突然间成了一名有分量的剧作家。[5]

出席首演的朋友中，有一位理查德·坎伯兰，本身就是善于写感伤主义戏剧的作家。哥尔德斯密斯曾为他戏拟过一条墓志铭：

> 这位画家善用溢美之笔，用心描摹
> 世人应有的模样，而非本有的面目。
> 他的豪侠都完美无瑕，女人都超凡脱俗，
> 喜剧界除此以外，哪有更精妙的剧目？

坎伯兰读到这首诗时，感觉非常受用。正如赫斯特·思雷尔所说，讽刺如此显而易见，他却压根儿读不出来。[6]

哥尔德斯密斯共写过两部戏，另一部是1773年上演的《屈身求爱》。它的情节引人入胜，其曲折逆转堪比 P. G. 伍德豪斯的作品。这出戏的副标题是"一夜的误会"。年轻主人公马洛来到了凯特的乡

---

* "哈尼伍德"的英语原文是"Honeywood"。"Honey"的原意是蜂蜜，代表可亲可爱、讨人喜欢的事物或人。

间宅邸，凯特是出身于名门的年轻姑娘，虽然马洛从未见过她，但家人提议要把她许配给马洛。遗憾的是，马洛在与自己社会地位相等的女人面前非常害羞，所以他被引荐给凯特时，甚至不敢正视她的脸。但凯特还是被马洛吸引了，于是想出了一个计划。

有人对马洛搞起了恶作剧，致使他误以为凯特的房宅是一家客栈，而她的父亲是客栈的老板。于是，马洛对凯特的父亲摆出了大老爷的傲慢态度。凯特配合这出恶作剧，假装自己是小酒馆的轻浮女招待；在表演过程中，她遵循惯例操起一口浓重的约克郡口音。她对自己的侍女说："我主要是想解除这位绅士的戒备，就像传奇里的隐身斗士，在主动跟巨怪搏斗之前，要观察一下巨怪的实力。"[7]

凯特机智自信，是莎士比亚笔下喜剧女主角的后代，马洛被她迷住了。既然他以为凯特只是仆人，自然就能打情骂俏来回应她的轻浮。他对凯特说，她"非常漂亮"，有着"存心不良的调皮眼神"，他意欲查探她"唇间的花蜜"。鲍斯威尔经常也是这样趁女仆不备强吻她们，自以为她们会喜欢他的强吻。[8]

凯特随后吐露自己有意欺瞒，称自己其实是这一家人的穷亲戚。之前马洛想当然地以为她是酒馆的女招待，觉得可以随心所欲勾引她，但现在他承认自己真心被她吸引，提出要娶她为妻，但依然不知道她是有钱人。凯特接受求婚后，透露了自己的真实身份。总之，她为了马洛大胆求爱，放下了自己的身段。

该剧开演时，鲍斯威尔正在爱丁堡，他写信给哥尔德斯密斯说："我很高兴听到你唤醒了蛰伏已久的欢乐精神，让质朴的幽默和真诚的笑声再次流行起来。"鲍斯威尔趁着这出戏还在上演时，从北边来到了伦敦。"我笑得十分畅快，"他在日记中写道，"我既为这部精彩的喜剧，也为我朋友哥尔德斯密斯所获得的名声和实利感到万分高兴。对我来说，这真是一个丰富多彩的夜晚。"按照惯例，这出戏演完后是一场简短的闹剧，但鲍斯威尔在闹剧开始前就离开了："我嘴里含着哥尔德斯密斯的果子，不愿意让它的味道冲没了。"

　　不久之后，鲍斯威尔前去拜访这位剧作家。"他没有起床，我被领进了他的餐厅兼书房。他听说是我来了，从床上吼道：'鲍斯威尔！'我跑向他。我们热情拥抱。"哥尔德斯密斯现在拥有一间餐厅兼书房，说明他已经出人头地了，只不过他仍然因为各种开支负债累累。几周后，哥尔德斯密斯出席了一场晚宴，约翰逊当场宣称："我知道多年来没有哪部喜剧能像它那样让观众兴奋不已，也没有哪部喜剧能像它那样符合喜剧的伟大宗旨——给观众带去欢乐。"[9]

一个浪漫的故事

　　理查德·布林斯利·谢里丹——朋友们都管他叫狄克——的早年很孤单。他的父亲托马斯——鲍斯威尔的演讲教练和伦敦早期生活的导师，曾是老家都柏林一座剧院的经理。剧院虽然经营得很成功，但在一场政治骚乱中毁掉了，于是托马斯带上妻子弗朗西丝和大儿子查尔斯搬到了伦敦。理查德当时只有三岁，他和妹妹艾丽西亚（他叫她莉茜）留在都柏林，由保姆照顾。在接下来的八年里，他很少见到自己的父母，他们最终把他带到伦敦，却又立即把他送到哈罗的寄宿学校。多年后，莉茜说："那时候他和我都不太开心，但我们彼此依恋，难分难舍。我们没有其他可以爱的人。"[10]

　　1764 年，理查德的父母移居法国，希望温和的气候能改善他母亲岌岌可危的健康状况，那年他十二岁。两年后，母亲去世。父亲没有跟他说，他是从哈罗的校长那里得到的消息。

　　回到英国后，托马斯·谢里丹举家迁往巴斯，打算在那里开设一所演讲学校，但他的爱尔兰身份成为致命障碍。年轻的理查德刚满二十岁，就在巴斯投入了一段充满戏剧性的浪漫爱情。他父亲认识的一位音乐家有一个女儿，名叫伊丽莎白·林利，不仅美艳惊人，还是一名歌手，有着美妙的嗓音。十四岁时，她已是一位知名演员，庚斯博罗曾画过一幅她十四岁时的可爱肖像。

伊丽莎白和理查德深深相恋了。一个自称"马修斯上尉"的人追求伊丽莎白，来势咄咄逼人，两人受了惊吓，私奔到法国，并在那里由一位天主教神父主持了婚礼。这种结合在英格兰不会被承认，倒不是因为天主教，而是因为他们都还没到法定年龄。

托马斯·谢里丹找到两人，把他们带回巴斯，"马修斯上尉"见势开始捣乱。后来他和理查德的冲突发展到了用剑决斗的地步。"马修斯上尉"受了伤，大叫道："求你饶我一命。"他答应会向理查德道歉，但事后却拒绝赔罪。不久，他们又来了一场决斗；两人凑到一起通宵喝酒，喝得尽兴后开始打斗。这次轮到理查德受伤了。他本以为自己会丧命，结果伤势并不严重；他一直戴着一幅伊丽莎白的小型肖像，正是这幅画让对手的剑刃发生偏移，离开他的心口位置。[11]

芬坦·奥图尔在为谢里丹撰写的精良传记中，清楚地解释了这个戏剧性事件对理查德声誉的影响：他确立了自己作为绅士的地位。"要证明自己有权享有这个头衔，一种可靠的方法是愿意冒着死亡的危险来捍卫这个头衔，并将此意愿化为行动。"在哈罗，谢里丹已经学会了英国绅士的言谈举止；现在，他进一步巩固了自己的地位，这将对他志在追求的公共事业起到至关重要的作用。他和伊丽莎白在一位英国国教牧师的主持下合法完婚，这个浪漫故事使他们一夜成名。[12]

沉默的夜莺

一位现代评论家提及伊丽莎白·林利时，说"她的女高音有着穿心裂肺的音色"。她的声音所能达到的高度，至少比大键琴的最高音还要高四分之一度，而且毫不费气力，大量的证词证实了这一点。一位大教堂风琴师羡慕地写道："她的声音异常甜美，音阶恰当到位；她从最低音到最高音都能保持同样的音质。她的嗓音很有弹性，无论乐曲的节奏是快是慢，她的音程总是精确合调。才华和判断力为她的表演增添了重要分量，这是有着天使嗓音的小丑永远无法企及的；除了这些非凡的品质之外，她还拥有极为美丽的外形，那是她内在灵魂的表征。"[13]

范妮·伯尼是一位音乐家的女儿，结识了很多出色的表演艺术家。她听到伊丽莎白在亨德尔清唱剧里的表演时，被迷得神魂颠倒。"伊丽莎白的声音柔和、甜美、清晰、动人，她的歌唱很有表现力，想象力非比寻常，高低顿挫颇有风味。"不过，最迷人的还是她的容貌。"如果我活该生来就是男性，在追求林利小姐的队伍里肯定会多我一人。她真的很漂亮；脸色是棕色的，光洁、娇艳、充满活力，两颊各有一抹红晕；鼻子形状最为优美，是希腊式的；头发秀丽、浓密、好定型，前额极为好看，嘴唇漂亮，眼睛能摄人魂魄。"[14]

婚后，谢里丹要求伊丽莎白停止在公开场合表演。他把剧本创作的成功仅仅看作自己成名的一种途径，借此开展真正的计划——进入政界。起初，伊丽莎白不肯听命。当谢里丹的首个剧本似乎要失败时，伊丽莎白给他写了一封挑战书："亲爱的狄克，我心情大悦。我早就知道，你靠写剧本不可能有所作为，如今除了让我重新开始露脸唱歌外，就别无他法了，我们往后想有多少钱就会有多少钱。"但是，谢里丹坚持要她永远放弃表演，她也真的听他的话了。[15]

从那时起，伊丽莎白只是偶尔在私人聚会和御前演出——类似范妮·伯尼出席的那种——中演唱歌曲。她曾被称为"夜莺"。如今，她是一只沉默的夜莺；很少有人亲耳听过她那传奇般的声音，她反而因此变得更有魅力。

约翰逊赞成伊丽莎白退出公开演出。当鲍斯威尔评论说谢里丹没有多少钱，当然可以靠她获得收入时，"约翰逊以罗马元老的雄壮气势说道：'他的决定着实明智而高尚。他是勇敢的人。绅士的妻子受雇于别人，公开露脸唱歌，这难道不会让他出丑丢份吗？'"奥图尔提醒大家注意这句表述中的"绅士"一词。谢里丹开启自己作为政客和政治家的新职业生涯时，如果他的妻子靠表演赚取收入，他的绅士名分就会受到损害。[16]

然而，值得注意的是，谢里丹（他的母亲是一位成功的作家）对妇女——至少那些没有嫁给他的女人——的地位的看法可以视为进步观念。二十二岁那年他写了一篇关于女性教育的文章，提议国王应该创办一所大学，教女性天文、历史、语言、古代文学，甚至现代文学——这里的大多数科目，当时的牛津大学和剑桥大学都不提供，它们的课程表主要强调拉丁语和希腊语。

也许谢里丹还记得约翰逊的寓言《拉塞勒斯》的结尾："公主认为世间万物中，知识是最好的东西；她想先学遍所有知识，而后打算创建一所由博识女子组成的学院。"约翰逊欣赏他的朋友伊丽莎白·卡特靠自学精通希腊语，认识范妮·伯尼后，他主动提出教她拉丁文。范妮的父亲没有准许。赫斯特·思雷尔在日记中写道："伯尼博士不喜欢他的女儿学拉丁语，即使是约翰逊顾念友情亲自传授，也是不行。因为这样一来，他女儿很快就会变得像他一样博学，拉丁语太过阳刚，不适合姑娘家学。"[17]

1776年，伊丽莎白·谢里丹停止表演后不久，雷诺兹把她画成音乐守护神圣塞西莉亚（图57）。她的孩子犹如天使，正在看着乐谱歌唱，而伊丽莎白正专注地凝视着上苍，阳光透过飘来的一朵云倾泻而下。画里这位音乐圣徒并不是公然抛头露面表演的人，身上充满了慈母和家庭主妇的气息。

图 57　伊丽莎白·谢里丹扮作圣塞西莉亚

《情敌》和《造谣学校》

　　从 1775 年到 1779 年，谢里丹总共写了五部戏。第一部是《情敌》，多愁善感的莉迪亚·兰奎什认为嫁给一个身无分文的男人是高尚之举，而她未来的情人为了赢得她的芳心，不得不假装自己身无分文。故事情节围绕一堆被误解的身份展开，实在太复杂了，难以概括，但这正是故事的宗旨所在。因欲望和受挫而生的焦虑——引发了一场很可能会以伤亡收场的决斗——被自由翻转的闹剧驱散。

　　不过，《情敌》不仅仅是一场闹剧。就像简·奥斯丁在小说中表现的那样，谢里丹也展示了浪漫爱情如何在注重实用性和判断力的情境中获得回报。"行了，行了，"莉迪亚的情人对她说，"我们必须把浪漫情绪适当收起来。一点财富，一点安乐，还是可以忍受的。"[18]

　　谢里丹擅长塑造令人印象深刻的小角色，这些角色时常在舞台表演中抢占风头。谢里丹在《情敌》中创造的经典小角色是"马拉珀罗普夫人"（Mrs. Malaprop）；"Malaprop"是谢里丹借鉴法语短语"mal à propos"杜撰出来的，这给英语带来了一个新词——"malapropism"（意思是荒唐可笑的用词错误）。"她就像尼罗河岸边的寓言[*]一样固执任性。"马拉珀罗普夫人说道。她还宣称："他是文雅有礼的最高菠萝[†]。"马拉珀罗普夫人还具备王尔德后来赋予布拉克内尔夫人的专横做派："你想，小姐！我不知道你有什么事好想的。思想不适合年轻姑娘。"[19]

　　谢里丹的杰作是1777年的《造谣学校》，他把原先两个分开的构想合成一部作品。一个构想是讽刺流言蜚语，另一个涉及约瑟夫·瑟菲斯和查尔斯·瑟菲斯两兄弟的道德测试。约瑟夫是一个伪君子，他假装有德之人，但实际上是玩世不恭、引诱女性的骗子，而查尔斯则有一颗金子般的心。谢里丹很可能从《汤姆·琼斯》那里获得了灵感；在那部小说里，汤姆是可爱的无赖，而布利非则是老谋深算的伪君子（后来发现布利非是汤姆同母异父的兄弟）。

　　造谣者以自己的精湛技巧为傲；一个叫斯内克的角色说："人人都会承认，斯尼威夫人用一个词或一个眼神就比别人费力讲述半天还有效果，就算别人碰巧有一点事实撑腰，也比不过她的技巧。"至于那对兄弟，约瑟夫正准备引诱年轻的提斯尔夫人时，屏风突然倒下来了，暴露了他的表里不一。提斯尔夫人的名誉得以挽救，约瑟夫的虚伪显露了出来。"屏风场景"在表演中总能给人带来莫大的满

---

[*]　"寓言"的英语原文"allegory"与"alligator"（短吻鳄）的拼写相近。
[†]　"菠萝"的英语原文"pineapple"与"pinnacle"（典范、极致）的拼写容易混淆。

足感。那个有钱的叔叔本来打算把财产留给约瑟夫，就这样把财产赠予了查尔斯。[20]

至于那些流言蜚语的散播者，他们欢天喜地，毫无悔改之意。斯内克在背叛约瑟夫的过程中扮演了至关重要的角色，但只是因为他被人收买了，而现在他唯一的要求就是永远不要让别人知道他做的好事。这不是一部感伤主义喜剧，但肯定是一部温情暖心的喜剧。谢里丹有意识地回头去借鉴复辟时期的诙谐喜剧，但他对世界的看法要比那个时期的剧作家阳光得多。

至于谢里丹究竟为哪些演员撰写这个剧本，如何利用一些杰出演员的天赋，我们倒知道得不少。谢里丹此时刚接过德鲁里巷剧院的经营权，他承继的是一个与加里克合作多年、经验丰富的团队。其中最重要的演员是约翰·帕尔默，他演过约瑟夫·瑟菲斯。在现实生活中，帕尔默被称为"花言巧语的杰克"，因为他说起话来劝诱效果一流，人们很容易忘了他经常是在撒谎骗人。无怪乎，他最知名的严肃角色是《奥赛罗》里的伊阿古，当然，他也饰演过福斯塔夫和托比·培尔契，演技深受好评。查尔斯·兰姆在后来一版的《造谣学校》中见过帕尔默，给他留下深刻印象的是"这个角色活泼又大胆的做派、优雅而庄重的扯谎艺术、有节奏的步伐、曲意奉承的声音，以及演员表演出来的那种彻头彻尾的反派习气"。[21]

帕尔默演完《造谣学校》后，背叛了自己所属的剧团，打算开办一家可与其竞争的剧院，这对谢里丹来说，是一个沉重的打击。帕尔默的这项新事业失败了，因为已有的两家剧院有经营许可证，联手对帕尔默提起了法律诉讼，帕尔默不得不请求谢里丹让自己继续演戏。"谢里丹先生，要是你能看清我的心就好了。"他感叹道。谢里丹回答说："哦，杰克，我还不清楚吗？你忘了这部戏是我写的吧。"[22]

扮演查尔斯·瑟菲斯的另外一个演员是威廉·"君子史密斯"，

演技也有自己的精彩之处。他曾在剑桥读书，出入于社交时尚圈，给人留下不假雕琢的印象。

那些散布流言蜚语的角色也是精心挑选出来的。简·波普饰演康德尔夫人，在雷·亨特的记忆中，"这个女演员对冷幽默的表现堪称一流，能用严肃的面孔传达最可笑的东西"。扮演呆笨的本杰明·贝百特爵士的是詹姆斯·威廉·多德。兰姆对他的描述传神绝妙："你可以看到一个念头犹如曙光，在他的脸部慢慢浮现，而后一点一点往上攀爬，这个过程十分费力；这个宛如旭日的观念最终变得圆满、明朗起来——终于抵达天顶处。他前额的某个部位会先捕捉到一点信息，要花很长时间才能把它传达给其余部位。"在莎剧中，多德饰演的奥斯里克和安德鲁·艾古契克备受好评。[23]

提斯尔夫人是天真的年轻太太，成功逃脱了约瑟夫·瑟菲斯的诱惑；扮演她的是著名美女弗朗西丝·亚宾顿。在《奥赛罗》和《哈姆雷特》中，她主演苔丝狄蒙娜和奥菲莉娅，她的喜剧角色同样备受赞誉。雷诺兹为她画了一幅令人着迷的肖像（彩图 19）。人们普遍相信雷诺兹爱上了她。

《造谣学校》大获成功。在首演之夜，一个十二岁的男孩碰巧路过剧院，忽然听到轰天的巨响，以为剧院就要倒塌，迎头砸下来，心里怕得要死。很久之后，他在回忆录中写道，当时他惊慌失措，疯狂逃命，"但第二天早上发现，昨晚的巨声震天，不是因为楼房倒塌了，而是因为第四幕中屏风倒下来了；观众掌声雷动，笑声如潮，乱哄哄响成一片"。奥图尔在题为《满堂喝彩》的一章中讲述了这个故事。[24]

谢里丹面对成功，心里激动不已，夜里喝得烂醉，在街上闹事，被巡夜人关了起来。绅士的妻子不应该在公共舞台上表演，但绅士不会因为耍酒疯被捕而名誉扫地。

多年来，实际上是多个世纪以来，《造谣学校》一直是很多最出色演员的拿手作品。1937 年，在蒂龙·格思里执导的版本里，约翰·吉尔古德饰演约瑟夫·瑟菲斯，迈克尔·雷德格雷夫饰演查尔斯，亚历克·吉尼斯饰演斯内克，佩吉·阿什克罗夫特饰演提斯尔夫人。1949 年，在老维多利亚剧院（Old Vic）推出的版本中，费雯丽与劳伦斯·奥利弗联袂主演；有人如此描述她饰演的提斯尔夫人："有活泼的气韵，精致的美貌，像是从托马斯·庚斯博罗画的肖像里走出来的"。富丽堂皇的布景是由塞西尔·比顿设计的。[25]

　　谢里丹的第五部也是最后一部戏，是非常有趣的短剧，名叫《评论家》。在序诗中，谢里丹承认，它很大程度上受惠于复辟时期的一出流行的滑稽剧《排练》（嘲讽装腔作势的剧作）。谢里丹的戏里同样包含排练，而排练的剧目则是作者虚构的伊丽莎白时代戏剧《西班牙无敌舰队》。

　　理查德·坎伯兰又被讥嘲了一通。一位名叫"烦躁·剽窃爵士"的角色无疑就是以他为原型的，演员也在戏仿他的日常装束。坎伯兰曾带着孩子去看《造谣学校》，妒火中烧的他不断掐他们，还叫道："你们不该笑，我的宝贝们，没有什么可笑的。"谢里丹评论说，他可真是不知好歹，"那天晚上我去看他写的悲剧，可是从头笑到尾"。[26]

　　也许《评论家》的元戏剧特点有助于解释为什么谢里丹在如此辉煌的成功之后，再也没有写过别的剧本。他可能已经厌倦了商业戏剧，无论如何，他都渴望把自己的表演才能带到更大的舞台上。1780 年，他将当选为议员，并很快被视为柏克和福克斯的主要盟友，也被视为引人注目的演说家。他的政治生命将一直延续到 1812 年，而他活到了 1816 年，距离他被选为"俱乐部"成员已经过去了四十年，而四十年前的其他成员早已离去。

第十二章

斯特雷特姆的新生活

"斯特雷特姆宅邸"

1765 年，"俱乐部"成立一年之后，约翰逊意外地发现自己的生活发生了改变。他通过一位共同的朋友——剧作家亚瑟·墨菲——认识了富有的酿酒商亨利·思雷尔及其妻子赫斯特。"斯特雷特姆宅邸"是思雷尔夫妇的乡村庄园，位于泰晤士河南岸，离城里十英里远；思雷尔夫妇与约翰逊一见如故，后者经常光临他们每周四晚上的家宴。与此同时，"俱乐部"成员继续在周五碰面。斯特雷特姆很快成为约翰逊的第二个"俱乐部"；它的社交氛围有自己的特点，但同样令人精神振奋。

后来的事实证明，这只是约翰逊一生中最重要的友谊的开始。约翰逊和亨利·思雷尔总是彼此尊重，但他和赫斯特之间形成了深厚的情感纽带，这对他的精神健康至关重要。二十年后，就在生命即将结束的时候，约翰逊写信向她表达谢意，"因为她的善心暖举缓解了他二十年里极度痛苦的生活"。[1]

最大的变化发生在一年以后，即 1766 年；思雷尔夫妇有一段

图 58　避暑凉亭

时间很少见到约翰逊，开始担心他的状况。约翰逊编辑莎士比亚剧本，拖延了几乎十年的时间，如今他的版本终于问世了。但这只是让他更加看不起自己的拖延症，疑心自己从此还是一无所成。思雷尔夫妇到约翰逊的伦敦住所看望他时，惊讶地发现他深陷抑郁之中，难以自拔。

　　他们立即采取行动，把他带回家里与自己一起生活。从那以后，约翰逊住到了斯特雷特姆，有一间自己的房间。他只偶尔回伦敦，看看那些住在波尔特大院、仰赖他生活的人，或者参加"俱乐部"的活动。

　　"斯特雷特姆宅邸"（彩图 20）是一栋宽敞的豪宅，四周有一百英亩的绿地，还环绕着一条周长两英里的砾石路。庭园里有一座叫作避暑凉亭的小建筑（图 58），约翰逊喜欢在这里读书写字。在斯特雷特姆时期即将结束时，约翰逊终于写出了一部晚年的杰作——

图 59　斯特雷特姆宅邸

《英国诗人传》，许多人认为这是他写过的最好的作品。

　　思雷尔夫妇都是狂热的阅读爱好者，想为自己的宅子添一间图书室，考虑了一段时日。此时他们开始付诸实施，向约翰逊提供了丰厚经费，请他来帮忙挑选书籍。在这幅图（图 59）里，图书室位于大楼最右侧带有凸窗的区域；正上方的房间成了约翰逊的卧室。

　　为了装饰图书室，思雷尔夫妇委托雷诺兹为他们的十来位朋友画了肖像。其中的一幅（图 60 为其复制图）展示了约翰逊正专注地盯着一本书看——他抱怨雷诺兹把他描绘成"眯眼的塞姆"。一位认识他的人说："他比任何人都更懂得读书；他直接抓住一本书的实质，一把扯出它的内核。"约翰·韦恩指出，这张图与鲍斯威尔为《约

图 60　眯眼的塞姆

翰逊传》所选的卷首画大不相同。在那幅卷首画里，我们看到约翰逊正悠闲自在地坐在书桌前，而在这幅画里，他"有一双看东西费力的近视眼，他将那本书举到眼前，聚精会神、如痴如醉地抓着它，封面贴着封底，整本书都被抓得变形了（再也恢复不成原样）。我们再一次注意到这双手：大而有力，正拼命向知识和思想冲刺，仿佛智慧是一种果汁，可以从干燥的纸张和墨水中挤出来"。[2]

在这幅肖像里，还很明显的是，约翰逊只使用他的右眼，因为他的左眼从小就几乎失明了。有人曾听到他说"他已经有好多年没通过那个小玩意看东西了"。[3]

对约翰逊来说，斯特雷特姆意味着他几乎在各个方面迎来新生活。思雷尔夫妇不仅钦慕他，也喜欢他；他这一生都是在孤独中度过，与特蒂的婚姻曾暂时缓解了这种孤独，但此刻他终于明白有人真心喜欢自己。他整天都可以做自己想做的事情。这是一种既安逸又奢侈的生活，有细心的仆人照顾他的需求，每天夜里都有一场热闹的宴会。

约翰逊喜欢孩子，以扮演思雷尔家孩子的干叔叔为乐。他尤其喜爱长女，那姑娘极其聪颖，名叫赫斯特，跟她母亲同名，约翰逊给她取了个绰号叫"奎妮"（Queeney），意思是"赫斯特女王"。1766年，就在奎妮两岁生日之前，佐法尼给她画了一张搂着一只家庭宠物的可爱画像（图61）。

思雷尔夫妇

约翰逊搬入斯特雷特姆时，赫斯特·思雷尔只有二十五岁，比鲍斯威尔小一岁，比约翰逊小三十二岁。她在威尔士的一个偏远地区长大，她的家族在那里享有显赫的社会地位，但她无能的父亲使

图 61 奎妮·思雷尔

这家人几乎陷入一贫如洗的境地。所以，她母亲一直在为自己的独生女物色一位家境殷实的丈夫。这家人在伦敦附近探望亲戚时认识了亨利·思雷尔，母亲认为他是理想的人选：牛津大学毕业，比赫斯特年长十二岁。1763 年，二十二岁的赫斯特·索尔兹伯里成了思雷尔太太，两家人都认为这是一桩"权宜婚姻"。亨利的公司在好年份里能生产十万桶啤酒，大多数都被送往小酒馆；尽管啤酒生意给他带来了巨额财富，但有些适合婚配的年轻姑娘并不想嫁给啤酒商，曾拒绝过他的求婚。思雷尔想通过赫斯特，与血统纯正的乡绅阶层发生关联。

赫斯特从来没有抱怨。事实上她觉得自己是个幸运儿，因为她在一篇自传式的素描文章中写道，"像自己这样普通的女孩，在亨利眼里，毫无迷人之处，只要没有众人在场，他都懒得浪费五分钟时间跟我交流，即使在我们婚礼结束那天，也是这样！"但是，她发现亨利"作为丈夫，对自己还是很好的，远好过自己所指望的程度"。[4]

这对夫妇总是相敬如宾，但从未假装对彼此怀有激情。赫斯特几乎每年都要生一个孩子，但不得不接受亨利与一个又一个情妇纠缠不清的事实。她把自己的日记记在一套皮革包边的本子里，封面印着金字"思雷尔太太日记"；亨利曾向赫斯特承认自己感染了性病，但还是得到了耐心的照顾，为答谢赫斯特，亨利将这些日记本送给了她。

赫斯特身材娇小（高约 1.5 米），聪明绝伦，机智过人，社交技巧娴熟。她还有语言天赋和惊人的阅读胃口。雷诺兹后来成为她的好友，曾为她画过一幅肖像，在依据这幅肖像所绘的版画里，可以领略到她的表情深思又机敏（图 62）。斯特雷特姆很适合她：她一边抚养孩子，一边主持聚会，对自己的生活总体上很满意。她的母亲也搬来跟他们同住，陪伴她，关爱她，而这是她丈夫永远做不到的。

亨利在体格和气质上，与妻子大不相同。鲍斯威尔形容他"高大、匀称、有气度"。赫斯特本人则说，他的举止"透着思想和智慧"，而且谦恭有礼，毫不做作。一幅肖像（同样出自雷诺兹之手）的摹本（图 63）就很好地体现了这一点。当他多年后去世时，约翰逊写了一段拉丁语墓志铭，可以翻译成："他厚道大方、永远忠诚，从没有用尽巧艺或费尽心思炫耀自己。"[5]

不幸的是，这家人的死亡人数多得惊人，而这样的情况在当时并不罕见。在十四年的时间里，赫斯特生了十一个孩子，其中六个一出生就死了，或出生不久就死了。她和亨利决定要有一个男性继承人，但家里只有女儿活到成年。除此以外，还发生过流产。后来，赫斯特说她的婚姻的乐趣"就在于每年有六个月的时间必须将头对

图 62　赫斯特·思雷尔　　　　　　图 63　亨利·思雷尔

着洗脸盆"。[6]

　　一份日期清单会让你明白孩子的夭折是多么令人痛心，又似乎难以避免。弗朗西丝死于 1765 年，安娜·玛利亚死于 1770 年，佩内洛普死于 1772 年，露西·伊丽莎白死于 1773 年，拉尔夫和弗朗西丝·安娜死于 1775 年，亨利（"哈里"）死于 1776 年。

　　如果换成今天，这些孩子的夭折不大可能发生。那时候疾病经常不能被准确诊断出来，即使可以，现成的治疗手段也是无效甚至有害的。露西四岁时，耳朵严重感染，因为一场麻疹，病势愈发糟糕；赫斯特请来了一位德高望重的医生平克斯坦。"他叫来了墨西哥菝葜茶，吩咐我去忙别的事情。尽管屋子里的人都坚持说露西的状态很好，可是她的身体很快变得更加虚弱了。我把她带到赫伯特·劳伦斯那里，他说原有的体液被平克斯坦排走了，此时正粘在她的脑部，但他会设法让体液归位。耳朵后头的疱也相应地敷上了药。"不出所料，这完全不起作用，之后，又有一位医生给孩子下了一通"清便的猛药"，并用水蛭给孩子放血。不久之后，孩子便没命了。[7]

最令人痛心的是哈里之死；哈里被默认为家族继承人，1776年去世，年仅九岁。他出奇地聪明，赫斯特心怀感激地写道："他那么有理性，那么细心，那么善良，谁都会忍不住喜欢他。"哈里少年老成，很是可爱。这户人家的一位朋友提到自己救下了一位骑马时遇到危险的女士。"'哦嗬，'哈里叫道，'我敢打包票，你最终会娶她的，就像汤姆·琼斯娶了索菲亚·韦斯顿小姐一样。'"他母亲吃了一惊，问他是否真的读过《汤姆·琼斯》，这在当时可不是一本光彩的书。"那是当然，"哈里回答说，"我们都应该读一读《汤姆·琼斯》和《约瑟夫·安德鲁斯》。"[8]

夭亡的那天，哈里兴高采烈地起了床，从一家烘焙店那里买了一些糕点回来，但那天上午晚些时候，他开始疼得直打滚。被请来的医生喂他喝了热葡萄酒、威士忌，还有达菲酊（其中有十二种香料，泡在白兰地里）。下午三点左右，孩子断气了。有人暗示这是阑尾炎，但发作得太突然、短暂了。更有可能是一种毒性感染，也许是败血症或脑膜炎，而今天这两种疾病都可以用抗生素救治。[9]

当时，约翰逊和鲍斯威尔正在利奇菲尔德，从伦敦寄来的一封信将消息带给他们时，约翰逊大叫道："我这辈子经历的最可怕的一件事啊！"鲍斯威尔猜想，他一定是在说国王遭到暗杀之类的事情，却听到约翰逊解释说："思雷尔失去了他的独子。"鲍斯威尔暗示这种反应有些过度，约翰逊反驳道："这对他们家族来说无疑是彻底断根了，这跟一整家人被卖去当奴隶没两样。"[10]

奎妮崇拜的意大利老师朱塞佩·巴雷蒂当时在场，他描述了在场各位的第一反应："思雷尔先生双手插在背心口袋里，坐在房间角落的一把扶手椅上，身子僵硬地挺直着，脸上挂着极不自然的笑容，看上去毛骨悚然。思雷尔夫人接连好几次晕厥过去，又快速苏醒过来，每回她醒过来的时候，曼努奇伯爵［另一位客人］和一名女仆都竭力安抚她，不让她失心发狂（这是很有可能的），此时他们脸色苍白，好像喘不过气来，显然是耗尽了气力。"[11]

后来，赫斯特心情沮丧地写道："看啊，这不是要哀悼的孩子吗？这不是无可挽回的丧失吗？美德、健康、天才、知识和完美的身材比例。现在，一切都被抬进了墓穴里，那里的一切都冰冷得很，我离开了，重新回到这个人世里。"多年来，她都保留着一双结婚没多久就编织好的长筒袜。"我可怜、可爱的儿子经常穿这双袜子，他断气的那天早上还穿在脚上。我后来把它们扔进了火里，这样他死后就不会有人穿到脚上了。"[12]

一个女人的世界

各种有趣的客人现身斯特雷特姆，其中有不少人再三光顾，在某种程度上，他们与"俱乐部"成员有重叠之处。雷诺兹、柏克、哥尔德斯密斯和加里克在那里尤其受到赏识，思雷尔夫妇乐于见到他们与约翰逊的友谊将这些杰出的朋友带入他们的圈子。这个圈子首先是一个女人的世界。正如弗朗西丝·雷诺兹所说的那样，约翰逊比大多数男性更喜欢有女性做伴，而现在他能以全新的方式生活在她们中间，既是受景仰的名人，也是受尊重的朋友。和她们在一起时，他显得轻佻而调皮，这种风格可能是鲍斯威尔从未见过的。鲍斯威尔本人很少被邀请到斯特雷特姆，他嫉妒赫斯特，觉得她是在跟自己争夺约翰逊的好感，因此，约翰逊这部分的生活在《约翰逊传》中几乎看不到。

斯特雷特姆的欢快氛围是赫斯特·思雷尔个性的直接表达，二者的关系并不总是清晰体现在书面记录里。弗吉尼亚·伍尔夫的表述令人叹服："凭借施展某种难以界定的力量，思雷尔拥有了伟大女主人的美名——要感受这种力量，你必须亲自坐在桌旁，观察成千上万种转瞬即逝的大胆试探、娴熟应对和巧妙联系。"我们会联想到《到灯塔去》中伍尔夫母亲的形象，即拉姆齐太太。[13]

思雷尔夫妇必须提供给客人的，是亨利的财富所能保证的盛情款待，以及赫斯特的聪明才智所激发的有趣谈话。他们晚间用以招待客人的，不只是正餐，而是筵席。1780 年去过那里的人报告道："一切都极有格调，极为奢华：每个人二十一道菜，分成两个套系端上来，除此以外，还有'替菜'，然后是一份与晚宴相配的甜点——各种各样的水果，冰激凌，奶油，等等，等等，难以尽数——所有东西都装在银盘子里，极为丰盛，还有他们家的餐具柜，都是我在任何贵族家里没见过的。"所谓"替菜"（removes）指的是每个套系中用于替换那些被撤菜肴的菜品。如果每盘菜端上来之后都有一道"替菜"，那么每人最多可能会吃到四十二道菜。至于水果，那是在斯特雷特姆温室里培植的，一年四季都能享用。[14]

维持一个像斯特雷特姆这样的家庭需要数量庞大的工作人员。事实上，用人是 18 世纪英国规模最大的职业群体。那时候一位成功的律师拥有十一个用人：一个贴身男仆，一个马车夫，一个四轮马车夫，一个左马驭手，一个园丁，一个管家，一个女佣，一个洗衣女工，一个奶场女工，一个打理总务的女仆，一个负责其余零工的男仆。斯特雷特姆有二十名用人。[15]

虽然仆人的角色至关重要，但我们对他们几乎一无所知；他们被视为理所当然的存在。我们确实有一幅令人印象深刻的六仆人画像，那是霍加斯为自家雇员所描绘的画作（彩图 21）。大卫·派珀在《英国人的面孔》中以赞赏的笔触评论了霍加斯以街头年轻小贩为题材的名画《卖虾的姑娘》，然后他补充道："霍加斯曾在画布上画下一张张自家仆人的脸庞，笔法冷静低调，我们也许会在这幅神奇画作里找到霍加斯更高深、更全面的成就。没有哪位国王能指望他的肖像画家将这种同情心与真实性结合起来。"[16]

　　亨利·思雷尔在餐桌上彬彬有礼地主持宴会，丝毫没有高谈阔论的意思，但这并不意味着他是冷眼旁观者。他鼓励客人唇枪舌剑、针锋相对，以此为乐。"虽然他性情十分温和，"范妮·伯尼评论道，"本质上是个绅士，可是他却有一种奇特的爱好，那就是倾听、鼓动和挑起口舌之争，让争强好胜的聪明人以言语为武器，你来我往，时而占据上风，时而败下阵来。"当然，这个评论也完全适合约翰逊。[17]

　　约翰逊很多令人难忘的名言警句都来自斯特雷特姆的晚宴。一位客人转述了约翰逊在小提琴演奏会上感到无聊时所说的话（他从来不太喜欢音乐）。"他的朋友想让他更加集中注意力欣赏音乐，对他说小提琴是极难演奏的。'先生，你说小提琴很难演奏吗？'约翰逊博士回答道，'我倒希望它没法演奏。'"[18]

　　赫斯特·思雷尔言语犀利，并以此为傲。雷诺兹为她和奎妮画了一幅双人肖像，像他平常那样，将她们的形象柔化和理想化。赫斯特以诗抱怨道：

　　　　神情如此平和，如此柔顺，如此静穆，
　　　　哪里还有机智的痕迹，威尔士女人去了何处？
　　　　爱冷嘲热讽的脾气，爱恭维奉承的口舌，
　　　　合情合理的观点——但场合总是选错；
　　　　哪里还有温柔、粗糙又精致的痕迹？
　　　　那颗融合所有矛盾的灵魂去了哪里？[19]

　　鲍斯威尔曾听约翰逊对赫斯特说，她有时批评起人来太尖刻了。约翰逊"斜眼对她笑了起来"，同时补充道，"只要能管住那条恶毒的舌头，她就是世上一流的女人。只要能控制那个旋转的小陀螺，她就是世上最好的女人"。赫斯特似乎欣然接受了约翰逊的嘲弄。她

图 64　汉娜·莫尔

知道约翰逊只是在调侃自己，而且他本身就非常欣赏机智诙谐的男人或女人。[20]

约翰逊特别喜欢的一个年轻访客是加里克夫妇所提携的汉娜·莫尔（图 64）。汉娜的姐姐记得汉娜和约翰逊有一次"都处于兴头上。这当然是她的幸运之夜！我从没听她说过这么多妙语。老天才非常戏谑，小天才非常讨人喜欢。如果你听到我们一连串的笑声，你会以为我们在看一出喜剧"。后来再次碰头时，"约翰逊和汉娜激烈地争辩起来，最后在场的各位忍不住哄堂大笑，论辩的声音被嘈杂的笑声吞没"。托马斯·戴维斯说约翰逊"笑得像犀牛"。[21]

加里克本身也是以机智风趣出名之人，他曾经这样评价约翰逊："拉伯雷和其他所有才子都无法与他相比。你可能会被那些人逗乐，但约翰逊只要用力抱你一下，不管你愿意不愿意，他都能把笑声从你身体里抖搂出来。"用力的拥抱不能保存在文字中，但珠玑妙语却可以。[22]

图 65　伊丽莎白·蒙塔古

汉娜·莫尔风生水起的事业此时刚刚起步。她的诗歌和戏剧已经获得广泛赞赏；此外，她在推动妇女教育方面做了重要的工作，她还是"废除非洲奴隶贸易协会"的主要女性成员。赫斯特·思雷尔认为莫尔是"我们这些才女中最聪明的"，只不过她又补充道，"但我们谁也不太喜欢这位作家"。赫斯特总希望自己是在场的唯一才气横溢的女人。[23]

另一位常客是伊丽莎白·蒙塔古（图 65），她撰写过一部论莎士比亚的著作，也是公认的"蓝袜子"领袖。"蓝袜子"是一个由女知识分子组成的小圈子；成员实际上并不穿蓝长袜，只是采用这个名称来表示休闲羊毛长袜，而非正式丝袜。"蓝袜子"这个符号意味着参加聚会的是具有智识的友人，而非上流社会的女性。

约翰逊说："蒙塔古夫人是一个非常了不起的女人；她聊起天来总是滔滔不绝，而且谈话总是有实质内容的。"还有一次，约翰逊说：

"她在谈话中传播的知识量胜过我所认识的任何女人——事实上，几乎胜过任何男人。"赫斯特·思雷尔也钦佩蒙塔古，但认同一位朋友的评论："那个女人说起话来令人叹服，但不知怎的，我们还是想时不时听到自己的声音。"[24]

在女客中，真正最受约翰逊喜欢的是查尔斯·伯尼的女儿弗朗西丝·伯尼（"范妮"）；查尔斯·伯尼最初是以音乐教师的身份来到斯特雷特姆，后来写了一部重要的音乐史。1777 年约翰逊遇见范妮时，她才二十五岁，当时正准备匿名出版一部后来轰动一时的小说《埃维莉娜》。这部小说以书信形式讲述了一位没有经验的年轻女子进入伦敦社交界的故事，带有不少讽刺笔触，故事最终以浪漫的幸福结局收场。

一开始，范妮隐藏了自己的作者身份，因为她害怕这部小说会以失败告终，也因为她的性格腼腆，几近病态。约翰逊知道这一点，以想象范妮和了不起的蒙塔古夫人竞争为乐。范妮在日记里记录了他是如何怂恿自己的：

> 约翰逊博士开始上蹿下跳，脸上的神情明显泄露了他乐不可支的内心；他默不作声地沉浸在这份欢乐中，过了一会儿，他突然异常兴奋地转向我，大喊道："打倒她，伯尼！打倒她！别饶了她！向她进攻，跟她对决，立刻打倒她！你是个后起之秀——而她独占鳌头……我刚入行的时候，战胜实力强大的敌人便是我可怜又可爱的小小心灵的所有快乐！所以，扑向她，伯尼！——扑向她，打倒她！"看啊，我们所有人哄然大笑！

亨利·思雷尔建议范妮找一位不那么有名的作家来练手，约翰逊反驳道："不，不——要朝雄鹰扑去！——把蒙塔古夫人打下来！"[25]

后来，约翰逊惹得蒙塔古夫人不悦，因为她听说约翰逊对自己论莎士比亚的著述评价不高（这倒是实情）。约翰逊这样评论道："蒙塔古夫人跟我断绝了联系。唉，先生，有些人我们是很乐意断绝联系的，但又不希望被他们断绝了联系。"[26]

对范妮（所有人都这样叫她）来说，写作是一种必不可少的摆脱僵硬束缚的方式；她的一位姐妹说她是拘谨之人。她那些生动的日记是写给"无人"（Nobody）看的——这倒不是说她本人是个无名之人，而是说她希望不会有人读到这些日记。她有时也会拿出来跟自家姐妹一起分享，其中一人后来评论道："她在生活中将所有东西都闷在心里，外表和总体的谈吐都显得非常文雅端庄。但是，那些被压制下去、在社交中很少被人察觉的东西，需要一个安全阀，于是都转移到她的私人日记里了。"[27]

范妮有一幅引人注目的肖像（彩图 22），是她的堂弟爱德华·弗朗西斯科·伯尼绘制的。爱德华总是煞费苦心为模特设计服装，让范妮穿上"那件带有 V 状宽衣领的黑袍子，淡紫色袖子露了出来，非常雅致"。范妮戏谑地补充道，爱德华坚持要把自己变成一个美人："所有人都不会觉得他见过我本人，更不会相信我曾当过这幅肖像的模特。从来没有肖像被美化得如此触目惊心。我费了好大的劲劝他把五官放大，将脸色描黑，可是他虽然应承得很干脆、好听，但行动上依然我行我素。"范妮很快就明白她的堂弟——自己三十岁，而他二十二岁——已经爱上了自己，但他们并不是两情相悦。[28]

和赫斯特一样，范妮也很娇小，约翰逊喜欢叫她"小伯尼"。大卫·派珀提到，"从阔边女帽的顶上喷出的'羽毛喷泉'常让她更显高挑"。这幅肖像里范妮高耸的帽子并没有用羽毛点缀，但确实让她平添了几分高度。[29]

范妮最终将为爱情而结婚，过上幸福独立的生活，但多年来，她深受父亲的奴役；她就是法国人所说的"爸爸的乖女儿"（fille de papa）。查尔斯·伯尼出身并不富裕，为了确保他的大家庭能一直过

图 66　查尔斯·伯尼

着舒适的生活，不仅演奏管风琴，指挥管弦乐队（亨德尔请他排练），还从早到晚授课，教学生音乐。与此同时，他忙于撰写自己的鸿篇巨著《音乐史》，该书的第一卷于 1776 年出版，直到 1789 年才完结。他的女儿们，就像弥尔顿的女儿们一样，充当父亲的秘书，努力工作；她们为父亲的才华感到由衷的自豪，牛津大学后来授予查尔斯·伯尼荣誉学位，认可了他的才华。伯尼请雷诺兹画他身穿牛津学位服的模样；他最终在 1784 年加入了"俱乐部"（图 66）。

　　1775 年，范妮二十三岁，她的父亲开始为她依赖家人生活的未婚状态感到担忧。一个范妮不喜欢的人向她求婚，她父亲施加压力，迫使她接受这门婚事。范妮在信中恳求他说："与一个并非无比心爱的人生活在一起，是我永远、永远也不会同意的。"查尔斯·伯尼心软了，催生了一个可以写入感伤小说的场景：

"我希望我能为你多做点什么，范妮！""啊，先生！"我叹道，"我什么也不要！就让我陪着您吧！""我的心肝啊！"他一边叫着，一边疼爱地亲着我，"你要是愿意，你可以永远陪着我！你不会以为我是有意要把你打发走吧？""我不会，先生！我绝不会！"我叫道，"我可受不了这样的念头。"我看见他深情的眼睛盈满泪水！这样慈爱的表情，我将永生难忘！"只有老天知道，"他接着说，"我不愿意与自己的女儿分开！她们是我最大的安慰！——只是——不要太草率！"我放心了，对未来又有了希望，就上床休息了，心里轻松、快乐、充满感激，仿佛刚死里逃生一样。[30]

事实上，范妮有两个爸爸，因为她和她父亲的老友走得很近，那是一位深居简出的乡绅，名叫塞缪尔·克里斯普。她称他为"克里斯普老爹"，一直听从他的建议。遗憾的是，两位父亲尽管为《埃维莉娜》的成功感到高兴，但还是指示范妮将墨菲和谢里丹——两位颇有造诣的戏剧家——鼓励她创作的剧本毁掉。这部戏取名为《假才女》，是对"蓝袜子"俱乐部的巧妙讽刺，范妮对此俱乐部保持冷静且疏离的态度，认为这不过是相互恭维的团体。

问题是，查尔斯·伯尼的收入依赖于给有"蓝袜子"背景的人上音乐课，他整天奔波于不同的豪宅之间——约翰逊说，他一周授课的数量不少于五十七节。他以阿谀逢迎的性格著称；赫斯特说她喜欢查尔斯·伯尼，"不过，如果说他有什么缺点的话，那就是太过谄媚了"。伯尼担心，如果他女儿嘲弄那些有影响力的雇主，他在他们中间的地位可能会岌岌可危，于是他命令范妮放弃这个剧本的构思。当时范妮年仅二十七岁，拼力反抗了一会儿，可查尔斯·伯尼不为所动。范妮把手稿保留下来，现今偶尔会有人试图将这个剧本搬上舞台。[31]

范妮心情悲痛地写信给父亲（她当时在克里斯普的家里）："于是，可怕的丧钟敲响了！那些可怜的'假才女'倒在了死人中间——

永远，永远，永远没有起来！"她补了一些忠诚之言："我现在庄严地声明，任何与您有关的耻辱都会比我蒙受的耻辱更使我感到羞耻和痛苦，我相信这是发自肺腑的真心话。"但她的心酸是显而易见的。"您如今已经不折不扣毁掉了它……思雷尔太太曾热情肯定它，墨菲也曾多次夸赞和恭维它，在此之后，'按着不要发表'绝不是我所能料到的话语，我怎么会料到呢？"[32]

范妮接着继续发表自己的小说，这些作品得到简·奥斯丁的赞赏。她沉浸在成名的快乐里，只不过陌生人对她不吝赞词时，她总是感到不安；她苦笑着承认，世人称赞自己毫无保留，是因为没有哪位女小说家——无论是夏洛特·伦诺克斯，还是弗朗西丝·谢里丹——获得过如此巨大的成功。"即使理查逊和菲尔丁能从坟墓里复活，我也可能在大众心目中取代他们的位置，毕竟，我是美貌的女子，自然会被视为'不俗之物'。"范妮不只有美貌，还很年轻。"事实上，人们听说我是个作家，看到我既不像蒙塔古夫人那样皱巴，也不像卡特夫人那样年老，既不像莫尔夫人那样肥胖，也不像沙蓬夫人〔一本行为手册的作者〕那样畸形，就不知道该拿自己的个人偏好怎么办了，因为他们只能拿我与这些人相比较。"[33]

在国家肖像馆里有一幅理查德·塞缪尔1779年创作的油画，题为《阿波罗神庙里的诸缪斯肖像》（彩图23）。塞缪尔是皇家美术学院的一名年轻成员，他希望通过这幅群像图给人们留下深刻印象。这幅图汇集了艺术和文学领域的九位知名女性，她们身着古典或略微带有东方风格的服装，庆贺她们所享有的重要集体地位。《埃维莉娜》一年前才出版，所以伯尼没能进入这座神殿。

这位艺术家以肖像为底本进行创作，但人物的形象太理想化了，要辨认出具体的个人并不总是那么容易。根据一种阐释，从左到右，我们看到的是约翰逊的朋友伊丽莎白·卡特和诗人安娜·利蒂希娅·巴鲍德。画家安吉莉卡·考夫曼坐在画架前，歌手伊丽莎白·林利·谢里丹手持里拉琴。历史学家凯瑟琳·麦考利拿着一幅卷轴，凝视着伊丽莎白·蒙塔古，蒙塔古旁边是汉娜·莫尔。站在右上方的是夏洛特·伦诺克斯——约翰逊的另一个好友，还有一位爱尔兰女演员兼剧作家伊丽莎白·格里菲思。

伊丽莎白·谢里丹在这幅画里占据令人瞩目的地位。她位于中心，是唯一与众人分开的人物，正凝视着阿波罗神像。她似乎要开口歌唱了。其他所有人都停下来倾听，她们以写作闻名，只有她以醉人的声音出名。

范妮和赫斯特·思雷尔的关系很复杂。查尔斯·伯尼是斯特雷特姆的常客，给奎妮上音乐课；赫斯特一知道谁是《埃维莉娜》的作者，就迫不及待地想见到他那位才华横溢的女儿。与此同时，范妮本人也一直盼着去斯特雷特姆那儿看看。她父亲写信告诉她，赫斯特很喜欢《埃维莉娜》，她满心欢喜地写信对妹妹说，"思雷尔太太！她是我崇拜的女神！"不久之后，她就会在日记中记道："此时我必须写下自我出生以来最有意义的一天，也就是我的斯特雷特姆之行。"[34]

赫斯特和范妮很快开始互相恭维，彼此示好，亲热得不行，私下里却有所保留。赫斯特禁不住想让这位小十一岁的新朋友沦为自己的附庸。范妮觉察到这一点后，拒绝配合她。从赫斯特的角度来看，范妮太像公主了，只接受别人的殷勤关心，却不费心取悦别人，而且她有些方面缺乏教养——赫斯特看人总带点势利眼。"这个姑娘看起来很优雅，但那只是演员的优雅，而不是上流社会的女人的优雅——为何这样呢？我深信伯尼这家人是一群身份低贱之徒。如果范妮不那么心心念念想着自己，她的谈话就会更令人愉悦，但是先前的名声让她难以畅所欲言；有些礼仪本属多余或毫无必要，她却一直心存顾虑，惊疑不定。"[35]

很久以后，范妮谈到赫斯特时说："她热心慷慨、脾气好，对朋友十分主动热情，有着极为虔诚的宗教信仰。她充满了才智和幽默，

她取悦别人的能力超过了我所认识的几乎所有女性。但她举止招摇，
声音洪亮，一个劲儿地展示自己的才华，没有片刻安宁，也不允许
别人有安宁。"[36]

范妮感到不舒服时（这是常有的事），就只能接受邀请，住到斯
特雷特姆，直到身体好些为止——乘马车回伦敦显然被认为是过于
劳神费力了。

> 范妮·伯尼在我家里连住七天，有自己的独立房间，因为她
> 发烧了，或者说，她说自己发烧了。我亲手喂她吃药，给她喝流食，
> 撤走她用过的杯子、汤匙等，搬走她的小餐桌，简而言之，我就
> 是医生、护士和侍女——我不愿给用人增添麻烦，免得他们因此
> 痛恨她。现在，她怀着才女的真正感激之情，对我说，因为我殷
> 勤照顾她，全世界的人都对我另眼相看。确实是这样！是这样吗？

范妮二十九岁时，曾对赫斯特说，她确信自己没法活到二十年之后。
她虽是可以确证的疑病症患者，但有着强健的体魄，后来又活了
六十年。[37]

鲍斯威尔出现在斯特雷特姆的时候，觉得很不自在。除了约翰
逊，那里的人都不太喜欢他。鲍斯威尔喝得太多，说得太多，在大
多数人眼里，他太过依恋约翰逊，类似于西班牙猎狗对主人的崇拜
之情，显得很不得体。鲍斯威尔曾在一场约翰逊将会出席的晚宴上
坦率地宣称自己崇拜约翰逊。著名历史学家威廉·罗伯逊评论道："可
是，你有点把他宠坏了。你不应该崇拜他。你不应该崇拜任何人。"
鲍斯威尔这样回答："我不由自主就想崇拜他。他比别人高明得很。"
他在日记里又加上一句："这句话就是说给罗伯逊听的！"[38]

范妮生动地描述了——无疑有夸大成分——鲍斯威尔与她首次
相见时的表现。那天早晨鲍斯威尔随同约翰逊上门，他们坐下来吃

早饭时，鲍斯威尔似乎很惊讶地发现范妮被安排坐在约翰逊身边。他愤愤不平又取来了一把椅子，直接坐到约翰逊身后，而约翰逊并没有意识到他坐在那里。

> 不管别人说什么，他［鲍斯威尔］常忍着不去回答，不管周围发生了什么，他常忍着不去倾听，唯恐错过从他唯一尊崇，也值得他尊崇的人嘴里发出的任何细微声响。只要那人一开口说话，鲍斯威尔先生便立即屏气敛息、聚精会神，那模样几乎像是被痛苦折磨着。他的眼睛如饥似渴睁得老大，耳朵几乎斜靠在约翰逊博士的肩膀上，嘴巴也咧开了，似乎要抓住从他口里飞出的每一个音节。不，他似乎不仅害怕错过每一个词，还生怕错过每一次气息的吞吐，显得鬼鬼祟祟、神神秘秘，仿佛想从中捕捉一些信息。

约翰逊最终还是注意到鲍斯威尔，"他伸手相当大声地拍打膝盖，然后用一种不悦的语气说：'先生，你在这儿做什么？快上桌，先生！'鲍斯威尔先生立刻慌乱地服从了他的命令"。众人只觉得好笑。[39]

后来，约翰逊在一封信中向鲍斯威尔保证："你深受思雷尔太太的青睐，在她心目中继续占据很高的地位。"鲍斯威尔知道后松了一口气。他最终将这封信印到了《约翰逊传》中，思雷尔太太在自己那本《约翰逊传》的页边处写道："可怜的思雷尔太太为了与约翰逊搞好关系，不得不这样说。"[40]

一场灾难降临在一位经常光顾斯特雷特姆的客人身上，这赋予了"俱乐部"一个共同彰显威信的机会。1769 年，朱塞佩·巴雷蒂因谋杀而受审。几名妓女曾在大街上抓挠他的生殖器；她们见他朝自己出手，都惊叫起来，三个暴徒冲上来围攻他。巴雷蒂惊慌失措地从口袋里掏出一把小水果刀（当时的人通常会随身携带水果刀），给了其中一人致命一刀。他被捕时，给"俱乐部"发了一封紧急求

图 67 朱塞佩·巴雷蒂

助信；他在"俱乐部"有几位朋友，他们当时刚好在土耳其人头小酒馆聚会。雷诺兹和哥尔德斯密斯乘马车陪他去了监狱。柏克和加里克随后提交了保释金。

在审判中，这四人与约翰逊以及博克莱尔一起作为品格证人出庭。巴雷蒂的开案陈述是由约翰逊和柏克为他起草的；两人曾为陈述内容发生过激烈争吵。后来有人说约翰逊表现得"过于激动"，他表示同意，并补充说："如果当时没有观众的话，柏克和我应该是意见一致的。"[41]

巴雷蒂的朋友们作证说，他这个人性情温和，甚至胆小怕事。他近视很严重——在雷诺兹所画的肖像（图 67）中，他手里拿着的那本书几乎碰到鼻子——所以可以相信，他被袭击时，并没有清楚地看到眼前发生了什么。这引出了同样患有近视眼的约翰逊的一段有趣证词：

　　问：他是不是有在街上勾搭女人的癖好？

　　约翰逊博士：我从来不知道他有这癖好。

　　问：他近视程度如何？

　　约翰逊博士：他现在看不见我，我也看不见他。

陪审团宣判道，巴雷蒂是出于自卫而采取行动，应当无罪释放。很久以后，在斯特雷特姆吃甜点时，巴雷蒂说他用来切某种水果的刀就是那把杀死暴徒的刀。[42]

治疗师赫斯特

　　赫斯特对约翰逊来说，不仅是朋友和知己；多年来，她事实上一直是他的治疗师，帮助他对抗抑郁症。此外，他们的关系还有一个被仔细掩藏的面向（他们的朋友似乎没有人怀疑过）：约翰逊有着严重的心理依赖，几近于受虐狂。

　　1949年，《思雷尔太太日记》的编辑凯瑟琳·巴尔德斯顿发表了一篇题为《约翰逊的污秽之郁》的文章，引起了约翰逊专家们的恐慌，自那以后，他们当中不少人一直试图贬低这篇文章的重要性。巴尔德斯顿的论点是，约翰逊的精神困扰有两个来源：他难以驱散的性爱执念，以及他想被女人支配甚至羞辱的需要。[43]

　　最耸人听闻的证据是这样的。在赫斯特死后售卖的物品中，有一件上面贴着醒目的描述文字："约翰逊1768年交给我保管的锁链。"那时约翰逊搬入斯特雷特姆刚刚两年。没有人能确定锁链的作用，但有一种可能是约翰逊担心自己会发疯，如果有人认为他将对自己或别人造成危险，他想要他们限制自己的行为，就像他们通常对待精神病人那样。乔治三世精神病发作的时候，就被用镣铐锁起来。1771 年，约翰逊在日记中写道："De pedicis et manicis insana cogitatio"，意为"关于脚镣和手铐的疯狂想法"。[44]

评论家强调镣铐在限制精神病患者行为所起的作用时，回避了一种更耸人听闻的可能性，即在约翰逊对赫斯特·思雷尔的感情中，在他希望赫斯特·思雷尔对待自己的方式中，有某些性爱成分。我们无法知道两人单独相见时做了什么，但我们确实知道约翰逊如何在私底下和赫斯特谈论两人的关系，这引出了不少问题。

首先，1773 年约翰逊给赫斯特写了一封奇怪的书信，用的是法语，很可能是为了让仆人看不懂信里的内容。这封信有可能不是邮寄给赫斯特的，而是约翰逊身处斯特雷特姆时亲自或派仆人交给她的。译成英语，这封信说的是："如果让我待在固定之所对你来说最好不过，我请求你解除我的能力，不要让我从你希望我待着的地方出来，这样我就没有必要靠一人之力控制自身的行为。而这带给你的麻烦不过是每天将钥匙插在门里转动两回。全然按照女主人的身份行事是有必要的，你的判断力和警觉有助于我少受自身弱点的摆布。"约翰逊对赫斯特的通常称呼是"我的女主人"，无论是独自相处还是有人在场时都是这样。毫无疑问，约翰逊的用意是承认她在家里的地位，但既然约翰逊叫她"我的女主人"，而不是"女主人"，这显然意味着更深层次的依赖。当然，赫斯特也经常称亨利为"我的男主人"，这也许带点讽刺意味。[45]

赫斯特在回信中写道："如果可能的话，请甩掉这些沉重的负担，它们对心灵的压迫比束缚身体的镣铐沉重得多。不要让您的想象纠缠于幽居独处和从严自律。很抱歉，不得不让您这样一个人待着；我母亲马上要断气了，我能预见待在这里会给您造成一些不良影响。"老索尔兹伯里夫人确实快过世了，需要她女儿经常陪侍在侧，而且她的几个孩子也得了重病。[46]

有没有可能约翰逊不仅想在精神崩溃时被他的"女主人"控制，

其他时候也想这样？此外，他有没有渴盼自己的身体也能得到"惩治"？赫斯特的育儿哲学包括定期鞭笞孩子，为此她的壁炉架上常年放着一条笞鞭。赫斯特还通过其他方式行使权威。她的口袋里放着一个象牙制的口哨子，哨子一吹，她的孩子们就得跑到她跟前。[47]

当时学校里通行的做法是用桦树枝鞭打孩子的光屁股，约翰逊小时候也挨过打；他也许与很多英国人一样，由此产生了性联想。他曾说过，"在我们的大学校里鞭笞现象"不像以前那么常见了，他为此感到遗憾，理由是"孩子学到的东西比以前少了；知识从一只耳朵进去，就从另一只耳朵出去了"。[48]

虽然"受虐狂"（masochism）这个词还没有被发明出来，但这在当时绝不是未知的现象。在伦敦底层社会的暗语中，"娼马子"（bumsitter）指的是普通的妓女，而"妖娆鸨儿"（posture-moll）指的是鞭艺精湛的娼妓。约翰逊不太可能求助于这些人，但她们迎合了一种众所周知的癖好。到 18 世纪末，许多浪荡子以它为乐；一份巴黎警方的报告指出，哲学家爱尔维修只有在他妻子的侍女站在一旁鞭打他的情况下，才能履行夫妻义务。[49]

不过，假如约翰逊真的是受虐狂，那也不意味着真的需要鞭打。最直接相关的可能是卢梭的《忏悔录》（当时还没有出版）所描述的情景。卢梭还是个孩子的时候，曾被一位女监护人打了一顿屁股，令他惊讶的是，他发现自己很享受这个过程，盼着能多挨几次打。女监护人很快就明白了这一点，从此再也没有打过他。

菲利普·勒热纳对这一插曲作了精彩分析，他认为卢梭明白了一个道理，那就是自己可以在没有实际身体接触的情况下体验被训斥的快感，这种情色刺激恰恰因为被禁止、被抑制而变得更加强烈。"在专横的女主人面前低声下气，"卢梭在《忏悔录》中说，"服从她的命令，乞求她的原谅，对我来说是最甜美的快乐。""快乐"的原文是"jouissances"，这个词在当时和现在都可以指性高潮。在更早的一份草稿中，卢梭的描述更加具体："我对俯首帖耳的举动情有独钟，不觉得情人的跪求姿势和学生的忏悔姿势有何不同。"让·科克托问道："让－雅克的屁股是弗洛伊德的先驱吗？"[50]

赫斯特的日记里还有更多的评论，可以表明她尽管不愿意形诸文字，但一定知道不少内情。约翰逊失眠的一个原因——也许是主要原因——是他在梦里无力击退执念，可执念偏偏在这时候大肆入侵。"他突然对我说：'让你儿子跟你说说都梦见过什么。第一个进入我内心的污浊观念是在梦中传达的。''是什么梦，先生？'我说。'别问了。'他极其粗暴地回答道，神色激动不安地走开了。我再也不敢插嘴多问了。"约翰逊提到了赫斯特的儿子，而非她的女儿，这也许是个意义深长的细节。[51]

另一次，约翰逊对赫斯特说："孤独的人肯定是 luxurious，也许是迷信的，大概是疯狂的。心智因为得不到应用而停滞不前，会变得病气沉沉，就像蜡烛在窒闷的空气中熄灭了。"在约翰逊的《英语词典》中，"luxurious"一词的定义包括"好色、淫荡"和"骄奢淫逸，被快感所奴役"。[52]

1779 年，约翰逊已经在斯特雷特姆待了十三年，赫斯特在自己的日记中反思道，每个男人都可能在某个时候生活在"某个女人的统治之下——妻子、情妇或朋友……我们严厉的哲学家约翰逊 1767 年或 1768 年（就在他来到斯特雷特姆不久之后）将他的一个秘密交付给我，这个秘密对他来说远比他的生命更珍贵。他的品性就是这么高贵，对我就是这么偏心，我真心相信，从那天以后，他从来没有后悔过他对我的信任，在看待我这个能左右他的人时也从来没有少过半点好感"。

赫斯特在接下来的日记里泛泛地思考那些被女人，甚至看上去相当普通的女人左右的男人；然后她引用了一句惊人的表述："'然而，'约翰逊说，'二十五岁到四十五岁的女人有着无比强大的力量，她可以把男人绑在柱子上，如果愿意的话，还可以鞭打他。'"赫斯特写这段文字时刚好三十五岁。[53]

巴尔德斯顿的结论是，赫斯特是约翰逊"未认出的爱欲对象"，也就是说，约翰逊需要的是她的健全和美德，而不是她的性感。约翰逊并没有要赫斯特将那些他觉得不光彩的欲望展示出来；"在他的意识中，她是值得尊敬的女人，是他敬畏和崇拜的对象，她凭借自身的美德能以某种神秘的方式遏制他的反常行为，驱除他心中的恶魔"。不管怎样，要怀疑这里不存在某种强烈的性依恋元素，是不大可能的。赫斯特对此当然毫不怀疑。"有多少次，"她在 1779 年写道，"这位伟大的、令人敬畏的约翰逊博士亲吻我的手，哦，对了，还亲吻我的脚，而且是跪在地上。"[54]

旅行的乐趣

约翰逊的其他朋友可能从来都不知道他与赫斯特·思雷尔在性心理方面纠缠不清，但他们肯定知道待在斯特雷特姆的约翰逊比他们此前见过的他更快乐。约翰逊被视为这个家庭的亲密成员，而且富裕的思雷尔夫妇喜欢旅行，约翰逊也喜欢。探索伦敦以外的世界总会使他振奋不已。赫斯特说："约翰逊热爱旅行这种行为"；他曾陪着思雷尔夫妇长途跋涉到了赫斯特的故乡威尔士，甚至到了法国——他离开英格兰，仅有这么一次。他本来也想去意大利，并为此制定了详尽的计划，却因为哈里夭折而不能前行。[55]

乘长途马车旅行，虽然很多人觉得颠簸不舒服，但对约翰逊来说却是愉快的体验；他一向不大在意身体行动的不便。"马车奔驰所带来的运动，"约翰·霍金斯爵士回忆道，"让他乐在其中；他在马车上可以放纵自己，摆出各种懒洋洋的姿势。我发现，我请他坐自家马车时，车子的响声有助于恢复他的听力。"这究竟是怎么回事仍然是个谜。霍金斯认为，由于某种原理，耳膜"变得更紧更有弹性，能更好地反射声音，就像被重新拉紧的鼓面一样"。[56]

霍金斯描述的不是一辆挤满陌生人的公共马车，而是一辆私家车。思雷尔夫妇自然拥有一辆私人马车，这就意味着可以在朋友陪伴下舒适安乐地出行。1774年赫斯特需要到威尔士走一趟，查看她继承的一些地产，这趟旅行从7月持续到9月，耗费了将近三个月的时间。出行队伍由约翰逊、赫斯特、亨利和当时只有十岁的奎妮组成。（约翰逊一路上都在写日记，在法国也一样，但遗憾的是，他两趟旅行都记得敷衍了事。）

除此以外，他们还定期到离伦敦较近的地方度假。思雷尔夫妇在布赖顿海滨度假胜地有一栋房子，作为"海浴"和在苏塞克斯丘陵猎狐使用；为此，亨利养了一群猎犬。约翰逊兴高采烈加入其中。霍金斯记得"约翰逊骑起马来很有胆色，见到树篱挡住了去路，他多是骑马跳过去，或是从里头硬闯过去"。有一次，威廉·杰拉德·汉密尔顿也在那里，他感叹道："哇，约翰逊骑得真不错，照我看来，比得上英国最没文化的人了。"[57]

还有一次，亨利·思雷尔在马背上骑了数个小时，下马时，为了炫耀自己的本事，他竟从一张凳子上跳了过去。向来好胜的约翰逊也立刻照做了——"不过他的姿势极为笨拙，极为奇怪，"赫斯特回忆道，"我们生怕他会摔断骨头，连开怀大笑的冲动都没有了。"[58]

虽然约翰逊的泳技娴熟出色，但他并不怎么喜欢海洋。有一年秋天，他正在离利奇菲尔德不远的德比郡拜访朋友，赫斯特写信催促他到布赖顿跟他们会合："这里有舒服的海浴，海浪汹涌，我的男主人渴盼看到您对抗海浪时展示的神力，吩咐我催您过来，因为他已经厌倦了长期没有您在身旁的生活。"约翰逊回信说："如果我来，我很大程度上是为你而来。此时海水极为冰冷，那些公共集会厅也十分沉闷。但我确实喜欢听大海咆哮，听我的女主人聊天。她聊天的时候，神啊，她聊得多欢畅啊。"[59]

就像斯特雷特姆和"俱乐部"的社交晚会一样，这些娱乐活动让约翰逊暂时摆脱了内心的烦恼，但也仅此而已。1775年耶稣受难日（从威尔士回来已有半年），约翰逊在日记中这样写道：

> 我年复一年立下改过自新的决心，可由于疏忽、健忘、有害的懒散、随意的间断或虚弱的病态，却又将其打破；当我回想这些未能付诸行动的决心时，当我发现自己大部分的人生都徒劳无益地溜走时，当我回首过往，发现那些日子几乎没有得到合理有效利用时，我为何又要重立决心呢？我重立决心，是因为洗心革面是有必要的，而深陷绝望是可怕的。我谦卑地希望能得到上帝的帮助。

两年后的复活节，他仍然这样写道："当我回首自己过去的人生时，我能发现的就是一片时间的荒漠，一些身体疾病以及几近疯癫的精神错乱。"[60]

约翰逊偶尔才承认这种故态复萌、积习难改的现象十分可笑。他在1770年写道：

> 毋庸置疑，每个人都试图相信自己可以坚守决心，但只有靠时间的长度和频繁的试验才能确定自己愚不可及。坚信自己能持之以恒——这个信条盛行于世，我们只要见到某个人纵容偶然的欲望压倒自己确立的重要目标，就会对这个人心生鄙视。所以，有些人屡屡受挫而变得绝望，便不再立下决心，有些人变得狡猾，不再将其透露给别人。

但是对约翰逊来说，压倒决心的欲望绝不是偶尔出现的。[61]

第十三章

在苏格兰和斯特拉福德的鲍斯威尔

不情愿的律师

鲍斯威尔对苏格兰民族和自己的家族传统有着深刻的认同。尽管如此，爱丁堡和奥金莱克还是成为某种流放之地。伦敦将永远是他的引力中心。大多数年份里，他会在春天的时候到伦敦待上几个月，因为那时苏格兰法庭休庭，家里也不需要他。每当这个时候，他的日记都充满了生动活泼的素材。但在苏格兰，生活单调重复，日记的趣味性也大打折扣。

在苏格兰有两类律师，分别是出庭律师（advocate）和代理律师（后者也被称为"文书"）。出庭律师在法庭上处理讼务。代理律师不能这么做，但他们会给客户提供详细的建议，很可能会赚到更多的钱。鲍斯威尔是出庭律师。在英格兰，他会被称作大律师。

鲍斯威尔没有做但应该做的，是用几年时间全身心投入到学徒培养项目中，深入学习法律。也许他认为学徒生涯对未来的奥金莱克勋爵来说是有损身份的经历。鲍斯威尔强迫自己相信，通过出席审判，向其他律师询问，将会得到自己需要的所有专业知识。他承认自己从来没有想过研究法律文本。毫不奇怪，鲍斯威尔并没有成为特别成功的出庭律师。多年来，他的工作收入还算不错，但如果他父亲不继续给他补贴的话，那笔收入还远远不够养家。

守职敬业的真正障碍是鲍斯威尔期待继承家里的庄园，这样他就能像乡绅一样舒适地生活，还能在爱丁堡拥有一处宅邸。劳伦斯·斯通以鲍斯威尔为例描述了一个常见的困境：长子们确信自己最终要继承家族遗产，这阻碍了他们未来事业的发展，"在继承遗产之前，他们注定要像影子一样生活，等待自己的父亲去世"。[1]

鲍斯威尔受理的案件大多无趣。它们不得不涉及违约之类的事务或其他小问题，如与财产界限相关的争议。弗兰克·布雷迪说，这类案件涉及的金额通常少得可怜，今天不会有人会费心为此打官司。[2]

鲍斯威尔为那些犯下侵犯财产罪、可判处死刑的下层委托人辩护，这种工作如今可被称作"公益法律服务"，鲍斯威尔的名声因此受到进一步损害。其中一名委托人是名叫约翰·里德的偷羊贼。鲍斯威尔喜欢为受压迫的民众争取无罪释放这种挑战，而通过支持身无分文的流浪者，他可以迫使自己相信，他这样做不是为了个人利益。此外，他很可能与罪犯——就像他在伦敦时去看过的那名被绞死的劫匪——有某种程度的认同感。

不管鲍斯威尔拥有怎样的演讲天赋——他曾为自己的"柏克式才华"而洋洋得意——对里德不利的证据是确凿无疑的，犯人最后被定罪判刑。鲍斯威尔后来出现在他的绞刑架前。里德留下了一份雄辩的声明，随后这份声明被印刷成册，以每份一便士的价格出售：

> 我要衷心感谢我的恩人，还要以特别的方式向一位可敬的绅士致谢；他曾一次又一次为我的案子辩护，从我这里没有得到分毫酬金或回报，还要照顾我的各种需求，总之，他千方百计要解

救我，想让我逃出生天。但无所不管的上帝却认为这样的安排是
不合宜的。我希望他代表不幸被告所进行的一切法律事务将来都
能顺利开展，我希望他离开尘世的法庭时，坐在圣父右手边那位
将起身迎接他的到来；他曾服务于受苦的同胞，此时他将得着充
分的赏赐。永别了，虚妄的人世。

里德的这些话也许都符合其心意，但其实是鲍斯威尔替他撰写的。[3]

在鲍斯威尔的法律实践中还有一个更复杂的问题，而他从没有
表达过自己对此的感受。在审理鲍斯威尔出庭辩护的案件的法官里，
就有他的父亲。不管这看起来是否有利益冲突，当时似乎没有人提
出异议。事实上，这给鲍斯威尔带来了一些客户，他们希望奥金莱
克勋爵会枉法徇私。但当他最终从法官职位上退下来的时候，他儿
子的生意就不如从前了。

有时，鲍斯威尔会焦虑地问约翰逊，为自己怀疑有罪的人辩护
是否符合伦理规范，而约翰逊总是给他标准的回答：案件中的每一
方都有权争取尽可能最好的辩护，是非曲直由法官和陪审团来决定。
不过，十分值得玩味的是，鲍斯威尔究竟为何一直受理这类案子。
鲍斯威尔似乎从来没有试着自己去分析这个问题。

鲍斯威尔经常写信给约翰逊，列出案件的事实，求他写出辩护
思路，供自己使用。约翰逊确实表述成文，但文字通常缺乏热情。
其中有些辩词被详细刊印在《约翰逊传》中，但对大多数读者来说，
也许并不太有意思。

不过，有一段辩词很有趣，因为它展示了约翰逊如何看待将拉
丁语语法强行灌输给不愿意学习的小学生。约翰·亨特牧师在利奇
菲尔德文法学校教过约翰逊，他以屡屡体罚学生出名。约翰逊反对
这一点的理由无非是体罚往往基于主观臆断："他以前经常毫不留情
地鞭笞我们，他没有对不知道和不用心加以区分；他会因为孩子不

彩图 1 卡纳莱托《从里士满楼眺望泰晤士河与伦敦城》

彩图 2 托马斯·罗兰森《查令十字路口》

彩图 3　约翰·科利特《伦敦街景》

彩图 4　玛利亚·维雷斯特《伊丽莎白·约翰逊》

彩图 5　艾伦·拉姆齐《奥金莱克勋爵》

彩图 6　奥金莱克府邸

彩图 7　托马斯·罗兰森《阅兵场》

彩图 8　巴尔萨泽·内伯特《科芬园》

彩图 9　托马斯·罗兰森《科芬园》

彩图 10　约翰·博伊德尔《旧伦敦大桥》

彩图 11　比林斯门

彩图 12　乔治·威利森《威廉·鲍斯威尔》

彩图 13　土耳其人头酒馆

彩图 14　弗朗西丝·雷诺兹《塞缪尔·约翰逊》

彩图 15　托马斯·罗兰森《展厅的睽梯》

彩图 16　威廉·霍加斯《加里克扮演理查三世》

彩图 17　从泰晤士河看伦敦

彩图 18　约翰·佐法尼《加里克位于汉普顿的别墅》

彩图 19　约书亚·雷诺兹《弗朗西丝·亚宾顿》

彩图 20　斯特雷特姆宅邸

彩图 21　威廉·霍加斯《霍加斯的六名仆人》

彩图 22　爱德华·弗朗西斯科·伯尼《范妮·伯尼》

彩图 23　理查德·塞缪尔《阿波罗神庙里的诸缪斯肖像》

彩图 24　《玛格丽特·蒙哥马利·鲍斯威尔》(画家不明)

彩图 25　亨利·辛格尔顿《詹姆斯·鲍斯威尔和他的家人》

彩图 26　皇家图书室

彩图 27　麦克斯·比尔博姆《在他的阴影中》

彩图 28　詹姆斯·吉尔雷
《理查德·布林斯利·谢里丹》

彩图 29　詹姆斯·巴里《塞缪尔·约翰逊》

彩图 30　约书亚·雷诺兹《詹姆斯·鲍斯威尔》

彩图 31　约翰·佐法尼《贝内特·兰顿凝视约翰逊半身像》

用心去学一样东西而鞭打他，同样也会因为孩子不知道一样东西而鞭打他。这样说吧，先生，如果孩子能答出所有的问题，那就不需要老师来教他了。"[4]

鲍斯威尔输掉的一个案子是为一名用蛮力殴打学生的教师辩护。在一次伦敦之行中，鲍斯威尔在米特小酒馆提到了这个案子，约翰逊发表了一个激烈的观点："你必须表明，教师有权体罚学生，这是约定俗成的；不应该对教师采取围攻、群殴的行动，除非他有某种过分的表现，某种残暴的举动。这个人没有残害过他的学生。他们的身体功能都是好好的，十分健全。在我们英格兰的学校里，有许多男孩受到残害，但我从未听说有人因此对教师提起诉讼。"很难知道约翰逊的惊人措辞"残害"（maim）究竟在多大程度上符合其字面意思。在《英语词典》中，他将"残害"定义为"剥夺任何必要的器官；使人失去肢体，致其伤残"。[5]

佩吉

鲍斯威尔继续嫖娼招妓，并与一名跟丈夫关系疏远的已婚妇女有染。（他的牧师朋友坦普尔以嘉许的语气说道："没有什么比私奔的妻子更省事的了。你找起情妇来，运气怎么这么好呢？"）但鲍斯威尔开始觉得结婚的时机到了；耶鲁版的鲍斯威尔 1766—1769 年日记被命名为《鲍斯威尔寻妻记》可谓恰如其分。[6]

大量的候选人来了又去。鲍斯威尔总是容易受到影响，他常常自以为正处于热恋中，但激情很快就会消退。即使在被某个女人迷倒的时候，他也免不了会算计她的社会地位和财富前景。

最后，鲍斯威尔找到的妻子竟然是跟老家关系非常亲近的人：他的表姐，即他姨娘的女儿维罗妮卡。她的名字是玛格丽特·蒙哥马利（彩图 24），在爱丁堡以西的莱恩肖长大，那里离奥金莱克庄园不远。她和詹姆斯从小就是好朋友，但直到 1769 年春天，她才出现在詹姆斯的日记和信件中。他总是叫她佩吉，她叫他杰米。

表亲之间结婚并不罕见，但这里有一个严重的实际问题。佩吉只能带来一千英镑的嫁妆，奥金莱克勋爵认为这笔钱太少，不足以让他儿子成家立业，他坚决表示，自己不赞成这门婚事。这对表姐弟彼此深深吸引，但他们并不指望会有什么结果。1768 年詹姆斯请佩吉签署一份戏仿式的法律文书，要她承诺不嫁给自己，"考虑到大律师詹姆斯·鲍斯威尔先生，我的表亲，目前已经深深爱上了我，如果我可以选择的话，我肯定会选他当自己的合法丈夫，但这位詹姆斯的脾性变化无常，有理由担心他不用多久就会后悔自己的选择；所以，他不愿意与我结成佳偶"。[7]

在莱恩肖，鲍斯威尔遇到了一位年轻的爱尔兰姑娘凯瑟琳·布莱尔，觉得两人是般配的一对；不久，他就前往都柏林，看看婚事是否可成。结果没成。他在给朋友乔治·登普斯特的信中说，凯瑟琳是"世上最可爱、最迷人的小尤物"，但幼稚到了无可救药的地步。[8]

与此同时，鲍斯威尔日复一日都在佩吉的陪伴下度过；佩吉也一同去了爱尔兰，大概是因为她在莱恩肖和凯瑟琳交上了朋友。在写给坦普尔的信中，鲍斯威尔承认：

> 我发现她在海上和陆上都是我遇见过的最好伴侣。我极其喜欢她，也非常看重她。如果男人可以完全自主选择妻子的话，我会选她。可是，反对这门婚事的理由是她比我大两岁，手里只有一千英镑。我的父亲肯定会强烈反对我娶她，因为她既不会带给我钱财，也不会带给我有用的关系。我出于增强家族实力的初衷，多少抱有相同的想法。

不用说，佩吉和鲍斯威尔一样，属于同一家族的一个分支，但她对家族并没有怀有鲍斯威尔那种浪漫情感。[9]

杰米克服了这些顾虑，一定程度上是因为佩吉的强大魅力，两人于 1769 年 11 月结婚。奥金莱克勋爵如他之前暗示过的，立刻对这位逆子采取了令人震惊的报复措施。他已经六十二岁，当了三年的鳏夫，此时竟然娶了比自己年轻二十岁的表妹伊丽莎白·鲍斯威尔。不仅如此，就在詹姆斯和佩吉在莱恩肖举行婚礼的同一天，他在爱丁堡迎娶了伊丽莎白。詹姆斯觉得自己被出卖了。如果他父母再生一个儿子，他自己的继承权就可能受到影响。这个儿子并没有生出来，但奥金莱克勋爵不介意让鲍斯威尔为此担惊受怕多年。鲍斯威尔和他的新继母一直相处不好。

鲍斯威尔努力当个好丈夫，有一段时间，甚至努力当个忠诚于妻子的丈夫。尽管如此，压力还是可以预见的。两年前鲍斯威尔收到了吉罗拉玛·皮科洛米尼的告诫信（吉罗拉玛在佛罗伦萨曾疯狂地爱上他）："你具备所有不能不被人喜欢、所有能让他人开心的品质，可是我担心具有这些特质的你注定要让你的妻子痛苦一辈子。"[10]

据统计，鲍斯威尔在他二十九岁之前，即他结婚之前，与六十多名妓女有过短暂的接触。此外，他与四位女演员、三位有夫之妇以及卢梭的伴侣泰蕾兹、三位中产阶级女性有过暧昧关系——假设他把所有这种关系都记了下来。鲍斯威尔结婚后依然与妓女纠缠不清，他总是向佩吉坦白自己的所作所为，无疑是为了减轻良心的不安，得到佩吉的宽恕。[11]

鲍斯威尔在苏格兰遇上的最好的事情就是这门婚事，有些人可能认为他配不上自己娶的这位妻子。无论日子是艰难还是安好，她都将对丈夫忠贞不渝。不少艰难的日子还在等待着他们。他们将会有五个孩子，鉴于痛苦的童年记忆，鲍斯威尔将会尽力当个善待、关爱孩子的父亲。

鲍斯威尔经常在日记中称佩吉为"我那个千金难寻的妻子"，尽管他很欣赏佩吉，但他逐渐意识到由于性情的差异，佩吉无法成为自己所渴望的灵魂伴侣。"虽然她很有见识，性情也乐观，可是她跟我并非情意相投。她身上没有迷信，没有热情，没有虚荣心。"鲍斯威尔还发现佩吉对性事并不热情，但占有欲不强。"今晚我对她爱火颇盛。她通情达理，温柔随和，具备了我所期待的种种，只是对房事很抵触。我告诉她我必须养一个情妇。她说我喜欢去找谁，就去找谁。她经常这样说。"鲍斯威尔在性病复发期间，似乎行事十分小心，生怕让她也感染了性病。[12]

佩吉唯一不能接受的就是她丈夫与本阶层的女人发生关系，因为这可能会导致丑闻外扬。鲍斯威尔经常翻来覆去地想象自己是圣经中的族长，可以拥有一群小妾，逍遥快活。有一回，他"轻手轻脚"走进他们家一位客人（未交代姓名）的房间。"她跟我调起情来，我们挨肩擦脸，拨云撩雨，好不亲昵，尽管我跟她宣讲《旧约》的道理，她硬是不让我进去。"佩吉发现后责备鲍斯威尔，"显得理直气壮，义正词严，我在坦率承认自己犯傻的同时，收起了内心那种淫邪的激情……我对妻子的尊重和喜爱之情重新燃起"。[13]

毫不奇怪，鲍斯威尔支持双重标准。他在《约翰逊传》中明确表达了自己的观点："轻薄无耻的浪荡子或许会以为引诱我的妻子堕落没什么错，但我难道不应憎恶他吗？如果我把他抓了个现形，我要对他客气点吗？不，如果我真的爱自己的妻子，或者对荣誉有一种真正理性的认识，我就会把他踢下楼去，或者把他的身体刺穿。"[14]

在这个问题上，约翰逊也支持双重标准，只不过他的表述没那么戏剧化。他的观点是私生子会打乱血脉的延续。"我问他，一次不守贞洁就能完全毁掉一个女人，这是不是太苛刻了。约翰逊说：'啊，先生，一点不苛刻。每个女人都要学会的唯一重要准则是合拢自己的双腿。'"当鲍斯威尔将这段交谈移入《约翰逊传》时，他保留了"唯一重要准则"，但删除了"合拢自己的双腿"。[15]

家庭

1773 年至 1780 年间，有六个孩子出生，几乎每年一个。其中一个出生后不久就夭折了，其他孩子活到了成年。最大的孩子是维罗妮卡，紧随其后的是尤菲米娅和亚历山大（以鲍斯威尔父母的名字命名），詹姆斯和伊丽莎白。他们在家里的昵称是维、菲米、山迪、杰米和贝琪。1786 年的一幅群像展示了其中最小的三个孩子（彩图 25）。佩吉头戴一顶正式的假发，一顶与菲米相配的帽子，目光犀利，值得玩味。正在发福的詹姆斯试图给人一家之主的感觉。

詹姆斯深爱他的孩子，并决定以自己的父亲为鉴，要当之无愧地得到孩子的爱戴。令他深感安慰的是，维罗妮卡和尤菲米娅都继承了她们父亲的音乐才能，后来成为才艺高超的大键琴师和歌手。维罗妮卡十二岁的时候，他们的音乐老师给自己的学生们举办了一场音乐会，"无论唱歌还是演奏，我两个女儿的表现都好得出奇"。[16]

尽管鲍斯威尔发自真心地喜欢孩子，但他并没有记下太多孩子们早年的细节。他倒是记述了与维罗妮卡一场颇具挑战性的对话。当时维罗妮卡六岁，非常聪明，还睡在父母的房间里。

> 晚上我们上床后，维罗妮卡在她的小床上大声说道："我不相信有上帝。""上帝保佑，"我说，"亲爱的，你这是什么意思？"她回答说："我已经想过好多回了，但不想说出来。"我感到为难、不安，索性用一个简单的论点来试探她：没有上帝，就不会有我们所看到的一切。我说："是他让太阳发光。"维罗妮卡却说："太

阳只在晴天里才发光。"我说："上帝创造了你。"她说："妈妈生了我。"听到我们的小天使这样说话，我和她妈妈感到既惊奇又害怕。[17]

　　几个星期后，鲍斯威尔认为自己应该给孩子强行灌输"神之报应"的信念；这会引发焦虑感，鲍斯威尔幼年时也曾饱受其折磨。"夜里我跟他们大谈黑天使和魔鬼：坏人死了以后，他们会抓住坏人，拖到地狱里，那是黑暗的地方（我还没有跟孩子提及地狱之火，恐怕永远不会）。三个孩子突然害怕得要命，大喊大叫跑到我面前，寻求我们的保护（他们和我都在客厅里），孩子的母亲被惊动了，吓得连忙跑上楼来。"那时山迪才四岁。[18]

　　然而，几个月后，维罗妮卡在神学上所表现的颖悟早慧令鲍斯威尔大为欢喜。她告诉鲍斯威尔，当妹妹菲米说"基督与上帝没什么两样"时，她回答道，"基督是上帝的一部分"。[19]

　　困扰鲍斯威尔和佩吉的一个家庭争论是前者坚持家产只应由男性继承。也就是说，如果他们的儿子先于鲍斯威尔离世，家产将会留给某个远房男性亲戚，而不是他们的女儿。这意味着除了以长子继承制为准则外，他们还要拟写一份限嗣继承的文书，明确交代正确的继承顺序。

　　在几年后才出版的《国富论》一书中，亚当·斯密猛烈抨击了这样的安排。他的论点是，长子继承制在封建时代是合情合理的，因为"每位大地主在某种意义上都是小诸侯"，安稳的秩序取决于保持财产的完整，但在现代世界，长子继承制会产生负面影响。斯密更不赞成限嗣继承。"它们建立在最荒谬的假设之上，即一代代人类在占有地球及其一切资源方面并无平等权利，如今这代人的财产必须按照大约五百年前过世之人的突发奇想加以限制和管控。"[20]

这正是班纳特一家人在《傲慢与偏见》中所哀叹的：既然没有儿子，家族的遗产就必须传给继承顺序中血缘最近的男性，而这人恰好就是浮夸可笑的柯林斯先生。

鲍斯威尔与几位顾问探讨了这个问题，其中包括约翰逊；约翰逊敦促鲍斯威尔与杰出的法学家黑尔斯勋爵商谈。黑尔斯和约翰逊通过共同的努力，终于说服鲍斯威尔放弃了对遗产的执念，赋予他女儿继承遗产的权利。"我的妻子流下了眼泪。"结果这个问题再也没有出现过，因为他们的儿子亚历山大后来接替詹姆斯，成为奥金莱克的主人。[21]

疑病症和酒精

鲍斯威尔的精神痛苦时常复发，兴奋与消沉相互交替，周而复始。他三十五岁左右写道："我情绪激昂，嘴里侃侃而谈，难以自控……我继续保持极好的心情。"后来，他抚摸了一个"鲜嫩、丰满、清秀"的十五岁姑娘；"我的妻子看到后很生气"。晚饭后，鲍斯威尔出门探险，遇到了另一个女人，"一个风骚的老情人，此时已经结婚了"；她很乐意陪鲍斯威尔到野地里去。"但我认为这么做是不对的，所以我只满足于跟她动手动脚、打情骂俏。"

那天晚上结束时，一切安然无恙。"我光着身子在床上躺了一会儿，非常舒爽地享用了我爱妻的身体。然后，我起床写信，喝了一些美味的汤，只觉得身体雄健、心情愉悦，我无法形容这种感觉。"一周以后，"我气色和心态都不错。上帝保佑！与以前的自己相比，我现在是多么身心舒泰、精力充沛啊！"但过了几个月，"我难受得要死，觉得理智的基座马上要崩塌了"。又过了两周，抑郁消散了："几乎什么也没做。但好过了很多。"又过了两周，他开始引用哈姆雷特的话："乏味而无聊。"就是在这个时候，鲍斯威尔开始撰写一系列题为《疑病症》的文章。[22]

在抑郁发作期间，缓解的法子通常是："拿出马拉加葡萄酒，尽情地喝。……有点喝醉了。大约九点的时候，去了街上。遇到不错的姑娘；和她一起到黑衣修士小巷子开房间，做了两次。回来喝咖啡，打惠斯特牌。回到家将近十二点。没有遭人非难。妻子的身体还算可以。"最后这句评论是警告的信号。佩吉已经开始出现肺结核的病症，最终将会因为肺结核丧命。[23]

抑郁症爆发的时候，鲍斯威尔常思考起自由意志和决定论的问题，对他来说，这不只是哲学难题。他很清楚自己感受不到自由，加尔文主义者所强调的得救预定论是难以甩掉的。约翰逊对此毫无助益。他担心自己的强迫症发作，不愿意探讨这个话题。"今晚，约翰逊博士避开不去谈论命运和自由意志这个疑难问题，而我偏偏要跟他争论不休。'先生，'他说，'我们知道自己的意志是自由的，好了，就这样了。'"[24]

去看望一位朋友时，鲍斯威尔偶然翻阅了一篇文章，里头写道："人类所有行为都是被事先确立好的，毫无余地，从很早的时候就被包含在一系列因果链条中，因此存在一种普遍的必然之力……我被这样的想法震惊了，陷入了可怕的忧郁之中，于是，我走到树林里，一路呻吟不止。"[25]

可以想见，鲍斯威尔的饮酒量加大了。不同于伦敦，这种情况在爱丁堡更有可能发生。一位苏格兰作家在评论鲍斯威尔时说道："在世界历史上，无论什么时间、什么地域，就持续酗酒而言，肯定很难找到一座可以与18世纪的爱丁堡相匹敌的城市。法官、律师、贵族、一些贵妇、地主、商人和大臣都在狂喝滥饮葡萄酒和烈酒；阅览爱丁堡的历史，就像是在阅读与瓦尔哈拉庆典相关的记述。"[26]

鲍斯威尔的传记作者坚持认为，他并不是真正的酒鬼，理由是他有时可以把酒戒掉。但毫无疑问，鲍斯威尔经常喝得酩酊大醉，第二天就想不起发生过什么事了。此外，他还发生过摔倒且严重受伤的小插曲。

有一次，鲍斯威尔光和一个同伴就喝了五瓶波尔多红酒："我喝得烂醉，却神情严肃地走开了。我在街上四处漫游，走到异常陡峭的律师巷那里时，冲下去的势头太猛，突然不受控制从一级几乎垂直的石阶上滚落下去。我停不下来，等摔到底了，强大的撞击力让我一下子清醒了许多。"后来，鲍斯威尔又摔了一跤，脚踝受伤严重，好几个月走路都是一瘸一拐的。[27]

不久之后，鲍斯威尔去德文郡的堂区长寓所看望老朋友坦普尔，发誓从此要戒酒——他立下的誓约是一次不要喝超过六杯葡萄酒。那年晚些时候，他在一次聚会上喝得酩酊大醉。回家后，他抡起椅子四处乱甩，把椅子摔碎以后，还将手杖砸成了碎块，扔到了火里。"这个可怕的场面我几乎不记得了，全靠妻子的描述我才知道。当时她的处境非常危险，因为我将椅子和手杖瞄准了她。在她的描述里，我这个人真是恐怖！她把我弄到床上，我浑身难受得要死。"有时，他通宵达旦地饮酒，还要出庭辩护，庭审刚结束，他就得急匆匆跑到外头去呕吐。[28]

鲍斯威尔每逢觉得极不开心的时候，就会写信给约翰逊，以乞求的语气问他是否还对自己抱有好感。这里再现的（图 68）是这些年里一封典型书信的首页：

要劝动你给我来信来得勤快些，倒也不是不可能。不过，我深信动员你与我定期通信是徒劳无功的。因此，我必须把你看作智慧的泉源，从那里流淌出的溪水很少会流向远方，我必须来到源头处，才能充分吸收它的功效。我必须承认，你的存在总能让

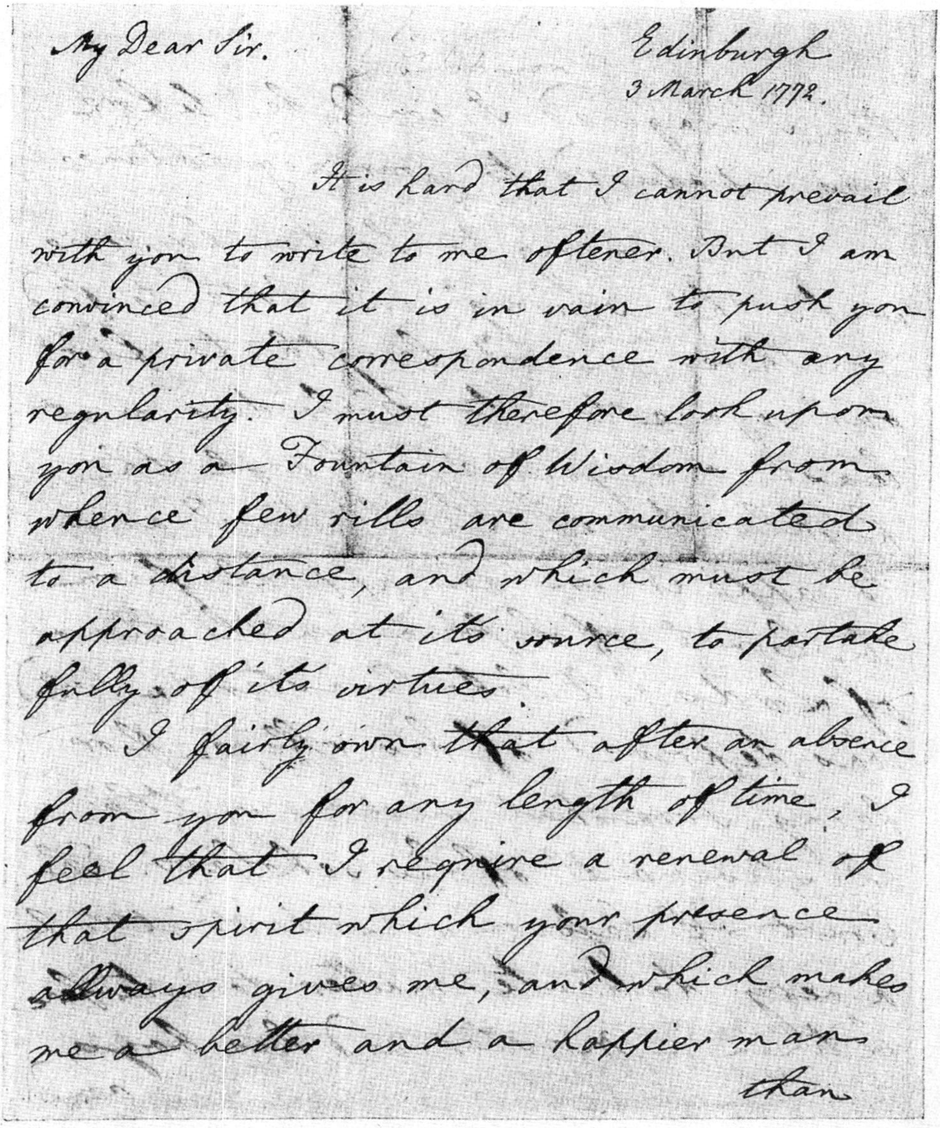

My Dear Sir.   Edinburgh
                                                3 March 1772.

It is hard that I cannot prevail
with you to write to me oftener. But I am
convinced that it is in vain to push you
for a private correspondence with any
regularity. I must therefore look upon
you as a Fountain of Wisdom from
whence few rills are communicated
to a distance, and which must be
approached at its source, to partake
fully of its virtues.

I fairly own that after an absence
from you for any length of time, I
feel that I require a renewal of
that spirit which your presence
always gives me, and which makes
me a better and a happier man
                                                than

图 68　鲍斯威尔致约翰逊书信

我精神焕发，与你分别了一段时间以后，我就觉得需要让自己重新振作起来；在你介绍我认识你的那些熟人之前，你的存在让我成为更好、更快乐的人，超出了我想象的范畴。

这封信是这样结尾的："亲爱的先生，我对您的敬重和爱戴坚定不移，对您的感激难以言表，我是您谦卑的仆人詹姆斯·鲍斯威尔。"约翰逊立刻回信，向鲍斯威尔保证自己对他的好感永久不变。[29]

约翰逊不得不一次又一次安抚鲍斯威尔，自然不胜其烦。五年后，他在伦敦说了一番话，鲍斯威尔后来将其自豪地引入《约翰逊传》中："我对你的喜爱几乎是我无法用言语表达的，但我不再反复跟你说了。你把它写在小笔记本第一页，以后不要再疑神疑鬼了。"[30]

为何约翰逊对鲍斯威尔抱有这样的态度，从文献记录中并不总是看得分明，但生活经验本身比文献更能说明问题。鲍斯威尔古怪的幽默、热情和社交魅力总能让约翰逊精神振奋；约翰逊知道，鲍斯威尔向自己寻求意见和安慰是完全出于真心的。如果说鲍斯威尔在约翰逊身上找到了他本该有的父亲，约翰逊则在鲍斯威尔身上找到了他从未有过的儿子。鲍斯威尔的敬佩之情几乎到了崇拜的高度，肯定填补了约翰逊对来自他人的承认的巨大需要。

此外，鲍斯威尔不受礼法拘束，随性而为，色胆包天的做派，可能让约翰逊间接获得了快感。他的轻浮和琐碎——还能将琐碎提升到新的高度——对约翰逊的严肃作风和崇高道德来说是一种调剂。同样，鲍斯威尔稚童般的自我中心主义、自我满足、自我放纵是约翰逊绝不允许自己拥有的品质。虽然约翰逊像父母一样呵责他（鲍斯威尔确实希望他这样做），他也接受并喜欢鲍斯威尔本来的面目——这确实是一份珍贵的礼物。

科西嘉 · 鲍斯威尔

在鲍斯维尔结婚之前的几年里，有一件真正振奋人心的事，那就是《科西嘉纪实：科西嘉岛旅行日记以及关于帕斯夸莱 · 保利的回忆录》的出版。鲍斯威尔在科西嘉岛的时候就产生了写这本书的想法。他的设想是让人们意识到一群反抗热那亚统治的勇士的困境，这群人的领袖，在鲍斯威尔眼里，是一位大英雄，就像是从普鲁塔克《希腊罗马名人传》中走出来的一样。这本书既包括鲍斯威尔在那里记述的，后来又略加编辑的日志（这在当时是新奇的做法），同时也包含有丰富的历史和地理细节。

鲍斯威尔就此设想咨询约翰逊时，后者并没有鼓励他写这本书。"至于对科西嘉岛的记述，别人没有或很可能没有的材料，你手里同样没有。不知怎的，你的想象力过于活跃了。有时候，我们的脑袋会对某个想法念念不忘，到了不合常理、荒谬绝伦的地步，我希望有一种疗法能杜绝这样的执念，就像情人跳崖一样，一了百了。管好你自己的事吧，别管那些科西嘉人。亲爱的先生，我是您最谦卑的仆人，塞姆 · 约翰逊。"[31]

约翰逊在某种意义上是正确的——《科西嘉纪实》中的历史部分都是鲍斯威尔复制粘贴的结果。不过，当时人们对科西嘉岛的了解程度少得出人意料，鲍斯威尔作了深入的研究，不少读者高度评价这本书。正如后来我们将看到的，这是一次难得的技能练习，鲍斯威尔需要这些技艺完成挑战性远胜《科西嘉纪实》的《约翰逊传》。

直到 1768 年，《科西嘉纪实》才问世；与此同时，鲍斯威尔热情地投入了向英勇的科西嘉人运送武器的运动。他筹足了钱，订购了 30 支枪、2900 发子弹、5020 支霰弹、38 桶火药，并及时送到保利那里去。[32]

鲍斯威尔想说服英国政府向科西嘉人提供军事援助，但没能成功，更不用说让英国人加入科西嘉人的战斗了。当时的军需总管霍兰勋爵说得很干脆："我们也许不是什么聪明人，但不至于傻到因为鲍斯威尔先生去过科西嘉，就要到那里打仗；不过，相信我，科西嘉是世界上最污秽的一座岛屿，上头住着一群最污秽的岛民，跟这群人并肩作战，大概没有比鲍斯威尔的说法更好的理由了。"[33]

多年来，鲍斯威尔喜欢在报纸上发表匿名文章，在《科西嘉纪实》出版之前，他发起了一场声势浩大的宣传运动。据报道，科西嘉驻法国公使罗曼佐先生曾打伤了一位不尊重科西嘉人的傲慢贵族。《伦敦纪事报》刊登了一封名为萨姆·琼斯的英国志愿兵的来信；这人当时正在与科西嘉人一起战斗，他在信里写道："我跟着船长去了意大利，常在那里听人们说起科西嘉人，于是便去了科西嘉岛，天啊，我从没有到过更好的地方。他们的保利将军和我们的国王一样，都是好人，上帝保佑他。"萨姆·琼斯，还有罗曼佐先生，其实都是子虚乌有之人。[34]

在《科西嘉纪实》的序言中，鲍斯威尔宣称："我被视为作家，为此感到自豪，我强烈渴望文学名声；在所有财产中，我认为文学声望是最有价值的。"这本书后来确实成为名作，并被翻译成好几种语言；保利成为反抗压迫的象征，这就是宾夕法尼亚州有保利市的原因。令鲍斯威尔喜出望外的是，人们开始称他"科西嘉·鲍斯威尔"。他如今与"词典·约翰逊"有了一点共通之处。当然，他仍然不知道自己的文学名声将赖以存在的真正基础。[35]

鲍斯威尔文本的第一个词是"自由"。他形容自己"曾身处英勇岛民之中，那时他们的爱国气概抵达巅峰，我觉得自己深受他们的精神感染"。仅仅一年之后，科西嘉人的起义就溃败了。热那亚把科西嘉岛的控制权割让给法国，法国人立即入侵科西嘉，并一直统治至今。保利翻越山岭逃走时，他的随行人员包括一位名叫卡洛·波拿巴的律师，三个月后，那人的妻子生下了拿破仑。卢梭在《社会

图 69　在伦敦的保利

契约论》中的预言——有朝一日科西嘉岛可能会震惊欧洲——只有
以这种讽刺的方式才得以应验。[36]

　　保利选择在伦敦度过他的流放岁月。他很快就与经常住在自己
家里的鲍斯威尔恢复了热络的关系。两人的友谊是互惠互利的，因
为英国政府给保利一年一千二百英镑的慷慨年金，在很大程度上是
受到鲍斯威尔著述的影响。

　　尤其令鲍斯威尔开心的是介绍他心目中的两位英雄彼此认识。
"将军说意大利语，约翰逊博士说英语，两人都能很好地理解对方的
意思，我的翻译也起到了一点作用，我不由地把自己比作连接两块
大陆的地峡。"两人成了好朋友，在以后的岁月里经常会面。[37]

　　保利此时的画像（图 69）体现了政治家的隐忍顺从，他知道自
己可能再也见不到故土了。他很快就被约翰逊的圈子接纳，英语进
步很快，尽管并不完美，却别有风味。范妮·伯尼听到保利描述在

科西嘉岛与鲍斯威尔初次见面的场景，觉得趣味盎然：

> 他给我带来了一封介绍信，但我以为他是个骗子，同时心里
> 又暗想，他说不定是个探子；我转过头看向别处，过一会儿又朝
> 他那里看去，见到他拿着一叠纸。哦！他要把我说的话都写下来！
> 我真的很恼火！但很快我发现他不是什么骗子，也不是什么探子，
> 我发现自己就是他要来见识的大怪物。啊，多好的人啊，我真的
> 喜欢他——多开朗！多快活！多让人舒服！但是一开始，唉！我
> 确实很恼火。[38]

实际上，鲍斯威尔还没有无礼到那样做笔记，但他确实会草草记
下一些词语，便于日后回想，很显然他抓住了在自己看来合适的机会。

莎士比亚大庆典

1769 年，在埃文河畔的斯特拉福德举行了一场叹为观止的盛会，
即著名的"莎士比亚大庆典"。这是大卫·加里克推销自我的神来之举，
尽管出现了恼人的挫败，但这个活动有着持久的重要意义。克里斯
蒂安·迪尔曼的著作《莎士比亚大庆典》对这件盛事作了非常有趣
的描述，他称这个活动"既荒唐可笑，又声势浩大"，并得出结论说：
"这标志着莎士比亚不再被视为越来越受人欢迎和敬佩的剧作家，而
是成了神一样的人物。"[39]

"俱乐部"的大多数成员都没参加，认为这场庆典是以自利为
目的的商业噱头。约翰逊的莎士比亚版本四年前就出版了，但他不
愿意为这个场合撰写任何文章；加里克只好自己炮制了一首莎士比
亚颂歌。不过，有个人确实出席活动了，那就是科西嘉·鲍斯威尔。

他玩得很开心。

这场庆典其实是临时起意举办的。斯特拉福德镇的主政者心想，如果他们提议在新市政厅里展示莎士比亚和加里克本人的肖像，就能动动加里克给他们的新市政厅捐钱。他们很可能听说过，加里克对阿谀奉承的需求是多多益善。正如哥尔德斯密斯描述的，

> 他对美名贪得无厌，来者概不推辞，
> 蠢货拍的马屁，他竟误以为是名气；
> 直到他的口味如同患病，变得麻木，
> 只有最劲辣的味道，才会令他满足。[40]

加里克喜欢小镇主政者的想法，但他看到了迟钝的斯特拉福德居民没有看到的可能性。加里克早在此之前，就像一位传记作家评论的，已经开始认为自己是"莎士比亚在世间的代理人"。[41]

加里克委托庚斯博罗创作了一幅双人肖像：一尊莎翁半身像正带着慈爱的笑容俯视着加里克，而加里克的身子正亲昵地斜靠着这尊塑像，一条胳膊环绕在雕像底座。这幅画及其精美的画框最终花费了一百九十四英镑，相当于新市政厅全部花费的四分之一。如果小镇的主政者希望加里克为此买单，这恐怕是他们失望的开始。"镇自治机关抓住了加里克，"迪尔曼说，"等于抓住了一条自己无法驾驭的大鱼。"[42]

凭着过人的组织能力，加里克很快就制定好了举办一个规模浩大的庆典计划。主要场地是河边空地上新建的一座大容量的带顶圆厅，现代莎士比亚剧院如今就坐落在那里。埃文河的景色被一排树遮住了，所以那些树都被伐倒了。参加庆典之人的住宿必须安排到当地客栈、私人住宅和偏远村庄里；即便如此，许多人还是会发现住处不够。德鲁里巷剧院的管弦乐团被召集过来，大有名气的托马

斯·阿恩为此场合谱写了新乐曲。

活动的两个亮点是莎士比亚角色的游行——由德鲁里巷剧院的演员扮演，那是他们经常饰演的角色——以及之后在圆形大厅举行的化装舞会。但似乎没有人想到，9 月份可能会出现坏天气。阴雨连下好几天，河水漫过低洼的草地，人们踩在齐踝深的水里，水花四处飞溅。焰火表演已经筹划好了，但最终偃旗息鼓。游行被取消了。化装舞会如期举行，大约两千个浑身湿透的人挤在圆形大厅里。

加里克有声有色地朗诵了自己的《莎士比亚颂》，听者都如痴如醉地连声叫好，他借此挽救了这场庆典。阿恩的音乐也大获成功。加里克写了歌词，其中一些后来流行起来，尤其是一首名为《沃里克郡小伙子》的民谣；这首曲子经常在伦敦演奏，至今仍是皇家沃里克郡军团专用的进行曲：

> 著名的威廉·康格里夫同样技艺精湛，
> 但最威武的威廉是沃里克郡的威廉，
> 沃里克郡的威廉，
> 无可匹敌的威廉，
> 最威武的威廉是沃里克郡的威廉。

在科西嘉岛，鲍斯威尔得到过一套正宗的叛军士兵服，但遗憾的是，这套衣服留在了爱丁堡。于是，他在伦敦四处奔波，弄到了一件复制品。在前往斯特拉福德的路上，他在牛津过了一夜，给当时还是自己未婚妻的佩吉得意洋洋地写了一封信："我敢跟你说，这套科西嘉军装一定会让人显得仪表不凡、引人注目。我这人就是有个毛病，举例来说吧，昨天晚上，我穿着科西嘉人的军服对镜自照的时候，忍不住想到，你从此恐怕会更加高看自己了：'瞧瞧，你竟得到了这样一个漂亮小伙子始终不渝的喜欢和爱慕。'" [43]

在斯特拉福德，鲍斯威尔又开始像往常一样，迷恋起别的女子，但考虑到佩吉，他还是忍住了，决定不去拈花惹草。他此次到斯特拉福德来，是要扮演科西嘉人，神气活现地四处走动，他的确做到了。回到伦敦后，鲍斯威尔请人画了一幅画，打算让人刻印在《伦敦杂志》上，他后来得偿所愿（图70）。

鲍斯威尔为此画像配了解释文字：

> 他穿着一件黑粗布短上衣；他的无边圆帽正面绣着金字"自由万岁"，旁侧是漂亮的蓝羽毛和帽徽，因此帽子看上去既威武又优雅。他还有一个弹药袋，里面插着一把短剑，跟弹药袋连在一起的腰带左侧挂着一把手枪。他肩上挎着一支燧发枪，头发上没有搽粉，但他请人把头发编成了长长的辫子，辫子末端系了一个蓝丝带结。他挂着手杖，那是一根完整的奇特藤枝，上面精细雕刻着一只鸟，象征莎士比亚这位埃文河畔的吟游诗人。这个人没有戴面具，说英勇的科西嘉人不适合戴面具。他一走进房间，就引起了在场众人的注意。[44]

整个活动结束后，加里克损失了一大笔钱，可能高达两千英镑。凭着一贯的足智多谋，他很快就弥补了这个亏空。在德鲁里巷剧院，他继续上演因下雨而取消的盛装游行。这个游行被取名为"大庆典"，创下了整个世纪所有戏剧演出的纪录，收入超出损失四倍。仅在第一季，它就上演了九十一个晚上，场场爆满，从那以后这个节目一直大受欢迎。

由于表演的场地换成了舞台，而非原来的公共街道，每组演员都能停下来表演，呈现给观众的不仅有寓言性的静态场面，也有小规模的动态哑剧场面。加里克扮作《无事生非》中的培尼狄克，这是他最受欢迎的角色之一；莎拉·西登斯扮成女神维纳斯，首次登

JAMES BOSWELL Esq.ʳ

In the Dress of an Armed Corsican Chief, as he appear'd at Shakespeare's Jubilee, at Stratford upon Avon September 1769. —

图 70　科西嘉·鲍斯威尔在斯特拉福德

上德鲁里巷剧院的舞台。其中一位演员借用了鲍斯威尔的科西嘉军
装，扮演詹姆斯·鲍斯威尔。不过，那时鲍斯威尔已经回到爱丁堡，
所以他失去了在舞台上为自己喝彩的机会。[45]

第十四章

在最遥远的赫布里底群岛之间

　　苏格兰高地和更远的赫布里底群岛正开始因为浪漫主义情调声名远扬。三十年之后的华兹华斯将会想象一位在田野上收割庄稼的"高原少女",她的歌声令人想起鸟鸣声:"打破在最遥远的赫布里底群岛 / 之间海洋的沉寂"。然而,在 1770 年代,很少有英国人甚至低地苏格兰人去过那里(华兹华斯也从未去过那里)。"对苏格兰南部居民来说,"约翰逊写道,"那里的山岭和岛屿状况跟婆罗洲和苏门答腊岛的一样陌生。"[1]

　　这种冷落是有原因的。琳达·科利在论述"英国性"概念的著作中写道:苏格兰低地人"传统上认为他们的高地同胞是与自己不同的、低等的种族,性情暴烈叛逆,生活贫困落后。他们称高地人为蛮夷或土著"。另一位历史学家强调了两个截然不同的文化群体之间的鸿沟。说盖尔语的苏格兰高地人在多石土地上以农耕为生,他们对英格兰的统治深为不满。在苏格兰南部,"由持有资本的大地主、商人、律师、神职人员和教授组成的爱丁堡—格拉斯哥轴心联盟"则完全赞成 1707 年苏格兰和英格兰合并,他们中的很多人都在伦敦发展自己的事业。[2]

鲍斯威尔在苏格兰南部长大，吸收了那里的价值观，而且他一心向着伦敦。苏格兰高地和赫布里底群岛，在他眼里，代表着一段浪漫的过去，他喜欢想象自己的先人生活在这样一个世界里：封建部族的成员对世袭族长保持绝对的忠诚。"高地的地名，或是风笛的声音，"他承认，"都会让我血液沸腾，使我心里充满忧郁和对勇气的敬意。"[3]

约翰逊也想去游览苏格兰高地和赫布里底群岛，原因与浪漫情结无关。他看到现代世界迅速摧毁了来自过去的文化遗产，虽然他并不认为这是坏事，但还是很想知道在凯尔特边缘地区人们究竟是怎样生活的。

鲍斯威尔与约翰逊相识后不久，就提出了结伴出行的想法，约翰逊也喜欢鲍斯威尔的提议。他说自己小时候从父亲那里得到过马丁·马丁撰写的《苏格兰西部群岛记述》，并彻底迷上了这本书；他同意说，他们将来有一天确实应该去看看。[4]

1773 年，这个梦想变成了现实，结果是他们各自写出了一部重要的著作。他们回来一年后，约翰逊出版了《西苏格兰群岛之旅》，这本书以轻快的笔触概述了两人所到的地方以及遇见的生活方式。直到 1786 年，也就是约翰逊去世两年后，鲍斯威尔的《赫布里底群岛游记》才出版。在旅途中，他像往常一样，作了详细的记录，约翰逊一路上都在阅读他的日记，对其大加赞赏。鲍斯威尔后来对日记稍作编辑就出版了，删除了一些涉及自己私密的文字，缓和了那些可能会惹人生气的评论。

最后的成书展示了一个形象立体、个性突出的约翰逊，列举了他的大量言论，对读者而言，这是令人激动的新体验。由于这本书的成功，鲍斯威尔终于下定决心，将他日记里的其他材料纳入正在酝酿的《约翰逊传》中。

虽然约翰逊喜欢这个出行的想法，但苏格兰境内没有现成的马路可供车辆通行，而在险阻坎坷的路面旅行，是一项巨大的挑战。鲍斯威尔担心不能成行，便游说他们的朋友鼓励约翰逊出门。在出版《赫布里底群岛游记》时，他热情洋溢地感谢了赫斯特·思雷尔："我特别要向思雷尔太太致谢，她对约翰逊所施的魔法很少有不灵验的时候。她说：'我要助你一阵风。'——'感谢你的神通。'"至少这看起来像热情的谢意。但鲍斯威尔引用的是《麦克白》中女巫的台词，也许有意将侮辱暗含其中。[5]

这场旅行发生在对约翰逊来说具有象征意义的重要时刻：他刚刚度过了所谓人生的"大关"。7和9被认为是具有命理意义的数字，它们相乘等于63。这就是更年期——一个人非常容易患病和殒命的转折点，但如果度过了这个时期，可以多活很多年。

认真对待这个观点的不只有迷信者。"今年正是我的大关，"亚当·斯密在给朋友的信中写道，"我的健康状况大不如从前。我只好假装相信，靠着高超的引航技术，我一定能够渡过这个危险的人生海岬；我希望自己的余生都能在平静的水面上航行。"结果是，他在写这封信时，只剩下三年时间了。[6]

旅行者约翰逊

在那个旅行缓慢而艰难的年代，约翰逊仍然超级喜欢旅行。赫斯特·思雷尔曾和他长途跋涉前往威尔士和法国，她证实说："约翰逊热爱旅行这种活动。"最好的交通工具是驿马车（post-chaise），比公共马车要小些，更舒适；驿马车可以乘坐两到三名乘客，由两匹马牵引，车夫骑其中一匹。鲍斯威尔有一次在英国游玩时，记得"我们被驿马车载着向前飞奔时，他对我说：'生活中比这更好的事情真不多'"。欧内斯特·谢泼德——最为知名的是他的小熊维尼插图——

图 71　乘坐驿马车一路飞奔

为某个现代版《约翰逊传》创作了一幅鲍斯威尔和约翰逊同乘驿马
车的（图 71）插画。像现代的敞篷车一样，这辆车有可折叠的车顶，
天气好的时候可以把它放下来。[7]

　　"post"（驿）这个词暗示速度；在《英语词典》中，约翰逊将
其定义为"快捷的旅行方式或方法"。之所以快捷，是因为经常换马，
每隔十英里或十五英里就要换一匹新马。在驿道上设立驿站，就是
为了这个目的；动词"to post"原先的意思是用这种方式运送邮件。
直到 19 世纪它才表示把信件投入邮筒。18 世纪邮筒尚未出现。

　　当时的人没有体验过更快捷的交通工具，如今的人很难领会这
种旅行方式对他们来说有多快速。19 世纪有人乘坐过最早的一类火
车，曾上气不接下气地报告说："我们以每小时二十三英里的速度前
进。速度之快，令我胆战心惊。我们几乎快飞了起来，脑海里挥之
不去的念头就是：不管发生多小的事故，所有人都会立即丧命。我
顿时头痛发作，到现在还没好转。"[8]

　　还有一个场合，也是鲍斯威尔与约翰逊一同出行，约翰逊以热烈的口吻表达了自己如何喜欢坐在驿马车里一路飞奔。"如果（约翰逊说）我不用承担任何责任，也不考虑未来光景，我愿意与一位漂亮女人同坐在驿马车里，飞驰一生。但她必须听得懂我说的话，还能为我们的谈话补充些什么。"[9]

　　鲍斯威尔与约翰逊有着同样的热情。他在日记中评论道，令他振奋的不仅是速度，还有自由的感觉。"一个人乘着驿马车出发的时候，不知怎的就像飞起来一样，与这个世界及其烦恼完全隔绝，觉得所有东西都比平常显得更有光彩。这种舒适感和惬意感令我欢喜。"他和约翰逊将乘坐驿马车开始他们的苏格兰冒险之旅。[10]

旅行开始了

　　约翰逊对爱丁堡并不太感兴趣，但鲍斯威尔想把他介绍给那里的文化人，借此往自己的脸上贴金。爱丁堡显得冰冷，充满乡土气，散发着恶臭。垃圾和便壶被随意倾倒在街道上，为这座城市赢得了"恶臭老城"的绰号。当他们在黄昏时分沿着商业大街走向鲍斯威尔家时，臭气避无可避，"我们慢慢前行，他在我耳边嘟囔道：'我在黑暗中嗅到了你的气息'"。[11]

　　鲍斯威尔出版《赫布里底群岛游记》之后，市面上出现了一系列以《鲍斯威尔的如画美》为总标题的讽刺版画（罗兰森依据塞缪尔·科林斯的绘画制作而成）。其中一张是《沿着商业大街漫步》（图72）；画中大腹便便的鲍斯威尔昂首阔步，凝视着他的大英雄。

　　该系列的另一幅画（图73）展示了他们从爱丁堡向北进发后的一个小插曲。"我买了一些斯佩尔丁（speldings），这是一种用特殊方法腌制和晒干的鱼肉（通常是牙鳕），或者说，一种先浸在海水里

WALKING UP THE HIGH STREET.

图 72 《沿着商业大街漫步》

再在太阳底下晾晒制成的鱼干，苏格兰人当作美味零食来享用。虽然斯佩尔丁也在伦敦售卖，但约翰逊博士从未见过。我坚持要让他的舌头品尝一下苏格兰风味，但他死活不愿意。我费了好大劲才说服他，让他放一小块到嘴里。他不喜欢这个味道。"在这幅画里，鲍斯威尔正强迫约翰逊进食，而渔妇们正面露鄙夷地嘲笑约翰逊。[12]

当鲍斯威尔发表自己的旅行记述时，他解释道，尽管约翰逊对身体的不便并不在意，但他已经差不多六十五岁了，身体一点也不灵便。"他身材魁梧、结实，或许可以说几近巨人的高度，身体由于肥胖变得笨拙不堪。"两人坐船穿过福斯湾时，曾停下来到一座小岛上勘察，"约翰逊在茂密的蓟和荨麻中踱步，像个巨人一样"，鲍斯威尔把他粗壮的橡木手杖比作赫拉克勒斯的巨棒。[13]

图 73 《品尝一下苏格兰风味》

　　有时，约翰逊看起来不仅身形巨大，而且重若丰碑。在接下来的行程中，鲍斯威尔欣喜地接到加里克的来信，他在回信中写道："我早已习惯了把约翰逊博士看成一个永远属于伦敦的存在物，就算见到圣保罗教堂沿着我们现在的路线移动，我也不会觉得更加神奇。"鲍斯威尔在成书后的日记中称这次旅行为"约翰逊经过苏格兰半球"。他想到了库克船长最近的一次航行：库克受英国皇家学会委托，前去观测金星凌日现象。当金星位于地球和太阳之间，排成一线时，天文学家可以看到一个小黑点穿过太阳表面，这是一种很少发生的短暂现象。在鲍斯威尔的比喻里，约翰逊博士变成了一个气势庄严地穿越某个半球的行星体。[14]

　　两人还带了一个名叫约瑟夫·里特的波希米亚男仆，一路照顾他们。鲍斯威尔曾这样描述他："他身高六英尺以上，举止优雅庄重，曾游历过欧洲大部分地区，会说多种语言。"七年前，鲍斯威尔在巴黎雇用了约瑟夫，从那时起约瑟夫就一直是他的用人，只不过他的名字很少在日记上出现（仆人通常如此）。鲍斯威尔在成书后的日记中提到约瑟夫时，觉得有必要向读者道歉。"他是我见过的最好的仆人。希望我的读者不要看轻我对他的介绍！约翰逊博士曾这样描述他的性格：'先生，他彬彬有礼，也有智慧。'"[15]

两人从爱丁堡沿东海岸往北走，在圣安德鲁斯大学短暂停留，一位大学教授对鲍斯威尔说："约翰逊是个了不起的人物，他精通自己掌握的每一门学科。"后来，苏格兰高地一位医生的说法更加生动："这个人真是一只有见识的大木桶。"[16]

对圣公会忠心耿耿的约翰逊对长老会摧毁圣安德鲁斯大教堂的行为表示愤慨。鲍斯威尔问约翰·诺克斯葬在何处时，"约翰逊博士脱口而出：'我希望葬在大路上。我一直在关注他的宗教改革。'"[17]

一名雕版画师根据鲍斯威尔的描述绘制了一幅约翰逊身穿行装的画像（图74）："他穿着一套纯棕色的衣裤，上面绣着棕色的盘丝纽扣，头上戴着一顶大而浓密的灰白假发，外套里面是一件纯色衬衫，腿上是一双精纺黑长袜，一排银色纽扣。一路上，他外出游玩时会穿上一双靴子，配一件宽松的棕色布大衣，口袋大得几乎可以装下他那两卷对开本词典。他手里挂着一根很大的英国橡木手杖。"[18]

高地风景

约翰逊和鲍斯威尔都不大关心沿途的风景。还有一次，为了引起约翰逊对爱尔兰之旅的兴趣，鲍斯威尔问道："'巨人堤道'难道不值得一看吗？"约翰逊果断地回答道："是的，值得一看，但不值得动身去看。"[19]

如今的人们认为高地风景优美，但约翰逊不这样看。他写道，

图 74　约翰逊的行装

这种地貌的"质料是无法成形的，也毫无用处，被'自然'弃置不顾，也被剥夺了她的宠爱，保留了原初的粗犷形态，唯一赋予它活力的是一种迟钝的力量，即无用的植被"。许多英国人甚至把阿尔卑斯山也看成通往意大利路上的可怕的冰雪障碍。[20]

如果说这片荒凉的风景对约翰逊有什么用处的话，那就是释放他的心灵，让他的创作兴致在漫游中油然而生。

那里的河岸也许是传奇作家乐于在作品里虚构的模样，我在岸边坐了下来。没有树木在我的头顶低语，但有一条清澈的溪流在我的脚下流淌。天气平和，空气轻柔，四周只有粗野、沉寂和孤独的气息。在我前面和两边都是高高的小山，它们无法让我骋目远眺，我只好驱遣自己的心灵自娱自乐。这个钟头过得好不好，我不清楚；正是在这里，我第一次产生了记述旅行见闻的想法。[21]

不过，有一个景象倒是十分壮观，约翰逊和鲍斯威尔都忍不住赞不绝口。两人作为埃罗尔勋爵的客人，在海边的斯莱恩斯城堡过夜，底下就是大海（图 75）。约翰逊注意到，城堡的墙壁"看起来只是一块陡峭的巨岩的延伸，岩石的底部被海浪拍打着"，他告诉主人，"这是他见过的最宏伟的景观"。鲍斯威尔补充说，埃罗尔勋爵东边最近的邻居是丹麦国王。[22]

清晨，两人乘马车去了巴肯的布勒（或布勒斯）。那是悬崖上的一个很深的岩洞，海水奔涌进洞里，力道迅猛，这便是"布勒"（意思是"沸腾"）的由来。约翰逊一如既往地轻视危险，毫不犹豫地沿着图片所示（图 76）的窄道向上攀爬，尽管如他后来写的，"只要壮胆向下看，就明白只要脚下一打滑，就会从惊险的高处摔下去，或是撞在一侧的石头上，或是栽到另一侧的海水里"。

之后，两人乘着划艇穿过布勒洞，森然的石壁令人感到压抑。"所有横射进来的光线都被拦截住了，里头昏惨惨一片。我们四周是一块垂直的巨岩，上方是遥远的天空，下面是深不可测的水。"[23]

向西走，两个旅行者到达了福累斯。"对英国人来说，这是一个经典的场景。"约翰逊写道，因为麦克白就是在那里遇到了三女巫。他以如下台词开场，背诵了《麦克白》的大部分台词，得到了鲍斯威尔的赞赏：

　　　到福累斯还有多少路？这些是什么人，
　　　形容这样枯瘦，服装这样怪诞，

图 75　斯莱恩斯城堡

图 76　巴肯的布勒

不像是地上的居民，
却在地上出现？

鲍斯威尔新近购买了一块紧邻奥金莱克、被称为达尔布莱尔的土地，约翰逊受此感染，欢呼道："为达尔布莱尔欢呼！向你致意，奥金莱克领主！"[24]

他们从福累斯沿着大峡谷向西南进发，这条六十英里长的地质断层将苏格兰一分为二，峡谷附近有一系列湖泊（最著名的是尼斯湖），湖泊之间由河流相连。从这个地方向前走，路况将变得十分简陋。用约翰逊的话说，"我们现在要跟舒适的旅行体验作别了，即将进入很可能从来没有车轮碾过的地域"。两人弄来了四匹马，一人一匹，还有一匹给约瑟夫·里特，一匹用来驮运他们的行李。[25]

途中发生的一件事很好地体现了鲍斯威尔的天赋，即善于用对话再现某种场景。在尼斯湖岸边，他们在一位老妇人满是烟草气味的小屋前停了下来。约翰逊在自己的书中简要地描述了这次相遇。那位老妇人的八十岁丈夫在树林里干活，她的两个儿子去因弗内斯购买燕麦片；她养了六十只山羊和一些鸡。"她带着真正的田园热情请我们坐下来喝威士忌。""田园热情"这个短语暗示以前的人，即使素不相识，依然毫不吝啬地款待彼此。[26]

鲍斯威尔的描述则截然不同：

约翰逊博士很想知道她睡在哪里。我问其中一个导游，那人便用苏格兰盖尔语问她。她语气激动地回答说（正如那人告诉我们的那样），看样子我们很想爬到她床上去。这样一个苦命人竟然跟我们调情卖俏（姑且这么形容她的行为吧），实在是荒唐可笑。

约翰逊博士和我后来拿此逗乐。我说他威胁到了这个可怜女人的贞操。"不，先生，"他说，"她会说：'今天来了个坏小子，真是条野狗，要不是有个一本正经的老绅士跟在身边，把他压住了，我相信那人早就把我强暴了；不过，当他离开自己导师的视线时，我可以向你保证，他不管遇到什么女人，姑娘也好，老妇也罢，统统不会放过。'""不，先生，"我回答，"她会说：'要不是有个彬彬有礼、正派体面的年轻人，那个可怕的恶徒恐怕是会逼我就范的，我想那个年轻人是上天派来保护我的天使。'"[27]

　　鲍斯威尔一路上都处在约翰逊的眼皮底下，似乎并没有任何艳遇。在麦克白曾当过领主的考德城堡里，"我永远不会忘记一些侍女穿着整洁的便服，四处走动，给我留下了迷人的印象。很长时间以来，我只看到乡野的质朴，她们的优雅气质令我心情大好，我本有可能成为她们的一名游侠骑士。没办法，这就是我的多情体质"。在《赫布里底群岛游记》的公开发行版中，鲍斯威尔删去了最后一句话。这一幕，谢泼德也栩栩如生地呈现在画面上（图77）。[28]

　　在因弗内斯，约翰逊表现出了自己顽皮的一面。众人聊到了袋鼠的话题，因为英国人不久前在澳大利亚刚遇到这种新奇事物。一位名叫亚历山大·格兰特的牧师回忆起当时的情景：

　　　　约翰逊从椅子上站起来，主动模仿这种动物。众人都瞪大了眼睛。格兰特先生说，像约翰逊博士这样的人，身形高大、笨重，表情严肃，竟然站起身来模仿袋鼠的形状和动作，没有什么比这种模样更可笑的了。他笔直地站着，伸出两只手，像伸出触角一样，将他那件棕色大外套的下摆拢成动物育儿袋的模样，在房间里用力蹦跶了两三下。

鲍斯威尔没有提到这个故事，但这并不意味着没有这回事。他可能认为这样做太不雅观了。[29]

图 77　鲍斯威尔和侍女们

美王子查理

　　两人从西海岸坐船到赫布里底群岛中最大的斯凯岛，在那里他们要度过整整一个月的时间。从苏格兰本土的最近点横渡到斯凯岛很容易，仅有一点五英里远；今天有一座桥将两处连接起来。

　　鲍斯威尔前往斯凯岛，是有着强大动机的驱使，只不过他并没有在公开发行版的《赫布里底群岛游记》中明确说到这一点。如果他为这趟旅行设计路线，仅仅是为了便于自己从一处前往另一处，这条路线看起来可能有点古怪，但他心里别有想法。约翰逊和鲍斯威尔其实是在追循查理·爱德华·斯图亚特王子 1745—1746 年的旅行路线。英国人称这位王子为"小僭王",而苏格兰人则称他为"美王子查理"。鲍斯威尔身为苏格兰低地人,受到高地部族的族长款待,怀旧情绪油然而生,不禁想象起这位被称作"流浪者"的落败英雄的浪漫逃亡之路。

1745 年,也就是不到三十年前,这位王子结束了法国的流亡生涯,在自己先祖的国土登陆,召集一支军队向南进军,试图夺回祖父詹姆斯二世在 1688 年革命中失去的英国王位。在因弗内斯附近的卡洛登战役中,叛军遭受惨败;苏格兰人如今回想起这场战役,依然愤恨不平。查理王子逃到了法国,再也没有回来。叛军的一些头目被处死,一些被流放,还有一些失去了头衔和土地。

更重要的是,英国军队实施了相当于"清乡计划"的战略,将苏格兰高地上的各处房屋都夷为平地。英国人通过了一项法律,禁止穿象征部族身份的格子呢,只有不列颠军队中的苏格兰高地军团(如苏格兰高地警卫团)例外。约翰逊证实,"很少看到当地人穿格子呢",他只遇到过一个"完全按照这种古老习俗来着装的人,就算是这样,那人也只是随兴所至,偶尔穿上一回"。[30]

那些想把德意志汉诺威王室成员从英国王座上赶下来,并把流亡在外的斯图亚特王室成员带回英国的人,被称为"Jacobites"(詹姆斯党人);该词来自"Jacobus"("James"的拉丁语形式)。学者们已经花费了大量笔墨,试图证明鲍斯威尔和约翰逊是深藏不露的詹姆斯党人。这似乎毫无可能。也许这两人会对 1688 年发生的事情感到遗憾,但他们承认局势已经发生了永久改变,乔治三世是合法的君主。如果再有人企图让斯图亚特王朝复辟,约翰逊和鲍斯威尔绝不会希望看到内战爆发,生灵涂炭。[31]

鲍斯威尔知道读者可能会猜疑他们同情詹姆斯党,所以特意强调了约翰逊的立场。"我曾听他说,假如在卡洛登举起右手,就能给查理王子的军队带来胜利,他不确定自己是否真会举起右手。他对斯图亚特王室的权力诉求毫无信心，对英国王权再次发生巨变所带来的后果感到惶恐不安。"[32]

鲍斯威尔为这次旅行设计的路线是朝圣的路线，他与约翰逊联手再现了一段具有象征意义的经历。帕特·罗杰斯将鲍斯威尔的记述命名为《漫游者与流浪者》。朝圣之旅的最重要目标是斯凯岛，它在查理王子的故事中起到了关键作用，岛上很多居民都清楚地记得他这个人。[33]

在斯凯岛上，约翰逊和鲍斯威尔遇到了一些"1745年挺身而出"的人，他们在叛乱中扮演了积极的角色。其中最令人印象深刻的是芙洛拉·麦克唐纳；当年她才二十四岁，曾帮查理王子躲在斯凯岛上，后来又助他逃跑。约翰逊将芙洛拉形容为"五官柔和、举止体面、气质优雅的女子"，声称她"将在史上留名；如果说勇气和忠诚是美德的话，那她将千古流芳"。[34]

事实上，在芙洛拉家里，约翰逊在查理王子睡过的那张床上过了一夜，鲍斯威尔内心的兴奋无法用语言传达。"看到塞缪尔·约翰逊先生躺在斯凯岛上，躺在芙洛拉·麦克唐纳小姐家里，躺在查理王子的床上，我内心不由浮起种种难以用言语描述的联想。"[35]

英国人的镇压造成了越来越汹涌的移民潮，其中的动因既有经济困境，也有对压迫的不满。1760年至1775年间，大约四万苏格兰人移民到美洲，其中很多是苏格兰高地人。鲍斯威尔记下了一段感人的证词。"麦金农夫人告诉我，去年轮船从波特里驶往美洲的时候，岸上的人看到亲人走远了，心乱如麻；他们躺到地上，翻来滚去，牙齿咬扯着草叶。"鲍斯威尔并没有把这段插曲写入成书版的《赫布里底群岛游记》中。[36]

约翰逊问一位招待自己的主人，那些移民要是受到更好的待遇，是否仍会待在国内，"那人愤怒地回答说，没有人愿意离开自己的故土"。在拉塞这座小岛上，妇女们在晚宴上用当地的盖尔语歌唱。"我打听歌曲的内容，"约翰逊写道，"有人告诉我这是一首情歌，还有人说这是一位岛民谱写的离别曲，那人将要在狂热的移民浪潮中前往美洲寻找发家致富之路。"当时的美洲殖民地，不用说，还是英国的（当然，不用多久就不再是英国的了）；约翰逊认为将人们驱逐出自己的文化，让他们流散到远方，无疑是毁灭性的灾难。[37]

约翰逊在书中一针见血地总结了当时的形势。"通过斥逐人民来阻止起义，通过驱除臣民来实现和平统治，这样的对策，就政治权术而言，毫无高深可言。立法者想到从前发生过起义的地方，如今是一片荒芜，不知有何自鸣得意之处？"[38]

三年前，哥尔德斯密斯发表了自己最好的诗作《废弃的村庄》。从表面上看，这首诗的背景设定在英格兰，但实际上它让人想起了哥尔德斯密斯青年时代的爱尔兰，当时很多人为了摆脱赤贫如洗的生活而移民。哥尔德斯密斯以悠缓、悲伤的雄辩语言描绘他们离别的情景：

> 如今，我立于此处思量，在我眼里，
> 田园美德的化身正离开这片土地。
> 前方，停泊的船只在闲散中等待，
> 随风摇摆，此时将它的船帆张开；
> 那群人顺流而下，个个愁眉不展，
> 离开故土，将阴郁带给所有的海滩。[39]

斯凯岛上的社交

小岛上几乎没有旅馆。有时当地的农民会将游客接到家里，对他们来说，接待陌生人是罕见的乐事；约翰逊写道，来自外界的游客"在他们眼里，就像来自另一个世界的人"。游客总会给招待的人家几个先令，在农村经济体中很少用到钱，主人会千恩万谢地把钱接下来。整座斯凯岛没有一家商店，人们只能从流动小贩那里买到制成品。约翰逊写道："我在斯凯岛不大好找到墨水写信；当地的女人要是折断了手里的针，活儿就干不下去了。"[40]

农庄里的住宿条件自然粗朴简陋，约翰逊向来不在意身体的难受，并引以为豪。离开苏格兰本土之前，他们在格莱内尔格找到了一家旅馆，但是没有床位。根据约翰逊的记述，"我们的高地人终于找到了一些干草，这可是旅馆提供不了的。我吩咐他们搬一捆到房间里，就穿着骑马服睡在了干草上。鲍斯威尔先生更为讲究一点，给自己铺了床单，身下垫着干草，身上盖着干草，像绅士一样穿着亚麻衣"。[41]

这两名游客在很多地方都受到了当地绅士的欢迎，那些绅士知道鲍斯威尔的显赫家世和约翰逊的文学成就，将他们视为名人。在斯凯岛上，科瑞查塔尚农庄发生的一个小插曲令鲍斯威尔觉得颇有意思。喝茶的时候，"一个干净漂亮的小姑娘"突然坐在约翰逊大腿上，"听了在场一些人的指示，她搂住约翰逊的脖子，亲了他一口"。据这个女孩的一位后人听到的说法，当时她的朋友声称约翰逊长得太难看了，没有女人敢亲他，她去亲约翰逊，是为了跟他们打赌。约翰逊当时作出了快速反应。"'再亲一口，'他说，'看谁先会罢口。'"鲍斯威尔评论道："看到严肃的哲学家——'漫游者'——和高地小妞狎戏，真有一种强行拉配造成的违和感！"[42]

麦克劳德部族的首领住在斯凯岛邓韦根村的祖传城堡里；在那里发生的一段不那么有趣的插曲催生了一条令人印象深刻的笑料。鲍斯威尔是讲故事的好手，所以，这个插曲是在缓慢的展开中逐渐引出最后的笑点。通常，女士们用完餐后会离开，让男士们继续喝酒。

女士们离桌后，我们谈到苏格兰高地人没有床单；这使我们想到穿亚麻布衣服的好处。约翰逊说："所有取自动物的材料都不如植物干净。制成法兰绒的羊毛就是取自动物，所以，法兰绒不如亚麻布干净。我记得我曾经认为焦油很脏，后来才知道它不过是用松树汁液配制的，我就不再那样想了。从李树上渗出的胶粘在你的手指上，并不让人讨厌，因为这种胶源自植物；但如果你的手指沾上了一点烛脂、烛油，你不把它擦掉，就会觉得不舒服。我常常想，假如我有后宫佳丽三千，就要让她们都穿亚麻长袍或者棉质长袍；我指的是用植物材质制成的衣服。我不想要丝绸；你分辨不清它什么时候是干净的。在你没有发现它很脏之前，它就已经非常脏了。亚麻布则会将自身的脏污展露出来。"

鲍斯威尔评论说："塞缪尔·约翰逊博士是传授道德和宗教智慧的威严导师，听到这样严肃的人庄重地坐在斯凯岛的扶手椅上，以权威的语气说起自己有后宫佳丽三千，还承认这样的假设常浮现在自己的脑海里，我被这种滑稽的反差深深吸引了，不由大笑起来，笑得毫不节制。约翰逊博士过于看重脸面，绝不允许自己成为嘲笑的对象，哪怕一小会儿也不行，他立即予以反击，讥讽起我来诙谐尖刻，还动用了各种贬损的意象，无一不是针对我；我可以和大多数人一样，忍受这样的攻击，但我发现自己成了在座各位的笑柄，就只好从我的脑海中抹除这一猛烈反击留下的所有伤痕。"[43]

约翰逊的话语表明，他不仅对后宫中的土耳其苏丹抱有常见的幻想，即可以随心所欲地挑拣女人，而且他还"常常"考虑怎么让后宫的女人穿衣打扮。然后，形势突然发生反转，约翰逊开始将嘲笑的矛头对准了鲍斯威尔。鲍斯威尔回忆起那次受虐经历，只觉得痛苦无比，并跟读者分享了自己的感受。

在未发表的日记中，鲍斯威尔的叙述提供了更多细节：

　　麦奎因先生问约翰逊博士是否愿意接纳我［也就是说，到后宫里去］。"是的，"他说，"如果他做了适当的准备［即阉割］。他会成为很好的太监。他会成为听话又快活的畜生。他肯定能演好自己的角色。""我觉得，"我说，"我肯定比你演得漂亮。"虽然他对待朋友非常宽容随和，但他不喜欢这样的反唇相讥。我觉得他似乎有点生气。他打断了我的玩笑，说道："我可没跟你说过我要演什么角色。"然后他立刻回到我当太监的话题上，滔滔不绝地大肆发挥，我真的很受伤。他当时让我受尽鄙视。[44]

　　这件逸事表明鲍斯威尔和约翰逊的亲密关系达到了新高度——他们也更深入地展示了各自的弱点。在伦敦，鲍斯威尔是约翰逊的门徒，坐在这位先知脚边专注听讲。在苏格兰，他则负责一切事务和社交安排，约翰逊发火时也是由他来安抚。连续几周住在一起，两人对彼此的了解比以前深入了很多。沿途阅读鲍斯威尔的日记也对约翰逊产生了触动。这份日记好得令他难以置信。"我非常喜欢读你的日记。"他对鲍斯威尔说。后来，他又补充说："若干年后，它将成为我们的一件宝贵财富。"[45]

　　绕完斯凯岛一圈后，两人回到最南端的阿玛代尔，接受麦克唐纳夫人（不是芙洛拉，而是部族首领的妻子）的邀请，度过了一个欢乐的夜晚。鲍斯威尔欢喜地强调道："今晚我伴着风笛的音乐跳了一段里尔舞，这是我以前从未尝试过的。跳这种舞蹈时，我们会使足气力踩踏地面。"他接着一本正经地说道："我想，与其扮演玄奥的学者，不如举起令人精神振奋的酒杯，与斯凯的人们共舞，以此方式来吸引他们的兴趣。"鲍斯威尔一生中，无论何时，都不会被误认为玄奥的学者，而且他从不会拒绝举起令人精神振奋的酒杯。[46]

　　约翰逊基本上对音乐不太感兴趣，他说他的音乐知识只够区分风笛和吉他的不同。不过，他发现自己非常喜欢风笛，因为风笛的音调尖锐，他的听力有缺陷，却能听得清风笛的声音。"他常常将耳朵凑近风笛的巨大音管，站着听一会儿。"就像约翰逊自己说的，"在阿玛代尔，在邓韦根，在科尔，伴着风笛的声音用餐，让我精神大振"。[47]

在阿玛代尔，约翰逊展示了不可思议的模仿姿势的天赋，以一种别样的方式令鲍斯威尔大感惊讶。"使我吃惊的是，他学起了麦克唐纳夫人，身体向前倾，左手摸左脸，右手摸右脸，还张大了嘴，一尊冷冰冰的无趣雕塑……我告诉他这是一个杰作，他一定没少揣摩过。'是的。'他说。"几个星期以后，他又提起麦克唐纳夫人，说："那种平淡无味的美人是走不远的，这样的女人简直像是用卷心菜雕出来的。"[48]

一直以来，约翰逊都在定期给赫斯特·思雷尔寄信，这些信件形成了某种游记，约翰逊打算把它们纳入自己着手要写的书里。在斯凯岛，他附上了一首献给赫斯特本人的动人颂歌。这首诗是用贺拉斯的抒情格律写就的，显然是对她精通拉丁语的一种赞美。全诗共有五节，第三节是这样写的：

> Inter erroris salebrosa longi,
> Inter ignotae strepitus loquelae,
> Quot modis mecum, quid agat, requiro,
> Thralia dulcis!

一位 19 世纪诗人这样翻译：

> 跋涉在石头遍布的小路上，
> 处于陌生语言的嘈杂中，

> 只有一个形象萦绕我的灵魂，
>
> 那是你，温柔的思雷尔！

赫斯特也许会更喜欢约翰逊的"dulcis"（"亲切的"），而不是译文中甜腻的"温柔的"，但那样就会破坏格律。[49]

回家的路

离开爱丁堡六个星期后，这趟旅程接近尾声。鲍斯威尔和约翰逊从斯凯岛乘船到科尔岛（当时拼写为"Col"）；同行的是科尔领主的儿子，风度迷人的年轻人，他们称他为"年轻的科尔"。从斯凯到科尔的这段航程是迄今他们走过的最长的海路，也是与西面的大洋最近距离接触的海路。

一场暴风骤雨来袭，鲍斯威尔确信他们就要命丧大海。他问自己能帮上什么忙时，科尔告诉他抓紧某一根绳子,等待进一步的指示。"狂风暴雨拍打着我，我坚守着自己的岗位，等着有人一声令下，我拉动手里的绳子。"直到后来鲍斯威尔才意识到那根绳子根本不起作用，"年轻的科尔"只不过是在分散他的注意力。[50]

有一些人士同时给鲍斯威尔和约翰逊留下了极其深刻的印象，其中就有"年轻的科尔"。一年后，他们听到他丧生海上的消息，感到非常悲痛。约翰逊恰好来得及在提及他们分手时加了一句话："在这里，我们最后一次拥抱这位友善的青年；当这份书稿即将付梓，以证明他的美德时，他却丧生在阿尔瓦岛与因奇—肯尼思岛之间的海路上。"[51]

科尔岛之后是马尔岛。在它的西南端不远处，有个极小的岛屿，叫爱奥纳岛，是伊科姆基尔岛的简称，很久以前那里曾是盖尔人修道的中心。如今很少有人住在岛上，那里自然也就没有客栈了。这两位旅行者与马尔岛东道主只能躺在粮仓的一堆干草上。对此，鲍斯威尔写道："那天晚上，我不禁想，见到麦克莱恩部族的首领、塞缪尔·约翰逊先生和詹姆斯·鲍斯威尔这样躺着，真是太奇怪了。"[52]

观看大教堂遗迹时，约翰逊深受触动，展开了一番庄重的思考。"不管什么，只要能使我们摆脱感官力量的左右，只要能让过往、远方或未来主导当下，都会提升我们作为思想生灵的尊严。……如果一个人的爱国心在马拉松平原上不会变得更为强大，如果一个人的虔诚心在爱奥纳废墟上不会变得更为火热，那他身上就没什么值得艳羡的了。"[53]

鲍斯威尔喜欢舞台表演，他走进毁弃的大教堂，"朗读起"《圣经》中的一章和碰巧带在身边的一本书中的一篇布道。"我想，自从宗教改革以来，还没有人在这个教堂里做过一次布道。听到自己的声音满载着奥格登牧师令人赞叹的雄辩语言，回荡在伊科姆基尔岛的古老教堂，我感到由衷的快乐。"鲍斯威尔一直喜欢自己的嗓音。

离开之前，鲍斯威尔往一座昔日修道院的墙上塞入了一块石头，"作为守护贞洁的神符"。毫无疑问，鲍斯威尔将它当作一种誓言。"我希望待在这个神圣场所之后，能按照堪为模范的行为方式来生活。我们有一种奇怪的倾向，总喜欢确立某个点，宣称由此将开启更美好的生活模式。"[54]

回到苏格兰本土后，鲍斯威尔在因弗雷里镇有一些有趣的逸事要记述。一件是他们得到消息说，他们的好友、诗人兼哲学家詹姆斯·贝亚提获得了王室年金。约翰逊"从床上坐起来，拍着手，叫道'啊，勇敢的我们！'这是约翰逊觉得欢喜时独有的感叹方式"。贝亚提经常访问伦敦，是斯特雷特姆受欢迎的客人。约翰逊前一年对鲍斯威尔说："我们都喜欢贝亚提。思雷尔太太说，如果她还要嫁个老公，她就嫁给贝亚提。"她最终又嫁了个老公，但那人不是贝亚提。[55]

约翰逊在旅途中滴酒不沾，此时同意试试威士忌的味道，另一件逸事与他这时说的话有关。约翰逊接过酒杯时欢叫道："来，让我尝尝带给苏格兰人幸福的到底是什么东西！"鲍斯威尔补充道："他一饮而下，只剩下几滴，我求他把剩下的倒入我的杯子，这样我就可以说我们一起喝了威士忌。我提议要为思雷尔太太举杯。他不愿意让思雷尔太太喝威士忌喝得大醉。"[56]

约翰逊在《西苏格兰群岛之旅》中也有一番自己的描述，从中可以窥见威士忌在当时的英格兰是多么陌生的东西。

> "威士忌"这个词表示水，也可以专门用来指烈酒或蒸馏酒。北方人喝的这种酒是从大麦中提取的。我只尝过一回，那是在因弗雷里镇旅馆里所做的实验，我觉得威士忌的口感要好于任何英国麦芽白兰地。威士忌度数很高，但不辛辣，并没有烧焦的味道或气味。我没有机会打听威士忌是怎么酿制的，我也不希望改进技艺，使毒药变得爽口。

人们可能会认为这个实验是在晚上进行的，但实情并非如此："喝完威士忌后没多久就可以吃早餐了。"[57]

爱丁堡的庭审季即将开始，鲍斯威尔是时候赶回家了。他在日记中承认自己非常想念妻子，不由觉得难堪。"恋爱中的男子离开他的情人时，总会多愁善感，忐忑不安，我也不由自主产生了这种感觉（虽然十分微弱）。有些人会嘲笑，说它不可置信或不可思议，随他们去吧。我却要指出这真有其事，我为此感到欢喜，因为这种感情超越了普通人的婚姻之乐。"在包办婚姻的时代，这无疑是符合实情的。17世纪法国作家拉布吕耶尔说，尽管他本人从未目睹过，但他还是相信丈夫有可能会爱自己的妻子。[58]

到爱丁堡前还要停留一处，那就是奥金莱克庄园；鲍斯威尔惴惴不安地等待他的导师和父亲会面。事情并不顺利。

沃尔特·司各特爵士喜欢从长辈那里收集各种掌故，据他所述，奥金莱克勋爵对儿子结交的友谊总是不以为然，他认为这样的关系与自己家族的显赫地位不相称。在司各特听到的故事版本里，奥金莱克勋爵对一个朋友说："杰米没指望了，我的天。杰米已经疯了。你觉得呢，我的天？他跟保利交上关系了——跟那个无业流氓、那个科西嘉人在一起鬼混了。你觉得他现在在动笔写谁的故事，我的天？多米尼，我的天——老多米尼！那人办了一所学校，硬是把它叫作学院。""多米尼"（dominie）是苏格兰语里校长的意思；约翰逊年轻时当过校长，只是时间不长。[59]

在奥金莱克，老鲍斯威尔向约翰逊展示了一套纪念币，那时的绅士经常会搜集这种钱币。其中一枚是奥利弗·克伦威尔发行的，结果引发了一场辩论，论题是托利党人对"王室殉道者"查理一世的敬重。奥金莱克勋爵是坚定的辉格党人。鲍斯威尔谨慎而含蓄地提到了接下来发生的事情："他们的言行变得异常火热和粗暴；这两个人都是我敬重的，站在他们面前听他们争吵，令我苦恼不堪，但我不敢介入其中。把我尊重的父亲和我尊敬的朋友以思想角斗士的形象展示出来，娱乐大众，对我来说自然是不合宜的行为；我敢说，在戏剧性的小品文中，这可能会成为有趣的场面，但我没有形诸笔墨。"关于这个场面，鲍斯威尔的日记没有留下半点痕迹，他可能不大愿意把它记录在自己的日记里。[60]

司各特听说，当约翰逊诘问克伦威尔做过什么好事时，奥金莱克勋爵回答道："好事，博士！他让国王们懂得他们脖子上也有可以切开的关节！"查理一世正是被斩首而死的。

至于佩吉，她在爱丁堡竭尽所能殷勤款待约翰逊，不去理会他让烛油滴在地毯上的习惯；不过，后来约翰逊怀疑佩吉不太喜欢自己，而佩吉确实曾向鲍斯威尔坦白这一点。在《约翰逊传》的一个脚注中，鲍斯威尔承认道："她并不像大多数认识约翰逊博士的人那样，对他爱慕备至；她认为那人对自己丈夫的影响太大了，女人这样想，倒也很自然。有一次，她说得兴起，尖酸而有失公正地评论道："我见过一个人领着很多头熊，但从未见过一头熊领着一个人。""[61]

到旅行结束时，鲍斯威尔和约翰逊已经连续共处了一百零一天，这几乎占据了他们相处天数的四分之一。两人的亲密关系和相互尊重都到了新的高度。鲍斯威尔说得精彩：从他的角度来看，在这段经历里，"一人开始认识另一人不寻常的才赋和偶然出现的缺点，最初他把这个人当作偶像来崇拜，最后当作朋友来喜爱"。[62]

余波

约翰逊的《西苏格兰群岛之旅》不仅仅是一部游记。这本书可以说是地理学和社会学领域的一部开拓性论著；比如，它思考为何山地人经常抵抗外界的控制，分裂成相互对抗的部落或组族，陷入无休止的纷争。费尔南·布罗代尔在 20 世纪考察地中海周边山区时也有类似的思考，但时间要晚了很多。那次旅行十年后，约翰逊说："与我记忆中的任何经历相比，这次旅行让我储备了更多的观点。我看到了大不相同的生活方式。"[63]

约翰逊总希望去意大利看看，他差一点就和思雷尔夫妇一起出行成功。"一个没到过意大利的人，"他说，"总会感到一点自卑，因为那里有一些他理应去看的东西，他却没有看成。我们所有的宗教，几乎所有的法律，几乎所有技艺，几乎所有使我们高于野蛮人的东西，都是从地中海沿岸传到我们这里来的。"有人暗示说，约翰逊对赫布里底群岛之行感兴趣，是因为它截然相反：它不是文明的摇篮，而是原始习俗和生活方式尚未消失的偏远地区。这趟旅行被描述为"对大旅行的逆动"。[64]

　　约翰逊书中有一段文字引发了愤怒的反应，而他充满权威的回应很像他那封写给切斯特菲尔德勋爵的经典书信。当时有一场争论，围绕一本据说为吟游诗人莪相所作的古代盖尔语诗歌合集，这个集子由詹姆斯·麦克弗森翻译成散文诗。这些诗作的风格与圣经隐隐相似，但很多人认为它们是来自某位北方荷马遗留下来的伟大手笔，一些苏格兰知识分子坚持认为它们是真品。另一些人则肯定，这一切都是麦克弗森编造出来的，最多不过是对一些民歌片段的演绎。

　　这是约翰逊的观点。在斯凯岛上的一次谈话中，他推测麦克弗森一定是将一些古老片段拼接在一起，然后声称自己发现了一部完整的史诗，但他总是拒绝展示这部史诗的手稿。几年前，鲍斯威尔听苏格兰朋友休·布莱尔牧师说，他在伦敦第一次见到约翰逊时，与约翰逊有过一次交流。布莱尔是莪相的忠实粉丝，他礼貌地问约翰逊，在现代社会里是否有人能写出这样的诗作。约翰逊回答说："是的，先生，很多男人，很多女人，很多孩子都能写得出来。"[65]

　　在成书版的《西苏格兰群岛之旅》中，约翰逊同样表现得无礼，只不过显得更有风度。"这位编辑或作者永远无法展示原稿，其他人也无法拿出来。以拒绝拿出证据来报复合理的怀疑，这简直傲慢到了世人闻所未闻的地步；顽固的无畏就是罪恶最后的避难所。"很多人声称自己年轻时曾亲耳听过有人念诵莪相的诗作，对此，约翰逊说道，他们只是在捍卫自己先人的威名，并补充说："一个苏格兰人爱真理更胜过爱苏格兰，那他一定是非常坚定的道德家。"[66]

　　这引起了苏格兰人的强烈愤慨，包括一位盖尔语诗人，他用一种被称为"互骂诗"（flyting）的颇具创意的辱骂方式来抨击约翰逊：

　　　　你是一只黏糊糊的黄肚皮青蛙。

　　　　你是一只沿着沟渠爬行的癞蛤蟆。

你是荒漠里的蜥蜴，像爬虫一样匍匐前行。

麦克弗森（比约翰逊小二十七岁）写信要求约翰逊撤回声明，并补充说，要不是看在约翰逊年岁和身体状况的分上，他要把约翰逊痛打一顿。[67]

约翰逊的反应是在床边放了一根结实的棍子以备不时之需，还亲自写了一封值得全文阅读的书信。鲍斯威尔请他依据记忆口述出来，并印在《约翰逊传》中，不过，我们现在倒是有了真实文本。麦克弗森保留了这封信，这多少有点令人惊讶。

詹姆斯·麦克弗森先生——

我收到了你愚蠢且无礼的信函。无论对我进行怎样的侮辱，我都将尽全力击退，我不能为自己做的，法律将替我出头。我不会因为害怕暴徒的威胁而停止揭露自己眼里的骗局。你想让我撤回。我应该撤回什么呢？我从一开始就认为你那本书是在招摇撞骗，此时我更有充分的理由认定它就是骗局。我会把支持这个观点的理据展示给公众，我现在就邀请你来反驳。

不过，无论我怎样鄙视你，我始终尊重真理。如果你能证明那部作品不是伪造的，我就承认自己的错误。你的愤怒我并不在乎；从你翻译的荷马来看，你的能力也不是那么可怕。鉴于我听说的与你有关的道德评价，我更倾向于看重你能证明什么，而非你将会说什么。

如果你愿意，可以把这封信印出来。

塞缪尔·约翰逊

挖苦荷马译本的那句话写得尤为巧妙。麦克弗森曾出版过以我相式散文翻译的《伊利亚特》，人人都认为他译得很糟糕。[68]

第十五章

拓宽的河流

"先生，这可真够你惊奇的"

对作家约翰逊来说，在 1765 年之后的十五年间，并没有发生什么大事。1765 年他编辑的莎士比亚版本终于面世，九年后出版的《西苏格兰群岛之旅》是他这段时间发表的第一部重要著述（不考虑那些简短的政治辩论文）。之后又有一次停顿，直到 1779 年，约翰逊响应一群出版商突如其来的提议，出版了《英国诗人传》第一部分。这部著作最终成为约翰逊职业生涯的巅峰之作。

然而，在《约翰逊传》中这个时期却颇为有料，因为鲍斯威尔在大多数年份里会在伦敦待上几个月，记下令人难忘的素材。这是有益的提醒：列在生平年表上的出版物绝不是作家生活的全部。在伦敦的间歇是鲍斯威尔生命中不断重现的精彩环节；在此期间，正如布雷迪所说，"日记就像河流一样拓宽了"。[1]

约翰逊的基本原则之一是，文学永远只是对生活的摘选，即使蕴含强大的想象力，也还是比生活本身更狭隘、更简单。伏尔泰宣称喜剧和悲剧绝不能相互混杂，由此得出的推论是莎士比亚经常违反这一假定的规则，他的戏剧本质上是低劣之作；在《〈莎士比亚戏剧集〉序言》中，约翰逊犀利地驳斥了伏尔泰的论断。"莎士比亚的戏剧，"约翰逊写道，"并非严格意义上批评者所理解的悲剧或喜剧，而是属于自成一种体裁的作品；它所展现的是凡尘俗世真实的状貌，其中既有善也有恶，既有悲也有喜，善恶悲喜所构成的比例关系无穷之多，组合的型式也不胜枚举；它所表现的正是这样的人世之道：有人受损，必然有人获益；有人在匆忙奔赴酒宴的途中，有人在把自己的亡友埋入土中。"[2]

值得注意的是，作为戏剧从业者，加里克比约翰逊更愿意遵守所谓的"规则"。他所整理的《哈姆雷特》版本有很大的改动，非常符合伏尔泰的批评意见。后来，他写信对伏尔泰本人说："我要是能够让我们的莎士比亚得到伏尔泰先生青睐，我会真心觉得欢喜！如果我能够使欧洲首屈一指的天才接纳我们的戏剧原则，我恐怕会比狂热的传教士让中国皇帝皈依他的宗教时更自豪。"约翰逊在《〈莎士比亚戏剧集〉序言》中提到了"伏尔泰细碎轻薄的批评"。[3]

约翰逊清楚地意识到自己可能看起来是在懒散度日，别人一谈到这点，他就处于防备态势。鲍斯威尔曾小心翼翼地说道："我不明白的是，先生，你写作的乐趣竟然比不过不写作的乐趣。"约翰逊回答道："先生，这可真够你惊奇的。"[4]

除了惯常的拖延症外，约翰逊写得少的一个原因是，写作不再是维持生计的必要手段。从 1762 年起，每年三百英镑的年金开始发放，约翰逊可以过得很舒坦，甚至还存了一些钱，尤其是因为他大部分时间都住在斯特雷特姆。从那时起直到去世，约翰逊聘请他的出版商威廉·斯特拉恩来管理自己的存款，由于斯特拉恩有准确的记录，我们知道在最后二十一年里，约翰逊的总收入达到了七千英镑，他从中积攒了三千英镑，并在自己的遗嘱中加以分配。[5]

"俱乐部"不断扩编——或许有点超编了

与此同时，"俱乐部"的其他成员发表了不少有分量的作品。我们已经提及哥尔德斯密斯 1773 年发表了《屈身求爱》，谢里丹 1777 年出版了《造谣学校》。雷诺兹从 1769 年开始在皇家美术学院发表年度演讲（后来收入《艺术演讲录》）。最令人难忘的是，1776 年见证了"俱乐部"成员的两部具有丰碑意义的巨作：爱德华·吉本的《罗马帝国衰亡史》第一卷和亚当·斯密的《国富论》。

"俱乐部"本身也在变化，在持续扩张，失去了它刚成立时的亲密氛围。"俱乐部"成员认为扩大规模是个好主意，于是 1773 年选出了五名新成员，包括加里克和鲍斯威尔。第二年又选出了五人，包括吉本和柏克的议会盟友查尔斯·詹姆斯·福克斯，1775 年又有两人获选，其中一位是斯密。1777 年又有五人加入，尤值一提的是谢里丹；1778 年增加了四人。此时，约翰逊强烈地感受到这个团体的根本要旨已被淡忘了，他只是偶尔参加"俱乐部"的活动。此外，斯特雷特姆那个活跃的影子俱乐部使他不再像以前那样需要它了。

新成员中几乎没有人为后代留下任何痕迹。一个重要的例外是威廉·琼斯爵士，他在今天算不上家喻户晓，但获选是当之无愧的。他的获选时间是 1773 年，与鲍斯威尔和加里克同一年。当时他只有二十七岁，就已经是皇家学会的会员了（他父亲是数学家，引入了 π 这个符号的使用）；他通晓多门语言，包括波斯语、阿拉伯语和希伯来语。在哈罗公学上学时，琼斯对希腊语的精通程度就胜过校长了；在牛津大学读书时，他从阿拉伯语翻译了《一千零一夜》。

几年后，琼斯成为加尔各答孟加拉最高法院的法官。在那里，他对印度文化产生了浓厚兴趣，出版了一系列有关印度文学、音乐、法律制度和植物学的书籍。今天，他最为人铭记的贡献是他早于其他人支持这个学说：在梵语、伊朗语、希腊语、拉丁语、日耳曼语和凯尔特语背后存在着一种原始语言（琼斯的母语是威尔士语）。这种语言后来被称作印欧语。1794年，琼斯取得这些非凡的成就没多久就过世了，年仅四十七岁。

然而，大多数新成员，无论何时都不可能被称作杰出人士。1773年的一个新成员是爱尔兰议员阿格蒙德沙姆·维西，名字读起来非常费劲；此人是柏克的朋友，他的妻子是一位著名的"蓝袜子"成员。维西太太的朋友伊丽莎白·蒙塔古敦促雷诺兹给予维西支持，雷诺兹听从了她的意见，但对她说，柏克本人对维西的描述颇为冷淡："他有品位，不好矫饰矜夸，所以不忮不求。"[6]

有一名新成员引起了鲍斯威尔的强烈反感，是一位苏格兰医生，名叫乔治·福代斯，晚鲍斯威尔一年当选。鲍斯威尔在日记中愤怒地写道："我讨厌福代斯，他举止粗鲁，说话吵闹；他有着很重的苏格兰口音，让人觉得他是我的化身，真把我吓到了。在我眼里，他就像斯巴达人的奴隶，他喝醉酒时，那个毛病就更显得可憎了。他当选会员降低了'俱乐部'的价值标准。"[7]

福代斯众所周知的毛病是滥饮暴食。有一次，他试图给一位上流社会的女性把脉，但他手脚颤抖，无法号准脉。"醉了，天哪。"他咕哝着离开了。第二天早晨，他前来道歉时，那位女士的仆人递给他一个口信："我从你昨晚说的话里知道你发现了我的不幸状况。我恳请你考虑到随信附上的东西，为我保守秘密，切勿外传。"随信附上的是一百英镑的钞票。[8]

参加"俱乐部"的聚会并不是强制性的，所以，大多数会员都是时不时光临"俱乐部"。在1775年到1785年的十年间，雷诺兹是最忠诚的会员，但他参加"俱乐部"晚宴次数最多的一年也只有十六次，其次是吉本，有十四次。约翰逊很少露面，除1778年来过九次之外，每年都没有超过三次。他告诉鲍斯威尔，"俱乐部"已经堕落成"显赫人士混杂而成的群体，失去了明晰的特征"。[9]

1774 年，哥尔德斯密斯去世，享年四十四岁，是"俱乐部"成员里最早过世的。他离世的经过十分悲惨。他患有某种原因不明的疾病，服用了大量根据偏方所开的药物，他的医生得知后深感遗憾。哥尔德斯密斯过世后，众人发现他负债累累，有些人怀疑他是自杀而亡。柏克听到这个消息时，号啕大哭。雷诺兹一整天都没有工作，这几乎是他前所未有的反应。

约翰逊曾和哥尔德斯密斯参观过威斯敏斯特大教堂。他们站在诗人角时，约翰逊引用了奥维德的句子："也许我们的名字会在此相汇。"当天晚些时候，他们到达圣殿关[*]（图 78），只见被处决的叛乱分子的头颅挂在柱子上。约翰逊回忆说，哥尔德斯密斯"调皮地对我轻语道：'也许我们的名字会在此相汇。'"[10]

哥尔德斯密斯在威斯敏斯特大教堂得到了一座纪念碑；约翰逊为他拟写了一条墓志铭："致奥利弗·哥尔德斯密斯，诗人，医生，历史学家，没有什么类型的著述是他未曾涉足的，他涉足过的著述里没有什么类型是他未曾添彩的。"

约翰逊的房客

约翰逊待在斯特雷特姆的时间很长，但并不是所有时候都在那里，即使待在那里，他也会定期回家照看住在同一屋檐下的人。1765 年，他从内殿巷搬到了离舰队街不远的约翰逊大院（鲍斯威尔认为名字对应得颇有道理），1776 年，他搬到了附近的波尔特大院，余生他将住在那里（图 79）。

赫斯特·思雷尔认为寄居约翰逊屋檐底下的那群人都是卑贱之

---

* 旧时伦敦城的入口。

图 78 圣殿关

图 79　波尔特大院

徒。"失明的威廉斯太太，患有水肿病的德穆兰太太，布莱克·弗朗
西斯及其白人妻子的私生子，还有一个可怜的怀特太太，一个约翰
逊称作波尔的家伙，分享他的慷慨，却给他带去污名。莱韦特以前
常给这个人放血，给那个人起疱，很能干，不过我相信谁都不喜欢他。"
约翰逊所说的波尔是本书早些时候提到的曾以卖淫为生的波尔·卡
迈克尔。罗伯特·莱韦特是没有执照的医生，他积累了大量的实用
知识，受到穷人的喜爱；不过在赫斯特眼里，他只不过是个江湖郎
中罢了。[11]

　　还有一次，赫斯特提到了"一名北非黑人和他的妻子"。弗朗西

斯·巴伯（又名弗兰克·巴伯）曾在牙买加当奴隶，后来获释，孩提时被理查德·巴瑟斯特的父亲带到英国；而理查德·巴瑟斯特医生则是约翰逊的好朋友。当小巴瑟斯特决定回到西印度群岛时，弗朗西斯则和约翰逊住在一起，不仅成为约翰逊家中的仆人，也成为他的同伴，甚至是干儿子。约翰逊出钱让弗朗西斯接受良好的教育，除了一次逃跑出海的短暂经历外，他的余生都与约翰逊相伴而居，约翰逊还在自己的遗嘱中慷慨地分给了他一笔钱。弗朗西斯确实娶了一个英国女人。[12]

　　约翰逊本人对这些不大合群的伙伴并不抱有任何幻想，与他相识多年的霍金斯则认为，情感的冷静是不抱幻想的关键。约翰逊得到的回报少之又少，他的慈善就更显得可贵了。霍金斯记得约翰逊曾引用 17 世纪作家杰里米·泰勒的话："与善良、谦逊、温顺的人相亲相爱生活在一起，没什么了不起；但是，如果他能与刚愎自用、任性无知、暴躁乖僻之人相亲相爱生活在一起，他才有真正的仁慈之心。"几乎所有这些形容词都适用于约翰逊的那群房客。[13]

　　只有安娜·威廉斯（图 80）是个例外，约翰逊非常看重她的智慧，逢到约翰逊夜里害怕上床睡觉，她很乐意与他聊到深夜。正如前面提到的，她来伦敦做白内障手术，但手术没有成功，她成了特蒂的伴侣，直到特蒂去世。她没有钱，也没有关系，把她留在家里是一种名副其实的慈善之举，但她也提供了约翰逊急需的陪伴。

　　约翰逊的那些朋友知道，他们前往他的住处时，多会和威廉斯一起喝茶，约翰逊自己也经常那样做。认识约翰逊后不久，鲍斯威尔有一天晚上与约翰逊和哥尔德斯密斯相聚，见到约翰逊最后没有邀请自己陪他回家，心里不是滋味。"哥尔德斯密斯医生享有特权，今晚和约翰逊博士一起走了，他走的时候趾高气扬，还神色得意地对我大声说：'我到威廉斯小姐那儿去了。'那就像是古代圣哲的入室弟子对外界信徒说话一样。哥尔德斯密斯似乎对这项巨大的特权

图 80　安娜·威廉斯

感到无比自豪，我承认自己嫉妒他；但没过多久，我也获得了同样的殊荣。"[14]

　　威廉斯小姐或夫人（那时候这些对未婚女性的称呼是可以互换的）志在成为一名作家，1766 年，约翰逊说服托马斯·戴维斯出版她的《散文和诗歌杂集》，他自己也为其贡献了不少短作。威廉斯的诗歌体现了高尚的道德，本身水准尚可，但远没有好到难以忘怀的地步。这本小书带来了一点小利润，这正是约翰逊推销此书的目的。

　　安娜·威廉斯 1783 年去世后，约翰逊在给伊丽莎白·蒙塔古的信中写道："她有着广泛的好奇心、广博的知识，她以坚定的毅力承受了四十年的苦难。她陪伴了我三十多年，她的离世令我感到非常凄凉。"约翰逊对他的继女露西说，她"当了我三十年的妹妹；她学识渊博，谈吐怡人。我如今生活在孤独、阴郁之中"。[15]

　　与此同时，赫斯特在斯特雷特姆继续耐心地当约翰逊的治疗师。

但她只能减轻约翰逊的焦虑，而无法将其驱散。1772 年，在指导对
《英语词典》进行重大修订之后，约翰逊写了一首基调阴郁的拉丁语
诗，标题是希腊语里的一个短语。那是铭刻在德尔斐神庙的神谕："认
识你自己。"用拉丁语所写的副标题是："在扩展和修订《英语词典》
之后。"

约翰逊在这首诗的开头回忆道，人文主义学者斯卡利杰编修好
一部词典时，咒骂这项工作曾让自己呕心沥血、精疲力竭。然而，
约翰逊发现，从常规任务中解脱出来后，情形会更糟糕。约翰逊的
朋友亚瑟·墨菲这样翻译这首诗：

> 随着折磨人的懒散、拖累人的安逸
> 而来的是最重的病症，即消沉的意志。
> 忧愁越生越多，在我隐隐作痛的脑袋里，
> 黑色的"忧郁"在倾泻她病态的毒汁。
> 没有缓解的良方，没有镇痛的药剂，
> 我在午夜俱乐部里寻找社交群体，
> 但午夜俱乐部里，智慧与喧闹交杂，
> 快乐不复存在；我寻找孤独的床榻，
> 请求睡意来抚慰自己倦怠的心神，
> 但睡意从忧伤的眼睑飞向远方；
> 我害怕即将到来的一天，整夜忧伤……
> 凄凉的虚空，充溢着伤痛和恐惧，
> 心灵满目荒芜，如同一片废墟。[16]

"午夜俱乐部"没有派上用场，或许反映了他对那个伟大俱乐部的失望。

雷诺兹最具影响力的约翰逊肖像也许是 1769 年前后画的；当
时约翰逊年近六十岁（图 81）。在这幅画里，他穿着一件领口敞开

图 81　六十岁的约翰逊

的衬衫，没有像往常一样戴假发。那双手显然呈现出约翰逊常有的抽搐动作，正如弗朗西丝·雷诺兹所描述的："他的手势同样奇怪。有时他会将双手擎到高处，几根手指弯曲了，整个人如同抽筋一样；有时他的双手会举到胸前，前后挥舞，像赛马骑师全速飞奔那样；他还常常把双手举得尽可能高，伸过头顶，有好几分钟之久。"这看起来很像强迫性神经失调。[17]

与国王的相遇

1767 年，约翰逊与英王乔治三世有过一场谈话；他满怀敬意地向朋友们描述了那场谈话，鲍斯威尔对此肃然起敬。国王出席大型聚会时经常在来客之间走动，与国王闲谈两句，对于社会地位优越的人来说，并不算难事。但能受邀进行深入的私下交谈，乃莫大的荣幸。

乔治三世二十二岁登基，一年后（即 1761 年），他买下了靠近圣詹姆斯宫的白金汉屋，作为夏洛特王后的私人住宅，这就是众所周知的"王后宫"。直到 1837 年维多利亚登基时，这座经过大大扩建的宅子才成为白金汉宫，成为君主的正式住所。乔治三世博学多才，希望以奖掖学问闻名于世，所以他开始收集所有能想到的领域的罕见书籍：拉丁语和希腊语经典、诗歌、地理、历史、数学、法律等等。图书管理员勤勉不懈地增添他的藏书，还在"王后宫"里开辟了一些豪华房间作为图书室。

学者和文人可以随时使用图书室，约翰逊也经常光顾那里。五年前，乔治三世批准了他的年金，现在又表示特别想见他一面。皇家图书管理员弗雷德里克·巴纳德安排了这次会面。会面地点是如图所示的豪华八角形房间（彩图 26）；鲍斯威尔提到了画面右边燃烧的壁炉。

乔治三世问约翰逊当时是否在写什么东西，"他回答说没有，因为他已经把自己知道的东西都告诉了世人，现在必须读书以获取更多知识"。他还补充说："他认为自己已经完成了作家的责任。"乔治三世回答说："要不是你有一支妙笔，我也会这样认为。"约翰逊向鲍斯威尔讲述这件事时，评论道："没有人比他恭维得更漂亮了；而且，这么说，很符合国王的身份。他的语气很坚定。"

乔治三世以自己谦恭有礼的方式扮演传统文学赞助人的角色，但正如阿尔文·柯南所评论的，恩主赞助的时代已经结束。在未来的日子里，只有当书商带着商业设想来找约翰逊时，他才会像往常一样，再次动笔写作。但是十年后，《英国诗人传》出版的时候，约翰逊必然记得乔治三世在这个场合所说的话："国王陛下，"鲍斯威尔写道，"当时表达了自己的愿望，即希望有人能以妙笔撰写出一部这个国家的文人传记，建议约翰逊博士承担这项工作。约翰逊表示愿意遵照国王陛下的意愿。"[18]

鲍斯威尔为《约翰逊传》收集资料时，特意采访了皇家图书管理员巴纳德。巴纳德不是平民，而是威尔士亲王的私生子；他的印象是乔治三世将约翰逊当作地位平等之人来对待，而约翰逊也以同样的方式来回应乔治三世。巴纳德说："在整个会面过程中，约翰逊与陛下说话时毕恭毕敬，但仍然带着坚定的男子气概，声音洪亮，不像人们在公共招待会或客厅时那样，刻意压低嗓音。国王离开后，约翰逊流露出为陛下的谈话和优雅举止所悦服的神情。他对巴纳德先生说：'先生，别人怎么谈论国王，我管不着，但他是我见过的最儒雅的绅士。'"法国的国王从来不会想到这样放低自己的身段。[19]

鲍斯威尔知道这场会面会让读者大感兴趣，于是在《约翰逊传》出版的前一年，把这次会面的记述以八页小册子的形式发表了出来，每份卖到半基尼，贵得惊人。

导演鲍斯威尔

这些年里，每当鲍斯威尔身处伦敦的时候，《约翰逊传》里相应的部分就会充满各种逸事和趣谈。1772 年，鲍斯威尔深感荣幸地接到邀请，参加詹姆斯·奥格尔索普将军的晚宴。奥格尔索普将军当时已经七十多岁了，是监狱改革的先驱和佐治亚殖民地的共同创始人。鲍斯威尔在日记中写道："在场相伴的只有约翰逊先生和哥尔德斯密斯医生。我的幸福感简直爆棚了。我坐在那里，内心暗自得意。我现在在伦敦，在奥格尔索普将军的府中，仅仅因为我的表现引人注目，他就主动跟我结识。这里有约翰逊先生，他有着博大深厚的人格魅力；这里有哥尔德斯密斯医生，他有着无比卓越的学识。语言无法描述我们的感受。事物细微的部分是难以言传的，就像梅子上的细绒毛；光的流溢也是不好描画的。"[20]

鲍斯威尔极其善于交际。他这次在伦敦逗留了五十三天，其间有两天没有用晚餐，两天独自在一家小酒馆用晚餐，其余四十九天都是与朋友共进晚餐。[21]

由于鲍斯威尔的描写技艺十分娴熟，人们并不总能意识到这一点：他不只是在记录对话，他还会在对话发生时，让它变得趣味横生。他将此视为律师的一种技能："我在引导谈话方面有一种令人钦佩的才能；我所谓的'引导'，并非管弦乐队中的'引导'，比如，担任首席小提琴手；而是说像盘问目击证人那样，先开启话题，让在场各位的谈话沿着话题展开。"[22]

鲍斯威尔不得不承认，有时约翰逊会觉得这种策略令人抓狂。有一次，鲍斯威尔坚持追问，不依不饶，"约翰逊博士气得说道：'先生，这不是绅士的行为方式，难道你不觉得吗？你老用'什么'来引我上钩——'这是什么？''那是什么？''为什么母牛尾巴那么长？''为什么狐狸尾巴毛茸茸的？'我可不会吞食你的诱饵了。"当鲍斯威尔在《约翰逊传》中重复这句话时，他称那位遭到约翰逊批评的提问者为"绅士"，而没有透露诘问者正是他自己。[23]

赫斯特·思雷尔在自己那本《约翰逊传》中回忆了约翰逊的类似抱怨。"今天早上我不断听到鲍斯威尔在发问，现在都喘不过气来了。其中一个问题是：'请问，先生，您能告诉我为什么苹果是圆的，梨是尖的吗？'这样的对话不是逼着人上吊自杀吗？"[24]

鲍斯威尔真正想要的并不是对这些琐碎问题的如实回答，而是让对话朝有趣的方向偏转。赫斯特观察过他的举动，深谙他的想法："好奇心将鲍斯威尔带到比其他人更远的地方。他不在乎自己会引发什么情绪，只要他见到这个人说了什么，做了什么就可以。"[25]

约翰逊最常被引用的一些话就是以这种方式出现的，本来平平无奇的谈话因此变得妙趣横生。举例来说，"一个人厌倦了伦敦，也就厌倦了生活"；"相信我，先生，一个人知道自己两周后就要被绞死了，肯定会心无旁骛地反思这个问题"。[26]

剧作家理查德·坎伯兰在回忆录中试图描述加里克与另一名演员之间的争吵，但最终放弃了："为什么詹姆斯·鲍斯威尔当时不在现场，记录他们的对话和举止？我这愚蠢的脑袋瓜只会让效果大打折扣。"令人惊讶的是，坎伯兰在提到对话的同时也提到了"举止"。鲍斯威尔经常会补充与身体语言、面部表情和语调相关的细节来创造真正戏剧性的场景。[27]

有时，鲍斯威尔会因为一场意想不到的相遇而获得描写精彩场面的机会。有一次机会出现在他和约翰逊约在罗伯特·钱伯斯住处见面的时候；钱伯斯是鲍斯威尔的朋友，从事律师行当，约翰逊曾为他在牛津大学举办的系列讲座代写过文稿。约翰逊提到钱伯斯刚刚为他那位又高又瘦的朋友贝内特·兰顿立了遗嘱，然后，他出人意料地开始了一场精彩表演。

这时，他大肆嘲笑我们的朋友订立遗嘱，我们看不出是因何缘故；他称兰顿为"立遗嘱者"，并补充道："我敢说，他认为自己做了一件了不起的大事。他会坐立不安，拼命要赶回乡间庄园去展示这份神奇的遗嘱；他在大路边见到一家客栈，就会把店家叫过来，发表一通生命有限和无常的合理感言，然后告诉店主人，他不应该迟迟拖着不立遗嘱。他会说，你看，这就是我的遗嘱，刚刚在我国一位最有才干的律师协助下订立的；他会把遗嘱读给店家听（约翰逊博士一直在大笑）。他相信自己订立了这份遗嘱；其实并非如此。钱伯斯，是你为他订立了这份遗嘱。"

钱伯斯听到约翰逊看轻律师的工作，觉得受到冒犯，这是可以理解的。但是，"约翰逊无法止住他的戏谑嘲弄，一路上乐呵不停，直到我们走到圣殿关外头。接着，他突然捧腹大笑起来，笑得看起来几乎要抽搐了。为了有个支撑，他抓住了人行道旁边的一根柱子，从他口中爆发的笑声洪亮震天，在这寂静的夜晚，似乎从圣殿关一直回荡到舰队河。"[28]

在最早的日志条目中，鲍斯威尔说他自己也参与了嘲弄，大喊"立遗嘱的兰顿，细长腿的兰顿"，约翰逊笑得愈发厉害了。"这把约翰逊的想象撩拨起来了，他脱口喊道：'他究竟要把自己的腿留给谁？'"约翰逊无疑记得法语中表示"遗产"的词语是"legs"（虽然 s 不发音）。两人到达约翰逊在圣殿区的住处时，"我陪他走到门口，他在那里赐福于我"。[29]

这个奇怪的插曲已经被广泛讨论过。一种阐释是兰顿试图以隆重的方式，即通过草拟一份法律文件来平息死亡带来的威胁，约翰逊从中看到了喜剧意味——"立遗嘱者"（testator）是一个浮夸的词语。由于鲍斯威尔说了一句玩笑话，这个场景以一个可怕的想法结束：身体细长的兰顿不再需要自己的双腿时，就把它们留给其他人了。不管如何，对约翰逊来说，笑声的爆发似乎有一种宣泄的效果。"他在那里赐福于我。"

正如鲍斯威尔在别处所说，毫无疑问，一些表面上微不足道的想法会惹得约翰逊突然大笑，"笑声欢畅到了令人惊愕的地步，几乎停不下来。我就曾见过，有些小事对别人来说不好玩，却触动了他的神经，引得他狂笑不止。兰顿对我说，有一天晚上在'俱乐部'里，周围的人一脸严肃，可他就是这样大笑起来；只有加里克对他俏皮地说道：'真好笑，先生；真好笑，先生'"。[30]

鲍斯威尔写完这些以后补充道："可怜兰顿的遗嘱就属于这样的笑料。"这么说，有道理，也没道理。很久以前，一位颇有影响力的评论家在一本题为《危险的平衡》的书中援引了李尔王的台词："歇斯底里的激情！你这上爬的悲哀，下去吧！／下面才是你该待的地方。"在约翰逊非常推崇的精神疾病专著《忧郁的解剖》中，罗伯特·伯顿指出，忧郁者"情绪激烈，心神烦躁不安，总是处于恐惧、悲伤等情感中；但这种状态不会持续不断，忧郁者有时也很快活，语笑喧哗"。[31]

"危险的平衡"这种阐释可以佐证约翰逊作为悲剧人物的形象，但也许喜剧视角才是站得住脚的。兰顿身上似乎有一些可笑之处，让人一想起他一本正经地起草遗嘱，就觉得忍俊不禁。约翰逊曾对鲍斯威尔说："先生，地球上没有比他更好的人了。但好笑是他的天性。没有办法把二者分开。"[32]

赫斯特·思雷尔对此事的评论证实了这一点。"兰顿先生似乎与我们格格不入。大家都认他是博学、虔诚、举止优雅之人——然而，他总是不受尊敬，经常遭人奚落。他订立遗嘱时，我们都哄堂大笑起来。'兰顿的遗嘱'是战斗口号，一响起，大家都吃吃笑个不停。"[33]

鲍斯威尔有一种更了不起的天赋，即能像导演一样创造整个戏剧场景，而后在写作中加以再创造。其中最精彩的场景是1776年的一场晚宴；他在这场晚宴上试图诱使约翰逊去见约翰·威尔克斯。威尔克斯是臭名昭著的浪荡子、色情文学作家和政治无赖，鲍斯威尔曾在意大利见过他，后来在伦敦与他继续相见。威尔克斯和约翰逊多年来一直在印刷物上相互谩骂。早在 1762 年，威尔克斯在自己的反政府刊物《北不列颠人》中，就曾嘲笑约翰逊接受政府年金，而《英语词典》对"年金"的定义众人皆知："一种津贴，发放对象全无享受资格。在英国，一般认为这是付给国家公务员叛国行为的报酬。"

从 1770 年起，约翰逊开始代表政府撰写政治宣传册，许多人认为这些宣传册正是用来交换年金的"等价物"。在 1774 年的《爱国者》中，他嘲笑威尔克斯是个装腔作势的浅薄之徒，除了讨好选民外，别无其他本事。"一个人烤公牛，烧靴子，参加麦尔安德的集会，或申请加入'废物大军'俱乐部，我们绝无理由视他为爱国者。他在醉鬼中间可能是'豪气冲霄的汉子'，在冷静的匠人中间可能是'直言无讳的绅士'；但要成为'爱国者'，他还必须有更可贵、更突出的品质。"麦尔安德位于伦敦城以东，威尔克斯的支持者们在那里的一间礼堂里集会。"废物大军"是威尔克斯分子组成的俱乐部。他们所反对的首相是布特伯爵（the Earl of Bute），因此烧靴子（boot）嘲笑他可谓机智之举。[34]

威尔克斯也曾攻击过霍加斯，后者以漫画笔法将他描绘得惟妙惟肖（图 82）。就像后来的法国革命党人一样，画中的他头上挂着一顶自由之帽，这个符号令人想起古罗马时代的奴隶解放，但它从一根杆子上垂落下来，就像一个倒挂的夜壶。威尔克斯穿着时尚，但假发奇怪地向后伸展，看似魔鬼的两角。最吸引眼球的是他那高傲、世故、斜睨的表情。事实上，这幅画酷似真人，捕捉到了威尔克斯在现实生活中拥有的凸下巴、疏牙和斗鸡眼。威尔克斯也承认："必须承认这是一幅复合而成的高超漫画；也就是说，造物主已经先把

图 82　约翰·威尔克斯

我制成了漫画，而这幅画不过是将漫画进一步丑化而已。"在斯凯岛，约翰逊碰巧曾坐在"霍加斯绘制的威尔克斯画像"底下——画面里，威尔克斯"咧嘴笑着，身旁杆子上挂着一项自由之帽"——鲍斯威尔见到此景，被逗乐了。[35]

　　在谈话中，约翰逊更加直言不讳。每次威尔克斯被驱逐出英国议会时，有些选民坚持把他再次选入，这些人通常被称为"暴民"；约翰逊认同政府内阁的观点，即决定谁能坐在英国议会里的是议会本身，而非选民。威尔克斯危机平息后，他对鲍斯威尔说："先生，要是当时威尔克斯的暴民战胜了政府，整个国家就会亡于虱病了。"

所谓"虱病"，就是指头上爬满虱子。[36]

让约翰逊和威尔克斯实现友好会面是一项艰巨的挑战。第一步是通过狡猾的间接手段确保约翰逊接受邀请。鲍斯威尔先向约翰逊透露出版商查尔斯·迪利有意邀他做客，至于接下来如何操作，鲍斯威尔的记述可谓手法高明：

> 约翰逊：先生，感谢迪利先生邀请我。我会去登门拜访的。
>
> 鲍斯威尔：先生，我想，有一个前提是他招来作陪的那些人都是你喜欢的。
>
> 约翰逊：先生，你这是什么意思？你把我当成什么人了？在你眼里，我对人情世故难道一窍不通，竟让你觉得一位绅士请些什么客人，是我可以左右的？
>
> 鲍斯威尔：对不起，先生，我竟然想阻止你去见你可能不喜欢的人。也许他身边会有一些他所谓的"爱国朋友"。
>
> 约翰逊：嗯，先生，然后呢？那些"爱国朋友"跟我有什么关系？哼！
>
> 鲍斯威尔：说不准能在那里见到约翰·威尔克斯呢。
>
> 约翰逊：即便约翰·威尔克斯真在那儿，那跟我有什么关系，先生？我亲爱的朋友，别再提这件事了。

"就这样，我把他争取到了。"鲍斯威尔得意地写道。[37]

当鲍斯威尔在约定的那天现身于波尔特大院时，他惊讶地发现约翰逊已经完全忘记了这件事。"我发现他正与布满灰尘的书搏斗，没有准备外出。"这个描述包含了一个歪打正着的印刷错误。鲍斯威尔最初不是用"搏斗"（buffeting）这个富有表现力的词语；原文为"在布满灰尘的书中忙碌（bustling）"。这句话在校样纸上被印成了"在布满灰尘的书中搏斗"，虽然说不通，但他显然喜欢这个说法。他保留了"博斗"，并将"在"改为"与"。[38]

　　现在还有一大障碍。约翰逊曾答应和安娜·威廉斯共进晚餐，不想让她失望。于是，鲍斯威尔去找威廉斯太太，为自己辩护说：迪利先生邀请了贵宾，如果约翰逊不现身，他会非常尴尬。

　　　　我向她殷切相求，诚恳程度不亚于我们在所有场合对女士的大多恳求，于是，她的态度逐渐软化了；她十分和蔼、欢喜地允准我去跟约翰逊博士说，"经过慎重考虑后，她认为约翰逊应该去做客"。我飞回到约翰逊身边，他身上沾满灰尘，也不关心事情的结果，"对他是去是留漠不关心"。但我刚向他宣布威廉斯太太同意了，他就大叫道："弗兰克，干净的衬衫拿来！"很快他就穿好了衣服。等他上了出租马车，清清爽爽地跟我坐在一起时，我幸福得就像逐财者刚请一位女继承人坐上驿车，驶往格雷特纳·格林。

格雷特纳·格林是苏格兰边境上的一座小镇，私奔的情侣可以在这里快速结婚而不受英格兰法律的限制。

　　他们到了迪利家，约翰逊看见威尔克斯确实在那里，便坐下来，埋头看书，"直到镇静下来为止"。可是威尔克斯知道怎么去吸引别人，吃晚饭的时候，他坐到约翰逊身旁，"不知不觉间竟博得了他的好感"。鲍斯威尔叙述的喜剧效果令人忍俊不禁：

　　　　没有人比约翰逊吃得更津津有味，也没有人比他更爱美味佳肴。威尔克斯先生大献殷勤给他夹小牛肉。"请允许我，先生——这里更好——颜色深点——带点肥肉，先生，来一点肉馅——来一点肥肉——请允许我给您一些黄油——请让我向您推荐这里的橘子汁，或者您可以来点柠檬汁，也许更有风味。""先生，先生，感激不尽，先生。"约翰逊叫道，鞠了一躬，又把头转向他，先是流露出"乖戾阴沉"的神色，但很快就洋洋自得了。

"乖戾阴沉"引自约翰逊的诗作《伦敦》。

　　令很多客人无疑感到惊奇的是，他们发现威尔克斯和约翰逊很显然都喜欢扮演意气相投的朋友，而且他们找到了取笑鲍斯威尔这个共同的目标，于是，这个场景就此达到了高潮。

　　　　约翰逊：你必须知道，先生，我最近带我的朋友鲍斯威尔去了英国外省的一个小镇，向他展示了真正的文明生活。我在自己的故乡利奇菲尔德把他放了出去，让他亲眼看看何为真正的文明。因为你知道在苏格兰，他生活在野蛮人中间，而在伦敦，他生活在浪荡子中间。

　　　　威尔克斯：除非他和你我这样严肃、清醒、正派的人待在一起的时候。

　　　　约翰逊（微笑）：我们为他感到羞耻。

当鲍斯威尔讲述发生在这两位朋友身上的变化时，柏克"心情愉悦地说，在外交使团的整个历史上，没有什么能与之媲美了"。[39]

　　约翰逊清楚地认识到这是鲍斯威尔有意的安排，于是与威尔克斯串通起来，以取笑鲍斯威尔为乐。结果，约翰逊和威尔克斯把彼此当成朋友一样对待。五年后，鲍斯威尔又是在迪利家中观察到他们"真真切切谈得十分融洽；他们都斜靠在椅子上，头几乎挨在一起，正推心置腹地窃窃私语"。[40]

　　另一个能展现鲍斯威尔技巧的事例并非特意安排，但就鲍斯威尔导演的内容而言，这个例子也有其不俗之处。一天，鲍斯威尔和约翰逊在圣殿关附近的肉铺一条街（图83）散步时，碰巧遇到"一位身穿灰衣服、看上去很体面的老人，假发上有不少发卷"；那人

图 83　肉铺一条街

跟约翰逊打招呼，就好像认识他似的。原来，那人的名字叫奥利弗·爱德华兹，半个世纪前是约翰逊在牛津彭布罗克学院的同窗。他们即将分手时，鲍斯威尔"低声对爱德华兹先生说，约翰逊博士要回家了，爱德华兹最好现在就陪他走一段路。于是，爱德华兹跟着我们一起走，我急着想法子维持他们的谈话"。谈话转向了爱德华兹可能被霜冻毁坏的果树、他在事业上的挫折以及他对老之将至的感叹，都不是很有意思。但随后爱德华兹说出了一句令人印象深刻的话："你是哲学家，约翰逊博士。我年轻的时候也试图成为哲学家；但不知道为什么，快乐总是闯了进来。"

　　这句质朴之言确实是绝妙好辞，但它也引出了约翰逊性格的一个重要方面。尽管约翰逊经常显得严肃而忧郁，但他其实是喜欢作乐逗笑的；虽然他与爱德华兹在同一时间、同一地方投入生活的激流，但他与这位落魄的同学迥然不同。两人分手后，鲍斯威尔评论说爱德华兹似乎是个软弱的人，约翰逊回答道："是的，先生。这是一个经历过生活却没有收获经验的人。"[41]

　　最后一个例子所体现的倒不是鲍斯威尔自身的巧艺，而是另一位作家的功夫；这位作家熟谙一个不经意的暗示可以用来做什么样的文章。鲍斯威尔在《约翰逊传》中讲述了众人讨论不同的布道风格；除了麦克斯·比尔博姆，大概没有人会觉得鲍斯威尔的这段叙述里有值得一提的东西。约翰逊自视权威地说道：

> 　　如果不考虑索思的怪癖，他的激烈语气和有时粗俗的语言，他倒是最好的布道者之一。西德的风格不错，但他不是神学家。乔廷的布道非常优雅。夏洛克的风格也非常优雅，虽然他没有将主要的心思放在那里。你可以加上斯莫里奇……
>
> 　　鲍斯威尔：我想知道，怎样的布道才能成为英国神坛雄辩术的典范？
>
> 　　约翰逊：如果诉诸有益的激情的布道就是你所说的雄辩的话，我们缺少这种布道。
>
> 　　一位牧师（他的名字我不记得了）：多德的布道不就是诉诸激情吗？
>
> 　　约翰逊：先生，不管他的布道诉诸什么，那都算不了什么。[42]

比尔博姆忽生灵感，不禁想象那个无名牧师当时是何感受，心想，他可能是附近教堂的副牧师。

　　他坐在不显眼处的椅子边上。他的眼珠子颜色很淡，凝聚的目光透着真诚；下巴稍稍后缩，那张脸几乎和下巴底下的衣领一样苍白。他的前额又高又窄，头发是灰褐色。他的双手紧握在胸前，指关节醒目地突出来。这种紧缩的状态并不意味着他要鼓起勇气说话。他没有说话的强烈意图。但是，在脑海深处，他非常希望自己可以说点什么，这样伟大的约翰逊博士会转向他，略微沉吟后说道："啊，是的，先生。说得太有道理了"，或者"先生，我从来没有想过这一点，谢谢"——从此众人将对这位发言者刮目相看。就在这时，机会突然出现了。"我们缺少，"约翰逊大声说，"那种诉诸有益的激情的布道。"我看见副牧师的躯体猛地抽搐了一下，他的嘴张开了，然后——不，我受不了，我闭上了眼睛，堵上了耳朵。[43]

　　令人惊讶的是，这位身份模糊的牧师能辨识得出来，因为赫斯特·思雷尔在她那本《约翰逊传》的页边空白处写下了他的名字。这人名叫爱德华·恩布里，遭到约翰逊碾压时，已经三十三岁。他确实是思雷尔家的邻居，后来被任命为科芬园圣保罗教堂（霍加斯在《清晨》中所展示的教堂，见图 17）的副牧师。他在这个卑微的职位上待了三十年，证实了比尔博姆的洞察力。最后，他升为堂区长，八年后去世。除了赫斯特·思雷尔和范妮·伯尼在日记中偶尔提到几笔，他还是和以前一样缺乏存在感。一位学者把关于此人的那点可怜信息拼凑起来，并总结道："'零星、苍白、短暂，几乎一片空白'——学术研究已经为他尽了全力，他留下来的还是这样的印象。艺术一如既往，可以做得更多。"[44]

　　"我倾向于认为，"比尔博姆总结道，"他临死时原谅了约翰逊博士。"

　　比尔博姆喜欢《约翰逊传》，他是一个以善于戏仿出名的艺术家。

1918 年，约翰逊在高夫广场的故居成为纪念博物馆后，比尔博姆给博物馆赠送了一幅构思奇特的插图（彩图 27）。在图画的空白处，他用自己特有的极细笔迹写了一段挖苦约翰逊和鲍斯威尔的假想对话，笔法精准又不无善意。

鲍斯威尔：先生，您在高夫广场的房子要向举国展示，难道您不乐意吗？

约翰逊：不乐意，先生。你想想看，房子的用途是给人居住的。如果一栋房子不适合汤姆或迪克租住，就该把它拆了，或者不要多事，交给老鼠得了，因为老鼠长时间在这栋房子里出没，已经获得了居住权。我认为在高夫广场会有数量庞大的老鼠被打搅和驱逐。（气喘吁吁，身子左右摇晃）先生，我为老鼠感到难过。先生，老鼠心怀不满，是有道理的。

鲍斯威尔：不过，先生，塞缪尔·约翰逊这位伟人的房子保存下来，不好吗？这难道不会传播幸福、提升美德吗？

约翰逊：不，先生，我们不要再装腔作势了。这房子一文不值。我们不要把板条和灰泥崇高化。我不知道自己住在这栋房子里时，是否为世人作过贡献。我敢肯定，既然我已经不住在里头了，这栋住宅就没什么价值了。唉，先生，当"吞噬一切的时间"吞下蛋黄之后，留着蛋壳有什么用呢？

或者（列克西法尼斯是个想法善变的人）对话可以这样进行：

鲍斯威尔：先生，您在高夫广场的房子要向举国展示，难道您不乐意吗？

约翰逊：哦，乐意，先生。（语气严肃、迟疑）自从《漫游者》被译成俄语并在伏尔加河两岸阅读以来，没有什么比这更让我高兴的事了。

最后这句话涉及约翰逊去世前几个月说过的一番话。"他好像突然想到了什么，欣喜若狂地向我们叫道：'啊！先生们，我要跟你们说一件大事。俄国女皇下令将《漫游者》翻译成俄文，我将在伏尔加河两岸被人阅读。贺拉斯夸口说，他的名气将远至罗讷河畔；可如今伏尔加河离我的距离要远过罗讷河离贺拉斯的距离。'"[45]

比尔博姆的插画也是十分到位。鲍斯威尔知道得非常清楚，约翰逊不仅仅是在身形上比他高大很多。

第十六章

帝国

纵观整个 18 世纪，一个重要问题占据了国民意识：英国的遥远殖民地以及为获得和占有这些殖民地而进行的战争。可以肯定地说，本书故事中的每个人都有亲朋好友在殖民地工作，其中一些人曾迁居在那里，没有回来过。

在很长一段时间里，殖民问题一直是英国议会辩论的主题。两场殖民危机不仅引发了约翰逊愤怒的批评，也激发了柏克和谢里丹最精彩的修辞术；这两场危机便是北美殖民地的丧失，以及关于如何对待印第安人的持续争论。最后，还有奴隶制的道德问题（虽然这个问题才刚刚显现出来）。

在某种程度上，战争是英国人的常态。在约翰逊的一生中，至少发生了五场战争：西班牙王位继承战争、四国同盟战争、奥地利王位继承战争、"七年战争"和美国独立战争。在 1739 年到 1783年之间，英国经历了二十四年的战争和二十年的和平。争战的原因很简单。英国决定主宰世界贸易，打败法国和西班牙是实现这一目标的关键一步。

1713 年，约翰逊四岁时，西班牙王位继承战争以签订《乌特勒支条约》而告终，旨在阻止法国将波旁王朝的盟友推上西班牙王位，进而阻止法国成为超级大国。英国在那场战争中的胜利对未来产生了巨大影响。用 G. M. 特里维廉的话来说，该条约"标志着旧法国君主制对欧洲的威胁的结束，同时也标志着一个对整个世界都同样重要的变化——英国在海洋、商业和金融上的霸权地位"。西班牙被迫交出了大量领土，包括西西里岛、那不勒斯和西属尼德兰，这些领土大部分流向了以奥地利为中心的所谓神圣罗马帝国。[1]

至于英国，它获得了直布罗陀的宝贵要塞和加拿大东部的部分地区。《乌特勒支条约》还有一项条款让人类付出了可怕的代价。英国获得了先前由法国拥有的、被称作"阿西恩托"（Asiento，源自"asentir"，后者表示"同意"或"认同"的意思）的奴隶专卖许可证，从而垄断了与西属美洲殖民地的奴隶贸易。之前英国船只已经将奴隶运送到自己的殖民地，此时英国人更是拥有了将奴隶输送到整个西半球的独家权利。他们运输到加勒比和南北美洲的非洲人将会达到一百五十万。

所有这些武力冲突中，最大的是始于 1756 年的"七年战争"。战争的一边是英国，盟友包括葡萄牙、普鲁士和其他几个德意志邦国。另一边是法国，联手神圣罗马帝国、西班牙、俄国和瑞典。这是一场真正的世界大战，涉及五大区域——欧洲、美洲、西非、印度和菲律宾。结果就是 1763 年，正当鲍斯威尔在伦敦定居下来的时候，《巴黎条约》得以签订，这为英国领土面积的大幅增加提供了法律保护。新增区域包括几座加勒比岛屿，西非的塞内加尔殖民地，以及被称为新法兰西的加拿大地区；魁北克属于这个地区，拥有数量庞大的法国天主教徒。

所有这些战争都耗资不菲。1767 年的《汤申德法》对美洲殖民者强行征税，部分原因就是为了支付这些费用，由此引发了严重后果。

与此同时，英国迅速控制了印度次大陆。在伊丽莎白女王时代，唯利是图的东印度公司就在那里站稳了脚跟。为了保护自己的利益，该公司开始与印度土邦王公及其法国盟友发生小规模冲突，这些冲突进而发展成为全面战争。年轻的簿记员罗伯特·克莱武展示了非凡的军事能力。在 1750 年代，他领导一支实际上是私人军队的队伍，取得了一系列胜利，并积累了巨额的私人财富。一个商业组织如今是印度很大一部分地区的事实上的政府，这种反常的情况在英国议会中引起了激烈辩论，而柏克和谢里丹将在辩论中发挥主导作用。

帝国主义

一个国家应该攫取尽可能多的殖民地来安置来自本国的移民，长期以来被视为不言而喻的观点。约翰逊在《英语词典》中将"殖民"定义为"安置居民；使新移民安居，使殖民者定居"，而"殖民者"的意思是"从母国迁移而来、定居于某个遥远之地的人群"。这似乎意味着在殖民者到来之前没有人住在那里，但这样说当然是不对的。对原住民的掠夺就这样不断被合理化：所谓掠夺，不过是取用了原住民不知道如何使用的资源。

最初，"原住民"（native）这个词的意思很简单，就像约翰逊定义的，它指的是"出生于某个地方的人；原有的居民"。约翰逊自己就是利奇菲尔德的原住民。但此时，这个词已经产生了贬义，成为"野蛮人"的同义词。约翰逊将"野蛮人"定义为"未受教育、未开化的人；蛮夷"。如果将原住民视为蛮夷，镇压甚至消灭他们会更方便一些。

约翰逊《英语词典》对"殖民者"的定义反映的是普遍用法，而非他的个人观点。在他最早发表的一篇作品（即 1744 年的《理查德·萨维奇先生传》）中，他谴责殖民者"因为野蛮民族无法抵抗，就向他们发动战争，因为有些地域肥沃，就大举入侵，痛斥这是莫大的罪恶"。这将是约翰逊一生坚持的立场。1759 年，伏尔泰在《老实人》中严厉抨击了殖民主义；同年，约翰逊在一篇文章中设想了一位印第安酋长看着英国军队从附近行军经过时的评论："这些入侵者的足迹遍布这片大陆，他们生气的时候会屠杀反抗的族人，高兴的时候会屠杀投降的族人。至于没被他们杀戮的，有些被活埋在了地下洞穴里，有些则要为他们的主人采挖金属；有些人被他们用来耕种土地，出产的果实却被这些异族的暴君吞食。当刀剑和采矿使印第安人濒临灭绝时，他们就用另一种肤色的人取代印第安人，这些人是从遥远的地方带至这里，做着牛马的苦活，直到累死躺下。"[2]

同样在 1759 年，约翰逊为自己编辑的多卷本航海记录《世界展示》写了一篇导言。这篇文章以历史回顾开篇，在描述葡萄牙探险家枪杀一群爱好和平的非洲人（约翰逊没有说明具体地点）时突然开启愤怒的道义谴责。

"他们身上并无令葡萄牙人害怕之处，"约翰逊宣称，"因此也就构不成充分的挑衅；唯一可以相信的理由是，他们只是在恣意作乐中杀害那些黑人，也许只是想试试，一枪扫射能灭掉多少人，或者那些逃跑的人会感到怎样的惊恐。"接着约翰逊以严厉的笔触对殖民行为的后果展开回顾（"殖民主义"这个词还要过一个世纪才会被创造出来）。"欧洲人登上任何海岸，大多时候不过是为了满足贪婪的欲望，扩散腐败的影响，毫无理据地僭取统治权，毫无诱因地残忍对待原住民。"[3]

这种态度在当时的知识分子中并不少见。在《国富论》中，亚当·斯密以更温和、更有节制的文笔表达了同样的意思："愚蠢和不义是规划以及建立那些殖民地的两大主导动因或指引原则。所谓愚蠢，指猎取金矿银山的行为。所谓不义，指觊觎异邦财产的行径；之所以不义，是因为原住民非但没有伤害过欧洲人民，反而以各种友善和热情的表示接待了最早的冒险家。"[4]

令约翰逊感到震惊的，除了对原住民的不义行为外，还有为获得和保住殖民地而进行的战争。他最具影响力的著述之一是 1771 年发表的小册子《关于近期福克兰群岛交易的思考》。

在距离阿根廷海岸三百英里的那片小群岛上，英国和西班牙之间爆发了一场危机。最终，战争得以避免（1982 年历史重演时，就没有这么走运了）；约翰逊令人信服地指出，守卫一块无法产生任何价值、寸草不生的领土，不会给英国带来任何好处。此外，他义愤填膺地描述了战争的真实面目。他的叙述值得仔细一读：

> 令人惊奇的是，大部分世人在看待战事的发展时是多么冷淡，多么漠不关心。有些人只是隔着遥远的距离听说战事，或者从书上读到战事，但从来没有在心里细想过战争的危害，他们认为战争不过意味着一场精彩的游戏、一次宣告、一支军队、一场战斗、一场凯旋仪式。的确，有些人必须丧生在取得大捷的战场上，但他们是丧生在荣誉的床褥上，"在征服的喜悦中放弃生命，心里装满英格兰的荣耀，含笑而亡"。
>
> 虚构的英雄叙事没有很好地表现现代士兵的生活。战争的毁灭手段比大炮和刀剑更可怕。我们最近与法国和西班牙的较量中，成千上万的人丧命，其中只有很少一部分人受到敌人的打击；其余的人都是在帐篷和船舱里，在潮湿和腐烂的环境中受尽折磨；他们脸色苍白、身体麻木、无精打采、不能自理；他们喘着粗气，不住地呻吟，身边人都长期持续地承受无望的痛苦，变得冷酷无情，他们自然不能得到身边人的同情；最后他们或被埋在坑里，或被抛入海里，不被人注意，也不被人怀念。在行动不便的营地和有害身心的驻扎地，勇气是无用的，进取心是不可行的，船员的数量就这样悄无声息地减少，陆军的人员就这样不知不觉地消失。

这样说毫不夸张。在那个时代没有有效防御传染病的方法，士兵的死亡人数可能是惊人的。在"七年战争"中，每有一人死于战斗，就有八十八人死于疾病，令人难以置信。由于约翰逊本人没有经历过战争，他的义愤更加不同寻常。正是敏锐的道德想象力能够让他"在心里细想战争的危害"。[5]

前面"含笑而亡"这句骇人的引文出自约瑟夫·艾迪生 1705 年的诗歌《战役》。这首诗庆祝英国"神似的领袖"马尔伯勒公爵在布伦海姆战役中取得胜利，为诗人赢得了有利可图的政府职位，而战争的胜利为马尔伯勒赢得了国家的馈赠——布伦海姆宫。

艾迪生（鲍斯威尔的"旁观者先生"）是温文尔雅之人，但他的诗是血腥的：

> 我看见杀戮成山，血流成河，
> 一场战役孕育一部《伊利亚特》……
> 千万座村庄全都化为尘灰，
> 无数收成在哔剥的火焰中焚毁。

艾迪生对战争的赞颂令约翰逊感到愤慨；威尔弗雷德·欧文斯的尖刻诗作《为国捐躯》和罗伯特·格雷夫斯的痛苦回忆录《向一切告别》都继承了约翰逊的态度。[6]

在这方面，启蒙思想家亚当·斯密的思想觉悟不如约翰逊。在《道德情操论》中，他平淡地写道："意志薄弱者和无经验者在看待死亡时常会抱有迷信又恐惧的心理，但在战争中，人们开始熟悉死亡，这种心态必然会被治好。人们会认为死亡不过是生命的丧失。仅此而已！"[7]

爱尔兰

英国对待其殖民地不义的例子近在咫尺，即爱尔兰；当然，严格来说它是大不列颠内部的国家，而非殖民地。它的地位与苏格兰非常不同。1603年伊丽莎白女王去世后，苏格兰的詹姆斯六世成为英格兰和苏格兰的詹姆斯一世，此后苏格兰斯图亚特王朝将王座移到了伦敦。1707年，英格兰和苏格兰的联合得到批准，安妮女王成为斯图亚特王朝的最后一位君主，与此同时，苏格兰议会废除，苏格兰人在伦敦有了自己的代表。

单一国家的观念经过了几代人的时间才被完全接受，但纵观整个18世纪，"不列颠性"这个观念稳步发展。国王乔治三世的祖父乔治一世刚登基时，还不会说英语；但乔治三世则会以这样的宣言来取悦臣民："我出生和受教育都在这个国家，我以自己是不列颠人为荣。"[8]

从这个意义上说，爱尔兰并不属于不列颠。在1640年代的内战期间，爱尔兰的天主教徒站在英国保王党一边。后来保王派军队败给了清教叛军，查理一世被处决，奥利弗·克伦威尔为惩罚爱尔兰人，实施了一系列暴行，随之而来的是灾难性的饥荒。来自英格兰的殖民政策随之确立，甚至在1660年已故国王的儿子查理二世重夺王位、实现复辟后，这项政策依然没有废止。

到17世纪末，绝大多数信仰天主教的土地所有者被剥夺财产，并被英格兰新教徒取代，其中大多数是圣公会教徒。在北部的阿尔斯特地区，移民是来自苏格兰的长老会教徒，这为随后几个世纪的紧张局势埋下了隐患，也为20世纪信奉新教的北爱尔兰与爱尔兰共和国的分离奠定了基础。

在柏克和哥尔德斯密斯成长的世界里，新教徒只占爱尔兰人口的约15%，这个被称作"新教优势阶层"（Ascendancy）的群体几乎完全控制了占多数的天主教徒，后者被剥夺了许多基本的公民权利。爱尔兰的行政首长是由英国王室任命的总督，就像从英格兰派到牙买加和马萨诸塞的殖民地总督一样。

与苏格兰人不同，爱尔兰人不能选举国家议会的成员，而他们自己的议会的决议经常被英国政府否决。"无代表不纳税"这个口号在美洲殖民地流行起来之后，在爱尔兰也经常能听到。[9]

爱尔兰与苏格兰的一个关键区别在于英格兰不允许爱尔兰在经济上与自己竞争。羊毛贸易一直是英格兰经济的支柱（直到今天，上议院议长象征性地坐在"羊毛袋"上）。爱尔兰也生产大量羊毛，但法律禁止爱尔兰出口毛纺织品，这意味着爱尔兰被迫向英格兰人提供原材料，英格兰人则从中挣得可观的利润。

都柏林有大量技艺娴熟的织工，可以想见这项禁令有多不公平；乔纳森·斯威夫特在1720年代的《布商书简》中以一位受到牵连的布商口吻强调了这一点。虽然斯威夫特是圣帕特里克大教堂的圣公会教长，但他还是具有爱国情怀的爱尔兰人，他让后人铭记的是，他是最早为全体爱尔兰人民发声，而不仅仅是为"新教优势阶层"代言的一位作家。

斯威夫特曾在圣帕特里克大教堂引用《约书亚记》，就"爱尔兰惨状的原因"发表了一篇愤怒的布道："造成我们不幸的首要原因是我们在各行各业遭受了难以忍受的艰难局势，就这样我们成了为我们苛刻的邻居劈柴挑水的人。"*至于那些住在农村的居民，这些说盖尔语的大多数人被当权者视为半文明的野蛮人，对待他们的方式带有丑恶的种族主义色彩。

英国的政策直接导致了多次经济萧条，在此期间大量的爱尔兰

---

* 参见《约书亚记》9:22："现在你们是被咒诅的！你们中间的人必断不了作奴仆，为我神的殿作劈柴挑水的人。"（据和合本）

人找不到工作。斯威夫特在同一篇布道中抱怨道："大量的穷人以日常乞丐的身份出没于我们的街巷，他们永无间歇的叫嚷声和死缠烂打的讨要声充斥我们的耳畔。"正是这种耻辱激发他写下了那篇不朽的讽刺文章《一个温和的建议》；在该文中，他暗示：既然英国人已经在用各种方式吞噬爱尔兰，他们不如把爱尔兰的婴孩吃掉算了。[10]

天主教虽然不违法，但必须秘密活动。只有新教徒可以进入都柏林圣三一学院，从事社会职业；这就是为什么柏克的父亲从天主教改宗新教，这是供养自己家庭的最好方式。

一系列被统称为《刑法典》的法律进一步增强了新教徒的严格管控，在这样的环境中长大的柏克对压迫的本质十分敏感，这也深刻影响了他对美洲和印度的看法。他在英国议会里为天主教徒的解放全力呐喊助威，尽管他没能活到解放的那一天；他将《刑法典》形容为"特别适合用来压迫人民，使他们的生活变得贫困潦倒，使他们身上的人性蜕化，效果不逊于人类发明的那些颠倒伦常的奇技淫巧"。[11]

约翰逊有许多关系亲密的爱尔兰朋友。"俱乐部"最初的九名成员中有三位是爱尔兰人——柏克、他的岳父纽金特和哥尔德斯密斯，还有托马斯·谢里丹、亚瑟·墨菲等。但是，尽管约翰逊同情爱尔兰人民的困境，但他绝对拒绝承认他们应该享有任何政治权利。早在12世纪诺曼人就统治了爱尔兰，16世纪都铎王朝巩固了英国在爱尔兰的统治。在约翰逊看来，17世纪的爱尔兰起义不过是煽动叛乱，而非反抗压迫。

约翰逊与爱尔兰牧师托马斯·坎贝尔谈话时，曾聊到爱尔兰的权利问题。约翰逊以一如既往的夸大语气宣称："先生，你们作为被征服的民族，确实应该效忠于英国；如果我是内阁大臣，我会让你屈服，我会像奥利弗·克伦威尔那样，烧毁你们的城市，用火烤熟你们。"谩骂持续了一会儿，坎贝尔很圆滑老练地保持沉默："在这样一番怒斥之后，再争辩也只会激怒他；于是，我就让他慷慨陈词，直到平静下来为止。"[12]

美洲

理论上，美洲殖民地的管理方式与爱尔兰的非常相似：从伦敦派人担任总督，并派英国军队到现场维持秩序。但实际上，美洲殖民者对自己的事务享有更多的控制权，这仅仅是因为他们的距离更远。横渡大西洋往往需要六周，如果风向不利的话，时间可能会更长。从伦敦进行微观管理几乎是不可能的，美洲殖民者已经习惯了宽松的自治权。柏克说得好："在我们谈到美洲的每句话的开头与结尾之间都隔着三千英里的海洋。"[13]

1770 年代，殖民地和英国政府之间的紧张关系升级，并在税收问题上达到顶点。英国政府的态度是保护殖民地、抵御法国及其印第安盟友的入侵，需要花费大量金钱，所以殖民地支付这笔费用是合情合理的。殖民地的立场是"无代表不纳税"。柏克同情殖民者，而约翰逊显然不同情他们。

在这些当下问题之外，约翰逊对美洲殖民者普遍抱有蔑视态度，经常被激怒去谴责他们。他蔑视美洲殖民者的一个原因是他们从印第安人手中偷走了土地。他与康涅狄格驻伦敦的代表关系不错，1773 年在给这位代表的信中写道："我不太希望有新的地理发现，我总担心那会以征服和抢劫告终。"[14]

顺便说一句，约翰逊见过的另一位殖民地代表是本杰明·富兰克林；他当时在伦敦担任宾夕法尼亚的代表，但没有证据表明他们之间有过任何谈话。富兰克林确实在鲍斯威尔的日记里出现过数次，但没有文字暗示他是值得结识的朋友。有一次，鲍斯威尔顺便提到了富兰克林的幽默，但只是为了衬托自己的一个比喻，他总是以自己的奇思妙喻为荣。当时，鲍斯威尔恰好来到约翰·普林格爵士在伦敦的住所；约翰爵士是苏格兰医生，也是奥金莱克勋爵的老朋友，鲍斯威尔发现他正和富兰克林下棋。"约翰爵士虽然可敬可佩，但态度却很尖酸刻薄。这一回富兰克林还是很风趣、爱说俏皮话。我心想：'这是很好的对比：酸和碱。'"[15]

约翰逊还认为，移民者大多是英国社会的渣滓："他们是一群罪犯，我们不把他们绞死，他们就该谢天谢地了。"至于那些发迹腾达的商人和种植园主，他们为了追求财富放弃了文明带来的一切好处。"一个人能以求知穷理为乐，绝不会轻易去那里，让自己和子孙世世代代埋没在野蛮民风里。"《英国诗人传》中一句不经意写出来的话暴露出了约翰逊的偏见："这位长子被剥夺了继承权，被送到了新泽西，因为他缺乏基本的理智。"[16]

至于政治权利，约翰逊对待美洲殖民地就像对待爱尔兰一样。1781年，他主张爱尔兰人应该用火烤熟，而这正是约克镇战役爆发的那一年。尽管约翰逊同情那些土地被夺走的美洲土著人，但他和其他人都没有想过要把土地还给他们。从道义上讲，这可能与约翰逊关于殖民主义的观点相矛盾，但归根结底，约翰逊始终是实用主义者。

所以，不管殖民地最初是怎样获得的，如今它们只是英国人的。大多数殖民者自己也这么认为；美国的开国元勋在成长过程中都认为自己是英国人。在约翰逊看来，这意味着他们有权呈交请愿书，但绝不能反抗。如果在殖民地没有人可以投票，这就是这个制度的运作方式。约翰逊说，美洲的殖民者"自主选择离开了一个他们拥有投票权却几无财产的地方，来到了一个他们拥有大量财产却没有投票权的地方"。[17]

这句话出现在一本题为《征税并非暴政》的小册子里。人们普遍认为，约翰逊写这本小册子，是为了回报他所获得的政府年金，而且他在付梓之前肯定听从了官方的提议。鲍斯威尔说："我毫不怀疑这本小册子是在当时一些在位者的授意下写成的；事实上，他向我承认，小册子遭到其中一些人的修改和删减。"很显然，它起初的基调太过激烈，甚至连政府都认为不大恰当。几乎可以肯定，它有助于他获得牛津大学的荣誉博士学位，因为牛津大学的政治倾向一向较为保守。[18]

《征税并非暴政》没有给多少人留下深刻印象。鲍斯威尔称其为一篇关于权利的"冠冕堂皇的诡辩之作"。小册子倒是引来了记者们的一连串谩骂。他们对约翰逊最温和的描述是"领取年金的乖戾老者"。其他作家则称他为"叛徒的工具""唯利是图的爬行动物"和"乱涂乱画的妓女"。[19]

也许令人惊讶的是，鲍斯威尔站在了美洲人一边。作为律师，他认为特许状已经赋予殖民地议会征税的权利，这是一个应该被尊重的约定。他还认为，殖民者和科西嘉人一样是在为"自由"而战。当康沃利斯在约克镇投降的消息传来时，他写信给保利，报告他的"喜悦"之情。[20]

由于柏克是美洲事业的坚定支持者，他和约翰逊心照不宣，不去讨论这个问题。鲍斯威尔（当然）没有那么谨慎。当约翰逊"戟指怒目斥责"殖民者时，鲍斯威尔为殖民者辩护了几句——他没有说具体是什么内容。只见"约翰逊这片云蓄满了含硫的水汽，随后爆发了雷霆之怒"。于是，话题转到了贝内特·兰顿挥霍无度的生活方式上，众人都说住在林肯郡比住在伦敦，对兰顿来说，更便宜、更明智。"我说：'所有朋友都要跟他吵个遍，他才会去林肯郡。''不，先生，'约翰逊博士不耐烦地说，'我们派你去就可以。如果你陪在他身边，还不能把他赶出家门，那没有人可以了。'这是非常可怕的钝击，我简直惊呆了。"

不过，他们很快就和好了。鲍斯威尔当时可能喝醉了，因为他接着说，如果他能把酒戒掉，可能会更快乐。"'要是这样，'约翰逊说，'你就不应该喝酒，最好不要喝酒了。'他说这句话时显得非常友好，和蔼可亲。"接着，鲍斯威尔斗胆问约翰逊，为什么他要让谈话偏离正题，转移到兰顿的经济问题，暂缓片刻后，才说出那番侮辱自己的话。"'因为，'约翰逊说，'我没有准备好。人有了武器，才能攻击。'"鲍斯威尔把大部分内容都写进了《约翰逊传》，但删去了与酒相关的部分，加上了舞台说明："约翰逊（微笑）：因为，先生，我还没有准备好。"鲍斯威尔补充道："这是一次坦率而愉快的告白。"[21]

柏克首次获得雄辩家的声誉是在他关于美洲问题的演讲中。1773 年诺斯勋爵的政府通过一项《茶税法》，旨在让濒临破产的东印度公司获得向美洲出口茶叶（免关税）的垄断权，以缓解其压力。这意味着来自印度的茶叶虽然每磅要被征收三便士的茶税，但在美洲的价格还是更便宜了。对其他五种商品所征的税种，也就是遭人憎恶的汤申德税，已经停止征收了，但唯独这茶税留了下来，主要不是为了获取收入，而是为了彰显某种原则。这项原则在鲍斯威尔眼里，是不具有效力的；在美洲，随后的抗议导致了"波士顿倾茶事件"，这是不祥的征兆，预示着重大的对抗可能近在咫尺。

柏克在 1770 年至 1775 年间担任纽约殖民地的伦敦代表，这加深了他对这些问题的理解。除了五百英镑的可观年薪外，这个职务还使他对殖民问题有了深入了解。

《论课税于美洲》是柏克对《茶税法》的直接回应，紧接着他在 1775 年发表了伟大的演说：《论与殖民地和解》。在这两次议会演说中，柏克都展现了对细节的非凡把握，以及令人信服的论证。在关于税收的演讲中，柏克强调，近两百万殖民者与母国的关系已经发展了一个半世纪，去寻找新由头激怒他们，可谓荒唐至极。"满足于用贸易法则约束美洲殖民地吧；你们一直是这样做的。就让这一点成为你们约束他们贸易的理由。不要向他们强行征税；你们从一开始就没有这样做的先例。就让这一点成为你们不征税的理由。这些都是从国家或王国角度考虑的论据。剩下的论据留给学界；只有在那里，才能安全地讨论这些论据。"

说完这番话后不久，柏克就进行了一场后来闻名遐迩的戏剧性表演。他情绪激动起来，几乎快要晕厥过去。"这就是美洲的情况，你蹚着漫到双眼的血水向前行走，最终只能走到你起步的地方；也就是说，在没有收入的地方收税，在——我已经发不出声音了；我心有余力不足，再说下去，恐怕是一团乱麻了。"柏克停顿了一会儿，又振作起来，或者说看似振作起来，接着他对议长说道："好了，先生，我稍好了些；在落座之前，对那位先生所诘问的另一个问题，我必须略谈一谈……"[22]

柏克的比喻之丰富饱受赞誉，《论课税于美洲》中就有一个精彩例子；他在批评威廉·皮特时，照字面意义来使用"内阁"（cabinet）一词，就仿佛那是一件家具：

> 他组建的政府极为杂乱无章，就像将诸多零件拼成一件细木工制品，但制品锯齿交错，参差不齐；像木柜子，镶嵌的方式各式各样；像马赛克，形形色色的；像用碎石杂拼的路面，这儿一小黑石，那儿一小白石：爱国者和朝臣，国王的朋友和共和党人，辉格党和托利党，奸诈的朋友和公开的敌人，都错见于其中。这着实是非常奇怪的展品，摸起来毫不安全，站在上头也不稳当。被他召集到同一委员会的同事面面相觑，不得不互问道："先生，您贵姓大名？——先生，我不认识您，失敬得很。——原来是某某先生——实在不好意思。"我敢说，这确有其事，那些同居一官的人平生从来没有说过话，直到发现自己不知何故，头相凑，脚相交，全都窝在带脚轮的矮床上。[23]

在《论与殖民地和解》的演讲中，柏克阐述了一种受情感推动的共同体观念，这是一种远比法律和制度更深层次的、人人共有的奉献精神，柏克在他之后的事业中经常论及这一点。

> 不要幻想你们的公务函，你们的指令，你们的中止条款，是维系这个庞大而神秘的整体结构的力量。这些因素并不能造就你们的政府。它们是僵死的工具，被动的手段，但正是英国人的共同体精神赋予了它们所有的生命和效力。这就是深入英国气质的精神，它充盈于广大群众中，渗透、滋养、团结、鼓舞、激活英帝国的每一个部分，直至最细小的部位。[24]

六十年后，托克维尔在《论美国的民主》一书中强调"心灵习惯"的重要性，大体表达了同样的意思。出生于德意志的波士顿记者弗朗西斯·利伯给了托克维尔这个具有基石地位的观念。"每一天，"利伯告诉托克维尔，"我都更倾向于认为宪法和政治立法本身并无用处。它们是上层建筑，只有人民的道德习惯和社会条件才能给予它们生命。"这种提法完全是柏克式的。

不少英语译文从字面上翻译了法语的表达"oeuvres mortes"，就好像宪法是"僵死的受造物"，其实这是对托克维尔"上层建筑"的误译。"oeuvres mortes"这个习语指的是轮船的上层建筑，如果没有沉在水中的巨大船体，即"有生命的受造物"，这些建筑就毫无用处。[25]

正如柏克的兄弟理查德所说，《论与殖民地和解》大获成功。"他从三点半开始演说，一直站到六点钟。他坐下来以后，议员们如潮水般涌出下议院，我能听到最响亮、最一致、最热烈的赞许声。这样的表现在下议院闻所未闻，于他自己也是前所未有。"[26]

今天人们习惯说美国革命根本算不上革命，至少迥异于法国大革命。这倒是实情；这个新国家的生活一如既往，仍由同样的显贵牢牢掌控。尽管如此，它依然是新国家，拥有正式的成文宪法——这是英国从未有过的。"一场伟大的革命已经发生了，"柏克在手稿中写道，"实现这场革命的，不是现有国家之间权力的此消彼长，而是在人类中间，在地球上的新地方出现了一个新型国家。这在所有权力关系、平衡和趋势中都引发了巨大变化，无异于我们太阳系中出现了一颗新行星。"[27]

柏克注定要从局外人的立场分析和批判英国的政策。这一身份赋予了他宝贵的视角，但对于渴望影响事态的人来说，也是令人极为沮丧的。1778年，在"俱乐部"的一次长篇大论（前文引述过）中，谢里丹评论说，柏克的演讲似乎从来没有催生实际的立法。柏克回答说，他的论说产生的影响有可能是很缓慢的，但他也遗憾地承认："我相信在英国任何一个群体中，我都会是少数派；我一直是少数派。"[28]

不过，柏克说得有道理。他的想法确实产生了影响，连他的对手也承认他的才华。1782年战争结束后，柏克收到了约翰·伯戈因将军的崇高敬意；1777年，伯戈因在萨拉托加投降，这成为美国独立战争的转折点。除了拥有军衔外，伯戈因也是英国议会的一员，在谈及柏克时，他说，"他对柏克的敬意更深一分，因为知道自己爱慕之情的主要源头是：柏克不吝于关心不幸之人，能带着公正之心看待被压迫者和被迫害者"。正如大卫·布罗米奇所说，"这不是帝国战争中战败的将军通常使用的语言"。[29]

在一篇关于柏克的文章中，伍德罗·威尔逊所作的评论得到了自身经验的支持："他的思想素材从未以他获取它们时的相同面貌出现。它们经过了熔炼和再造。柏克具有风雅学识，不是因为他从书中取材，而是因为他著书立说，把书写的话题变成了风雅学识。他是运用这种伟大风格的大师。每句话都浸透着非凡想象力的色彩。

行云流水的走势会让你呼吸屏住，心跳加快。"[30]

印度

　　萦绕在柏克心怀的是他在爱尔兰受压迫的个人经历，带着这样的体验，他加入了一场圣战，试图终结印度的压迫现象，或者至少将其降至最低。印度的情况与美洲大不相同。英国人已经在美洲生活了好几代，一直认为自己是英国人。虽然他们的数量还没有超过印第安人，但很显然很快就会超越。而印度有庞大的土著人口和古老的文明，被印度教、佛教和伊斯兰教这些有影响力的宗教所主导。英国只是出于商业目的对印度次大陆进行开发，仅仅是为了支持东印度公司才逐渐获得政治控制权。

　　东印度公司成立于 1600 年，英国的王室特许状被授予"在东印度群岛贸易的伦敦商人的总督及公司"。这正是他们的身份——商人。亚当·斯密关于丹属维京群岛（美国直到 1918 年才买到手）的评论同样适用于孟加拉，他很有可能有意借此言彼："专门由商人组成的政府，或许在任何国家都是最糟糕的政府。"琳达·科利如此描述英国的困境：英国"攫取了太多的权力，速度太快，统治的人口太多"。[31]

　　辉格党的罗金厄姆派（柏克是其代言人）要求议会监管东印度公司，决定揭露该公司的种种有失公正的运作。这意味着印度将会按照世界上其他殖民地的模式来统治，而不是被事实上的统治者们（其实并没有人任命他们担任此角色）控制的摇钱树。1783 年，辉格党的罗金厄姆派在查尔斯·詹姆斯·福克斯倡议的《东印度法案》中提出了这一要求。该法案在下议院获得通过，但在上议院被否决。

　　福克斯从 1774 年起就是"俱乐部"的成员，他和雷诺兹是亲密的朋友。为了给福克斯的自我宣传助力，雷诺兹画过一幅引人注目的福克斯肖像，有一幅版画（图 46）便是以此为模板印制而成。福克斯右手下面的文件原本是空白的，但在最后一刻，他请雷诺兹填上了题词："为了更好地规范东印度公司事务的法案。"[32]

结果，福克斯所在的政党在 1784 年的大选中落败，他的事业从此开始走下坡路。他加入了反对派，成为政治战略家，而柏克则是思想领袖。布罗米奇说："柏克的相伴使福克斯成为更有智慧的人，而福克斯的相伴使柏克的思想更自由。"[33]

下一个为印度伸张正义的举动是在议会展开的一场轰动一时的审判，即以严重腐败为名对印度总督沃伦·黑斯廷斯所作的弹劾。这次弹劾自 1783 年启动，断断续续一直拖延到 1791 年，黑斯廷斯最终被无罪释放。福克斯和柏克可能预料到了这一点。他们所作所为的真正价值在于提高英国人对远方殖民地状况的意识。

麦考利对柏克成就的赞颂从未被超越。"他把多年的辛勤努力奉献给了一个民族，他与那个民族没有共同的血缘关系，没有共同的语言，没有共同的宗教信仰，也没有共同的礼仪，从他们那里得不到回报，得不到感谢，得不到掌声。"柏克从未亲自到过印度，但他掌握了有关印度的原材料，细节十分详尽，然后加以改造。"从含糊、无趣和混乱的素材中，他构建了许许多多巧妙的理论和生动的形象。印度及其居民，在他眼里，有别于在大多数英国人眼里，不只是一些抽象的名字和概念，而是真正的国家，真正的人民。"麦考利本人曾在印度做过五年的公务员。[34]

柏克要求弹劾黑斯廷斯的演讲并不是一场简短的表演。这场演说分四天展开，听众很多，各个听得屏气凝神。柏克的基本观点是，"当我们还在森林里的时候，一个文明、有教养的民族"已经在印度大地上居住了"不知道多少代"。即使在英国政府从东印度公司手中接过直接控制权之后，它派出的管理人员依然没有受过良好训练，他们的主要兴趣是攫取财富，荣归故里。[35]

随着柏克的修辞变得愈发激昂，他对自己国家的控诉呈现所向
披靡的气势。

> 年轻人（几乎是毛头小伙）统治那里，没有交流，也不同情
> 当地人。他们被老人的贪婪和青春的冲动驱使，一浪又一浪滚滚
> 而来；在当地人眼里，那就像猛禽和候鸟飞迁到这里，胃口从未
> 有餍足的时候，食物不断被它们消耗，这样的景象毫无中止的希
> 望……英国人没有在那里建造教堂、医院、宫殿和学校；英国人
> 没有在那里建桥梁、修公路、辟航道、挖水库。所有其他类型的
> 征服者都与英国人不同，他们在身后留下了一些纪念碑，或为了
> 彰显气派，或为了彰显仁惠。假如我们今天被赶出印度，不会有
> 任何证据表明，在我们统治印度的可耻时期，占有印度的，是比
> 猩猩或老虎更好的族类。[36]

柏克对听众的影响是势不可当的。麦考利曾在一段描述文字（后
来成为名篇）中再现过这一场景："坐在廊台上的女士们，不习惯如
此雄辩的演说，又因气氛庄严而变得兴奋，再加上不愿意显得自己
毫无品味和感受力，个个都被无法控制的情绪所支配。手帕被掏了
出来；嗅盐瓶被传了出去；到处可以听到歇斯底里的啜泣和尖叫；
谢里丹太太昏厥后被抬了出来。"[37]

这是柏克振聋发聩的结论：

> 我弹劾沃伦·黑斯廷斯先生，他犯有重罪，举止失当。
> 我以大不列颠下议院的名义弹劾他，因为他背叛了议会对他
> 的信任。
> 我以大不列颠下议院全体成员的名义弹劾他，因为他已使英
> 国人的品格蒙羞。

　　　我以印度人民的名义弹劾他，因为他颠覆了印度人民的法律、权利和自由，摧毁了印度人民的财产，踩躏和毁弃了印度人民的国家。

　　　我以那些永恒的正义法则为名义和依据来弹劾他。因为他违背了那些法则。

　　　我以人性本身的名义弹劾他，因为他残忍地凌辱、伤害和压迫人性，不论男女、年龄、地位和处境。[38]

　　在演讲术上仅次于柏克的是谢里丹，在一幅那个时代所绘的图像中，他挥舞着"控诉 W. 黑斯廷斯"的标语，一副斥责之态（彩图 28）。画里的颜色深有意味。浅黄色和蓝色已被用作辉格党的制服颜色，而谢里丹那红润的脸颊和鼻子则指向他恶名昭彰的酗酒习惯。

　　轮到谢里丹的时候，他滔滔不绝地说了将近六个小时，在结尾处他饱含深情、如临其境地描绘了英国人解除压迫时印度人的感激之情："数百万人心里怦怦直跳，嘴唇颤抖，眼泪簌簌往下流，欢喜得大声呼喊、浑身震颤，今晚你们的投票将让这数百万人永远免受腐败力量的残暴对待……因此，我满怀信心地劝说你们加入这一指控：'沃伦·黑斯廷斯必须被弹劾。'"全场爆发出雷鸣般的掌声。旁听了审判会的吉本说，谢里丹"超越了他自己"，还打趣似的补充说："谢里丹演讲结束时倒在了柏克的怀里。今天早上我去拜访他——他身体无恙。真是好演员！"[39]

　　虽然对黑斯廷斯的抨击在短期内失败了，但随着时间推移，这场圣战取得了预期效果。柏克的论说被接下来的几代人继续阅读，并影响了麦考利和约翰·斯图亚特·密尔等曾在印度工作过的英国人。一位历史学家对柏克表达的敬意令人印象深刻："当柏克在下议院滔滔不绝地演说时，情感变成了一种真正的力量，它必然驱使任何政府采取行动。英国议会里第一次听到有人对此表示遗憾：欧洲人曾踏上那些遥远的海岸，把自己的意志强加给那些陌生的族群（这样的表达在 19 世纪人道主义者当中已经很普遍）。柏克无疑是这种人道主义精神的主要灵感来源。即使现在，读到他的文字仍不可能不为之所动。"[40]

奴隶制

位于英国社会意识的背景更深处的，是奴隶制的道德问题，但它得到了越来越多的关注，要求废除奴隶制的呼声开始响起。

在英格兰和爱尔兰，所有奴隶获得自由的时间是 1772 年，在苏格兰是 1778 年。二者都是法律裁决的结果：奴隶主将黑仆从西印度群岛带回国内，但最终不得不将他们释放，理由是根据英格兰和苏格兰的法律，奴隶制是非法的。

苏格兰的案子涉及一个名叫约瑟夫·奈特的黑人，他的主人把他从牙买加带回国内。鲍斯威尔认为"十分温和、管理有当的奴隶制"是完全可以接受的，但不得不承认"那个黑煤色的陌生人"在法律上有权获得自由。像往常一样，他写信征求约翰逊的意见，收到了一封为奈特强烈辩护的回信。尽管约翰逊可能不喜欢卢梭，但他的推理与卢梭的《社会契约论》是一致的："人类在原初状态下保持平等，这不是匪夷所思的；人类若非受制于强大暴力，则不可能屈从于别人，这也是不难想象的……没有人天生是他人的财产；因此，那位被告天生是自由的。"约翰逊补充说道："牙买加的法律不能给黑人提供任何救济。他的肤色被认为是足以不利于自身的证据。令人遗憾的是，道德权利竟然让位于政治便利。"[41]

鲍斯威尔在《约翰逊传》中引用了这段雄辩论述后，便开始反驳它（至少他认为自己是在反驳）。"关于这个问题，我读了很多，谈了很多，也想了很多。"他阅读和思考的结果便是这段陈述："有的事态是上帝允准的，也是人类所维持的；废除这种存在无数世代的事态，不仅是对我们无数同胞群体的劫掠，也是对非洲野人的极端残忍；正是奴隶贸易将他们从自己故乡的大屠杀或难以承受的监禁状态中解救出来，将他们带往更幸福的生活状态；特别是现在，他们在西印度群岛的航行以及在那里所受的待遇都有人道的管制。废除这种贸易就等于'关闭了对人类的仁慈之门'。"这个引述的短语出自格雷的《墓园挽歌》。[42]

与此同时，海外殖民地的人们仍然可以拥有奴隶。在《约翰逊传》中，鲍斯威尔引用了约翰逊的两句犀利评论，只不过中间插入了他自己的观点："与牛津一些非常严肃的人士相处时，他的祝词是：'为西印度群岛黑人的下一次起义干杯。'只要一有机会，他就会流露出对西印度和美洲殖民者的强烈偏见。在《征税并非暴政》的结尾处，约翰逊就曾说：'我们为何会在黑奴的运输者中间听到对自由的最响亮呼声呢？'"[43]

这确是实情：柏克在议会中所代表的布里斯托尔商人，在国内政治生活中的立场并不太激烈，但是由于他们位于英格兰西部，出海便捷，所以控制了奴隶贸易。对他们来说，"自由"只适用于英国公民，而不是全人类。如柏克所料，1780 年，他对奴隶制的坚决反对是布里斯托尔商人拒绝再次提名他为候选人的主要因素。

在《约翰逊传》出版那一年，鲍斯威尔发表了一首三百行的诗作，标题为《切莫废除奴隶制，或者爱的普世帝国》。这首诗没有署名，但鲍斯威尔对此深感自豪，并告诉所有朋友他是这首诗的作者。他的传记作者弗兰克·布雷迪称其为"无疑他写过的最奇怪的作品"，这样形容还算是轻描淡写了。[44]

鲍斯威尔以嘲笑的口吻提及废奴主义者威廉·威尔伯福斯及其

议会盟友，而后宣称自己是"这片土地上的古老男爵"，赞美"对主从关系的明智安排"，进而荒诞且不诚实地描绘了加勒比种植园的生活画面：

> 看啊，那座芬芳的小岛，
> 大自然似乎永远在微笑，
> 望着黑奴，一群欢乐的生灵，
> 埋头从事辛勤的劳动，
> 听到他们在劳作时的歌唱，
> 而时间在扇翅快速飞翔。
> 完成了一日的工作，
> 没有人比他们更为快乐：
> 食物、衣服、干净的住处，
> 各人的财产都受到保护。

他们不只是欢快地歌唱，连私人财产都有安全保障！鲍斯威尔显然对殖民地的实际情况一无所知，也没有费心去查明。

最后，鲍斯威尔为了像往常一样把话题引向自身，继续描写自己被某位无名女士奴役、为爱所困的经历——

> 只要我们有像你这样的情妇，
> 就永远免不了成为你的奴仆。

这解释了"爱的普世帝国"的由来。[45]

英国殖民地的奴隶贸易到 1807 年才被废除（当然，那时候，美国就不再是英国的了）。虽然此时进口奴隶是非法的，但在英帝国任何已经存在奴隶制的地方，这种制度都没有受到触动。直到 1833 年

《废除奴隶制法》才结束了这一切。与此同时，柏克和谢里丹的话语继续引发共鸣。1830 年，十二岁的弗雷德里克·道格拉斯得到了一本名为《哥伦比亚演说家》的演讲集，从中发现了"谢里丹一篇有震撼力的演讲"，即支持爱尔兰天主教徒解放的演讲。"我从谢里丹那里学到的是对奴隶制的大胆谴责和对人权的有力辩护。"[46]

"俱乐部"成立之初，各位成员达成一种共识，即政治，尽管并非严格意义上的禁忌，应该尽可能少讨论。约翰逊开始不那么频繁参加"俱乐部"的一大原因是成员规模的扩大；那些新增成员（大多数今天不为人所知了）直言不讳地表达了对辉格党的同情，约翰逊对此恨之入骨。柏克虽然是辉格党人，但态度非常保守，就像吉本一样。毫无疑问，约翰逊强烈反对柏克关于爱尔兰和美洲的看法，但他们只要避开这个话题，就能相处得很好。至于沃伦·黑斯廷斯的审判，那是约翰逊去世前不久才开始的。

第十七章

亚当·斯密

在 18 世纪的欧洲各国，尤其是英国，金融问题日益受到重视。一个全球性的帝国既是财富的来源，也是政府的财政负担，因为政府必须通过耗资不菲的战争来守卫这个帝国。税收政策引发了激烈辩论，英国政府头一回制造了巨额的国家债务。投资资金是通过出售股票来筹集的，在 1770 年代，伦敦证券交易所成立了，为以前在咖啡馆里签署的协议提供了稳定的机构。与此同时，随着新产业的出现，整个经济正在发生快速变化。

所有这些问题都需要一门内在连贯的经济学。当时被称为"政治经济"的学科才刚刚开始拓宽其范围。约翰逊在《英语词典》中给出了"经济"一词的五种定义，但没有一种符合我们今天用它所表达的意思。那时它首要的意思是"家事的安排，家庭的管理"；紧接的意思是"节俭，花销的谨慎，值得称赞的俭省"。

当时的人们通过类比来理解"政治经济"：它无非指对国家财政的管理，类似于对家庭的管理。因此，"政治经济"指统治者或者他的执行者采取的具体财政措施。但是亚当·斯密和其他思想家，尤其是法国的思想家，已经开始把我们今天所说的"经济"理论化，

The Author of the Wealth of Nations

图 84　亚当·斯密

用它指某些客观力量汇成的巨大网络；这些力量有自己的运行逻辑，从来不能全面回应人类的行政干预。

斯密于 1775 年被选为"俱乐部"成员，时年五十二岁，那时没有人会把他当作经济学家来看待。1759 年，他出版了《道德情操论》，试图证明道德观是通过社会交往而获得的，他因此当选"大俱乐部"会员。这本书当时被广泛阅读，但它非常枯燥抽象，如果他不再有别的作为，今天很少有人会知道他的名字。

当然，斯密很快就有了大作为，那就是 1776 年出版了自己的杰作。这里复制的肖像画（图 84）将他确定为《国富论》的作者。鲍斯威尔曾是斯密在格拉斯哥的学生，他不经意间提到，1775 年拜访斯密时，"斯密说他论述商贸的著作快要写完了"。鲍斯威尔可能认为那是平淡无趣的议题。[1]

斯密从来没见过自己的父亲。他父亲是柯科迪镇（与爱丁堡隔福斯湾相望）的一名海关小官员，于1723年去世时，离他出生还有六个月的时间。他母亲终生守寡，最新的传记作者评论说，他"满足于与唯一重要的女人——他的母亲——共度一生"。[2]

这是个非常用功的年轻人，由于得到一笔慷慨的奖学金，他得以在牛津大学度过整整六年的时间。这笔奖学金最初是用于培养未来的长老会牧师，不过到了这个时候，这项职业并不是强制性的。

斯密在爱丁堡做过公开讲座，但没有获得学术职位，1751年，他成为格拉斯哥大学的逻辑学和形而上学教授。一年后，他被选为道德哲学教授，他确实认为自己关切人类行为的所有方面。鲍斯威尔听过的斯密讲座都与修辞相关，这里所说的修辞不仅指文学风格，还指西塞罗传统中那种具有说服力的公共语言。斯密强调语言是一种社会工具，所以，他赞成浅显直白的风格，而不是以前修辞学家喜欢使用的繁复修辞手法。[3]

一些流传下来的逸事表明，斯密实际上是一个心不在焉的教授，他对四周的环境不太关注，思绪总是飘往别处。有一次吃早餐时，斯密把面包和黄油卷成一个球，扔进茶壶里，然后往里灌水。他抿了一口，抱怨说这是他这一辈子喝过的最劣质的茶。[4]

斯密从未把自己当成职业学者，他一有机会就放弃了教授职位。一位有钱恩主付给导师的酬金，比导师从自己学生身上所能收取的学费，要丰厚很多；而学费在苏格兰几乎是教授的唯一收入来源。于是，斯密接受了指导巴克卢勋爵的工作；巴克卢勋爵当时才十来岁，他的继父查尔斯·汤申德将提出激怒美国人的《汤申德法》。斯密与巴克卢勋爵意气相投，两人保持了多年的亲密关系。

1762年以后，斯密可以称自己为"斯密博士"，因为他被格拉斯哥大学授予法学博士学位，但和约翰逊一样，他不想以此头衔称呼自己。他对自己的出版商、约翰逊的朋友威廉·斯特拉恩说："就叫我亚当·斯密吧，前后都不要加任何头衔。"那些需要提升个人声望的人，比如哥尔德斯密斯和伯尼，往往会亮出"博士"或"医生"头衔。[5]

斯密最亲密的朋友是大卫·休谟，他评价休谟的说法对两人都适用："他认为自己是道德哲学家，最广义人类行为的研究者，涉足美学、伦理学、政治、经济学、文学、法律、宗教和历史。"休谟在生命晚期所写的一篇自传式简短素描中，没有称自己为哲学家，而是称自己为"文人"（man of letters）。[6]

如果把斯密当作"俱乐部"成员看待的话，他似乎处于奇怪的隐身状态，几乎没有出现在《约翰逊传》中。斯密当选时，鲍斯威尔对自己的朋友坦普尔评论说，该俱乐部"已经失去了它的遴选特色"。鲍斯威尔是个喜欢交际、禀性难移的人，而斯密有着典型的内向性格，只有与他熟悉和信任的人在一起时才会觉得放松。和这些人在一起时，他显得大不一样；哲学家杜加德·斯图尔特曾评价过"他精彩绝伦的谈话"。斯密偶尔去伦敦时，也会在"俱乐部"逗留一段时间，但周围都是爱炫耀、好竞争的健谈者，斯密自然保持沉默。[7]

斯密和约翰逊一直相处不来。约翰逊说斯密是"他见过的最迟钝的家伙"。他还向鲍斯威尔抱怨说："亚当·斯密喝了酒以后，'满嘴冒着酒气'，变得极其讨人厌。"鲍斯威尔对此的评论富有洞察力："斯密是非常勤奋的人，脑袋里塞满了各种各样的话题；但在那里找不到约翰逊的那种力量、敏锐和生气。"

当然，可以肯定的是，斯密知道自己有独到的见解，他想通过印刷文字表述出来，以使人信服，而不是在有可能遭人误解或征用的社交环境中表达出来。鲍斯威尔还说："他对著书立说一直念念不忘，对有可能用到书里的东西轻易不说出来；有一次他对约书亚·雷诺兹爵士说，他有一条规则，即在别人面前决不谈论他真正领会的东西。"[8]

在《道德情操论》中，斯密对"明慎之人"的描述几乎像是一幅自画像。"他行动谨慎，讲话也有保留，在不必要的情况下，从不轻率地将自己对事或对人的意见强塞给别人。他虽然会结交朋友，但并不总是喜欢广泛交游。他很少出入那些以谈笑风生、传杯递盏而闻名的社交场所，更不常在其中突显自己。"简而言之，他作为社交伴侣，不合约翰逊的口味，也不合鲍斯威尔的喜好。[9]

反过来，斯密对约翰逊的怪癖感到困惑。一位匿名的回忆录作者写道，斯密这样评说约翰逊："我见过那家伙在混杂的人群中突然直直站起来，在没有事先告知他人的情况下，跪在椅子后面，重复着主祷文，然后又回到餐桌的座位上。他一遍又一遍地展示这种奇怪的举动，一个晚上大概有五六次。"这似乎很难让人相信，因为其他人从未描述过约翰逊的这种行为。如果斯密确实这么说过，那他可能是有意夸大约翰逊对正统宗教的赤忱忠心。和休谟一样，斯密也是一个持怀疑态度的自然神论者，其内涵后文会有解释。[10]

约翰逊对查尔斯·伯尼说过的一番话暗示他对公开祈祷持包容态度，但不鼓励这种行为。他的诗人朋友克里斯托弗·斯马特皈依宗教后，开始不间断地祈祷，无论身在何处。这激起了约翰逊的怜悯心："疯狂屡屡体现为不必要地偏离世人常见的行为模式。我的可怜朋友斯马特精神错乱，经常在大街上或其他不寻常的地方跪下来祈祷。"[11]

斯马特的朋友们考虑到他的身心健康，把他关进了精神病院。约翰逊对此的评论是："我不认为他应该关起来。他的精神疾病对社会无害。他坚持要别人跟自己一同祷告；我倒很乐意像别人一样同他一起祈祷。"让人感动的是，斯马特在精神错乱期间所写的自由体长诗《羊羔颂》中包含这样一句："让约翰逊、约翰逊之家因千里香的芬芳而欢喜。上帝保佑塞缪尔·约翰逊吧。"[12]

除了气质和宗教信仰有所不同，斯密和约翰逊在思想风格上也大相径庭。约翰逊是道德学家，思考的是人们应该如何行事；斯密是社会科学家，分析的是人们为何如此行事。约翰逊是随笔家，写文章讲的是机缘，带有即兴的性质，因而著述林林总总，不一而足。斯密是理论家，发表的是正式论著，经过多年酝酿才得以完善。

《国富论》

《对国民财富的性质和原因的探究》(简称《国富论》)显然是《道德情操论》的续篇。它视为理所当然的假设是：人类除了经济动机外，还有道德、思想和审美动机。尽管斯密最终未能完成他所设想的宏大工程，但《国富论》之后本来还会有两本书的，一本关于文学和哲学，另一本关于法律和政府。

斯密本人后来说，《国富论》是"对大不列颠整个商业体系的猛烈攻击"，但同时代的人似乎并不这样看待。恰恰相反，他们立即认为《国富论》是理解国家财富来源方面的重大突破。[13]

传统观点认为，人民是国家的财富，唯一的前提是他们有生产能力。那些努力工作但仅能维持生计的人绝不会被视为对社会有贡献的人，所以被打上了"穷人"的可耻烙印。尽管从宗教角度来看，他们理应得到慈善布施，但就经济而言，他们被视为寄生虫。一群被称为重农主义者（这个词来自希腊语，原意为"自然治理"）的法国思想家倡导一种与此不同但同样传统的观点。在他们看来，代表国家财富的是土地，而不是人，这意味着政府应该积极促进农业发展。斯密在巴黎待了一段时间，结识了重农主义者，特别是弗朗索瓦·魁奈和安妮-罗伯特-雅克·杜尔哥。[14]

　　斯密驳斥了这两种立场。正如鲍斯威尔所预期的，他采用了突破性的研究方法，即聚焦于商业问题。此外，他还关注刺激生产力和提升工资的各种方法。如果每个工人都能为提高生产力作出贡献，也许"穷人"就不需要成为地位不可更易的下层阶级。

　　为人熟知的是，斯密在这本书的一开篇就举出了大头针工厂这个例子。他并没有对生产力进行抽象的理论概述，而是亲自参观一些工厂——当时大多数都是小厂——工厂老板正在把一个全新的观念付诸生产实践。《国富论》第一章的标题是"论分工"。斯密参观大头针工厂时，发现一根简单大头针的制造至少有十八道工序。他基于实际观察得出的见解是，如果每个工人只完成一到两道工序，而不是所有工序，生产力可以大大提高。

　　　　一人把铁丝抽出来，另一人把它拉直，第三人把它剪断，第四人把它磨尖，第五人把一端磨得适合安装针头。制作针头需要两到三道独立工序；把它套到针尖上是一门独特手艺，把大头针擦得白亮又是一门独特手艺；甚至将它们插放到纸里（包装好准备出售）本身就是一门技艺。这样一来，制作大头针这个重要任务就分成了十八道不同的工序，在有些工厂里每道工序都由不同的人手操作，在有些工厂里同一个人会操作两到三道工序。我曾见过一家只雇用十人的小厂，其中一些人操作两到三道独立工序。不过，虽然他们都很穷困，都无差别地配备了基本的机械设备，但只要努力工作，一天就能生产出大约十二磅重的大头针。一磅有超过四千枚中等大小的大头针。因此，这十个人一天可以生产四万八千枚大头针。

依据斯密的计算，相比之下，一个人独自制作大头针一天最多只能生产二十枚。[15]

《国富论》之所以具有原创性，斯密之所以称其为对当前经济体系的抨击，是因为它预见了 19 世纪工厂体系的到来。在斯密那个时代，大部分生产，尤其是纺织品，基本上仍是家庭生产，即所谓的"外包制度"。雇主们提供材料，由雇员在自己家里加工。但是钢铁以及用钢铁制造的大机器显然不能在家里制造。

约翰逊年轻的时候，伯明翰（他在此遇到了自己的妻子并与之结婚）相比之下还是个小城。到 18 世纪末，它很快就要成为工业重镇，成为金属加工产业的中心。1760 年代，马修·博尔顿和詹姆斯·瓦特在这里建立了他们的苏豪制造厂（"manufactory"是"工厂"一词的最初形式），专门生产用于采矿的蒸汽驱动泵。十年内他们雇用了八千人的劳动力。一英里外就是他们的苏豪铸造厂，坐落在一条方便装运的运河旁边。[16]

1776 年，约翰逊和鲍斯威尔前往伯明翰，去见识了一番未来。博尔顿带他们参观了自己的工厂。鲍斯威尔在日记中写道："博尔顿看上去是个聪明、有学养的人。遗憾的是，我对机械所知不多，他竭力向我展示自己最近发明的一台机器，可我无法理解他的描述。""我卖的是，先生，"他说，"全世界的人都想得到的东西——动力。"这句声明究竟有多像神谕般的预言，鲍斯威尔的理解是很模糊的。至于约翰逊，他在简略的日记中提到了这次相遇，但兴趣寥寥。"然后我们去了博尔顿家，他彬彬有礼地领着我们参观了他的作坊。他的机械设备我看不真切。"这显然意味着约翰逊近视得厉害，无法理解复杂的机械原理。[17]

斯密认为，促进劳动分工是一种社会进步，因为他设想工人可以将自己的劳动卖给出价最高的人，从而摆脱自中世纪以来控制着大多数行业、只雇佣特定行会工人的垄断作坊。如果生产力成倍提高，每个人肯定都会分到更大的利润份额。

历史很快就会显示这是多么错谬的观点，但斯密的态度是乐观的，因为他的理论里有一条互补链，即"看不见的手"。这意味着市场有一种自我调节的逻辑，通过这种逻辑，供需规律总是能够对社会资源进行最佳分配。当商人或实业家努力使自己的收益最大化时，"他在此情况下，就像在许多其他情况下一样，会被一只看不见的手牵引着，去推动某个并不在其意图范围内的目标的实现。这个目标并不在他的意图范围内，对社会来说，并不总是坏事。在追求自身利益过程中，他往往会提升社会效益，其效果胜过他真正意欲提升社会效益的时候"。[18]

斯密的另一句评论也经常被引用："我们期待的餐饭不是来自屠夫、酿酒师或面包师的仁慈，而是来自他们对自身利益的关注。我们要打交道的不是他们的人性，而是他们的自爱，我们跟他们谈论的不是自己的需要，而是他们的好处。"[19]

斯密并不指望利他的仁心能有什么作用，因为他不相信大多数人都有这样的仁心。他想要表明，自私依然可以产生积极的效果。但他并不像人们普遍认为的那样，毫无保留地相信自由放任主义（他从未使用过这个词）。这个词是由法国重农主义者发明的，直到1820年代才经常在英国使用。

在《国富论》一书中，斯密语气严苛地谈到"商人和制造商有着卑鄙的贪婪心和垄断一切的态度，他们既不是也不应该是人类的统治者"。他们作为个体也许有着诚实的品质，但仍然是"这样一类人：他们的利益永远不会与公众完全一致，而且利益问题往往导致他们欺骗甚至欺压公众，所以他们曾在很多情况下欺骗甚至欺压公众"。[20]

因此，政府的干预，而不是放任政策，往往是有必要的。然而，斯密并不认为贫富差距在本质上是不公平的。"公民政府，"他直截了当地说，"只要是为了财产安全而成立，实际上就是为了保护富人免受穷人侵害而成立，或者是为了保护有些财产的人免受一无所有之人侵害而成立。"[21]

　　有必要强调的是，斯密从不像后来的一些经济学家那样，相信经济行为完全是利己的，更不相信"理性人"这个抽象概念可以解释发生的一切。他很清楚利他主义的冲动、道德信念和根深蒂固的习惯也起着重要的作用，他认为自己已经在《道德情操论》中阐明了这一点。正如哲学家汉斯·费英格在一部经典著作中分析指出的，斯密在《国富论》中所做的是把利己主义当作始终不变的基本原则，以此阐明经济生活的一些基本特征。[22]

　　斯密的经济理论预测，从长远来看，穷人将从自由市场的运作中受益。但这只是假设而已，在《亚当的谬论》中，邓肯·弗利称其不可证实，更像"神学"意义上的信仰，即相信看不见的手不仅可以比政府政策更有效地管理经济，还可以让每个人的生活变得更好。斯密第一本关于道德哲学的著作同样不是完全没有意义。正如弗利所说，斯密所关心的问题一直出没于后来的经济学思考中："在资本主义强加的敌对、冷淡、利己的社会关系中，如何成为一个好人，过上合乎道德的良善生活"。[23]

第十八章

爱德华·吉本

　　1769 年，哥尔德斯密斯出版了《罗马史，从罗马城的建立到西罗马帝国的灭亡》。坦率地说，这本书并无独创性，全是基于现成可用的资料写成，但具有可读性，之后好几代人都使用这本书作学校教材。哥尔德斯密斯知道吉本正着手写一部规模远更宏大的著作，1774 年，他大方地提议吉本加入"俱乐部"。没有人反对，吉本照规矩当选。巧的是，那一年哥尔德斯密斯去世。

　　如果再等两年，吉本就不大可能进入"俱乐部"。1776 年，他的《罗马帝国衰亡史》第一卷问世，立刻被认为是一部杰作，但也引起了一点非议。对于基督教的传播只能通过神力的干预来解释这一主张，吉本公开表示怀疑，认为世俗的运作足以解释基督教的成功。他还质疑了不少据说在教会早期发生的历史事实。

　　约翰逊和鲍斯威尔都讨厌吉本，称他为"异教徒"，如果他们知道他在写什么，肯定会投反对票。因此，当我们透过他们的眼睛来观看时，吉本作为"俱乐部"成员，甚至比亚当·斯密更不显眼。然而，我们从其他资料来源得知，吉本非常喜欢出席"俱乐部"，他参加的次数几乎比任何人都多，而且谈笑风生。爱尔兰主教托马斯·巴纳德比吉本晚一年当选"俱乐部"成员，多年后写信给鲍斯威尔："我一直认为平易自然的谈吐是他最讨人喜欢的特点，也是他性格中最有价值的部分。"鲍斯威尔在《约翰逊传》中决定不引用这句话。[1]

吉本在《约翰逊传》中少有的一次露面出现在关于 1775 年一次"俱乐部"聚会的记述中。约翰逊以独断的口吻宣称，阅读历史毫无意义，因为报道事实不需要技巧，而任何超出事实的部分都是毫无意义的猜测。鲍斯威尔评论道："吉本当时一定在忙着写自己那部历史著作，第二年第一卷就问世了。他在场，却没有站出来为历史这个门类辩护。在约翰逊面前，他可能没有获胜的把握！"约翰逊无疑知道这本书即将出版，所以故意激怒吉本。[2]

然而，吉本似乎不太可能惧怕约翰逊。他比任何人都清楚，历史学家须频繁地权衡模棱两可的证据，而且他提供的是猜测而不是事实时，总会向读者坦承这一点。但他不希望被人大吼大叫，更不用说让声称写历史易如反掌的人教训自己了。他的传记作者 D. M. 洛尖刻地评论道："吉本有等待时机的资本，也知道如何保持沉默，这是鲍斯威尔难以理解的艺术。"[3]

发现天职

爱德华·吉本 1737 年出生于伦敦，在汉普郡的小村庄伯里顿长大。那个村庄位于伦敦西南六十英里处，吉本家在村里有一座舒适的砖石宅邸。吉本家境富裕，或者说曾经家境富裕；爱德华的父亲正在快速挥霍继承而来的财产。

爱德华生在富贵人家，但在遗传健康体质方面就没那么幸运了。他幼年时总因为这样或那样的原因接受治疗。在《回忆录》中，他这么说道："曾经有一段时间，我吞下的药比吃到嘴里的食物还要多，我的身体如今仍然留有无法抹除的刺血疤痕、切口和腐蚀剂。"根据约翰逊的《英语词典》，切口（issue）是"为了排放体液在肌肉上切出的口子"，就像约翰逊小时候经历的一样。爱德华三岁时，家人给一个刚出生的婴儿取名为爱德华，显然是预料到第一个孩子可能很快就会夭折。这个惊人的事实爱德华记得尤其清楚，他甚至声称接下来出生的每个男婴都叫爱德华，但事实并非如此。[4]

爱德华从父母那里没有获得多少疼爱。他父亲以自我为中心，疏远他人；他母亲屡屡怀孕，冷落了病恹恹的长子——这是家里七个孩子中唯一存活下来的——并于结婚十年后去世，那时他年仅九岁。

这个孩子所受的教育很随意，时而接受临时家教的辅导，时而到学校上两节课，在学校里常受到霸凌。吉本长相奇怪，身体细长瘦弱，顶着奇大无比的脑袋，上头覆着颜色鲜红的头发（大英博物馆里有一绺他的头发），这照样难以保他不受欺凌。

幸运的是，在这个小孩子的生命中有一个很重要的、有爱心的成年人。她是爱德华母亲的未婚妹妹凯瑟琳——爱德华管她叫凯蒂姨妈——和吉本一家人住在一起。爱德华生病时，凯瑟琳会整夜守在他床边。除了给予他无限关爱之外，凯瑟琳还培养了他自幼对读书的爱好。爱德华喜欢历史传奇之类的书籍，很早就知道了后来将在《罗马帝国衰亡史》中出现的一些最令人难忘的人物，比如狮心王理查和他高贵的撒拉逊对手萨拉丁，帖木儿，成吉思汗。

十五岁时，吉本的想象力被自己偶然看到的一本古罗马史书深深吸引，正如他回忆的那样，"晚餐的铃声把我不情愿地拽出来时，我正沉浸在一场精神盛宴中：哥特人渡涉多瑙河的场景"。D. M. 洛说他渡过多瑙河进入古罗马帝国的中心，从此再也没有出来过。吉本还说，到第二年年底，他已经"穷尽了所有可以用英语了解到的关于阿拉伯人和波斯人、鞑靼人和土耳其人的知识"。他们也将在《罗马帝国衰亡史》中扮演重要角色。[5]

吉本十五岁进入牛津大学的莫德林学院，这时发生了一场对这位未来历史学家至关重要的意外危机。在那个年代，十五岁是上大学的正常年龄；那时没有严格意义上的入学要求，更不用说竞争性的考试了。牛津大学不怎么像一所现代大学，倒更像一所精修学校，除了拉丁文和希腊语，几乎不教别的东西（当然，这正是约翰逊喜欢牛津大学的原因）。这里根本不教历史。

吉本想起自己在莫德林的短暂时光，心里就充满了鄙夷。他说，他的导师"清楚地记得自己要领取的薪水，却忘记了自己要履行的责任"。危机发生在一年之后。1753 年，吉本突然皈依罗马天主教。很久以后，他描述说，这是由神学争论引起的，但这无疑也是对他父亲的反叛行为。几年后，鲍斯威尔做了同样的事情。[6]

在老吉本看来，小爱德华的皈依意味着这个家族将在经济上破产，因为反天主教的法律将阻止他继承庄园。直到 1778 年的《天主教法》出台，天主教徒才被允许继承和购买土地，前提是他们发誓拒绝教皇的世俗权威。这项立法是 1780 年反天主教的戈登暴乱的导火索之一。

吉本的父亲立刻把他送到瑞士洛桑，让他和那里的一位新教牧师住在一起，以治好他的蠢病。文化冲击令吉本无比震撼。招待和教导吉本的是和蔼可亲的大卫·帕维拉尔，他不会说英语，吉本也不懂法语。幸运的是，吉本有语言天赋，很快就把法语学得娴熟。离开洛桑时，他用法语思考和写作比用英语更容易。

由于大量法语研究成果还未被翻译成英语，娴熟的法语对吉本后来的工作有着不可低估的价值。更重要的是，他因此与欧洲大陆启蒙运动的思想有了联系，而当时大多数英国人对启蒙思想是持怀疑态度的；没有娴熟的法语，就不可能有那部伟大的历史著作。在洛桑期间，吉本还努力提高拉丁文水平。他使用的方法体现了自律的工作习惯。他会把一篇拉丁文翻译成法文，等上几个月，直到不大记得原文后，再看看能否把它翻回去。

经过耐心的说理，帕维拉尔终于切断了这个年轻人与天主教的联系，但爱德华的父亲并不急于把他带回家，于是他在洛桑待了五年之久。在那里，他坠入了爱河，显然这是他一生中唯一的恋情。苏珊娜·库彻德是另一位瑞士牧师的女儿，美丽而聪慧；她发现吉本和平常的仰慕者大不相同，很有魅力。两人都已经打算结婚。爱德华的父亲发现这一切后，又一次惊呆了。他可不想让儿子娶一个身无分文的外国人，于是威胁说要断供，一先令都不给他，并命令他马上回家。

回到伯里顿以后，爱德华为这个事情诚心实意地辩护，但徒劳无功。他在《回忆录》中简洁地写道："我像情人一样叹息，像儿子一样顺从。"这句话经常被嘲笑为不带感情色彩；的确，吉本并不是特别富有激情，但确实是有感情的。这句话真正体现的是爱德华的一种意图，即被困于不可调和的角色冲突（就像法国古典戏剧中的一个人物）的时候，力图客观地看待自己。至于苏珊娜，她与伟大的金融家雅克·内克尔缔结了幸福的婚姻，后来吉本成了他们在巴黎的座上宾。[7]

吉本在伯里顿的时间分成两部分，对应两种大不相同的工作。一种是对历史著作的深入钻研，只要有能力，他就会不断购入书籍。另一种工作似乎难以置信。1760 年，吉本父子被征募为郡民兵队的军官。当时正值"七年战争"中期，政府雇来扩充军队的德意志雇佣兵怨气深重。于是，议会通过了一项建立英国民兵队的法令。民兵队由志愿者构成，由乡绅指挥。老吉本当了少校，他的儿子当了上尉。

年仅二十三岁的小爱德华很享受这一切。汉普郡的民兵连打仗的边都没有挨上。事实上，他们根本就没有离开过英国，但他们经常操练，有时晚上和其他军官（其中有一个碰巧是约翰·威尔克斯）

欢聚喝酒。吉本在《回忆录》中描述这段经验对自己后来的工作非常宝贵："现代军营的纪律和战术机动让我对方阵和军团有了更清晰的认识，汉普郡近卫步兵的上尉（读者可能会笑）对研究罗马帝国的历史学家可能并非无用。"那个有揶揄意味的插入语——"读者可能会笑"——是他愿意自嘲的一个例子，但他的话是有道理的。吉本对古代战争中使用的战术，以及不明智的军事决定产生的灾难性后果，总是保持浓厚的兴趣。[8]

吉本的生活理念过去通常被称为伊壁鸠鲁式的：不耽于粗俗的肉欲，而是追求适度的、文明的享乐。他喜欢援引 17 世纪外交官威廉·坦普尔退休后的一句感叹：与"烧老柴、喝老酒、同老友聊天、读老书"相比，公共空间的满足简直微不足道。[9]

在财富的继承和特权问题上，吉本一点也不感到尴尬。在《罗马帝国衰亡史》一书中，他把现代文明与原始的"野蛮民风"作了对比。他说，不可否认，绝大多数人别无选择，只能努力劳动谋生，但不应该怨恨扮演着不同角色的特权阶级。"被选中的少数，因为生逢好运不用为衣食发愁，可以用各种方式填满自己的时间，比如追求个人兴趣或荣誉，改善自家庄园，提升自己的理解力，履行社会生活职责，或者在社会生活里寻欢作乐，甚至放纵驰荡。"少数人被"选中"，并不一定是因为他们配得上这种资格，而是因为命运碰巧给了他们这样的安排。[10]

1764 年，吉本前往意大利，开始了为期两年的"大旅行"；他在那里逗留的时间的尾段与鲍斯威尔的开端相重叠，但两人没有见过面。吉本在《回忆录》中把他那部杰作的起源追溯到了这趟旅行中出现的一个顿悟瞬间。"1764 年 10 月 15 日，赤脚修士们正在朱庇特神庙里唱晚祷，而我正坐在卡比托利欧山的废墟间沉思，就在此时，我的脑海里第一次浮现了书写这座城市的衰亡史的想法。"[11]

古罗马建筑多年来一直被拆下来当作建筑石材，到爱德华那个时代，大部分古建筑早已不复存在。那些幸存下来的，比如大竞技场，几乎已经成了废墟。唯一没有改变的古建筑是令人敬畏的万神殿，因为它已经被改造成天主教堂。而古罗马帝国被天主教会取代的方式正是吉本一直思考的问题。他以为——其实是错以为——修士们唱晚祷的教堂坐落在朱庇特神庙曾经矗立的地方。朱庇特神庙曾是古代异教的核心象征。那座教堂周围的卡比托利欧山废墟，曾是一个庞大帝国的神经中枢，这个帝国从大西洋一直延伸到中东，从寒冷而遥远的不列颠一直延伸到当时富饶的北非地区。

伦敦

吉本父亲对家产管理不善，到了近乎不可置信的地步，1768 年，整个家庭的经济状况彻底崩溃，吉本面临一项吃力不讨好的任务——挽救父亲造成的损失。1770 年吉本的父亲去世，他并没有感到太多悲伤。在接下来的两年里，他致力于出售房产和重组债务。到 1772 年，他已经恢复秩序，并带着平静的喜悦搬进了伦敦的一座联排别墅。他终于可以自由地去做自己觉得生来就该做的事了。"我刚在家里的图书室坐稳，"他说，"就着手写那本史书的第一卷。"[12]

1774 年，吉本被选为"俱乐部"成员，这一年他当选英国议员。这是鲍斯威尔急于为自己争取却永远无法实现的目标。吉本拥有而鲍斯威尔缺少的条件是一位有意成全自己的庇护人。吉本的一位亲戚住在英国西南部的康沃尔郡，他在那里控制着一个席位，并把这个席位让渡给了吉本。

那个选区很偏远，也很小，吉本有望自动连任，所以从来不去那里。关于这一点，他借着自己发胖越来越厉害这个事实，开了一个玩笑。他问道："为什么说胖子与康沃尔自治市相似？"答案是："因为他看不到自己的下肢 *。"[13]

像柏克一样，吉本是保守的辉格党人，坚信权力应该集中在土地寡头手里。他还得到了一份有利可图的政府闲差：贸易委员会一份几乎不需要干活的职位。作为回报，吉本在美洲问题上忠诚地投票给诺斯勋爵的保守党政府，甚至将《罗马帝国衰亡史》题献给诺斯。

这位历史学家浅尝过军事生活的滋味后，现在改向体验政治。他首先感受到的是羞辱。吉本希望通过雄辩的演说扬名立万，但从来没有鼓起勇气尝试。几个月后，他在给最亲密的朋友、未来的谢菲尔德勋爵的信中写道："唉，我一直没有开口，被某种无形的未知的无形力量锁在原地。"吉本非常沮丧，写了两遍"无形"。[14]

那是在 1775 年，他差不多完成了《罗马帝国衰亡史》第一卷。正如 J. G. A. 波考克所说，"吉本在脑海里说出了自己在公共场合永远不敢发表的雄辩之辞"。尽管如此，他还是学到了不少东西。"我对这个时代的头面人物的性格、观点和情感有了近距离的了解。我在议会里坐了八年，养成了文雅而审慎的品质，这是历史学家首要的，也是最基本的美德。"[15]

大约就在这个时候，雷诺兹画了吉本的肖像，在一幅据此肖像绘制的版画中，一位穿着长袍的哲学家正凝视着大竞技场的废墟，陷入沉思（图 85）。像往常一样，雷诺兹尽力美化吉本，吉本当然认为他画得成功。多年后，查尔斯·詹姆斯·福克斯注意到他"时不时朝悬挂在壁炉台上方的个人肖像投去得意的目光。在约书亚·雷诺兹爵士绘制的这幅绝妙肖像中，奇怪和粗俗的面部特征被精修得消失不见了，但相似性却完好地保存了下来"。不那么友善的观察者会说吉本胖乎乎的脸蛋就像婴儿的屁股。[16]

鲍斯威尔在《约翰逊传》——出版时吉本还在世——中写道："我

---

* "下肢"的英语原文是"member"，也有"议员"的意思。

图 85 爱德华·吉本

认为嘲弄不信教者是合情合理的，比如，他明明长相丑陋，却为自己的外貌得意忘形。"鲍斯威尔这番话显然是针对吉本说的。[17]

1782 年，吉本的伦敦生涯结束了。那时，《罗马帝国衰亡史》第二卷和第三卷已经出版，还有三卷尚未面世。柏克一直在领导政府改革运动，在他的努力下，贸易委员会被废除。吉本在伦敦过得舒适，多亏了有份闲差，可现在闲差没有了。虽然和吉本是好友，但柏克很难把这个特殊部门从自己的全面改革运动中排除出去。

吉本明白这一点，从来没有对柏克心怀怨恨，但他并不打算撤回到汉普郡，过与世隔绝的乡村生活。相反，他决定搬到洛桑，在那里能降低生活成本，而且仍然有一群合得来的朋友。他和其中一

图 86　洛桑的吉本

位朋友，即乔治·戴维登，合租一栋房子，在那里写完了《罗马帝国衰亡史》后半部分。吉本在那里留下的一些草稿，虽然没有最终完稿，后来凑成了《回忆录》一书（谢菲尔德在他死后将这些片段缝合成连贯的叙述）。那里的生活平静、悠闲，白天从事令人愉快的工作，晚上则参加令人舒心的社交活动。

　　吉本的朋友们越来越担心他发胖的势头停不下来，就像当时制作的一幅平版版画清晰显示的（图86）。谢菲尔德对他说，如果他仰面躺在地板上，就会像一只乌龟，再也站不起来。虽然吉本总是风度翩翩，但留给很多人的印象却是假得出奇。剧作家小乔治·科尔曼在洛桑见到吉本时只有十四岁，他记得吉本对自己彬彬有礼，几近烦琐。"他轻敲鼻烟壶，露出虚假的温和笑容，在结束华丽的词句时，总带着有教养的神情，仿佛是在跟成年男子谈话。他那张圆洞一般的嘴几乎位于脸庞的正中央，像柏拉图一样滔滔不绝。"[18]

新型史书

吉本年轻时在罗马有过顿悟，想要撰写一部与罗马城的历史相关的著作。等到他着手将这个设想付诸实施的时候，美洲殖民地正在断绝与英国的关系，帝国及其衰落俨然成为热门话题。追溯漫长而复杂的"衰亡"历程肯定会让英国读者着迷，就像它令吉本本人着迷一样。

吉本在撰写《罗马帝国衰亡史》后半部分的某一卷时，描述了罗马帝国为保住辽阔领土所作的种种努力；与此同时，它用与自己那个时代完全相关的语言描述了维持帝国的种种障碍。

> 也许没有什么比驯服遥远的异族，使其与自身意愿和利益相对抗，更违背自然和理性的了。一个庞大的帝国必须有一套精细的管理和压制体系来支撑：它的核心是拥有绝对权力的机构，行动迅速，资源丰富；它与边缘地带的沟通快捷又方便；它有将反叛扼杀在萌芽状态的防御工事；它有保护和惩罚民众的规范政府；它有一支纪律严明的军队令臣民畏惧，却不会激起他们的不满和绝望。[19]

英帝国的权力绝不是什么绝对权力，难以实现快捷而方便的沟通。当然，英国人并没有把美洲殖民者视为异族，但他们很快就会这样看待。

吉本不只是在书写经常见诸报端的话题；他的著述更是一种新型史书。以伏尔泰为榜样的启蒙运动哲学家相信自己在史学上取得了重大突破。他们不同于按照单调的年代顺序编撰事实的史家，宣称要透过表面，找出促使事物得以出现的根本力量。这就是所谓的"哲学史"。

吉本当然想透过事物的表面，但他明白，没有事实的理论是空洞的。出于这个原因，他为《罗马帝国衰亡史》提供了大约八千条脚注，其中一些非常详细，这样读者就可以确定他的信息来源，考虑他的阐释是否令人信服。这种做法虽然在今天看来不足为奇，但在当时却是前所未有的。伏尔泰从未想过要写一条脚注。"当他书写一个遥远的时代时，"吉本这么评说伏尔泰，"他并不是那种会去翻阅陈腐的僧侣式作家、向他们求教的人。他会对材料加以汇编，用自己的奇妙风格润色它，就这样写出了极其有趣、极为肤浅、极不准确的著作。"[20]

"僧侣式"这个形容词对知识分子来说是个危险信号。他们想当然地认为中世纪的宗教作家在渲染自己的故事时有失偏颇，不应予以考虑。吉本认识到这种偏颇，但他也知道有一些宗教作家，包括天主教和新教作家，有着无比正直的思想。他们确实尽了最大的努力来权衡证据，并将证据准确呈现出来。从吉本心怀感激所做的声明可见，其中几位作家是他最宝贵的资料来源的一部分。

很多历史学家，甚至今天的历史学家，在自己的著述里很容易给人留下这种印象：他们对很久以前发生的事情知道得一清二楚。但最优秀的历史学家一向明白，把读者带到幕后，让他们同作者一起检视现存的证据，可以让读者学到更多东西。很多时候，证据根本无法导出决定性结论，而历史学家的工作就是帮助我们评估证据。纵观《罗马帝国衰亡史》，吉本一路上都带着我们一同探讨证据。

吉本在第十章开头试图描述公元 3 世纪中期他所谓的一段"灾

难时期"："时代的混乱，真实记录的稀缺，给试图确立清晰而不间断的叙述脉络的历史学家带去同样的难度。历史学家周围尽是一些不完整的碎片，它们总是言语简要，常常含义模糊，有时自相矛盾，历史学家就只能自己收集、比较和推测。"历史学家会想要确立一条"清晰而不间断的……脉络"，但不应该在毫无可能的情况下妄图这样行事。[21]

休谟的《英国史》于1761年完成，取得了巨大成功；他得意洋洋地说，我们阅读历史，"是为了看到所有人类从时间的开端朝我们走来，展示在我们眼前；此时，他们褪去了在世时任何使旁观者难以判断的伪装，现出了自己的本色"。这位说话者是一位"哲学历史学家"，相信凭借敏锐的智慧和客观的态度，能够再现现实本身。这意味着尽管古罗马人掌握着大量今天已经彻底丧失的信息，但他对奥古斯都和卡利古拉世界的了解却不如18世纪的英国历史学家透彻。[22]

吉本批评伏尔泰时，还提及他从未掌握"叙述的艺术"。尽管《罗马帝国衰亡史》信息密集，内容复杂，但它保持了讲述故事的强劲势头，引人入胜的事件和人物刻画使叙事始终显得生动活泼。温斯顿·丘吉尔年轻时当过驻扎印度的军官，他破天荒开始认真阅读时，读的第一本书竟然是《罗马帝国衰亡史》。"我立刻被故事和风格所折服。从我们离开马厩到夜幕降临（表明马球时间到来）之间，是印度漫长而耀眼的中午时光，在此期间，我一直在如饥似渴地阅读吉本。我兴高采烈地'骑马'从开篇跑到结尾，全程都很享受。"[23]

丘吉尔补充说，不同于自己使用的那个版本的编辑，一位自命不凡的维多利亚人，他喜欢那些"调皮的脚注"。举一个例子就已足够："他承认有二十二位侍妾，图书室六万两千册藏书，可见他的喜好不拘一格；从他留下来的'成果'来看，不仅藏书，甚至女人，都是拿来使用的，而非当作摆设。"[24]

从丘吉尔对"故事"的着迷可见，《罗马帝国衰亡史》除了对细节的非凡把控外，还具有一部伟大小说的诸多优点。吉本很喜欢菲尔丁 1749 年出版的《汤姆·琼斯》。他在《回忆录》中说道："《汤姆·琼斯》这部传奇以其对人情世态的精致刻画，将比埃斯库里亚尔宫和奥地利王室的双头鹰徽章更经久不衰。"关于这一点，吉本说得完全有道理。《罗马帝国衰亡史》中一处脚注指向的是菲尔丁在《汤姆·琼斯》中说过的一番话："请用更郑重的保证来安慰我吧，当我此刻起居的小室变成更加简陋的木匣子时，那些不认识我、与我从未谋过面的人，那些我永远不会认识或看到的人仍将以阅读的方式向我的作品致敬。"吉本希望后人能同样看重自己的《罗马帝国衰亡史》。[25]

吉本欣赏《汤姆·琼斯》的一个原因是，以律师和法官为职业的菲尔丁特意教导我们不要相信事物的表象。他鼓励我们去寻找自己最初忽略的动机和联系，或者重新考虑自己先前解读出错的表面证据。由于菲尔丁是在编造自己的故事，他可以保证在这些误导人的表象之下有着可靠的真理。而在《罗马帝国衰亡史》中，我们只能依靠来自遥远过去的模糊证据碎片。有时证据似乎很有说服力，但吉本提醒我们，我们仍然需要思考当时是什么人写下了这些东西，他们的目的可能是什么。我们对这个故事中的许多人物自以为有所了解，但那大部分来自憎恨他们的敌人。吉本的伟大成就在于帮助读者与自己一同构筑叙事。

《罗马帝国衰亡史》第一卷出版时，吉本收到了同时代一位杰出人士的精彩回复。霍勒斯·沃波尔写信祝贺他，问道："你怎么能知道得如此多，评判得如此好，如此充分地把握你的话题、你的知识以及你审慎思考的能力，同时又控制自己，不流露出评断是非时的专横傲慢？你出乎意料地送给了世人一部经典史书。"[26]

休谟《英国史》的一位现代编辑说，休谟的风格"是历史文学中最快捷、最流畅的载体"。这可能是今天最受赏识的风格，但它不是吉本的风格，也不是约翰逊的风格。吉本和约翰逊的风格以圆周句见长，他们文章的基本单位是手艺感十足的段落。吉本说："我的习惯是按照某种模型浇筑一长段文字，接着用我的耳朵来检验，再将它储存在我的记忆里，在没有给我的作品画上圆满的一笔之前，绝不会停下修改的动作。"[27]

正是这种艺术——平衡双方、突显并列关系和强调正反对照——缔造了清晰连贯的结构；没有这种结构，吉本笔下的一切会变得混乱不堪，令人困惑。利顿·斯特雷奇如此形容吉本的风格："清晰、平衡和精确的原则随处可见，在千年的混乱中建立了秩序的奇迹。"用 G. M. 杨格的比喻来说，这种风格"具有古罗马引水道那种经过精心设计的坚固特征"。吉本的叙述沿着巨大的等距拱门向前推进，而水流则沿着顶部的渠道匀速行进。[28]

随着吉本的叙述不断向前发展，他越来越怀疑是否可以从过去提炼出清晰的因果关系。这其中有太多的变量，他喜欢想象如果某些事件的结果不同，会产生什么影响。譬如 732 年的图尔战役。这一年，"铁锤"查理打败了摩尔人，基督教世界在"一次可能会改变世界历史的遭遇中"被"一人的天才和运气"拯救了。可是，假如摩尔人打赢了呢？"阿拉伯舰队可能不需要经过海战，就驶进泰晤士河口。如今在牛津各学院传授的，可能是《古兰经》教义解读，牛津讲坛可能会向一个受割礼的民族展示穆罕默德启示的圣洁和真理。"J. W. 伯罗评论道："吉本从未失去历史学家不可或缺的好奇品质，即对事情可能会发生不同的结果感到惊奇。"[29]

永别了，毕生的事业

无论吉本看起来多么古怪和做作，他的怪癖都没有阻碍他取得个人的和专业的成就。与鲍斯威尔或约翰逊不同，吉本很早就发现了自己生来要做的事情，并如其所愿做到了。莱斯利·斯蒂芬说过，在吉本的"所有才能之间，存在一种罕见的平衡或协调关系，这使一个人能利用已有的能力做出最大的成果"。这一描述是准确的，也饱含辛酸。斯蒂芬是弗吉尼亚·伍尔夫的父亲，在《到灯塔去》中，他是以哲学家拉姆齐先生的形象出现，这个人物为未竟的人生理想痛苦不已。[30]

　　吉本还很幸运的是，他有一种格外乐观的气质。约翰逊六十岁时，对一位朋友说："假如天使提议，他可以重过自己生命中某个礼拜的时光，无论哪个礼拜，他都不希望重来一遍。"吉本则讲述了科尔多瓦一位哈里发的故事，那人在去世时留下了这样的信息："财富和荣誉、权力和享乐，一直在我的身旁侍立；任何成就我的幸福的世俗条件，我似乎一样不缺。在这种情况下，我努力计算那些自己享受过的充满纯粹和真正幸福的日子：总共十四天。人类啊！不要把你的希望寄托于现世！"对此，吉本补充了一条具有个人色彩的脚注："如果我可以谈论自己（这是我唯一谈论起来有把握的人），我的快乐时光大大超过，大大超过西班牙哈里发的那个可怜数字；我还可以毫不犹豫地说，其中很多天都源于这部著作带给我的愉悦劳作。"[31]

　　搬到洛桑后，吉本一直与国内的朋友保持联系，包括"俱乐部"的一些成员。沃伦·黑斯廷斯受审时，吉本碰巧重返英国，聆听了柏克和谢里丹精彩绝伦的演说。在旁听谢里丹一场议会演说时，吉本十分欣喜地听见他提到自己。谢里丹声称："无论从古代史还是现代史，无论从塔西佗记述准确的著作还是吉本璀璨夺目的篇章，都不会找到比这更严重的罪行。"吉本在《回忆录》中写道："谢里丹的雄辩让我忍不住鼓掌叫好；我听到他在所有英国人面前向我致意，内心的激动难以平静。"然而，坊间流传着一个笑话，谢里丹真正想说的不是"璀璨夺目"（luminous），而是"摧残双目"（voluminous）。[32]

吉本在回顾这项花了二十年才完成的史诗般的成果时，为自己
著书的故事（这个故事起源于他听见赤脚修士在昔日朱庇特神庙里
唱颂歌的瞬间）写了一个安静的结尾。场景此时已经换成了洛桑，
从这里可以看到日内瓦湖对岸的阿尔卑斯山。

  我曾试图记下著书设想形成的瞬间；现在我要庆祝自己得以
解脱的时刻。在 1787 年 6 月 27 日那天，确切地说，那晚十一点
到十二点之间，我在花园避暑别墅里写下了最后一页的最后几行。
放下笔后，我在金合欢树林中转了几圈，从那里可以眺望乡野、
湖泊和群山。天上无云，空气温和，银色的月亮倒映在水里，大
自然阒寂无声。我不愿掩饰自己重获自由，或许名声确立时油然
而生的喜悦之情。但是，我一想到已经跟一位宜人的老朋友永别了，
内心的傲气便少了几分，清醒的忧郁充盈我的灵府，不管这部史
书将来能存在多长时间，历史学家的生命必定是短暂而无常的。[33]

第十九章

不信教者和信教者

证据和信仰

《罗马帝国衰亡史》关于基督教起源的记述，虽然就事实而言是准确的，却激起了巨大的公愤。众多信徒，也就是大多数人，都产生了恐慌反应，而他们会觉得受到威胁的原因，使这件事情成为文化史上的一个有趣插曲。

在整个 17 世纪，人们想当然地认为宗教投入的基础是信仰，即内心对神启真理的坚信不疑。但在 18 世纪，这个前提似乎越来越受到很多人的怀疑，因为它散发着"狂热"（enthusiasm）的味道——这个词来自希腊语，意思是"被神附体"——"狂热"曾激发了清教徒革命，将英国搅了个底朝天。约翰逊把"狂热"定义为"无谓地深信神秘启示，无谓地坚信神的恩宠"。这个定义的释例来自洛克笔下："狂热既不是建立在理性的基础上，也不是建立在神圣启示上，而是来自亢奋或自负的头脑产生的奇思异想。"[1]

将信仰视为宗教的保障，还存在一个问题：它与被称作经验主义的新哲学正统相矛盾。根据洛克及其后继者的观点，没有什么东西不是通过感官进入我们心灵的。宗教信念和其他信念一样，必然通过经验获得，必须通过论据和实例的检验。

　　洛克的《人类理解论》1690 年一出版就大受欢迎，他在该书中用生动有趣的逸事来说明他的论点。一位驻暹罗的荷兰大使为取悦暹罗国王，常向他描述自己故乡的各种奇事。有一次，他提到在冬天，水会冻成固体。如果国王的大象出现在荷兰，就可以在河面上行走。国王回答说："我一直相信你告诉我的各种怪事，因为我把你当成清醒可信的人；但现在我敢肯定你在撒谎。"[2]

　　液体在一定温度下突然变成固体，这位国王自然觉得难以置信。他从来没有见过这样的事情。但经验主义者有一个管用的解决方法：只要去一个足够冷的地方，就可以亲自验证水会结冰。没有人指望你靠信仰接受它。这不是奇迹，只是自然规律的正常体现。

　　到了 18 世纪中叶，很多人希望他们的宗教信仰能得到事实的充分支持，他们称之为"基督教的证据"。其中一类主要证据就是耶稣在世以及离世后很长一段时间内屡屡发生的奇迹。

　　罗马天主教徒相信神迹从没有停止发生。事实上，将个人封为圣徒的一个基本标准是，有证据表明他在有生之年以及之后的岁月里至少带来两个神迹。然而，新教徒驳斥了天主教关于新近神迹的说法，认为它们要么是自然原因造成的，要么纯属骗局。但这给新教徒造成了一个问题。他们仍然需要相信在教会成立的早期确实有过神迹，但在那之后神迹就不再发生了。

　　但是，如果所有信念都必须建立在经验证据的基础上，比起天主教徒宣称的新近神迹，难道不是早期神迹在证据上更不可靠？在圣徒获封之前，天主教的调查员诚心实意地来证实所谓的神迹。如果新教徒对此嗤之以鼻，他们又怎能接受一千五百年前流传下来的神迹故事呢？

　　吉本认为他们不能。要么所有神迹都是虚假的，要么都是真实的。

吉本还在牛津大学读书时，受这个推理刺激，暂时皈依了那个声称神迹都是真实的教派。

尤其值得一提的是，有一份出版物给正统教派制造了麻烦。那就是休谟《人类理解研究》（1748）中题为《论神迹》的一章。作为彻底的经验主义者，休谟认为我们用自己的感官察知的东西总比从传闻中了解到的东西更可靠，这是不言自明的。无论何时，我们都必须对各种可能性加以权衡，如果我们没有亲身经历某件事情，就需要怀疑那些看起来不太可能的报道。即使听到了所谓的目击者陈述，我们也需要考虑它们是否相互矛盾，以及陈述者是否有特别的目的。

在提出其他几项理据之后，休谟推导出了一个经验主义结论："总体而言，任何神迹的证言从来连'可能性'的地步也达不到，更不用说达到证明的地步。"他狡猾地总结道："我们最神圣的宗教基于信仰之上，而非理性之上。"休谟是不动声色的讽刺大师。他说到"我们最神圣的宗教"，当然，他自己一点也不相信。[3]

在鲍斯威尔与约翰逊的第二次谈话中，"证据"的问题冒了出来（很可能是鲍斯威尔提出来的）。为让鲍斯威尔心安，约翰逊声称："基督教有非常有力的证据。在理性的审视之下，基督教确实有点奇怪。但是在历史上，我们有许多毋庸置疑的事实，如果借助先验推理，反对它们的论据要多于支持它们的，不过，证言很有分量，能扭转这种对比。"换句话说，以神迹不可能发生为由来反对基督教，这样的意见会被早期教会成员的"证言"驳倒，因为这些成员亲睹了神迹的发生，而且为了给神迹作证不惜面临迫害，没有理由撒谎。[4]

几个月后，这个话题再次被提起，约翰逊给出了一个令人耳目一新的类比。他说，如果一个人没有亲自到过加拿大，就无法真正确定英国是否已经从法国手中夺取了加拿大。在那里打仗的士兵可能在撒谎。"假设你去了一趟，发现加拿大真的夺回来了，那也只会消除你一个人的疑念，你回来以后，我们依然不会相信你说的话。我们会说你被贿赂了。可是，先生，尽管有这些看似可信的反对论据，我们毫不怀疑，加拿大确实是我们的了。这就是共同证言的分量。基督教的证据会比证言强多少？"[5]

引发众怒的第十五、第十六章

　　吉本在《罗马帝国衰亡史》第一卷的结尾用两章论述了基督教的兴起。这是他后来后悔的决定；如果将这两章留到五年后出版的第二卷中，可能会更明智一些。吉本坚决把教会历史仅仅看作是众多历史现象之一，而不是解开历史意义的关键。早期的作家声称，一个不显眼的、受到残酷迫害的教派不可能征服全世界，除非上帝直接介入，为其助力。这个教派在残暴的迫害中幸存了下来，这本身就是有利的证据，同样，为此教派所行的神迹也是有利的证据。

　　吉本的策略是一开始就提到天意说，然后把它彻底抛在一旁。要证明上帝没有影响历史是不可能的，吉本并没有试着去证明。他所展示的是，"次要原因"，完全可以从世俗角度理解的"次要原因"，足以解释基督教的成功。这些原因包括早期基督徒劝诱他人入教的热情，他们对永生的承诺，他们"纯洁和朴素的道德"，以及他们的组织在整个社会中所扮演的好斗角色。

　　应该强调的是，吉本从来没有像许多法国哲学家那样轻视基督教。当他说早期教会有着纯洁的德性时，他是认真的。至于耶稣，吉本非常钦佩他，谈到"他自愿承受残暴和苦难，保持着温和坚定的态度，对普世之人怀有仁慈心，他的行为和性格具有崇高而朴素的特质"。吉本不相信的是，耶稣是上帝之子，化身为人类。他认为耶稣是伟大的导师，可是后来的神学家们利用耶稣自己从未用过的希腊哲学概念，将耶稣重新塑造为"三位一体"中的第二位格。[6]

在永生问题上，吉本从一个意想不到的方向——《旧约》——攻击正统宗教。他评论说，古印度、埃及甚至高卢都曾宣扬过灵魂的不朽。希伯来圣经的作者们对它似乎一无所知，是何原因呢？"我们自然会期待，对宗教如此重要的一项原则，一定会以最清晰的方式向巴勒斯坦的选民们揭示出来，而且完全可以托付给亚伦后代里的那些祭司。当我们发现《摩西律法》中略去了灵魂不朽的教义时，我们不得不崇敬天意的神秘安排……犹太人的恐惧和希望似乎都局限在现世生活的狭小范围内"。就像休谟谈到"我们最神圣的宗教"一样，吉本说我们必须"崇敬天意的神秘安排"，但他显然不相信这种事情。[7]

关于神迹，吉本的讽刺意味更强烈。据福音书记载，基督被钉在十字架上时，天空暗了三个小时。吉本在一个脚注中指出，根据很多基督教作家的说法，黑暗笼罩了整个世界。然而，那个时代有异教徒仔细地记录了每一次地震、彗星和日食的出现。他们为什么没有注意到这个非同寻常的事件？"他们忘记了提及，"吉本说，"这个自创世以来人类亲眼见证的最伟大的现象。"[8]

现代神学家不会觉得这种批评有什么意义。他们会说，福音书的作者描述的是象征性的事件，而不是真实发生的事情。但吉本的同时代人需要所有神迹都是真实的：它们是教会不可或缺的证据，用于表明它受神委托统治世界。

至于对早期基督徒的迫害，吉本毫不费力地调动证据来说明，虽然有些事件确实骇人听闻，但实际上并没有很多人被杀害。此外，大多数皇帝根本不是迫害者，在很长一段时间里，官方对基督教采取容忍态度。吉本认为，后来流传的大多数可怕故事都是虔诚的虚构。他能够引用早期教父的文字来辅证，因为早期教父对迫害的描述远没有后来的作者那么令人惊骇。[9]

不出所料，《罗马帝国衰亡史》出版后，爆发了一场抗议风暴，但吉本不为所动。他唯一费心回应的批评意见来自一位趾高气扬的牛津毕业生；这位年轻的毕业生声称发现了吉本抄袭和误引，而吉本轻易就将他的说法驳倒了。在《罗马帝国衰亡史》的后几卷中，吉本继续对作为个体的教会领袖表现出不寻常的尊重，但他尊重的通常是他们的执行能力，而非他们的教义。虽然吉本对神学争论几乎没有耐心，但他对作家（比如圣亚他那修）的心智天赋却怀有最高的敬意，当然，他觉得他们滥用了这些天赋。吉本还肯定教会对穷人和病人的关心，这是古罗马帝国的政府从未做过的。但就教义而言，吉本时常狡猾的旁敲侧击汇成了一股攻讦的暗流。

一个例子是吉本对来自日耳曼腹地的伦巴第人的评论。伦巴第人在 6 世纪占领了意大利北部；随着胜利而来的是基督徒与其异教征服者之间展开了一段时期的宗教竞争。天主教徒祈祷伦巴第国王皈依，"与此同时，更顽固的野蛮人则向他们祖先的神献祭母山羊或者俘虏"。这引来了一条戏谑的注脚："罗马人格列高利认为野蛮人也崇拜母山羊。我只知道在某一种宗教里，神与祭品是同一的。" [10]

在同一章中，吉本提到"罗马人相信一个代代相传的模糊说法，即两名犹太先师，其中一名是帐篷制造者，另一名是渔夫，曾经在尼禄的竞技场上被处死"。基督教教义并不认为帐篷制造者和渔夫的故事是一个"代代相传的模糊说法"。帐篷的制造者是圣保罗，而渔夫则是圣彼得，耶稣曾对他们说："我要叫你们得人如得鱼一样。" [11]

吉本还时不时抓住机会解释人们是如何相信神迹的。十字军东征时期——在吉本看来，十字军比掠夺土地的暴徒好不了多少——一位法国神父从一次异象中得知，耶稣钉十字架时那根戳穿他身体的"神圣长矛"深埋在安提阿的地下。当地人挖了一个坑，却什么也没挖到，但第二天早晨，一支长矛竟然奇迹般地出现在坑里。人们马上猜出是神父自己放的，就用火刑来考验他的诚实，于是，神父被活活烧死了。

　　吉本讲述这个故事是为了引出一个教训："但是，后来的历史学家却郑重断言安提阿的启示是千真万确的。这就是轻信态度的演变历程：当时当场最可疑的神迹，在有了便利的时间和空间距离以后，便会被人们毫无保留地信奉。"吉本在另一处评论说，不少早期圣徒记述了自己的生平，但是他们从来没有提到后来被归于他们的神迹。[12]

　　鲍斯威尔报告了他和约翰逊关于《罗马帝国衰亡史》的讨论；在讨论中，他把吉本描绘成花园里一条引诱无辜读者的蛇。"我们谈到了一部大受欢迎的作品，写得非常优美流畅，但包含了不少狡诈的不信教思想。我说，这样出其不意地袭击我们是不合理的。在我们进入他那座花言巧语的花园之前，他就应该挂起'这里埋着弹簧枪和捕人陷阱'的牌子，警告我们那里有危险。"过去，土地所有者常常设置陷阱来捕捉偷猎者，就像偷猎者自己设置陷阱捕捉兔子一样；当入侵者不小心被连接在扳机上的金属丝绊倒时，弹簧枪就会开火。[13]

英国国教

　　对一些人来说，被称为自然神论的哲学是一种可以替代正统宗教的迷人选择。自然神论者认为，只要检视一下如今被称为"智慧设计"的事物，比如，太阳系（就像运转精良的时钟装置），我们至少可以确定宇宙是神创造的。因此，这种哲学被称作"自然宗教"，它从自然科学所应对的那类证据中推导出真理。但是，自然神论者并没有声称自己知道神的本质，更不会要求我们祈求神助，许诺永恒的生命，预言将会有惩罚等待不信神者。

即使那些认为自然神论很有魅力的人也担心，自然神论如果广为流传，会削弱维系整个社会的道德体系，包括社会和性别等级制度。有一位医生便这样对鲍斯威尔说："即使我认为自然神论是真正的宗教，我也不会对我妻子这样说。"[14]

约翰逊大体和信奉正统教派的人一样，鄙视自然神论。对他来说，基督教的每一条教义都是正确的，为《圣经》里的记录和后来的教父所证实。但这意味着约翰逊必须将他在其他情况下所表现出来的怀疑主义坚决地压制下去。

要做到这一点，需要极大的决心。霍加斯曾评论说，约翰逊不只是相信《圣经》，"而且我觉得，他下定决心，除了《圣经》什么都不相信"。在《约翰逊传》中，鲍斯威尔也说过类似的话："各种谬论——不管是有意还是无意——甚嚣尘上，给约翰逊留下了极为深刻的印象，在我认识的人里，只有他听到别人讲述离奇现象时，会流露出极其'incredulus odi'的神色。他会带着意味深长的表情和果断的语气说：'不是这样的。不要再说这件事了。'""incredulus odi"这个短语出自贺拉斯，意思是：如果你告诉我一件不可思议的事情，"我讨厌并拒绝相信它"。[15]

至于宗教机制，约翰逊的立场与汤姆·琼斯的老师斯瓦库姆——"斯瓦库姆"这个名字体现了人物的教育理念*——并没有太大的不同。"提到宗教时，我指的是基督教；不只是基督教，还是新教；不只是新教，还是英国国教。"英国国教作为当权派，享有一系列嵌入政治和社会秩序的特权。它的权威建立在这个简单的事实之上：它是当权派。其他新教教派的成员——公理会教徒、浸信会教徒等等——被统称为"不服从国教者"。[16]

---

* "斯瓦库姆"的英语原文"Thwackum"包含单词"Thwack"。"Thwack"的意思是"殴打""重击"，暗示斯瓦库姆先生赞成体罚。

反常的是，在苏格兰，长老会是当权派。在英格兰的长老会则被视为"不服从国教者"。

约翰逊总是毫不犹豫地说，尽管人们有权相信任何自己想要相信的东西，但他们至少无权宣扬与正统相悖的观点。"考虑一下，先生。如果你家里有孩子，你想按照英国国教的原则教育他们，可这时贵格会教徒来了，想引诱他们接受自己的理念，你就会把这个贵格会教徒赶走……如今民众就是国家的孩子。如果有人试图向他们灌输与国家所认可的教义相反的信条，治安官可以且应该约束这个人的行为。"[17]

英国国教在高等教育方面享有垄断地位。在牛津和剑桥读书或教书的人，都必须立誓信奉《公祷书》中一系列精心设计的神学陈述，即"三十九条信纲"。（吉本的历史研究使他对过去的神学争论有了深刻的理解，他喜欢说，大多数信徒在理解自己话语的意思方面，并不如他那么清楚。）

主教还具有世俗权力；作为精神贵族的代表，他们在上议院里拥有席位和投票权。约翰逊认为这是完全合情合理的，只不过他承认，"如今的人被任命为主教，不是因为自身的学识和虔诚，而是因为他与某个有议会人脉的人士有关联"。许多主教积累了巨额财富。鲍斯威尔曾问约克大主教是否有六千英镑的年收入。他得到了直截了当的答复："好一些。有七千英镑，如果没有无谓的花费，我们可以把该做的事都做了，还能存下不少闲钱。但我并不完全依赖这笔收入。我娶了个老婆，得了一大笔财产。有两万英镑，还在不断增值。"[18]

改革者们所痛恨的是各个堂区委派牧师担任有俸圣职的方式。有俸圣职是由个别乡绅设立的，乡绅有权独自任命牧师，无需与外界协商。约翰逊对此也没有意见。有一次，他从法律的角度向鲍斯威尔发表了一番长篇大论，辩称大多数英国教堂都是很久以前由庄园领主建造的，他们的后代有权根据自己的喜好来配备工作人员。

虽然现在很少有俸圣职是由最初捐赠者的后代担任的，但任命牧师的权利是一种可以与不动产一起转让的财产形式。

批评上述这种做法，或者建议教众应该自主选择牧师，是一种对社会秩序的颠覆，约翰逊始终忧心这一点："对公共和平构成最大危害的，是这样一种人：他向愚笨的心智灌输由幻想而生的诉求，煽动下层人侵入上层人的位份，从此打破层层隶属的社会关系链条。"[19]

宗教机制是一回事；内在的、个人的宗教信仰是另一回事。也许对于当时的许多人来说，宗教归属不过是嘴上说说而已。在一本题为《宗教自然史》的小书中，休谟说："听听任何人的口头声明，似乎没有比他们的教义更可信的东西了。可是审视他们的生活，你几乎不觉得他们会丝毫相信这样的教义。"约翰逊确实想无保留地相信这样的教义，结果却是饱受精神折磨。[20]

在约翰逊的晚年，哲学家和诗人詹姆斯·贝亚提——《论真理的本性和不变性》一文的作者——向他承认自己被"惊人的亵渎想法所困扰"，难以将其消除。"先生，"约翰逊回答说，"如果我把自己的生活分成三大块，其中就有两块充满了这样的想法。"鲍斯威尔决定不把这句话写入《约翰逊传》中。还有一次，约翰逊阅读了鲍斯威尔的朋友休·布莱尔写的一篇布道，对这样的说法提出反对："一个人感受不到因宗教而生的喜悦，就远离天国了。"他阴沉地评论道："有很多好人对上帝的恐惧压倒了他们对上帝的爱。布莱尔那句话可能会让人泄气。那样说太轻率了。"约翰逊本人的信仰可以贴切地描述为"担惊受怕的正统信仰"。[21]

约翰逊去世六个月前，鲍斯威尔陪他去拜访威廉·亚当斯，后者是约翰逊以前在牛津大学的导师，现在的彭布罗克学院院长。亚当斯博士说，死亡无需害怕，因为上帝的善是无限的。

　　约翰逊：我当然相信神的善是无限的，那是他的完美本性所
允许的；但为了成就全体的善，有必要让个体受到惩罚。因此，
对个体来说，神的善并不是无限的；我不能确定自己是否满足了
救赎的条件，所以，我担心自己会像其他人一样被判罪（看起来
很沮丧）。

　　亚当斯博士：你说的"被判罪"是什么意思？

　　约翰逊（激动且大声）：下地狱，先生，受到无穷尽的惩罚！[22]

伟大的不信教者

　　当鲍斯威尔在《约翰逊传》中记录"俱乐部"里的对话时，他
用首字母"I"来代表吉本，这是他用于表示"不信教者"（infidel）
的符号。他喜欢这样称呼无信仰的人，可能是因为这听起来更邪恶。
在《英语词典》里，约翰逊把"不信教者"定义为"无信仰者；异
端者（miscreant）；异教徒；拒绝基督教的人"。当吉本的叙述来到
十字军东征时，他为"miscreant"加了一条注释。这个词来自古法
语"mécreant"。"créant"是信徒的意思，这意味着"mécreant"只
是不信教的人。吉本评论道："看来我们祖先的热情更加高涨了，他
们把每个不信教的人都打上了流氓的烙印。很多自认为基督徒的人
心里总潜藏着类似的偏见。"[23]

　　事实上，鲍斯威尔对吉本的蔑视可能更多是基于个人的厌恶，
而非宗教分歧。大卫·休谟和吉本一样也是不信教者，鲍斯威尔却
很喜欢休谟，经常在爱丁堡见他。两人聚在一起的时候，鲍斯威尔
确实常为宗教信仰辩护，但成效就像他与伏尔泰的争论一样。尽管
如此，鲍斯威尔还是喜欢和休谟待在一起。"今天下午我和他聊得很
开心……看到大卫是这样一个彬彬有礼、通情达理、相处舒适的人，

想起'这是一位伟大的不信教者'，真是奇特的体验。"鲍斯威尔结婚后，甚至向休谟租了一栋房子。[24]

休谟身形肥胖，喜欢交际，相处起来令人愉悦，在巴黎担任外交职务时，被称为"好人大卫"。在 1739 年的《人性论》中，他赞颂了谈话的乐趣："周身血液重新涌动起来；心儿飞扬起来；整个人获得了在孤独平静的时刻无法驾驭的活力。所以，社交活动令人无比欣喜，它展示了所有事物中最生动的个体，也就是像我们一样有理性、有思想的个体：这个人把一切内心活动都传达给我们，使我们窥探到他最深处的思绪和意向，让我们在思绪和意向产生的那一瞬间，看到任何事物引发的任何激情。"[25]

休谟的肖像——为艾伦·拉姆齐所绘——捕捉到了休谟和蔼可亲的一面（图 87）。他与爱丁堡的主要知识分子相处融洽，甚至包括那些牧师。其中一些人持有相当开明的观点，休谟喜欢取笑他们，比如警告休·布莱尔说，民众"正迅速倒退到无比愚蠢、信仰基督教、蒙昧无知的状态中"。然而，苏格兰教会——长老会的官方机构——憎恶休谟，务必要让他永远无法获得教授的教职；其中一位名叫安德森的保守派牧师被休谟形容为"敬神的、恶毒的、虔诚的、乖戾的、仁慈的、无情的、温顺的、迫害人的、信仰基督教的、不人道的、缔造和平的、愤怒的安德森"。[26]

休谟经常讲述一个故事，并发誓真有其事。他在"新城"里盖了一栋房子，有一次在穿过将爱丁堡和"新城"隔开的一片沼泽地时，他滑入泥沼，在里头费力挣扎，但身体太胖了，爬不出来。一群渔妇走过来了，但认出他是"邪恶的不信教者大卫·休谟"，便不肯帮助他，直到他背诵起了《主祷文》。[27]

约翰逊身处苏格兰时，鲍斯威尔想把他介绍给休谟，但遭到断然拒绝。约翰逊可以同色情作家和政治无赖约翰·威尔克斯讲和，但不能同这个"伟大的不信教者"讲和。我们可以推测，约翰逊内

图 87　大卫·休谟

心深处在担忧，不信教者有可能是对的。如果他们是对的，约翰逊就不用再屈服于"恐惧的宗教"了。由于深切地感到自己之前承受的种种将变得毫无价值，以及坚信罪人在死后必定要受到惩罚，他不能设想放弃"恐惧的宗教"。

　　鲍斯威尔曾听约翰逊吐露过颇不寻常的想法：像休谟那样的怀疑主义曾吸引过年轻时的自己，但他后来坚决抵制这样的思想。"休谟和其他持怀疑主义态度的革新者都是自负之人，不惜任何代价来满足自己。真理无法提供足够的食粮来满足他们的虚荣心，于是他们便踏上了谬误的歧路。先生，真理是一头不会再给这些人产奶的母牛，所以，他们就去挤公牛的奶了。"这句话当然很机智，但约翰逊接下来说的话发自肺腑，却很少有人引用："如果我能允许自己牺牲真理来满足个人的虚荣心，我将获得多大的名声啊！在休谟写出这部著作之前，他否定基督教的那些理据早就在我的脑海中闪过了。"[28]

　　1776 年，休谟的病情明朗化，他得了致命的胃癌，鲍斯威尔前去看望他。一位不信教者在平静中死去的景象令人震惊。

　　　　1776 年 7 月 7 日，礼拜日下午，去教堂已来不及，我就去看望大卫·休谟先生。他刚从伦敦和巴斯回来，已经奄奄一息了。我看见他一个人斜躺在客厅里，瘦骨嶙峋，面目可怖，透着土色。他穿着一套灰色的衣服，上面有白色的金属［白镴］扣，戴着一顶短假发。他与过去呈现给人的肥胖形象大不相同了。他似乎很平静，甚至很高兴。他说自己快走到头了。[29]

毫无疑问，鲍斯威尔做得很不得体，一直抓着死亡话题说个不停，而休谟则礼貌地予以回应。休谟表面上的镇定给鲍斯威尔造成很大冲击，他详细地记录了这段谈话：

　　　　我有需要满足的强烈好奇心：即使死亡近在眼前，他是否依然坚决不相信人死后灵魂继续存在。从他现在所说的话以及说话的态度来看，我可以肯定他确实不信。我问他人死后灵魂是否有可能继续存在。他回答说，放在火上的一块煤是有可能烧不起来的；他还说，希望我们永远存在，是一种极不合理的幻想……我问他，会不会一想到灵魂毁灭，就感到不安。他说，一点都不会，就像"他从未存在过"（如卢克莱修所说）这个想法不会令他不安一样。"好吧，"我说，"休谟先生，我希望死后遇见你时，能在你面前得意一番；记住，你到时不要声称，你今天说这些不信教的话，是闹着玩的。""不，不，"休谟说，"不过，在你到来之前，我已经在那里待很长时间了，那里没什么新鲜玩意了。"我就以这种愉悦和轻松的方式引导着我们的谈话……然而，我感到了某种程度的恐惧，夹杂着各种混乱、奇怪、匆忙的回忆：我自己那位优秀母亲的虔诚教诲，约翰逊博士的高尚训导，我一生中的宗教观念和情感。我像一个突然遇到危险的人，急切地寻找自卫的武器，可是我面前的这个人具有如此强大的能力，如此广泛的探索领域，他马上就离世了，抱着魂飞魄散的信念，我就只能由着短暂的疑虑来袭击自己了。但我还是守住了自己的信仰。

　　鲍斯威尔报告这次会面时，约翰逊直截了当地说："他撒谎了。他的虚荣心作祟，想让别人觉得自己的心态很轻松。更大的可能是他在撒谎；一个人不惧怕死亡，不惧怕进入未知的状态，马上要离开他所知道的一切，却丝毫没有感到不安，这实在难以置信。"休谟所期待的，根本不是进入任何"状态"，而是停止存在，就像那块煤一样。鲍斯威尔补充说："我总能在约翰逊博士身上看到对死亡的恐惧，这种恐惧今晚显得特别强烈……他说，不管何时何刻，死亡对他来说都是十分恐怖的。"这是另一场没有进入《约翰逊传》的对话。[30]

　　鲍斯威尔这次探访是对休谟的告别，七年以后，他从自己的无意识活动中得到了安慰。"我做了一个非常愉快的梦，梦见自己发现了大卫·休谟的一本日记，我从日记里发现，尽管虚荣心促使他发表了与怀疑主义和不信教思想相关的论著，但他其实是基督徒，非常虔诚的信徒。我从梦里醒来了。我觉得自己在他的日记里读到了一些精彩的段落……我醒来后，这件事一直萦绕在我的脑海里，有一段时间我都没有意识到这只是自己的虚构。"[31]

　　休谟过世后，亚当·斯密写了一篇热情洋溢的颂词，这篇颂词后来出现在休谟著作的各种版本中。然而，最后一句话引起了众怒："总的来说，在他生前和死后，我一直认为在人性的弱点所允许的范围内，他是近乎完美的智者和有德之士。"斯密的说法直接冒犯了那些认为不信教者不可能具有智慧和美德的人士。斯密有意让人回想起柏拉图对苏格拉底的评价："在我们认识的所有同时代人当中，他是最勇敢的，也是最有智慧、最正直的。"非基督徒（不管多有美德）能否得救，确实是信徒经常争论的话题。[32]

鲍斯威尔读到斯密的颂词时，写信对约翰逊说，他应该"把休谟和斯密的脑袋一起敲碎了"，以便"消灭道德花园里的这些毒草"。后来，鲍斯威尔在重印的《赫布里底群岛游记》中，得意洋洋地评论道："我读到自己以前的道德哲学教授所说的那句话时，不禁和《诗篇》作者一样惊呼：'如今我的理解力肯定胜过老师了！'"[33]

斯密自己则对一位丹麦经济学家说："关于我们已故朋友休谟先生的过世，我恰好写了一页的文字，在我看来，那是无害于人的文字，可就是给我招来了谩骂，那狠劲比我对大不列颠整个商业系统的猛烈抨击还要大上十倍！"[34]

第二十章

约翰逊大限将至

朋友的离去和每况愈下的健康

随着 1780 年代的到来，约翰逊的身体明显大不如从前，尽管他总是尽力保持活跃状态，但他很清楚自己的身体状况。他的精神状态则基本保持正常，甚至令他自己也感到惊讶的是，他写出了最后一部杰作——伟大的《英国诗人传》。

除了人生最后几年，约翰逊的强健体魄一直令他的朋友深感钦佩。中年的时候，他曾爬上贝内特·兰顿在林肯郡庄园的小山顶，出人意料地宣称他打算从山顶"滚下去"。兰顿目瞪口呆地看着他，只见他掏空衣服口袋，"与小山的边缘齐平躺着，就这样翻了下去，一路打滚，直到滚到山脚下"。[1]

1777 年，约翰逊在他六十八岁生日的时候，对赫斯特·思雷尔说："衰老是一种非常顽固的疾病。"大约就在这个时候，年轻的爱尔兰艺术家、柏克的门生詹姆斯·巴利在一幅引人注目的油画习作（彩图 29）中捕捉到了约翰逊的表情。[2]

很快，困扰他的不仅是衰老的问题，还有纷至沓来的一系列病症。

1782年，约翰逊写信对鲍斯威尔说："从1月中旬到6月中旬，一个又一个疾病把我折磨得不成人样。"[3]

现代专家有足够的证据可以作出可靠的诊断。约翰逊患有风湿性关节炎、哮喘和慢性支气管炎，后来还患上了肺气肿和充血性心力衰竭（当时称作"水肿"）。当时的医生对所有这些疾症都很熟悉，但无能为力。

约翰逊确实得到了最好的医疗照顾，尤其是来自威廉·赫伯登医生的。1780年，他在日记中写道，"胸部的阵痛已经困扰我二十多年了"，但暂时"得到了缓解"。这无疑是心绞痛，赫伯登最早辨识出这种疾病；他在自己协助创办的《皇家内科医师学会会刊》中将之描述为"一种感觉奇特、逡巡不去、不堪其恼的危险疾病。它的位置，以及与其相伴随的窒息感和焦虑感，促使笔者给它起了'心绞痛'（Angina Pectoris）的名称"。这个短语在拉丁语里的意思是"胸部窒息感"。[4]

不用说，还有痛风，这种病在吃油腻食物和大量饮酒的绅士中很常见。身材肥胖的吉本就曾饱受痛风之苦。有一次，约翰逊写信给思雷尔，说他的"痛风突然发作，很严重，也很麻烦，自己被困在家里，爬来爬去，用双手吊起身体"。[5]

不用说，还有一种病症是高血压，当时的人还没搞清楚这种病。高血压必然会导致中风。1782年伯尼写信给约翰逊："我非常悲痛地告诉你，可怜的约书亚爵士中风了，肢体麻木，嘴巴移位得厉害，整张脸都扭曲了。"幸运的是，他完全康复了。这就是现在所谓的短暂性脑缺血发作（TIA），通常称为小中风。[6]

第二年，约翰逊自己也中风了，结果同样幸运。1783年6月，他写信给赫斯特，说三天前他曾坐着让人（可能是约翰·奥佩）给自己画像，然后舒舒服服上床睡觉，但很快就醒来了，只觉得"头脑里一团混乱、迷糊"。约翰逊马上意识到自己中风了，不能说话，但当他发现自己在心里用拉丁语作了一首祈祷诗时，不由松了一口气。"这些诗句不怎么样，我也知道不怎么样。但我轻而易举就打好腹稿了，由此判断，我的心智功能没有受损。"

医生虽然用意不错，但不用说，帮不上什么忙。"他们在我的后背烫了一个疱，在耳朵到颈部的部位烫了两个，一边一个。后背上的疱没起什么作用，颈部的疱也没发起来。"这样做的原理是通过在皮肤上涂抹刺激物，让皮肤起疱，将里头的脓水挤出来，就能把病人身上的"致病体液"排出体外。[7]

这几年里，约翰逊开始大量服用鸦片。当时鸦片完全合法，可以自由地用于对抗失眠和身体疼痛，约翰逊发现鸦片也可以暂时缓解抑郁。"当服用鸦片成为一种习惯时，"霍金斯说，"这成为他获得实实在在的快乐的手段，只要情绪低落到有必要这样做的时候，他就会诉诸鸦片。"霍金斯补充说，有时约翰逊会因此"精神亢奋"，以至于人们误以为他喝醉了。[8]

没人知道约翰逊第一次服用鸦片是在什么时候。很可能是在特蒂生命的最后几年，如今我们知道她当时已经在过量使用鸦片。特蒂死于1752年。三年后，当约翰逊的《英语词典》第一版问世时，他从一本医学教科书中引用了一长段描述来定义"鸦片"。"它的首要效果是使病人心情愉快，仿佛他喝了适量的酒；它消除忧郁，激发勇气，驱散对危险的恐惧……一剂鸦片的药效结束后，疼痛又会回来，通常变得更为剧烈，因鸦片而大振的精神开始变得消沉，脉搏也变得缓慢无力。过度服用鸦片起初会使人觉得喝醉了酒，心情愉悦，开怀大笑起来，但在出现许多可怕的症状之后，就会导致死亡。"[9]

约翰逊晚年时意识到自己的鸦片使用量正越来越大，他想要减少剂量，但收效不大。他对一位关心自己的朋友说，这个习惯正处于自己的控制之下，但他也清楚地指出了刺激这个习惯形成的因素：

"孤独、闲暇、阴郁或意外的因素常会使我的思绪转向过去的人生，我会因种种恐惧而畏缩，不敢回顾。"一项现代研究得出结论，约翰逊是"认识不到吸毒成瘾的时代的瘾君子"。[10]

许多人作证说，约翰逊在晚年似乎变得温和了。汉娜·莫尔说："他比以前更温和、更殷勤了。疾病似乎使他的心智软化了，但没有削弱它的力量。落日的柔和光辉令我震撼。"他对一位朋友说："我认为自己被别人大大误解了。我不是一个不公正的人，也不是一个严厉的人。我有时会开玩笑，说的话并非自己的本意，可人们倾向于认为我在说正经话；不过，我比年轻时更加公正。我对人类了解得越多，对他们的期待就越低，现在我叫一个人'好人'，依据的标准比以前宽松很多。"[11]

这并不是说约翰逊慢慢收敛，变成了和善的老绅士。鲍斯威尔记录了 1781 年的一段插曲，当时约翰逊无意中使用的双关语引发了哄堂大笑。他提到他们认识的一名作家娶了一名印刷商的"魔鬼"；印刷作坊的学徒之所以被称为魔鬼，是因为他们通常沾了一身黑墨。约翰逊说，毫无疑问，那位作家给女学徒洗了澡，接着又说："她倒没有令他丢脸；这女人有一股子（bottom）*的见识。"这惹得众人大笑，只不过一位主教强忍着板起了面孔，而汉娜则掩起了自己的脸。至于约翰逊：

> 他有着强大的自尊心，受不了自己的表达在无意中引起别人的嘲笑。于是，他决定发威动怒，严厉地向四周扫视了一眼，用强硬的语调喝道："有什么好笑的？"接着，他的神情平静了下来，显得威严可畏，让我们感受到他会怎样镇住别人的气势；然后，他就像在自己头脑中寻找一个更可笑的词一样，缓慢地说道："我

---

*   bottom 有"屁股"之义。

是说，这个女人骨子里（fundamentally）是个明白人。"这个语气
就像在说："现在听听看，敢笑的话，你们就笑吧。"我们都安静
地坐着，就像在葬礼现场一样。

在《英语词典》中，约翰逊把"fundament"定义为"身体的后部"。[12]

这件事发生在伊娃·加里克的家里，那是她在丈夫死后第一次
招待客人；鲍斯威尔和约翰逊离开时，停下来看了一眼阿德尔菲住
宅群。"我动情地对他说，我想起了我们失去的两位朋友，他们曾经
住在我们身后的楼房里，博克莱尔和加里克。'是啊，先生，'他深
情地说道，'这样两个朋友，是无人可以替代的。'"

死神此时已经开始在波尔特大院的同居者中间出没。一个离约
翰逊而去的人是安娜·威廉斯，她曾一晚又一晚地坐到深夜，与约
翰逊一起饮茶，约翰逊非常想念她。另一个是罗伯特·莱韦特"医生"，
这个没有行医执照的人实际上对医学很有了解。当时医生职业在英
国受到严格管控，莱韦特在巴黎待了五年，听过一流专家的讲座。[13]

1782年，莱韦特在搬进波尔特大院二十年后去世。约翰逊写信
对一位认识莱韦特并喜欢他的医生说："我们的老朋友莱韦特先生昨
晚还是春风满面，今早却突然过世了。他这一辈子都在帮助他人，
为人无可指责，一生就这样结束了。"鲍斯威尔和霍金斯都对约翰逊
与这个缺乏教养的人物之间的友谊感到惊奇。约翰逊其实非常尊重
莱韦特对穷人的无私关怀，并为他写了一首动人的挽诗。挽诗部分
内容如下：

> *看着莱韦特沿着沧桑岁月下沉，*
> *进入坟墓，令人不胜忧葵；*
> *乐于助人，无邪念，有真心，*
> *他是每个无依无靠者的朋友。*

他总能赢得众人的垂青，

无名却有智慧，粗俗却有善心；

有教养的傲慢者也不会否定

你的美名：你的拙朴人品……

他的美德在狭窄圈子里流转，

没有停顿，也没有留下真空；

那位永恒的造物主无疑发现

这唯一的才能得到了充分利用。

鲍斯威尔告诉我们，约翰逊被才能（talent）的寓言所困扰："这个庄严的句子，'给予他越多，对他的要求也就越多'，似乎一直浮现在他的脑海里，困扰着他。"他非常害怕浪费了自身的诸多特殊才能。莱韦特只有一项才能，但运用得很好。[14]

　　萨缪尔·贝克特曾为约翰逊和他家里那群人写了一出戏，标题为《人类的愿望》；剧中，喝得酩酊大醉的莱韦特很晚才回家，沉默地走了进来。

　　德穆兰太太：愿上帝保佑一切平安。

　　莱韦特走了进来，身上的大衣和帽子还没脱下来，手里提着一个小包，身材瘦弱，举止体面，虽然喝醉了，却透着几分不得已。他摇摇晃晃走进房间，站住了盯着那群人。德穆兰太太（织毛线）、卡迈克尔小姐（读书）、威廉斯太太（沉思）都堂而皇之地忽略他的存在，他驻足片刻，就像陷入某种思绪，接着突然打了一声响嗝，力道极大，整个人几乎站不稳了。织毛线的德穆兰太太、读书的卡迈克尔小姐、装作沉思的威廉斯太太全都吓了一跳，愤怒地打量着莱韦特。莱韦特又站了一会儿，全神贯注，一动也不动，然后东歪西扭、小心翼翼地回到门边，却没有把门关上。接着传来跟跟跄跄上楼的脚步声。三个女人之间互递眼神。厌恶的手势。一张张嘴张开又合上了。最后，她们重新忙起手头的事情。

威廉斯太太：我们真是词穷了。

德穆兰太太：如果这是舞台剧的场景，毫无疑问，剧作家希望我们在这里开口说话。[15]

对约翰逊来说，最惨重的损失是亨利·思雷尔，而每个人都能预见到这个结局，因为亨利的妻子和朋友都无法劝动他节制饮食。1777年，亨利只剩下四年的时间，赫斯特评论道："暴食是这个时代最流行的恶习，今天我竟得知一件西装背心上标着这样的文字（就像晴雨表上的刻度）：饱，非常饱，胀裂，中风，暴毙。"[16]

在晚宴上，思雷尔往往无精打采，经常打瞌睡。1779年，思雷尔发现自己要为多年前签准的巨额债券负全部责任，如果要赎回这些债券，他需要支付二十二万英镑，而这是他负担不起的，就这样，他突发中风，病势危急。虽然身体后来部分康复，但自那以后他就再也不在状态了。[17]

自1765年以来，思雷尔一直是代表萨瑟克的议员，他的酿酒厂就坐落在那里。虽然对政治从来不感兴趣，但他十分享受这种地位。1780年有一次新选举，但不久前思雷尔又中风两次，病势严重得已经不适合在公开场合露面了，赫斯特代表他去跟选民见面，给他们留下了良好印象；毫无疑问，若是作为候选人，她的表现肯定胜过自己的丈夫。但亨利最终还是要现身，他获选彻底没戏了。"他的朋友，"赫斯特说，"现在都认为他快死了，他的敌人就当他死了。"[18]

到此时，很显然，生命终点已经不可能离他很远了。"一个人的嘴巴合不拢，"赫斯特对约翰逊说，"哪有健康可言。"到了次年4月，亨利的暴食行为越发不可控制，连约翰逊都严厉地对他说："先生，医生今早刚责备过您，您又开始这样吃起来，这无异于自杀。"果然，三天后，像往常那样胡吃海塞一顿以后，他回到卧室休息，被奎妮发现躺在房间的地板上。"'这是什么意思？'她痛苦地说。'这是我自己的选择，'思雷尔先生坚定地回答，'我故意这样躺着。'"不久之后，他又一次中风，就这样断气了，时年五十二岁。[19]

几天后，约翰逊在日记中写道："我几乎摸到他的脉搏余颤，我最后一次看着他这张脸：十五年来它每回转向我时都会露出尊敬或亲切的神情"。葬礼结束后，约翰逊补充说："和他一起埋葬掉的是我的无数希望和快乐。"亨利去世两个月后，范妮·伯尼写道："我经常与约翰逊博士谈到我们亲爱的已故主人，聊得很久，也很感伤——约翰逊博士确实一直在痛惜他的离去。"[20]

斯特雷特姆教堂为纪念思雷尔立了一座大理石纪念碑，上头雕刻着约翰逊用拉丁文写的墓志铭。其中一部分是这样："他聪敏、坦率，始终如一；他并没有通过虚荣的技艺或过度的雕饰来显摆自己。……在家人、同事、同伴和客人中间，他平易近人的举止使所有人都倾心于他。他的谈吐自由洒脱，恰到好处，虽然没有奉承任何人，却使所有人都愉悦。"

这个家族的坟墓里已经有了亨利的父亲和十岁时突然夭折的儿子哈里。墓志铭的结尾是："一个幸福而富有的家族，由祖父缔造，由父亲壮大，就这样与孙子一起没落。向前走吧，过路人；考察完世态的逆转后，不妨思考永生。"赫斯特和她的女儿们当然会继承亨利的财产，但约翰逊真正要表达的是：这个家族的姓氏从此将断根绝迹。[21]

鲍斯威尔在思雷尔夫妇中的任何一人面前都觉得不痛快，表现有失体面，自然在意料中。葬礼结束后的一天，他在想象中为赫斯特和约翰逊举办了一场婚礼，并谱写了一首十分下流的赞美诗。这首诗是他在雷诺兹家中一挥而就的。"鲍斯威尔起笔的格调，"约翰·韦恩评论道，"就是非同一般的恶趣味。"有几个诗节可以为证：

> 挣扎在爱情纷乱的煎熬里，
> 我们感到情欲被催发时的颤抖；
> 疲惫的自然最终要休憩，
> 而后机灵和智慧填补缺口。
>
> 我们不仅四肢相互交缠，
> 嘴唇狂喜地贴在嘴唇上；
> 我们的心灵同样悱恻缠绵，
> 啜饮着想象的甜浆。
>
> 燃在我胸口的多情火焰
> 升至欢喜幸福的高度，
> 波特不再受到称赞；
> 我就是思雷尔的全部。

最后几行充满了嘲讽的暗示。思雷尔是酿酒商，波特是啤酒的一种；波特也是特蒂第一次婚姻时的夫姓。此外，"全部"（entire）也是一种啤酒，而"全马"（entire horse）是有着旺盛生殖力的种马，不同于骟马。[22]

鲍斯威尔对自己的表现非常满意，很快就在数不清的聚会上朗诵这首诗——甚至还用了演唱的形式。约翰逊听说这件事时，会泼鲍斯威尔的冷水，自然可以理解，不过，很可能他从未亲眼见过这首诗。

赫斯特当时最小的两个女儿分别只有两岁和四岁，现在她还得处理酿酒厂的事务。幸运的是，她有一位非常能干的经理，即约翰·珀金斯。亨利在世时，她从未被允许参与商业活动；对此她在日记中评论道："商人的妻子从不了解她丈夫的事业处境，与他嫖过的妓女没什么两样。"现在赫斯特与珀金斯合作，很快掌握了与收益相关的信息，但她其实并不想继续经营下去。她的目标是摆脱酿酒厂的业务。[23]

虽然约翰逊对商业一窍不通，但他在遗嘱中被指定为执行人，一想到自己能派上用场，就很激动。"我们来这里不是为了售卖一堆锅炉和大桶，"他感叹道，"而是为了变得无比富有，富到超越贪婪的想象。"赫斯特在日记中则以挖苦的口吻评论道："假如二十年前有一位天使从天而降，告诉我有一位我认识的名叫'词典·约翰逊'的人有一天将和我合伙做大生意，我们将共同或单独签署各种汇票或支票，一早上要签署三四千英镑的面额，这似乎永远不太可能会发生！不过，'不太可能'一词不太合适——这似乎令人'难以置信'。"[24]

也许赫斯特认为约翰逊太过于自得其乐；另外，她正确地预见到，"从全新角度审视自己的姓名，看到自己的姓名在债券和租契底部龙飞凤舞，这对约翰逊博士来说，将是见不得人的快感，要把他从中拽出来"殊为不易。赫斯特将这桩生意称为"我的黄金重担"，当一位名叫巴克莱的酿酒商以13.5万英镑的高价买下思雷尔酿酒厂时，她终于松了一口气。"通过这笔交易，我换到了安宁和稳定的财产，恢复了我原来的生活地位，获得了没有被生意行话搅扰、没有被商业欺诈玷污的环境。"巴克莱与珀金斯缔结了合作关系，到了下个世纪，这家酿酒厂成为世界上最大的酒厂。1955年，巴克莱－珀金斯公司与勇气有限公司合并；在那之前，瓶子的标签上都有约翰逊的画像，但后来被勇气公司的公鸡形象取代了。[25]

1782年，赫斯特终于摆脱了经济束缚，为了存钱，她决定把斯特雷特姆的房子租出去，自己与女儿们一起出国旅行。10月6日，约翰逊最后一次在这里用餐，他在日记中用拉丁文记录了菜单："烤羊腿配菠菜丁，葡萄干面卷，牛腰肉，饲养不到一年的小火鸡……我坐在座位上，心里一点也高兴不起来。"他在这条日记的结尾处写道："我什么时候能再见到斯特雷特姆？"答案是，永远不会。那天晚上，他在这栋宅子里过夜，写下了简短的祈祷文，祈求"我怀着谦卑而真诚的感激之情，铭记在这里获享的舒适和便利，并带着谦卑的顺从放弃这一切"。[26]

晚年的杰作

约翰逊在斯特雷特姆的最后几年，给人感觉他的作家生涯已经结束了，但就在此时他酝酿出意想不到的成果，即一系列精彩的文学传记。他几乎所有的著述都是应时应景而写的，而在1777年，这种情况又发生了一次。一个由四十家书商组成的联盟决定推出多卷版的英国诗人作品集，避开了复辟时期之前的大部分诗人，但依然收录了多达五十二名诗人。那些书商以不高的酬金聘请约翰逊为每位诗人撰写简短的前言，这被认为是一项相对简单的工作。约翰逊在信里对鲍斯威尔说："我受命为版本短小的《英国诗人作品集》写一些短小的传记和短小的序言。"但很快他就写得兴起，不可自拔，后来，他在前言中解释道："我已经偏离原先的意图，如今是真诚地希望给读者带去有益的乐趣。"不过，他的日记表现出对自己一贯的苛求态度："3月的时候，我完成了《诗人传》；我的写作方式跟以前没什么两样，拖拖拉拉，匆匆忙忙，不愿意工作，但工作起来很疯狂，也很仓促。"几乎所有作品都是在斯特雷特姆完成的，他经常在那里把手稿念给思雷尔一家人听。[27]

约翰逊关于很多诗人的介绍最后依然简短，但对弥尔顿、德莱顿、蒲柏和斯威夫特的介绍本身就能独立成书,每篇都可以分为传记、性格总体评述和诗歌评论。出版商顺应这一新现实,不再把它们作为前言出版,而是作为六十八卷版本的前十卷印制。1781 年,整个系列完成时,这些绪言重新印制,从此称作《英国诗人传》或《诗人传》。

在诗人的挑选上,约翰逊几乎没有自己的补充。不过有一些诗人确实分量很轻,而约翰逊毫不掩饰这一点。关于乔治·斯特普尼,他写了敷衍的几页后总结道:"我们并不总能找到世人有时不约而同肆意挥霍赞词的原因。"关于白金汉公爵约翰·谢菲尔德——极少数几个主要以贵族身份为人铭记的诗人——约翰逊只是说:"他的诗歌皆是关于日常话题;他希望、他伤心、他后悔、他绝望、他欢喜,和其他炮制小诗的作者没什么两样。宏大主题,他几乎不去涉足;插科打诨几乎不在他的能力范围。"[28]

一位名叫马克·阿肯赛德的诗人当时仍然小有名气,但约翰逊拒绝分析他的诗作,这可以说是毁灭性的打击:"一旦发现他的诗作总体上枯燥乏味,就没必要多费事了,对无人阅读的作品加以批评有何用处呢?"在与鲍斯威尔谈话时,他更加直言不讳:"一首蹩脚的颂歌倒还可以忍受,但多首蹩脚的颂歌放在一块,就让人恶心了。"[29]

《诗人传》中的一篇传记引发了约翰逊与伊丽莎白·蒙塔古的决裂。利特尔顿勋爵是一位刚去世没多久、无足轻重的诗人,深受蒙塔古喜爱;他在《诗人传》中得到的肯定再平淡不过:"要批评《爱情的演化》,说它是田园诗,就已足够。《布伦海姆》中的素体诗既无多少力道,也不大典雅。他的小作品,无论是抒情短诗还是诙谐短诗,有时生动活泼,有时平淡无味。"霍勒斯·沃波尔幸灾乐祸地给一位朋友写信:"蒙塔古及其女祭司们打算把约翰逊的四肢一根根撕下来,因为他竟然瞧不起她们的心肝宝贝利特尔顿大人。"[30]

　　《诗人传》中最精彩的部分不仅是出色的传记（尽管对其研究并不充分），还有那犀利的文学批评；约翰逊的批评不仅基于技术分析，还基于他所谓的"普通读者"的视角——"如果读者的常识没有受到文学偏见玷污，总而言之，没有受到精致的诡论和高深的教条玷污，必须作为判定所有诗歌荣誉的根本依据。"弗吉尼亚·伍尔夫在随笔集《普通读者》的扉页上引用了这句话。[31]

　　约翰逊利用《考利传》来展开对玄学巧智的分析，这样的分析在当时看来具有原创意义；正是约翰逊发明了"玄学派诗人"这个说法。他不像 T. S. 艾略特和后来的"新批评派"那样喜欢多恩和其他玄学派诗人，但他在那个世纪里第一次认识到他们诗歌的思想力量。他不喜欢的理由是这类作品太理性了。关于亚伯拉罕·考利的爱情诗，约翰逊评论道："这些作品很可能是隐士为了赎罪而写的，或者是从未亲眼见过女人、耽于玄思的诗人为了酬金而写的。"[32]

　　约翰逊时代的大多数文学批评都高度依赖如今称为"理论"（Theory）的东西。而约翰逊从未忘记过什么是文学的真正目的。"想象性作品以魅力和欢悦取胜，以让人全心贯注无所旁骛的力量制胜。读者扔到一旁的书，就算是好书，也无甚用处。只有让心智欢喜地臣服下拜的人，才是真大师；读者会迫不及待地一页页翻阅下去，为体味新的愉悦甚至反复阅读，待读到末尾时，眼里不禁流露出悲伤，就如同旅人望着渐渐西坠的斜阳。"[33]

　　约翰逊最为关注的三位诗人是弥尔顿、德莱顿和蒲柏。约翰逊极为钦佩这三个人，在描述他们的长处时文笔奔放有力。《弥尔顿传》的结尾向弥尔顿致敬，文字铿锵有力："他诸多伟大的作品都是在困窘和失明的状况下写就的；他是为艰巨的伟业而生；《失乐园》之所以不是最伟大的英雄史诗，只因为它不是第一部。"也就是说，能超越《失乐园》的，仅仅是《伊利亚特》和《埃涅阿斯纪》。

然而，约翰逊也乐于遵从自己强大的常识判断，说出弥尔顿这部名著的众多读者会赞同的观点："人情味的缺乏总能感受得到。《失乐园》是一本读者尊崇，可一旦释手就不会记得捧起的书。没有人希望它的篇幅比现今更长。阅读它是一种义务，而不是一件乐事。我们阅读弥尔顿是为了教诲，我们离去的时候，感到心神不安，心情沉重，只能去别处寻找消遣；我们抛弃了导师，去寻找自己的同伴。"[34]

《诗人传》的传记部分充满了对人类行为令人信服的观察和发现。其中有一则生动的逸事，说的是亚历山大·蒲柏如何难以自控地阅读批判自己的小册子。这个故事是约翰逊亲耳从一位名叫乔纳森·理查逊的画家那里听来的。一本肆意谩骂蒲柏的小册子"传到了蒲柏手中，他说：'我喜欢拿这些东西消遣。'蒲柏细读这本小册子的时候，父子俩坐在旁边，看到他的五官因痛苦而变得扭曲；他们回到家时，年轻的理查逊对他父亲说，阅读那样的小册子是蒲柏躲不掉的宿命，他希望自己将来不用拿这东西消遣"。[35]

这是对蒲柏个性的深入观察。话说回来，对批评的敏感也许为蒲柏的诗歌成就创造了条件。约翰逊经常责怪自己努力不够，有鉴于此，他对蒲柏的称赞显得更加感人："蒲柏同样具有才情；他的心智活跃，有抱负，爱冒险，总是在探根究底，总是在向上飞升；即使追至最远处，它也仍渴望着再往前奔走，即使飞至最高处，它也仍盼望着再向高处飞；它的想象总要超越自己的所知，它的努力总要超越自己的所能。"[36]

与约翰逊以前的任何作品相比，阅读《诗人传》总能带给人持续的满足感。利顿·斯特雷奇称赞这部作品"从容而随和的力量，穿透现实的敏锐感，对理智与悖论的双重把握，不可动摇的独立思想……我们在阅读时，这些精彩的句子似乎带着谈话的亲密感从过去浮现在我们眼前"。另一位 20 世纪早期的作家总结说："约翰逊最后也是最伟大的作品不仅仅是事实的集合：它是智慧和经验之书，是关于生活行为的论说，是对人类命运的评论。"[37]

田园生活的结束

思雷尔夫妇的婚姻生活也许并不是特别恩爱，但他们从不抱有这样的期待。他们在斯特雷特姆共同摸索出了一种惬意的生活方式，但亨利去世后，这种生活方式突然消失了。赫斯特四十岁的时候，平生第一次获得了自由。接下来发生的事情是她恋爱了，但恋爱对象不是约翰逊。没有证据表明约翰逊本人会觉得这是有可能发生的事情，他倒是想当然地认为他们的关系在亨利过世后会依然牢固。1783 年，当赫斯特待在巴斯时，约翰逊写道："爱得最久的人，爱得最深……二十年的友谊与人生纹理交织在一起。"[38]

赫斯特倾心的男人是加布里埃尔·皮奥齐，比她大一岁，最早是在 1778 年来到斯特雷特姆，教奎妮唱歌。他们当时的相遇一点也不浪漫。皮奥齐背对着客人，在钢琴前面唱歌并为自己伴奏时，赫斯特则轻轻溜到他身后。接着，正如范妮·伯尼回忆的，"她模仿皮奥齐的动作，显得十分滑稽，先是伸直胳膊肘，陶醉地耸起肩，将胳膊往上抬，然后目光朝上，头懒懒地向后倾斜，看样子，她对美妙动人的乐声的热情回应似乎一点都不逊色于皮奥齐本人，只不过显得唐突了一点"。

查尔斯·伯尼曾邀请过皮奥齐，见此大惊失色，连忙低声劝阻赫斯特。"她听从了这个劝告，回到自己的座位上，如同她后来所说的，像个漂亮的小姑娘一样，安静地坐了下来，打发当晚剩余的时间，这是她平生度过的最无聊的一个夜晚。"范妮毫不夸张地补充说："考虑到未来事态的结果，思雷尔太太和皮奥齐先生的这次公开互动，显得奇怪，着实奇怪，无比奇怪！她此时被这样叫走，免得让那人出洋相，可她哪会想到，一些年以后，那人却变成了她想象中的完美男人，成为她命运的主宰！"[39]

甚至在亨利去世之前，这位音乐老师就给赫斯特留下了深刻印象。"皮奥齐已经深得我心。他那么聪明，那么有眼力，人人都不禁希望赢得他的好感。他的歌唱，无论品味、柔情，还是优雅，都胜过别人；他的手在强音钢琴上弹奏时，显得如此柔软，如此可爱，如此纤细，我想每一种音调都深深地触动我们的心灵，使其洋溢着不可或缺的激情，尽管有时会造成一些不便。"[40]

到1783年，赫斯特已经深深爱上皮奥齐，并决定嫁给他。她女儿的指定监护人强烈反对这门婚事，理由是如果她嫁给一个信奉天主教的外国人，将会危及她女儿嫁入高门大户的机会。另外，音乐教师被认为是地位低贱的职业。此时已经十九岁的奎妮尤其气愤，从赫斯特的辛酸记录中可见一斑：

> 我竟然痛苦地呻吟了起来，悲不自胜，整个人扑倒在床上，我那个美貌的女儿漠然地看着这一切。她之前其实从未对我说过温言软语，劝我放弃这门亲事，而只是冷冷地说，要是我想抛弃自己的孩子，那就必然会抛弃；我必将受尽惩罚，被皮奥齐冷落，因为她知道皮奥齐是恨我的；为了他的缘故，我让自己的后代自生自灭，就像池塘里挣扎着的狗崽子，是游起来，还是沉下去，全凭天意；至于她自己呢，她必须像仆人一样寻找落脚的地方，因为她再也不会见我一面了。[41]

经过不眠之夜和虔诚祈祷，"早上我飞奔到女儿的床前，告诉她，亲爱的，我决定放弃自己最喜欢的追求，把孩子的利益置于我的爱情之上"。几个星期以后，赫斯特向皮奥齐透露了自己的决定，之所以当着一位朋友的面，"是为了使见面不致过于伤感，使离别不致过于辛酸"。在那之后，"我飞奔到我最亲爱的朋友范妮·伯尼身边，向她温柔的心胸倾吐我所有的悲伤"。[42]

那是 1783 年 4 月。与返回意大利的皮奥齐分开后，赫斯特几乎绝望了。范妮同赫斯特的女儿们一样，无法想象那种不可抗拒的激情会是什么样子。几个月后，她对奎妮说："像她这样心灵高洁的人，怎么能纵容难以把控的激情挟持自己呢！"范妮自己的激情总是可以把控的。"我这个人对友谊无比热情，对爱情却很难兴奋起来，有此天性，我真心感到欢喜。至少到目前为止，就个人感觉而言，我是生性被动之人——甚至对 G. C. 先生也是这样。"G. C. 先生指的是乔治·欧文·坎布里奇，他很中意范妮，一直等待她释放明确的信号，再向她求爱。那个信号永远没有等到。[43]

最后，赫斯特鼓起勇气，拒绝屈从于女儿和朋友的意愿。她写信给皮奥齐，请他回来。1784 年 7 月，两人举行了一场天主教婚礼，两天后又举行了一场圣公会婚礼。半个世纪后，范妮仍然在不依不饶地怒责赫斯特的行为，尽管那时她已经幸福地嫁给了一个法国人——但那是流亡的贵族，而非卑微的音乐教师。莱斯利·斯蒂芬评论说："意大利音乐家，就本质而言，并不必然比英国酿酒商地位低下。"[44]

范妮承认，赫斯特曾同自己的激情作过斗争，"但是那微妙的毒素已经渗入她的血管，她毫不怀疑，起初甚至毫无反抗，以致整个肌体都染上了毒液；毒液似乎成为身体系统的一部分，再也排不出去"。赫斯特的一位医生认为，如果她被迫放弃皮奥齐，"除了死亡或疯狂，没有别的出路"。[45]

嫁给皮奥齐的计划定下来后，范妮就直截了当地告知赫斯特，她们的友谊结束了。"这位母亲有五个孩子，其中三个和她一样高，竟然让自身的激情高高凌驾于理智之上，真是不可原谅……孩子、宗教、朋友、国家、品格——究竟有什么能弥补这一切损失呢？……我们不是为自己而生的，只要有机会，我就经常将自己崇尚的克制精神付诸行动。"要是在不久之后说这些话，范妮恐怕得说"四个孩子"，而不是五个，因为小亨丽埃塔夭折了，年仅四岁。幸存下来的女儿是奎妮，当年二十岁；苏珊娜，十四岁；索菲娅，十三岁；塞西莉亚，七岁。[46]

一向规矩体面的"蓝袜子"们都吓了一跳。伊丽莎白·蒙塔古在婚礼当日写信对朋友说："我确信这个可怜的女人发疯了，而且我确实一直怀疑她的精神有问题。她是最好的母亲，最好的妻子，最好的朋友，最可亲的社会成员……我最终判定：在这件事上，她就是个疯子。"[47]

这个小圈子的另一个人赫斯特·沙蓬也有同感。"她做出这种事情来，精神一定出现了某种程度的错乱，因为这样强大、霸道的激情在'中年妇人的骨子'里出现，是极为反常的。"每个人都理所当然地认为，一个四十多岁的女人应该超越浪漫，也应该超越性本能。"中年妇人的骨子"引自哈姆雷特对他母亲的残忍控诉。[48]

赫斯特不得不面对另外一名审判员。婚姻即将举行的时候，她写信向约翰逊告知自己的情况。约翰逊的回复粗暴无礼，很不应该（图 88）。

夫人，

如果我没有错解你的来信的话，你已经不顾廉耻地嫁人了。如果婚礼还没举行，我们不妨一起来谈谈。如果你已经抛弃了你的孩子和宗教信仰，愿上帝宽恕你的罪恶；如果你已经失去了你的名誉和国家，愿你的愚行不再为祸作恶。

我一向爱你，看重你，尊敬你，乐于为你效劳，长期以来把你视为人中佼佼者，如果还能最后一试，我恳求你，在你的命运

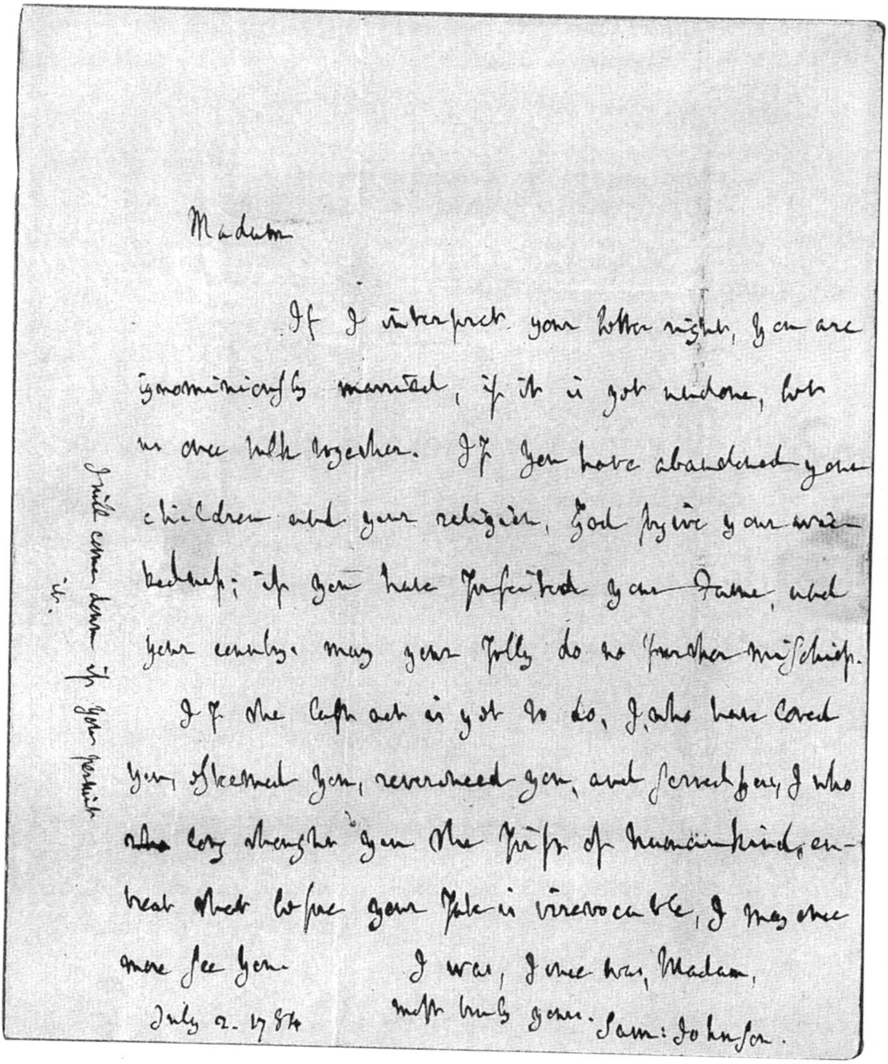

Madam

If I interpret your letter right, you are ignominiously married, if it is yet undone, let us once talk together. If you have abandoned your children and your religion, God forgive your wickedness; if you have forfeited your fame, and your country, may your folly do no further mischief.

If the last act is yet to do, I, who have loved you, esteemed you, reverenced you, and served you, I who long thought you the first of humankind, entreat that before your fate is irrevocable, I may once more see you

I was, I once was, Madam,
most truly yours. Sam: Johnson.

July 2. 1784

I will come down if you permit it.

图 88　约翰逊致赫斯特·思雷尔

无法挽回之前，我要再次跟你见面。夫人，我曾是你的真心朋友，

塞姆·约翰逊

在左边空白处有一行竖写的文字："要是你允许，我就去南边见你。"后来，赫斯特将约翰逊写给她的书信予以出版时，删去了这一封。[49]

然而，赫斯特确实回了一封信，保持了令人叹赏的尊严：

我第二任丈夫的出身并不逊色于第一任丈夫；他的情操也不逊色；职业同样不逊色。您说我已经失去了名誉，这真是我所受到的最大的侮辱。我的名声像白雪一样纯洁无瑕，否则，我就不会认为它值得从今往后要保护它的人珍惜了……您以前总能得到我的敬重，且享受了友谊的果实，而我从未以严词厉语冒犯过这段友谊。但在您改变对皮奥齐先生的看法之前，我们不必再谈了。上帝保佑您！[50]

现在轮到约翰逊表现自己的尊严了，他寄给赫斯特的最后一封信是他写过的最动人的篇章之一。他在这封信里呼应了德莱顿翻译的维吉尔作品；根据维吉尔的说法，冥界的河流斯提克斯是"无可奈何的河流"，意思是没有返回的可能。他还回忆起浪漫的苏格兰女王玛丽生命中的一个关键时刻：她准备把自己交给表亲伊丽莎白女王，但后来被她处以死刑。

亲爱的夫人，

你的所作所为，无论我怎样觉得可惜，都没有厌恨的借口，因为你这样做，并没有伤害到我。于是，我就只能再次柔情长叹一声，也许这并无用处，但至少是真诚的。

我愿上帝赐予你一切祝福……无论能为你的幸福增添什么，

我愿意报答你对我的关爱，正是你的关爱缓解了我二十年来极度不堪的生活……

玛丽女王下定决心到英格兰寻求庇护的时候，圣安德鲁斯大主教想劝她回心转意，就陪她一起上路；两人来到两个王国的分界线，即那条"无可奈何的河流"时，大主教跟在女王身边下到河里；走到河中央时，他抓住了女王的马勒，诚心实意地提醒她面临的危险，并吐露自己的情感，劝说她回头。女王依然向前进发。如果这个类比到此都说得通的话，希望它就到此为止。我的眼里噙满了泪水。

约翰逊阻止不了赫斯特，就像大主教阻止不了女王一样，但他的悲痛超出了一己的委屈，扩展成为涵盖全宇宙的痛苦。这封信被赫斯特印了出来。[51]

尽管如此，约翰逊依然毫不心软地断绝与赫斯特的往来。四个月后，范妮去看望他（那将是两人最后一次见面），问他有没有收到赫斯特的书信。"'没有，'他大声说道，'我也没有给她写信！我已经不大去想她了。她让自己蒙羞，让朋友和亲戚蒙羞，让女性蒙羞，让人类所有的期望蒙羞！如果我看到她的信，我就会立刻烧掉它。我把能找到的都烧了。我从来没有提到她，也永远不想听到她的消息。'"那时候约翰逊的寿限只剩下三个星期了。[52]

第一个提出约翰逊与赫斯特的受虐关系问题的学者是凯瑟琳·巴尔德斯顿。约翰逊感到自己被赫斯特残忍遗弃，巴尔德斯顿描述了由此而生的心态：

他的行为就像一个伤到根骨的人，只有践踏与她有关的记忆才能得到解脱。他的行为也像一个陷入恐慌的人，我相信他确实如此。他曾经可怜兮兮地向这个女人展露自己内心最脆弱的地方，到头来却被这个女人抛弃，对他自尊心的打击还有更厉害的吗？他曾经觉得这个女人理当凌驾于肉欲诱惑之上，为自己提供坚强的堡垒，到头来才发现她也不过是有缺陷的凡身肉胎，对他安全感的打击还有更厉害的吗？像奥赛罗一样，他要得以解脱，一定要厌恶她。[53]

死亡降临在塞缪尔·约翰逊头上

鲍斯威尔最后一次见到约翰逊是在 1784 年夏天。6 月，他们相聚在"那个体面的社团"，即"俱乐部"，最近该团体刚搬到一个新场地。土耳其人头酒馆的店主去世后，他的遗孀继续经营这家酒馆，但到 1783 年，夫妇都已过世，这栋房子重新转为私用。之后，"俱乐部"搬到了另一家酒馆，即普林斯酒馆，位于皮卡迪利大街附近的萨克维尔街。

7 月，鲍斯威尔和约翰逊在雷诺兹家用餐，饭后两人坐鲍斯威尔的马车回到波尔特大院。约翰逊邀请他进去，鲍斯威尔拒绝了，"担心自己的情绪会低落。我们在马车里恋恋不舍地互相道别。他下到人行道时，大声说道：'再会了'；然后，他没有回头，蹦蹦跳跳着走开了，在那轻快的步伐里有一种令人心酸的意味（如果可以使用这个表达的话），这似乎表明他正竭力掩饰内心的不安，让我深深觉得这预示着我们将会分开很长、很长的时间"。他们确实再也没有见过面。[54]

约翰逊去世时，鲍斯威尔正身处苏格兰。为了在《约翰逊传》中叙述传主生命中的最后那些时日，他煞费苦心地邀请所有自己能接触到的人提供回忆，因此积累了相当丰富的素材。

兰顿先生告诉我，有一天他发现柏克先生和四五位朋友同约翰逊坐在一起。柏克先生对他说："先生，我们这么多人在场，恐怕会令你头昏脑涨。""不，先生，"约翰逊说，"不是这样的。要是有你做伴，我还是欢喜不起来，那我的状态真是糟糕透顶。"柏克先生以表明自己深受打动的颤抖声音回答道："亲爱的先生，你对我一向都这么好。"约翰逊随即人就没了。

兰顿本人几乎经常和约翰逊待在一起，约翰逊曾引用诗人提布鲁斯的句子对他说："临终时，多希望我这只日渐虚弱的手能握着你。"[55]

几位医生陪在约翰逊身边，竭尽所能加以救治：主要是减轻腿部水肿带来的疼痛。其中一位医生照例表达了约翰逊的病情将会好转的愿望，但约翰逊回应道："哪里啊，先生，你简直无法想象我是怎样加速奔向死亡。"他有一回收到一封信，这样说道："我有一个奇怪的想法——我们在坟墓里再也收不到信件了。"[56]

约翰逊与另一位医生有过一次非常机智的引语互动。他大叫道："我整个晚上都像快死的人。"然后，麦克白的台词突然脱口而出：

你难道不能诊治一个患病的心灵，
拔除记忆里根植的忧愁，
抹掉写在脑筋里的重重烦恼，
用一种使人忘却一切的对症良药
洗净那堆满胸间、重压心头的
危险东西吗？

医生回答说："病人在这方面必须自己诊治自己。"约翰逊"对医生的发挥表示非常满意"。[57]

有一次，约翰逊确信医生们在给自己大腿上的脓液引流时，生怕割得太深伤了自己。于是，他拿起一把剪刀，动作笨拙地割了起来。"我想活长一点，"他叫道，"你们却怕割痛了我，我对此根本不在乎。"[58]

约翰逊临终前的一些话特别令人难忘。他对一位朋友说："我会被征服，但不会投降。"对另一个人说："我是赴死者。"这是想起了过去角斗士对罗马皇帝说的话："我们这群赴死者向您致敬。"[59]

关于约翰逊生命最后几天的记述大多没有提到弗朗西斯·巴伯，但他见到约翰逊的次数肯定比任何人都多。难能可贵的是，鲍斯威尔请他的兄弟大卫去采访巴伯。大卫回信说，一位叫莫里斯小姐的人上门祈求约翰逊的祝福时，"弗朗西斯走进约翰逊的房间，后面跟着那个年轻女士，他把口信带给了约翰逊。博士在床上翻了个身，说道：'上帝保佑你，亲爱的！'这是他说的最后一句话"。约翰逊在遗嘱中给巴伯留下了一大份遗产。[60]

临终前，他拒绝服用鸦片，想要确保自己的头脑清醒。12月13日晚上，他在三楼的一间里屋中死去，"断气身亡时，侍候他的人几乎没有察觉他有明显的疼痛"。

作为告别辞，鲍斯威尔选择了约翰逊朋友威廉·杰拉德·汉密尔顿的一段话；柏克刚进入政界时曾与"只演讲一次的汉密尔顿"共事过。"他留下了巨大的裂口，没有什么可以填补，也没有什么想要去填补。约翰逊已经死了。让我们去找下一个最好的：没有人。没有人能使你想起约翰逊。"[61]

当时或者后来，似乎都没有人注意到，汉密尔顿是在呼应约翰逊在《漫游者》中所说的话："没有人重要到这个地步，以至于退出社会或离开人世时，会留下巨大的裂口；也许上天有意这样安排，是为了阻止我们拥有主宰彼此的绝对权力。"约翰逊是这个规则的一个罕见例外。[62]

消息传到苏格兰的鲍斯威尔时，尽管已经有了思想准备，但他仍然倍感震惊。"我惊呆了，有点愕然。……没有流泪。没有温柔的触动。我的感觉就是一片茫然。我知道过后我会有更深的疼痛。"[63]

　　为了参加约翰逊的葬礼，需要几辆马车把"俱乐部"的成员送到威斯敏斯特大教堂。雷诺兹极力要求在圣保罗大教堂立一座雕像，雕像如期落成，但真正的葬礼是在威斯敏斯特大教堂举行的。"谁能想到，"托马斯·泰尔斯评论道，"加里克和约翰逊最后会长眠在一起？"[64]

第二十一章

鲍斯威尔在走下坡路

终成领主

约翰逊过世后，鲍斯威尔又活了十一年。他已经在走下坡路了，而且越走越快。他从没有停止过幻想自己将在法律和政治领域取得突破性成功，只是从未有过实现这种梦想的努力。他的自我形象总比他留给别人的印象更为崇高。不过，他也承认："有很多人建造了空中楼阁，但我相信自己是第一个试图住在里面的人。"[1]

好在鲍斯威尔终于获得了自己期待已久的奖赏，在父亲于 1782 年去世后，他成了奥金莱克的第九任领主（这项继承权可以往前追溯到 16 世纪）。鲍斯威尔几乎不认为父亲的离世是一种损失。那老人直到生命的尽头依然表现得冷酷无情、好挖苦人。去世前不到一个月，"他说起可怜的约翰时，带着轻蔑和厌恶。我感到震惊，对他说：'他是你的儿子，上帝创造了他。'他的回答非常难听：'如果我的儿子们都是白痴，我能有办法吗？'"很明显，他把詹姆斯也列入了白痴之列。[2]

詹姆斯最小的弟弟是大卫，他在西班牙从商多年，后来在伦敦定居下来。他性情阴郁，却不是白痴。约翰则是个可怜的病人，他比詹姆斯继承了更多的家族精神病，一生大部分时间都在医生的照料下度过，寸步难行。詹姆斯每次来看望他，都不胜忧愁地离开。有时约翰会连续好几个钟头拒绝说话，而一旦开口说话，只会让情况变得更糟。"他问我是不是真的活着，以为我只是鬼魂。我使劲跟他握了握手，让他相信我不是鬼魂。……他说：'我被关起来了，神志不清，我肯定要死了。'可怜的人，我的心都为他融化了。"[3]

奥金莱克勋爵的大限来临时，詹姆斯的继母不让他在眼前晃悠。"她的冷酷令人惊讶。我想走近一点。她说：'你会把他弄糊涂的。别在最后一刻折磨他了。'我惊呆了，站在一旁，哭了起来。唉！我们之间没有好感。"如果奥金莱克勋爵知道他儿子有一天会成为举世闻名的作家，他也许是不会介意的。[4]

新领主有新特权，也有新职责。在两人刚成为朋友没多久时，约翰逊就说过："先生，请听我说，当一个苏格兰的领主，意味着会有很多人家仰赖着你，依附着你，这也许是普通人所能企及的最高地位。"鲍斯威尔在理论上同意了，在实践中却发现这个地位不尽如人意。[5]

他现在要对一百多个农场的佃户负责。父亲过世前几年，鲍斯威尔曾骄傲地对约翰逊说："奥金莱克勋爵有一幢优雅的宅子，从这幢宅子前面，他可以向前骑十英里，依然还在自己的领地上，至少有六百人依附于他；这座府邸有着丰富的自然美景，石头、树林、流水应有尽有，显示出罗曼蒂克风情。"庄园的人口不止于此：在两万七千英亩的土地上，有近一千名居民。

但鲍斯威尔对罗曼蒂克或其他风情的景致并不感兴趣，他这样说只是为了让约翰逊相信，一旦奥金莱克庄园到他手中，他至少会有一部分时间住在那里。在那次谈话中，鲍斯威尔称伦敦为"地上的天堂"，约翰逊回答说："先生，我从来没有见过像你这样对伦敦情有独钟的人。"紧接着便是一句被广为引用的评语："一个人厌倦了伦敦，也就厌倦了生活。"[6]

鲍斯威尔确实相信的一件东西就是土地，他继承庄园之后，不惜负债累累，购买了大片毗邻的地产。一位关心他的朋友规劝他时，他惊呼道："看到一片古老的封地，一块家族的血肉落入陌生人手中，我真的会寝食难安。""封地"（appanage）这个措辞有点装腔作势。约翰逊将其定义为"诸侯为维持非长子的生活而预留出来的土地"。[7]

幸运的是，鲍斯威尔雇请了一位能干的庄园管理者，而且他对佃户慷慨大方。成本上升时，他拒绝提高佃户的租金，即使地租拖欠很久了，也不会驱逐他们。他试图了解农业耕作的细节，尽管从未像柏克那样学得热火朝天；他还补习算术——这提醒我们18世纪的绅士教育中缺失了多少东西。[8]

佩吉是在苏格兰乡村长大的，她很乐意永久住在离爱丁堡六十英里的奥金莱克。1782年10月，也就是奥金莱克勋爵去世六周后，夫妇俩接管了庄园，佩吉不稳定的健康状况似乎很快得到了改善。"她现在身体好得出奇，在艾尔镇四处走动，活蹦乱跳的，就像佩吉·蒙哥马利小姐。……我很高兴看到我的爱妻现在身体这么好，生活得这么体面。我想这是世人享受过的最高的幸福了。π。"最后这个符号是他用于表示自己与佩吉的性关系的象征之一。[9]

詹姆斯放纵自己的身体去播种。"我现在太胖了。肚子比记忆中的任何时候都要肿胀；也许体液太浓稠了。头脑迟钝麻木，这是我以前很少经历过的。……我是耽于情欲的人，我的情欲并不高雅，而是相当粗俗。"当时的人认为可以通过维持"体液"的平衡来保证身体健康。[10]

随着岁月流逝，鲍斯威尔待在奥金莱克的时间越来越少。他从未见过年轻的罗伯特·彭斯，后者住在不远的地方，希望有人引荐自己。彭斯的精彩之作《诗集，主要以苏格兰方言写就》出版于

1786 年，但我们不清楚鲍斯威尔是否读过这些诗作，只知道他喜欢苏格兰民歌，称其"甜美、忧郁、自然"。也许他听说彭斯持有激进的政治观点，因此躲着不见他。[11]

和鲍斯威尔一样，彭斯也鄙视苏格兰教会阴冷而严厉的信仰。1792 年，他写了一首关于一位名叫约翰·邓恩的牧师（落马掉入河里）之死的诗作：

> 奥金莱克的加尔文派！
> 你们用黑纱装扮和举哀，
> 表明你们多么爱戴
> 那个伟大的神职人员，
> 可怜人，很久以前，他摔下马来，
> 断了脖子，就在埃斯克河畔。

邓恩是鲍斯威尔年轻时的导师，待人和善。鲍斯威尔和约翰逊结束赫布里底群岛之旅后，前往奥金莱克时，邓恩款待过他们，但是会面进行得并不顺利。这位长老会牧师"当着约翰逊博士的面谈起英国国教里的肥胖主教和懒怠教长"，约翰逊反驳道："先生，你就像霍屯督人一样，对我们的教会一无所知。"[12]

彭斯的嗜酒癖好应该会让鲍斯威尔大感兴趣：

> 当我们坐着畅饮烈性麦芽酒，
> 喝得酩酊大醉，无比欢喜的时候……

彭斯曾在一首诗中简略提及鲍斯威尔作为健谈者的名声：

> 唉！我只是无籍籍名之徒，

被踏在泥里，直至化为无物，

但我有蒙哥马利那样的功夫，

也有鲍斯威尔那样的嘴皮子……

佩吉是蒙哥马利家族的人。[13]

彭斯赞颂酒精和性爱，认为大自然将二者慷慨赐予没有太多其他乐趣的人。鲍斯威尔不可自拔地追求二者，并没完没了地责备自己。

女人

爱丁堡的街头总能见到妓女，鲍斯威尔曾在1780年代的日记里多次悔恨地提及，虽然有人——大概是一位对此反感的后代——撕毁了很多页，有的地方撕毁了不下十八页。最引人注目的是佩吉长期经受考验的忠诚和爱。"我的精神状态不错，但喝得醉醺醺的，所以我在街头游荡了一个钟头，和十名妓女打情骂俏。但我还不至于胆子大到冒风险跟这些女人搞起来。回家后我跟我那位可敬的爱人说到了这一点。她脾气很好，给我喝了上好的牛肉汤。"[14]

然而，有时他的行为太过分，惹得佩吉开始反抗。

我将日记打开着留在餐厅，下楼去找一本书或一张纸；我亲爱的妻子将日记拿起来，读了我对18日那天，即周一的生活记录，她非常震惊，宣布我和她之间的所有联系都已经结束了，她将和我继续生活在一起，只是为了体面的表象，为了她的孩子们。我苦恼极了，陷入了恍惚的状态。但我没法为自己辩护什么。我仍然抱着一线希望，只能暂时接受自己的命运。酒精依然带给我兴奋。

这些令人反感的页面处于被撕掉的页面之间，不大可能知道到底什么内容如此不堪。无论如何，那一线希望是有充分根据的，正如两周后的一条日记所证实的那样："下午，我让格兰奇坐在我（教堂）的座位上听布莱尔博士的布道。他和西索普一起吃午饭。在克劳福德夫人家里吃晚饭。π。"[15]

鲍斯威尔独自一人在伦敦时，会更大胆一些。1785年，他和一个名叫贝琪的妓女过从甚密，甚至试图让贝琪放弃街头卖淫的生活，她患上性病时，还出钱送她去收容所，主动提出要给她找一份体面的工作。贝琪坦率地告诉鲍斯威尔，她对此不感兴趣，"她说她要做自己的主人"。鲍斯威尔记录道，他对"这个堕落的例子"感到震惊——就好像他并没有跟那个妓女同流合污。几个星期后，他来到贝琪的寓所，"发现她已经走远了，他们也不知道她去了哪里"。[16]

在此期间，鲍斯威尔甚至与被指控为伪造者的玛格丽特·卡洛琳·拉德发生了一段火热的恋情。她和两名男性同伙妄图兑现七千五百英镑的伪造债券，结果被抓获。鲍斯威尔找到她时，她刚刚在众人的热烈欢呼中被宣告无罪，因为她提供了不利于两个同伙的罪证，那两个同伙被判有罪，处以绞刑。当时的人通常使用的不是银行券（由个别银行而非政府发行），而是个人开出的本票，伪造是简单的技术活，也正因为如此，被视为十恶不赦的大罪。威廉·多德博士正是因为伪造罪，才被处以死刑，约翰逊试图为他求到赦免状；关于这位牧师，约翰逊说过一句有名的话："相信我，先生，一个人知道自己两周后就要被绞死了，肯定会心无旁骛地反思这个问题。"[17]

鲍斯威尔总是被犯罪行为吸引，这个美丽、性感、几乎肯定犯有被指控罪行的尤物自然把他迷得神魂颠倒。在《约翰逊传》中，鲍斯威尔（没有点名地）提到她，称她"因非凡的谈吐和奉承而远近闻名"。早在1776年，他曾将一封写给妻子的信明智地送到坦普尔手里；信中他把拉德太太描述为"拥有魔法的女巫"。鲍斯威尔当面对拉德太太这样说时，她并没有反驳。"我恳求她不要给我施太多的魔法，不要把我变成任何别的东西，而要让我继续做有一点理智的人。我小心翼翼地行动，就仿佛正站在那条能用眼睛魅惑人的蛇对面。"[18]

后来有一次去看望拉德太太时，鲍斯威尔大声说道："我敢说你能叫得动我做任何事——让我去杀人都可以。"鲍斯威尔赞美她的眼睛、嘴唇和脚踝，偷了几个香吻，才在第二天早晨动身回爱丁堡。[19]

到了 1785 年，反而是拉德太太来主动接近鲍斯威尔，两人很快就睡在了一起。在这一点上，他的日记变得极其简略，只是捎带用"M. C."（代表玛格丽特·卡洛琳）提到她。两人的关系直到 1788 年才结束。在鲍斯威尔的文件中，有一封他写给拉德太太的书信的草稿："尝尽所有欢乐的罗马皇帝曾悬赏奖励发明新乐趣的人，我要是这样做，得奖赏你多少东西啊！你使我领略了人生中最大的、对我来说全新的乐趣！"他似乎真心恋爱了，这是他与佩吉的其他情敌从未有过的感情。巧合的是，两人同名。在日记里，佩吉经常被称为"M. M."；这两个字母代表玛格丽特·蒙哥马利。[20]

搬到伦敦

鲍斯威尔不断纠缠他的伦敦朋友，吵着要搬到伦敦从事律师职业，但他们无一例外地强烈反对这个想法。成为律师的唯一正式要求是在内殿律师公会用餐要达到一定次数，以证明自己居住在那里；鲍斯威尔从 1775 年起就断断续续地这样做。但英国普通法与苏格兰法截然不同，即使鲍斯威尔具备必要的自律能力，在四十多岁的年纪也很难习得所需的专业知识。

在反对此举的诸多理由中，除了专业原因外，还有两大个人原因。

一个是鲍斯威尔债台高筑，而伦敦的生活成本预计将是苏格兰的两倍。另一个相关因素是佩吉的健康问题；几年来她一直有肺结核症状。她更愿意在奥金莱克居住，并正确预见到伦敦烟雾弥漫的空气对自身有害。然而，鲍斯威尔依然不能劝说自己放弃梦想。

1786 年，也就是约翰逊去世两年后，搬到伦敦的计划已成定局，鲍斯威尔得以在日记中记道："前往圣殿。缴清所有会费；最后一次在学生桌用餐。"随后，他立即被正式授予律师身份。在那次仪式上，他的同伴都比他小二十岁。按照惯例，新律师需要举行庄重的晚宴。那是鲍斯威尔在伦敦职业生涯的高潮——唯一的真正高潮。"我们的菜肴里有一道鱼，一道火腿、家禽和蔬菜，一道烤牛肉和苹果馅饼，奶酪和水果做成的甜点，马德拉酒、波特酒和上等红葡萄酒。"雷诺兹是"俱乐部"里唯一在场的成员。[21]

作为有从业资格证的律师，鲍斯威尔现在朝两个方向努力。一个是去王座法庭旁听案件审理，记笔记供自己学习。（鲍斯威尔的日记编辑说："记笔记是鲍斯威尔用于替代系统学习英国法律的可怜方法。"）另一个是陪同法官及其随行律师参加每年两次的"北方巡回法庭"；届时这些人员将在众多城市逐一听审案件，就像老奥金莱克勋爵在苏格兰所做的那样。鲍斯威尔偶尔会接一份与法律相关的小活，但大多数时候他只是在那里进行社交活动，旅行花费要大于他所获的酬劳。"现在我才完完全全、真真切切地实现我的理想：做一名'北方巡回法庭'的律师，在兰开夏郡的女人们面前做一名优雅的绅士，没有悒悒不乐，也没有不知所措。"[22]

无论在苏格兰还是在英格兰，鲍斯威尔从未做过大多数新律师不得不做的事情：先在享有业界名声的专业人士办公室里工作几年，熟悉当地法律。作为"优雅的绅士"，他是不屑于做这种苦差事的。

在搬到伦敦的前一年，鲍斯威尔委托雷诺兹画了一幅正式肖像（彩图 30），希望自己在英国法庭挣到足够的钱后买下它。雷诺兹画一幅肖像,通常要价一百英镑,但这次以一半的价格卖给了鲍斯威尔。最后,他发现自己永远要不到酬金,便好心地把它作为礼物送给了鲍斯威尔。

1787 年,这幅画在皇家美术学院展出,一位评论家评论道:"这是一幅不同凡响的肖像画,显示出艺术家用画笔描绘的形象,可以远胜过大自然用血肉创造的形象;也就是说,画家让理智渗入面相中。"泰特美术馆最近一次的展览目录编辑说得更具体:"鲍斯威尔一定有着四十五岁人的满脸沧桑。然而,雷诺兹似乎尽了最大的努力来维护鲍斯威尔的肉身尊严;摧残这具肉身的是无休止的酗酒和疾病,而后者都是由肆无忌惮的滥交引起的。"[23]

鲍斯威尔的传记作者则要仁慈一些。"鲍斯威尔此时正值壮年,他身穿蓝外套、白硬领衬衫,头戴扑粉的假发,尽显沉稳和尊贵。他的脸透着自信而自觉的矜重神气,不过嘴角仍有一丝欢快的笑意,眼睛则时刻保持着机警。"[24]

多年以后,鲍斯威尔的继承人把这幅画驱逐到了阁楼上。由于 19 世纪的读者认为鲍斯威尔在《约翰逊传》中是以滑稽小丑的形象出现的,他们为他留下来的记忆感到羞耻。最后,鲍斯威尔的曾孙女把它拿到楼下,这样游客们就可以拿着手枪对它随意扫射了。这幅画如今在国家肖像艺术馆。[25]

鲍斯威尔在大皇后街 56 号为家人租了一套房子,这里离他曾度过美好时光的科芬园只有几步之遥。很巧的是,威廉·布莱克当时才十几岁,正在几扇门之外的地方当学徒,学习雕版艺术。

鲍斯威尔将家里的两个儿子都送去学校,桑迪上伊顿公学,詹姆斯上威斯敏斯特中学,目的是让他们进入将来有助于他们发迹的社会阶层。女孩们则仍然待在家里,有时会在附近一位收少量学生的女士那里寄宿。鲍斯威尔不得不承认,他的女儿和佩吉"长期被关在家里,几乎一直过着孤独而单调的生活"。[26]

　　佩吉向鲍斯威尔罗列了一系列经过深思熟虑的理由，解释他们为何应该回到奥金莱克，并指出，如果鲍斯威尔告诉别人自己为了她的健康才那样做，那就不像是承认自己事业失败。他把这些理由都尽职地记了下来，却又无法遵从她的意愿。"我觉得我不愿意堕入——据我的感觉——苏格兰的狭隘天地里；我在苏格兰饱受忧郁的折磨，总觉得没有机会在不列颠的大社交圈里占得一席之地。"[27]

　　尽管如此，伦敦还是成为令他失望的所在。"我过去看伦敦，就觉得那是幻境一般，镀上了所有火热、明耀的想象光芒，这样的伦敦与作为真实事务发生之地的伦敦其实是完全不同的。"现在才想明白这一点，已经有点晚了。[28]

　　情绪的大起大落也更频繁。前一天刚举办了庆祝乔迁新居的欢闹聚会，但第二天，"我上街时，非常沮丧，眼泪顺着脸颊流了下来……多么难过、悲惨的一天啊！"十天以后，"我的情绪一如既往地好"。[29]

失去佩吉

　　很难否认是什么在慢慢杀死佩吉。1782年，"她没有吐血，但在夜里会剧烈干咳，除非用鸦片酊平息，每晚她都会出汗。白天的时候，她也会时常发热，脉搏跳得很快。她的腿也肿胀了；整个人非常非常瘦，疼痛穿透脖子和胸部。所有这些症状都可能与神经有关。但我和她都担心是肺痨，这是她家族的致命疾病"。[30]

　　约翰逊以同情的笔触写道："我希望亲爱的鲍斯威尔太太能战胜疾病；失去了她，你就失去了船锚，而不得不在生活的浪涛中四处颠簸，没有着落。"鲍斯威尔在《约翰逊传》中刊印了这封信，并在脚注中写道："不幸的经历已经证明了这句话所蕴含的真理。"[31]

　　1788年，身处伦敦的佩吉发起高烧，十分危险，治疗对她毫无用处，甚至让她更加糟糕。"晚上，我又去拜访乔治·贝克爵士，他吩咐我要在她的胸部烫出一个疱，第二天再给她放血。可怜的女人，今天下午她哀声对我说：'噢，鲍斯威尔先生，恐怕我要死了。'"[32]

然而，过了几天，鲍斯威尔写道："我当然不再像以前那样伤感和焦虑；我的心思转到她被死神带走的结局时，比以前镇定很多。我认为这样的结局是天意使然，符合人道；然而，我一直以来都在过着纵情享乐的生活，常因此受到指摘，似乎我这样做，太过于自私。自从我沉浸于自己的英国抱负，思绪恣意遨游于那片广阔天地以后，我对家庭，对奥金莱克的热情，似乎就弱化了。"[33]

佩吉的生命还剩下一年的时间，在此期间，她从未摆脱过上述那些预警。毫无疑问，鲍斯威尔很不像话，对佩吉漠不关心。他不在佩吉身边的时候，不断试图让自己相信他深爱着佩吉；他在佩吉身边的时候，却总是找借口逃离出来。

1789年，死神终于降临了，虽然并非始料不及，却仍然是可怕的打击。佩吉回到奥金莱克后，给丈夫寄去了一封信，报告自己形势不妙。鲍斯威尔连忙和依然留在伦敦的女儿维罗妮卡一起赶回北方，发现妻子"面容枯槁，意气消沉"，身体非常虚弱。然而，鲍斯威尔很快就跑去参加政治游说，力图从埃尔郡当选为英国议会议员，虽然这个方案毫无希望，他依然没有放弃；有一回喝醉酒的时候，他从马上摔了下来，肩膀受了重伤。

鲍斯威尔告诉自己，佩吉之前病情好转过，这次可能还会这样，于是，六个星期后，他出远门了。"我永远不会忘记她对我说：'一路顺风！'"在伦敦待了一周后，肩膀的疼痛还在折磨着鲍斯威尔，这时女儿尤菲米娅来信，告知他赶快回去。鲍斯威尔和两个儿子只用了六十四个小时就回到奥金莱克。"可是啊！我们的匆忙全都白费了。在我们出发前，她的中风发作，要去了她的性命。"

尤菲米娅冲出来迎接他们，一边告诉他们噩耗，一边伤心大哭。

"啊！我的坦普尔，"鲍斯威尔给那位交情最久的朋友写信说，"我多么诚挚地希望自己能有一星期，哪怕一天的时间，可以再次聆听她美妙的谈话，向她保证，尽管我有种种不检点的行为，对她仍然是一片赤忱之心，可是这样的愿望徒然无用，只会给我带来无尽的忧愁，伤感而痛苦的悔恨。"他不得不承认，如果换成自己是那个生病的人，她做梦也不会把自己一个人丢下。"我私下在儿子们面前，对着她的棺材念了自己所写的悼词，内心的负担大大减轻了。"[34]

后来人们在鲍斯威尔的文件中发现了一些感人的纪念品，现在这些纪念品藏于哈佛海德收藏馆，其中包括"我的爱妻用过的钱包"，她的结婚戒指，她的几小缕头发。还有一个信封，现在已经空无一物，上面写着："两束铃兰，我的爱妻去世前一天曾拿在手里。"

佩吉过世几个月后，鲍斯威尔记下了一个令其不安的梦。"我觉得自己正在一个房间里，约翰逊博士突然走进来，怒气冲冲地瞪了我一眼。我对他说：'亲爱的先生，您应当没有什么责备的话要说给我听吧。'他严厉地回答说：'我没有什么责备的话要说给你听吗，先生？'我在惴惴不安中醒来，觉得这要归因于我与 E. M. 的联系。"由于鲍斯威尔通常用"联系"（connection）一词来表示性关系，这可能意味着他在为失去妻子没多久又有了新姘头感到羞愧。甚至在梦里，已经去世五年的约翰逊依然继续发出严厉的斥责之声。[35]

政治羞辱

鲍斯威尔不情愿地承认自己当律师一事无成，决定依附于一位有权势的政治恩主，看看会有什么结果。这位恩主是朗斯代尔勋爵，住在湖区威斯特摩兰的劳瑟城堡，在下议院控制了至少九个席位。鲍斯威尔迫使自己相信有朝一日他也能占据其中之一。

赢得朗斯代尔庇佑的努力以失败告终。朗斯代尔虽然非常富有，却是个吝啬的守财奴，性格恃强凌弱，控制欲强。他是英国寄宿学校制度的产物，并以此为荣。他告诉鲍斯威尔，冬天里，他和其他年龄最小的男生必须天没亮就到户外去汲水，直到他们的手指冻得麻木。回到屋里，他们不被允许靠近房间尽头那唯一的壁炉。年纪大一点的男生需要小便时，就"会在小男孩的床边撒尿"。鲍斯威尔惊讶地发现朗斯代尔正在津津有味地回忆这一切。"这是奴役和暴虐行径的恶性延续。大男孩想起他们所遭受的种种，就会野蛮残暴地对待小男孩；也许正是这种教育滋生了朗斯代尔的霸道做派。"[36]

在这段不愉快的关系即将结束时，两人几乎到了要发生决斗的地步。有一次，他们一起出行，朗斯代尔冷冷地对鲍斯威尔说："我猜你以为我要把你带到议会里去。我从未有过这样的打算。进入议会对你有害无利。"他接着说，鲍斯威尔"会喝个酩酊大醉，发表愚蠢的言论"。接着朗斯代尔变得更加无礼。"你这一辈子都跟社会末流打交道。你本质上是什么人，先生？"鲍斯威尔反驳说："尊敬的阁下，我是一位绅士，一位正直的人。我希望能证明自己。"朗斯代尔回答说："等肚子挨了一颗子弹，你才会安生。"

两人抵达一家客栈时，鲍斯威尔相信决斗一触即发，但善于随机应变的朗斯代尔开始承认，他可能误解了鲍斯威尔的话。他和他共饮了一杯酒（通常他拒绝跟别人分享自己的酒），然后"朝我这边伸出手来，说道：'鲍斯威尔，忘记过去的一切吧'"。

这个挫折迫使鲍斯威尔承认卑躬屈膝是多么丢人的举动。十天后，他写道："我是一个可鄙的人。"他觉得自己的整个人格似乎又回到了原先的白板状态。"我如今正处于三十年前情绪低落的悲惨境地中，可是三十年前，我毕竟还有约翰逊博士和很多杰出人士的友情相伴，尤其值得一提的是游览了欧洲和科西嘉岛，写出了两本非常成功的书［他的《赫布里底群岛游记》已经出版］，这些都为我带来了声誉。我过去就像一块木板，上面描绘了一些精美的图案，可如今涂抹了腐蚀剂，它又恢复到原先赤裸裸的状态。"[37]

《约翰逊传》

然而，就在这个时候，在其他一切都进展不顺的时候，鲍斯威尔完成了他的杰作《约翰逊传》。在这个赛场上，他已经有了两名竞争者。其中一个是此时住在意大利的赫斯特·皮奥齐。1786 年，她的伦敦出版商推出了《已故塞缪尔·约翰逊在生命最后二十年的逸事》，这本书很快成为畅销书。赫斯特在书中承认，这是"形形色色的马赛克拼贴而成的作品"，而非传记。在五年后出版的《约翰逊传》中，鲍斯威尔乐于引用别人的记述和自己的日记来证明赫斯特在复述谈话时马虎敷衍，而且经常歪曲谈话内容。[38]

另一位竞争者是约翰·霍金斯爵士，他的《塞缪尔·约翰逊传》问世于 1787 年。这是一部真正的传记，它的作者认识约翰逊的时间比鲍斯威尔长很多，它包含了很多别人不知道的宝贵材料。但就像霍金斯的所有著述一样，他的《塞缪尔·约翰逊传》冗长拖沓，读起来费劲，还有不少与主题完全无关、东拉西扯的文字，所以，它并没有立下一道很难超越的标准。

撰写《约翰逊传》这部力作才是鲍斯威尔的真正使命，也许他一直以来都知道这一点。1786 年，也就是约翰逊去世两年后，《赫布里底群岛游记》出版了，那只是鲍斯威尔自己旅行时所记的日记，编辑的痕迹少之又少。现在，他决心找到各种可能的证据，包括数百封约翰逊本人的书信。

在鲍斯威尔的一生中，这是他头一回以非凡的毅力献身于一项任务。他在给坦普尔的信中写道："你无法想象我在整理堆积如山、

五花八门的材料，拾遗补漏，寻找埋没于各种故纸堆里的文献时，
经受了多少辛劳、多少困惑、多少烦恼——更不要说还得苦心构思，
修饰文采。很多次我都想过要放弃了。"鲍斯威尔在《约翰逊传》中
说："有时为了确定一个日期，我不得不跑遍半个伦敦；我心里很清楚，
即使把日期搞定了，这也不会赢得什么赞誉，但如果搞错了，这必
会败坏我的名声。"[39]

　　幸运的是，鲍斯威尔与爱尔兰律师兼学者埃德蒙·马龙过从甚
密，后者即将编完莎士比亚戏剧的一个重要版本。马龙自 1782 年以
来一直是"俱乐部"的成员（图 89）。没有他，就不会有《约翰逊
传》。他不但向鲍斯威尔提供可行的建议，还不断鼓励他，两人经常
熬夜研究文献。马龙还树立了鼓舞士气的榜样。"去拜访了马龙。我
发现他一如既往在从事学问研究，孜孜不倦。"马龙非常喜欢研究工
作，非但不会因此神思倦乏，反而会精神大振。[40]

　　马龙绝非学究，他为两人的合作带来了敏锐的才智；鲍斯威尔
在日记中称他为"机敏的推理者"。他不得不承认自己和朋友之间的
差距是一种耻辱。另一次，鲍斯威尔发现马龙"完全沉浸于历史和
传记研究"，不由承认道："我真的没有任何追求。"这个意义上的"追
求"被约翰逊定义为"努力进取"。[41]

　　《约翰逊传》附有雷诺兹的献词，出版于 1791 年；正是在
二十五年前，在戴维斯的书店里，鲍斯威尔与约翰逊有了那次意义
深远的会面。这本书的副标题凸显了内容的广度：《全面展示大不列
颠近半个世纪（他曾活跃于这段时间）的风雅学识和风雅人物》。

　　尽管鲍斯威尔的研究者一直不愿意承认，但这本书并非没有缺
点。对约翰逊生平的记述很不均衡，当然，这不能归咎于鲍斯威尔
本人。约翰逊的头几十年的确几乎没什么信息留存下来，而鲍斯威
尔的确是比任何人都更努力地挖掘有可能找到的材料。当然，那些
对话——全都来自约翰逊生命的最后二十年——所占篇幅的比重过

图 89　埃德蒙·马龙

大，但没有读者会希望它们的篇幅比现有的更短。

　　真正的缺点体现在两个方面。一个方面是浮夸的文学风格（不同于日记里直率自由的表达），而鲍斯威尔认为这种风格是一部严肃著作所需要的。另一个方面是他倾向于在所有话题里强行塞入自己的观点，并经常告诉读者，他们很幸运能见识这样的观点。麦考利的评判是严厉的，但也是在理的："在他所有的书中，只要是关于文学、政治、宗教或社会的评论，没有哪句话不是老生常谈或荒谬可笑的。"难能可贵的是，鲍斯威尔忠实地记录了约翰逊就那些话题发表的言论，而那些言论往往与鲍斯威尔自身的观点相反。[42]

　　鲍斯威尔将他的写作工程比作"一座埃及金字塔，里面陈列着文学君王约翰逊的一副完整木乃伊"。他称赞约翰逊在自己撰写的诸多传记中"为如此多的杰出人物涂抹了防腐香膏"。对于一部让约翰逊起死回生并因此大获成功的著作来说，这样的类比颇为奇怪。鲍斯威尔的独创性是非比寻常的。在他之前，传记作家即使与传主有私交，也从来没考虑将真实对话收入传记中。很少有作家，无论当时还是后来，有鲍斯威尔那样的天赋，能通过再现语调、面部表情、笑声和肢体语言来创造现实情境。他的《约翰逊传》被绝妙地形容为"约翰逊的重生"。[43]

《公共广告报》上有一位匿名评论者打了一个恰当的比喻：《约翰逊传》犹如一部歌剧，"剧中有一位主人公，有许多次要角色，宣叙和独唱的声调和效果各不相同，相互交替"。这是合理到位的联想，虽然评论者其实是鲍斯威尔本人，但其中的道理并不因此打折扣。[44]

那些名副其实的评论者给予了《约翰逊传》应得的尊重。当时最负盛名的《批评》很好地概述了人们的反应：

> 我们对约翰逊充满强大活力、包罗万象的敏锐心智怀有最高的敬意。我们心怀敬畏地聆听他的庄重裁决，甚至对他的错误也不加指责，一笑置之，毕竟孰能无过。他的侍从同样赢得了我们的尊重。他活泼，轻浮，时而有才智，总是很风趣，我们可以同他一起大笑，也可以同样轻松自在地嘲笑他。他更接近我们的水平：我们离开他时，总是心情大好，甚至有时候，我们面对他极为古怪的言行，不得不承认："就是走了个比他更好的人，[我们]也不会这么舍不得。"

"时而有才智"一定让鲍斯威尔觉得不舒服，而且他可能不觉得涉及福斯塔夫的典故能为自己长脸，但总的说来，这是公平甚至带有好感的评价。[45]

豪尔赫·路易斯·博尔赫斯暗示鲍斯威尔故意把自己描绘成桑丘·潘沙那样的人物，"一个不时犯蠢的忠诚的伙伴。有些角色的作用就是衬托主人公的性格。鲍斯威尔没有认识到这一点，看来是不大可能的"。[46]

　　不喜欢鲍斯威尔的人自然也不喜欢《约翰逊传》。赫斯特·皮奥齐和霍金斯因为鲍斯威尔对自己形象的刻画而深感侮辱，这可以理解。伊丽莎白·蒙塔古大为恼火地发现，约翰逊对她论莎士比亚的著述从来评价不高，竟在《约翰逊传》中得到了印证。品味极为雅致的霍勒斯·沃波尔则只是觉得恶心。他称鲍斯威尔为"酒鬼"，并在他那本《约翰逊传》中写下了一些讽刺诗句：

> 当醉酒的鲍厮吐出约翰逊的名言时，
> 当半本书尽是他嗯昂嗯昂的叫声时，
> 在苏格兰这片大地上又一次出现
> 一头与驴子交尾的凶残牛头犬。[47]

　　由于急需用钱，鲍斯威尔倾向于在出版前接受一千英镑的固定报价，但最终还是决定等一等，看看版税是不是更高。确实如其所愿。当时共印刷了1750套两卷本《约翰逊传》，其中一半在两周内就卖出去了，接下来的销量一直保持不错。1792年年底，鲍斯威尔与出版商和印刷商结清账目后，愉快地记录道，他收到了1555英镑18先令2便士。到第二版售完时，他赚到了很可观的2500英镑。[48]

死亡降临在詹姆斯·鲍斯威尔头上

　　鲍斯威尔继续在伦敦生活，佩吉死后，他前往奥金莱克的频率越来越低。1790年，一直在苏格兰照管财务的堂弟罗伯特·鲍斯威尔敦促他返回庄园居住。"你最终还是要回到奥金莱克。"他以鼓励的口吻建议道。詹姆斯回答说："我一定回去，无论是活是死。"结局是后者。[49]

曾经如此丰富的日记，如今已逐渐枯竭。从 1788 年到 1789 年有一年多的空档，从 1791 年到 1792 年的十六个月里则只有零星文字存留下来。1795 年，也就是鲍斯威尔的最后一年，就算他真写了什么日记，后人也还是没有找到。

生活似乎越来越没有意义了。1793 年的一个晚上，鲍斯威尔参加了"俱乐部"的活动，柏克和伯尼等人在场；他过后写道："我失去了记录的能力……我甚至对'俱乐部'都没什么兴趣。我主要喜欢的是酒。"在参加别处举办的一场宴会后，鲍斯威尔列出了至少九种他喝过的酒："在所有类型的酒饮中，我喝了冷饮、淡啤酒、麦酒、黑啤酒、苹果酒、马德拉白葡萄酒、雪利酒、霍克老酒、葡萄牙甜酒、波尔图红酒。"如果"冷饮"含酒精，那总共是十种酒。[50]

1793 年，鲍斯威尔在皇家美术学院俱乐部"喝得实在太多"，在滑溜的人行道上跑了起来，摔伤了一只胳膊肘。回到家后，他震惊地发现自己口袋里五十英镑的钞票不见了。他回到皇家美术学院俱乐部聚会的小酒馆去找那笔钱，但没有找到。不过，第二天早上，女管家告诉他，她看见他一进屋就打开了一个柜子。果然，钞票就在那里。"真奇怪，我昨晚把钞票放在那儿了，却完全没意识到。不过，喝醉酒的人有时会表现出惊人的谨慎和狡猾。"[51]

还有一次，也是这一年，鲍斯威尔醉醺醺、跌跌撞撞地回家，正如《伦敦纪事报》报道的，"他在蒂奇菲尔德街遭人攻击，被撞倒了，抢走了财物，躺在大街上几乎不省人事，小混混得以逃脱"。事后鲍斯威尔发烧了，卧床半个月起不来。[52]

朋友们开始觉得鲍斯威尔，这位曾经最迷人的社交伴侣，正变得无聊透顶。坦普尔从德文郡过来直截了当地告诉他："他从来没有见过像我这样懒散的人。"坦普尔在自己的日记中语气更严厉："除了自己，从不为别人着想；对别人的感受漠不关心……管不住他的舌头；焦躁，心神不定。"[53]

议员约翰·考特尼与鲍斯威尔、雷诺兹、马龙多有来往——这群人自称为"乌合之众"——考特尼在 1791 年说道："可怜的鲍斯威尔情绪低落，无精打采，几乎是个忧郁的疯子……我尽自己所能调动他的情绪，但他总是极其无聊、极其烦人地重复那些该死的、琐碎的、陈腐的死亡话题——我们变老了，一旦老了，就不再年轻了——我最终放弃救治他。"[54]

鲍斯威尔所看重的朋友继续消失。1790 年，一直对他有好感、为人慷慨的保利决定回到科西嘉岛。这座岛屿如今显然已归法国所有，永远难以独立，但当地人的权利有望得到尊重，保利乐于恢复自己在那里的显赫地位。鲍斯威尔给他举行了一场告别晚宴，但他没有坚持写日记，所以没有留下关于这场宴会的记录。结果，保利回归科西嘉岛之旅并没有成功，1795 年底，他返回英国——但对鲍斯威尔来说，为时已晚。[55]

另一人的失去尤其令鲍斯威尔心痛。1793 年，鲍斯威尔从报纸上得知"我那位患有疑病症的老朋友、通信者和知心人［格兰奇的］安德鲁·厄斯金去世了"。后来才知道厄斯金将石头装满口袋，走到海里自杀而亡。在早期的伦敦岁月里，厄斯金是鲍斯威尔的朋友；他当时曾这样说道："你激发出了我身上更多的潜力，你比别人更能让我产生化学反应。"[56]

最糟糕的是雷诺兹的去世，鲍斯威尔一直与他保持密切的关系。雷诺兹的听力不好，但生活总体过得不错，不过到了 1790 年，视力严重下降，他不得不放弃绘画。很明显他患有肝病，而这无疑与大量饮酒有关，恶性肿瘤逐渐破坏了一只眼睛的视神经。这反过来又引发了视网膜脱落，当时这是无可救治的。1792 年雷诺兹去世了，圣保罗大教堂为他举行了盛大的葬礼。[57]

第二年，鲍斯威尔身处奥金莱克时，他十六岁的儿子杰米从伦敦来信安慰他说，他不应该为律师职业和政治生涯的失意而闷闷不乐。在这些领域获得杰出成就的人"不为约翰逊、伏尔泰、卢梭、加里克、哥尔德斯密斯等人所知。他们没有拜访过科西嘉的爱国者。总之，您难道愿意放弃这么多优势，当一个虽富有但乏味、日日埋头苦干的律师吗？二者是不可兼得的"。[58]

在最后这几年，鲍斯威尔留下了两张图像，都很引人注目。一张是贝内特·兰顿的儿子乔治的素描；这里复印了依据它制成的版画（图 90）。这幅画恰如其分地抓住了范妮·伯尼所说的一句话——"鲍斯威尔先生的步态和着装有点松松垮垮"——的意思。[59]

另一幅图是托马斯·劳伦斯的铅笔素描（图 91）。也有人据此制作了一幅版画；卡莱尔的描述可谓入木三分——"他翘起鼻子，部分是为了向那些更弱小的同类耀武扬威，部分是为了嗅一嗅即将到来的快乐气味，隔着老远的距离闻一闻它的气息。他的脸颊鼓囊囊的，像装得半满的酒囊垂了下来，仍能装得下更多的东西；那张扁平嘴不雅地向外突出，肥厚的下巴耷拉着。"不可否认，用"酒囊"来形容鲍斯威尔是十分恰当的。[60]

1794 年的某个时候，他开始写一首忧郁的诗歌，但只写了头两行就停笔了：

> 结束了，结束了，梦结束了，
> 生命的妄想不复存在了。[61]

1795 年 4 月 14 日，鲍斯威尔崩溃了。艺术家詹姆斯·法灵顿写道："鲍斯威尔今天出席'文学俱乐部'的活动，在回去的路上，病得无法走到家。"鲍斯威尔从此再也没有从床上离开过，不断受到发烧、头痛、恶心和一般疼痛的折磨。一位现代内科医生研究了鲍斯威尔的症状后得出结论说，性病纠缠着他的一生，最终危及他的

图 90　乔治·兰顿画的鲍斯威尔

图 91 托马斯·劳伦斯画的鲍斯威尔

身体；他的肾脏被感染了，随后发生了致命的尿毒症。鲍斯威尔坚持了一个月，努力相信自己还会好起来。5 月 19 日，他去世了，享年五十四岁。[62]

　　永远忠诚的马龙在给朋友的信中写道："我每天都会越来越想念他。他以前几乎每天都会来看望我，我有时也会抱怨他太过吵闹。可是现在，他的聒噪，他的欢乐，他那长无绝期、广无止境的好心情，都让我倍感怀念和惋惜。可怜的家伙，从我们身边悄无声息地溜走了，让我始料未及。"[63]

　　6 月 8 日，詹姆斯·鲍斯威尔被安葬在奥金莱克的家族墓穴中。

尾 声

　　鲍斯威尔过世的时候，很多他认识的人都已经去世了——哥尔德斯密斯、加里克、博克莱尔、雷诺兹、思雷尔、斯密，当然还有约翰逊。约翰逊离世时七十五岁，尽管身体不好，但他是那些人里唯一活了这么长时间的。加里克、雷诺兹和斯密过世时六十多岁，思雷尔五十二岁，哥尔德斯密斯和博克莱尔四十多岁。

　　对于那些尚未离去的人，他们的故事可以一笔带过。用谢里丹笔下的马拉珀罗普夫人的话来说，"如今我们只回顾与未来有关的一切"。[1]

赫斯特·皮奥齐

　　赫斯特·皮奥齐，原名赫斯特·思雷尔，终于可以按照自己的心意享受幸福生活了。约翰逊去世后，她和丈夫在意大利待了几年，随后回到了英国。她不想重建被别人破坏的桥梁。"蒙塔古夫人，"她在日记中写道，"想跟我重归于好。我敢说她确实有此想法，但我

图 92　赫斯特·皮奥齐

不愿意被人呼之则来，挥之则去，甚至那些比蒙塔古夫人更亲近的人也不能这样对待我。"费利西蒂·努斯鲍姆说得好："思雷尔·皮奥齐拒绝作为女性悲剧的牺牲品来生活，为自己所犯的性罪进行补赎。"1793年乔治·丹斯为她绘制了一幅十分精致的侧面肖像画，当时她五十二岁（图92）。[2]

　　一名租客离开后，斯特雷特姆庄园空了出来，皮奥齐夫妇搬了回来，举办了一场盛大的宴会。然而，赫斯特的女儿们继续对她避而不见，这是她源源不断的痛苦之源。她说："人们将会告诉这些姑娘，皮奥齐把她们家的房子改造得多么好——她们反而更希望皮奥齐和他老婆早点死掉，我想，这样她们就可以坐享这一切。万一我失去

了他，她们马上就会得到我的财产，因为我在这里不会一个人生活
六个礼拜，也许连三个月也活不下去了。"[3]

1794 年，夫妇两人厌倦了伦敦，搬到了赫斯特的家乡威尔士。
皮奥齐的英语水平仍然不太稳定。赫斯特生病时，他在日记中写道：
"皮奥齐太太她得了流感，发现自己烧得很厉害。"赫斯特的病好了，
皮奥齐却病重了，折磨他多年的痛风变得愈加厉害。

1803 年结婚纪念日那天，赫斯特送给皮奥齐一首迷人的诗，措
辞变化多端，但都围绕同一尾韵（约翰逊有一次送给她的生日诗就
是这种风格）：

> 我的爱人，请收下这首真心的曲子，
> 在你我结婚二十周年纪念日。
> 我曾经不抱希望生命能坚持
> 到庆祝结婚二十周年纪念日。
> 你有了痛风，而我有了白发丝，
> 在我们结婚二十周年纪念日，
> 这不足为怪；朋友们一定会聚议：
> "啊，这是他们结婚二十周年纪念日。"[4]

1809 年，很明显，皮奥齐已经离死亡不远了。坏疽在他周身扩
散，他大部分时间处于昏迷状态。他去世时，赫斯特心烦意乱，整
整过了一个星期才在《思雷尔太太日记》里记下一些文字，那是亨
利三十多年前送给她的一套精美空白本子。"一切都结束了，"她写
道，"我的第二任丈夫离世是我记在第一任丈夫的礼物上的最后一条
信息。残酷的死亡！"这确实是那部充满妙趣的大部头日记汇编中
的最后几句话。[5]

赫斯特又活了十二年，1821 年逝世于巴斯。临终前，她与女儿

们似乎恢复了友好关系。奎妮——四十四岁时嫁给了一位比她年长很多的海军上将——与妹妹索菲娅及时赶到了母亲身边。"我很高兴地说，她认得我们，"奎妮写道，"见到我们陪在床前，看起来一脸欣慰；每当她清醒过来的时候，就会向我们每个人伸出一只手。"不过，她临终前的最后一个动作很有特点。她仰头看着医生，在空气中勾画出一口棺材的轮廓。[6]

赫斯特的遗体被运回故乡威尔士的小村庄特雷梅尔契翁，埋葬于教堂墓地加布里埃尔·皮奥齐的身旁。1909 年，教堂里放置了一块大理石匾："赫斯特·林奇·皮奥齐，约翰逊博士的思雷尔太太，生于 1741 年，卒于 1821 年。机智、活泼、迷人，在那个天才的时代，一直安坐于上宾之位。"如今特雷梅尔契翁仅有的一家酒馆被称为"索尔兹伯里徽章"。索尔兹伯里是赫斯特的娘家姓。

埃德蒙·柏克

1795 年，沃伦·黑斯廷斯被无罪释放后，柏克从英国议会辞职，他当时六十四岁，已任职三十年，被授予王室年金，以表彰他的杰出贡献。第二年，一位追随福克斯的更为激进的辉格党人，即年轻的贝德福德公爵，嘲笑柏克过去一直为金融改革而努力，如今竟然接受了年金。事实上，柏克从来没有反对过年金，只要是接受者应得的就可以，就像约翰逊那样；柏克以一封措辞庄严的《致一位贵族的书信》作出回应。

正如柏克尖锐地指出的，贝德福德公爵做过的任何实事都配不上他继承的巨额财富，而像柏克这样的平民愿意捍卫他的特权，对贝德福德公爵来说，实属幸事。"一些观念，要是那位大人更喜欢另一种表达，我想说，一些古老的定见支撑起贵族血统、财富和头衔这一大堆沉重的东西；我曾以极大的热情支持过那些定见，也有人曾颇为成功地将它们灌输给我……我竭尽全力使贝德福德公爵稳坐于那个社会位置，那是他唯一胜过我的地方。"[7]

在这封书信中，柏克最后一次彰显高度的修辞才华。贝德福德的家族，即一家人（伦敦的罗素广场就是他们开发的），最初是作为亨利八世的宠臣发迹的。柏克猜想这位年轻公爵富得堆金积玉，而这要完全归因于王室。

给罗素家族的拨款极为丰厚，触犯了节俭原则，甚至到了难以置信的地步。贝德福德公爵是王室供养的所有生物中的利维坦。他甩动自己的笨重身躯，在王室的慷慨海洋里嬉戏游乐。尽管他巨大无比，"躺在水面，漂浮无数路得远"，但他仍然是受造物。他的肋骨，他的鳍，他的鲸须，他的鲸脂，他的喷水孔——他正是通过这个孔道喷了自己的出身，还溅得我浑身都是——所有这些属于他的东西，与他相关的东西，都来自王室。难道他要质疑代表王室恩宠的安排吗？

弥尔顿笔下的撒旦"躺在水面，漂浮无数路得远"。约翰逊在《英语词典》中引用了这句话来说明他对"路得"（rood）的定义："度量单位，十六英尺半长。"[8]

柏克到晚年变得怨气冲天。"暴雨从我身上刮过，"他在这封信中说，"我像一棵老橡树躺在地上，最近这场飓风把我的枝叶吹散得四处都是。我所有的荣誉都被剥夺了，我被连根拔起，卧倒在地。"[9]

一年后，柏克死于某种胃病，被葬在比肯斯菲尔德，与他的兄弟和儿子葬在一起。这个儿子叫理查德1782年被选为"俱乐部"成员，前不久刚当选议员，但几周后突然去世。埃德蒙的遗孀简·纽金特·柏克继续住在比肯斯菲尔德，直到 1812 年。又过了一年，发生了一场大火，房子被夷为平地。

理查德和伊丽莎白·谢里丹

　　谢里丹夫妇传奇爱情的走向无异于大多数传奇爱情。两人都有了情人，有时会引起彼此的嫉妒，有时则相安无事。理查德与名叫弗朗西丝·安·克鲁的已婚女人有了一段公开婚外恋；克鲁是当时姿色超群的美人，曾出现在雷诺兹和庚斯博罗的画笔底下（她的小儿子是雷诺兹的可爱画作《克鲁少爷扮作亨利八世》里的模特）。克鲁经常在汉普斯特德的别墅招待谢里丹的政治盟友柏克和福克斯，亦与伯尼一家人和思雷尔夫妇友好往来。伊丽莎白·谢里丹依然与克鲁太太相处甚洽，也许将他们的三角恋视为已被精英群体接纳的证明。[10]

　　过了一段时间，不出所料，反复爆出的风流韵事让这对夫妇付出了代价，两人终于分手了。伊丽莎白尤其厌恶理查德粗心大意、满不在乎的态度。有一次，有人在克鲁府邸的床上把他抓了个现形，共犯不是他们的朋友，而是家庭女教师。令伊丽莎白反感的是公开羞辱。她对另一位朋友抱怨说：“想想人、地点和时间，显然他心里已经完全没有我，完全没有荣誉感、体面感和分寸感。”[11]

　　与佩吉·鲍斯威尔一样，伊丽莎白多年来一直表现出肺结核症状，1790 年左右病情严重恶化。医生担心怀孕会威胁到她的健康，但她还是有了身孕，孩子的父亲不是理查德，而是她的情人爱德华·菲茨杰拉德勋爵。伊丽莎白诞下一名女婴后不久就过世了，终年三十六岁。理查德守在她临终的床前，深受感动。他和菲茨杰拉德谈妥由自己抚养孩子，但孩子很快就得病夭折了。

　　至于谢里丹的政治生涯，那注定要令他失望。他虽然失去了对法国大革命的同情，但继续坚持议会改革，在 1790 年代的紧张气氛中，这让他看起来像危险的激进分子。与此同时，理查德与威尔士亲王缔结了亲密的友谊；两人相识时威尔士亲王才二十一岁，理查德很有希望从他那里获得提携。乔治三世的精神错乱反复发作，威尔士亲王的支持者希望他很快继承王位，或者至少被任命为摄政王。不过这要到 1811 年才发生。那时谢里丹的健康已每况愈下，他喝起酒来毫无分寸。拜伦在那段时期见过他，写道："谢里丹脸庞的上半部分有着神一样的特质——极其宽广的前额，闪耀着独特光辉与火焰的眼睛——但下半部分就属于酒色之徒了。"[12]

　　到 1815 年，谢里丹已经无可挽回地破产了，因为一场大火烧毁了他赖以谋生的德鲁里巷剧院。离开议会后，他失去了起诉豁免权，在债务人监狱待了一段时间，即使他卖掉了自己能卖掉的一切，包括雷诺兹那幅著名的肖像画《伊丽莎白·谢里丹扮作圣塞西莉亚》（图57）。"我很快就要与这幅画作别，"他悲叹道，"那感觉就像与我的心血分别一样。"[13]

　　1816 年谢里丹去世。作为《情敌》和《造谣学校》的作者，他被埋葬在威斯敏斯特大教堂的诗人角，位于亨德尔和约翰逊之间，离加里克很近。这很可能会让谢里丹失望，因为他想葬在议会同事福克斯旁边。"即使他死了，"一位现代评论家说道，"辉格党也坚持让他待在他该待的地方。"[14]

爱德华·吉本

　　1790 年代，吉本在洛桑平静地生活，修补他未完成的回忆录，宣称法国大革命意味着野蛮主义风潮的新爆发。1793 年，他在英国最好的朋友谢菲尔德勋爵的妻子去世，他不得不匆匆赶回英国，看看自己能帮上什么忙。虽然这时已经胖得惊人，但他还没有意识到自己患有比慢性痛风更严重的身体疾病。

或者更确切地说，吉本意识到了某种疾病，却假装没有意识到。那是阴囊水肿，即疝气引发的睾丸肿胀，症状怪异；疝气是二十年前他在汉普郡当民兵时出现的。当然，吉本的朋友们确实注意到了这一点，但他们很谨慎，未敢妄加评论。

现在，吉本终于寻求医疗救助，被抽了几夸脱的体液。这种缓解方法只是暂时的。尽管如此，吉本还是一如既往地保持愉悦的心情，直到1794年1月14日，他还在谈论自己想要进行的一次旅行。两天后，他离开了人世，原因是不干净的手术器械引起的腹膜炎。终年五十六岁。

谢菲尔德从吉本的草稿中拼凑出《回忆录》，这个合成版的最后一句话是这样的："年老的时候，只有一些人才能得着希望的慰藉：慈爱的父母（他们在自己的孩子身上开启新的生命），狂热的信徒（他们在云端高唱哈利路亚），还有虚荣的作家（他们以为自己的名字和作品可以永垂不朽）。"吉本不相信云端之上的永恒生命，也没有可以延续自己生命的孩子。对他来说，《罗马帝国衰亡史》就是一切。[15]

贝内特·兰顿

兰顿从来都不是公众人物，他悄悄地消失了。如果他不是约翰逊的一位特殊朋友，今天几乎不会有人知道他的名字，他自己也会认为这是完全合情合理的。

约翰逊去世一年后，兰顿订制了一幅模仿伦勃朗《亚里士多德凝视荷马半身像》的画作（彩图31）；在这幅画里，兰顿正若有所

图 93　诺勒肯斯《塞缪尔·约翰逊》

思地注视着一尊气势庄严的约翰逊半身像。雕塑家约瑟夫·诺勒肯斯在 1770 年代后期制作了这尊半身像（图 93）；一位研究约翰逊造型的专家认为这可能是"最逼真的形象"。约翰逊抱怨说，他不喜欢满头的大波浪，可是那位雕塑家坚持认为，这让他显示出古代诗人的风范。诺勒肯斯的传记作者说，这尊塑像的头发原型是"一位身体强健的爱尔兰乞丐如波浪起伏的头发。那人原本是给街头铺砖石的工人，他静坐当了一个小时的模特后，拒绝接受一个先令，说他乞讨赚得比这个还要多"。但总的来说，约翰逊对成品很满意，他后来评论说："我想我的朋友约瑟夫·诺勒肯斯劈出的脑袋绝不输于别人。"[16]

兰顿于 1801 年去世，享年六十四岁，他是 1764 年组建"俱乐部"的最初九位成员中最晚离世的。他在遗嘱里为一大家子人提供了慷慨的保障——这一想法曾使约翰逊笑得"洪亮震天，在这寂静的夜晚，他的声音似乎从圣殿关一直回荡到舰队河"。[17]

范妮·伯尼

1786 年，范妮在父亲的压力下接受了一个她先前很害怕的宫廷职位，一到那里，她就发现自己寸步难行，受尽折磨。此前她已经出版了第二部小说《塞西莉亚》，并认为自己已经是一位知名作家了，现在却成了夏洛特女王的"次席管袍者"，地位相当于家佣。这意味着她要放弃自由，几乎见不到家人和朋友；她每周七天从早上七点一直值班到午夜。女王本人倒是热忱、体贴的，但范妮的直接上司是一位名叫施韦伦伯格夫人的德意志人，这位"首席管袍者"对待范妮十分苛刻，近乎施虐。

尽管如此，拒绝这一荣誉是不可能的，因为查尔斯·伯尼坚持要范妮这样做。很显然，在他看来，这不仅会给范妮提供经济保障，对他自己的事业也会大有好处。麦考利的评判似乎很在理："伯尼博士高兴得忘乎所以。切尔克斯人的父亲把自己漂亮的女儿卖给土耳其奴隶商人，也不见得如此欣喜若狂……他似乎认为进宫就像上天堂一样。"[18]

范妮喜欢王后，也喜欢国王，因为他俩始终都是宽厚温和之人。然而，和其他人一样，她对乔治国王貌似发疯的行为深感震惊。与乔治国王的一次接触起先激起了"我的恐惧，那是我一生中体验过的最强烈的恐惧感"，但这次经历以极为感人的方式收尾。在乔治国王一次所谓的疯癫发作（现在被认为是遗传性血液疾病——血卟啉病——的症状）期间，范妮正在宫廷花园里散步，突然看见乔治国王从侍从身边挣脱，向她奔来。范妮开始跑起来，直到其他人追上来并制服了国王。国王走近范妮，亲切地问她为什么要跑走。"想想看，他用双手搂住我的双肩，亲吻我的脸颊时，我该有多么惊讶！"国王乔治很感激能有机会和自己喜欢的人进行正常对话；两人闲聊了几分钟，直到侍者把国王带走。[19]

这种享有特权的炼狱生活持续了将近六年，直到范妮的健康受到严重影响，查尔斯·伯尼终于开始盘算让她辞职的可能性。范妮会时不时突然昏厥或癫痫发作（原因不明），她觉得腹侧刺痛，呼吸困难。范妮的父亲直到此时才尽力去了解她的痛苦，等他明白范妮有多不好过的时候，才允准她去禀告王后，说因为健康问题，她不得不离职。"我真的很高兴，"她告诉妹妹苏珊娜，"自己能获准反抗。"即使造反也需要获准！[20]

1791年离开宫廷后不久，范妮爱上了自法国逃亡而来的迷人贵族亚历山大·达布莱，并于1793年嫁给了他。范妮当时四十一岁，可能已经不再想象自己有朝一日会结婚。第二年，他们唯一的孩子亚历山大出生了，与父亲同名；他长大后成为剑桥大学基督学院的研究员，并在伦敦担任英国国教牧师。

与此同时，范妮写了第三部小说《卡米拉，或青春画像》，还有几部剧本，其中只有一部标题十分怪异的剧本《埃德威和艾尔夫吉夫》*（盎格鲁－撒克逊的主题很流行）在特鲁里巷剧院公演过，但效果十分糟糕。后来，范妮承认这部作品在戏剧效果方面有局限，但她有理由抱怨演员们没有费心去揣摩台词，从头到尾都在即兴发挥，为所欲为。范妮之所以从喜剧转到悲剧，有个很有意思的推测，那就是，压抑的宫廷生活引发了这种转变。评论家们注意到，这些戏剧的主题都是不公正的权力和被苛待的女主人公。

还有一个动机，与经济有关。即使是不那么走红的剧作家，也有望比小说家赚得多。与此同时，夏洛特王后赐予范妮一百英镑的年金，可以终身领取。[21]

查尔斯·伯尼从不赞同范妮的婚事。表面的理由是，达布莱是罗马天主教徒，失去了财产，而且在法国大革命开始时，他是一位改革家，与拉法耶特侯爵非常相像。这并不能说明他是危险的激进分子，但是就像范妮谈到自己父亲时说的，"他是十足的贵族！"和约翰逊一样，查尔斯·伯尼出身卑微，靠一路奋斗才脱颖而出，是传统等级制度的热心支持者。他拒绝参加自己女儿的婚礼。[22]

话说回来，高贵的达布莱也许正是因为失去了地位和财富，才会迎娶范妮。在法国，正如贝蒂·里佐评论的，"他一刻都不会考虑和没有钱、没有家庭支持、非天主教的职业作家结婚"。[23]

达布莱夫妇在巴黎生活了几年，范妮在那里接受了乳房切除手术，当然，是在没有麻醉的情况下。范妮对持续受折磨的细节的描述读起来很恐怖。幸运的是，手术成功了，范妮又活了二十九年。

1815年拿破仑逃离厄尔巴岛时，范妮带着年幼的儿子逃出巴黎。

---

* 埃德威（940—959）为英格兰国王，沙夫茨伯里的艾尔夫吉夫的长子。

在布鲁塞尔，她听到滑铁卢的大炮在近处轰鸣。回到英国后，她和丈夫在巴斯定居下来，在过去的岁月里，她经常与思雷尔一家人在这里相伴度日。1818 年，达布莱在巴斯死于痛风并发症。与范妮最亲近的其他人一个接一个离开了人世：她的哥哥詹姆斯（当时是海军少将）1821 年去世，姐姐埃斯特 1832 年去世，儿子亚历山大 1837 年去世，妹妹夏洛特 1838 年去世。查尔斯·伯尼已于 1814 年去世，那时他租住在切尔西退伍军人之家，靠演奏风琴挣取微薄收入，直到因为老年痴呆症失去工作能力。

1840 年，终于轮到了范妮，本书最后一个人物。享年八十七岁。两年后，范妮的日记经过精心编校后出版，麦考利在一篇评论文章中感叹，有的人好几十年前就已经赫赫有名了，竟然到最近还活在世上。"在那段时间，成千上万人的名气如植物一样抽芽、开花、凋零、消失了……她活成了一部经典。"[24]

"俱乐部"的后世

"俱乐部"虽然不可避免历经各种变迁，但一直延续到今天，以伦敦文学协会的名义存在。后世成员及其当选的时间包括：沃尔特·司各特（1818）、托马斯·巴宾顿·麦考利（1839）、威廉·尤尔特·格拉斯顿（1857）、阿尔弗雷德·丁尼生（1865）、马修·阿诺德（1882）、吉卜林（1914）、内维尔·张伯伦（1929）、肯尼思·克拉克（1941）、T. S. 艾略特（1942）、马克斯·比尔博姆（1942）和哈罗德·麦克米伦（1954）。

在其他成百上千名成员中，不少人的名字不会给今天的读者留下多少印象。值得注意的是，会员越来越多地从政治圈和贵族阶层而非文学艺术领域中挑选。吉卜林、比尔博姆和艾略特入会的时候，他们的职业生涯已经接近尾声。假如约翰逊和柏克还在遴选会员的

话，他们选出的不少成员恐怕都不会出现在如今的会员名单里。如
今的名单里没有狄更斯和萨克雷，没有特罗洛普和哈代，没有劳伦斯、
奥威尔、奥登和拉金。倒是有几位保守党首相，但没有最伟大的丘
吉尔。当然也没有乔治·艾略特和弗吉尼亚·伍尔夫。它从来都是
男人的俱乐部。[25]

附录

"俱乐部"前二十年的会员

1764 年　约书亚·雷诺兹爵士，画家、艺术作家

塞缪尔·约翰逊，作家、道德学家

埃德蒙·柏克，议会演说家、政治思想家

奥利弗·哥尔德斯密斯，作家、自命的医生

托珀姆·博克莱尔，社交人士

贝内特·兰顿，乡村绅士

约翰·霍金斯爵士，律师、音乐学家

安东尼·夏米尔，议员、官僚

克里斯托弗·纽金特，内科医生，柏克的岳父

1765 年　塞缪尔·戴尔，学者、语言学家

托马斯·珀西，牧师和后来的主教，传统叙事歌谣的编者

1768 年　乔治·科尔曼，剧作家、剧院经理

罗伯特·钱伯斯，牛津大学法学教授，后来的印度法官

1773 年　詹姆斯·鲍斯威尔，律师、作家、未来的苏格兰领主

大卫·加里克，演员、剧院经理

威廉·琼斯，律师、语言学家、东方学者

查尔蒙特勋爵，推动独立的爱尔兰政治家

阿格蒙德沙姆·维西，爱尔兰议会议员，柏克的朋友

1774 年　　爱德华·吉本，议员、历史学家

查尔斯·詹姆斯·福克斯，议会演说家

乔治·福代斯，苏格兰化学家、医生

乔治·史蒂文斯，莎士比亚学者

查尔斯·班伯里爵士，议员

1775 年　　亚当·斯密，苏格兰经济学家、哲学家

托马斯·巴纳德，爱尔兰教长、后来的主教

1777 年　　约瑟夫·沃顿，牧师、诗人、牛津大学诗歌教授

理查德·布林斯利·谢里丹，剧作家、议会演说家

奥索里勋爵，爱尔兰贵族、雷诺兹的朋友

理查德·马雷，爱尔兰牧师、后来的主教

约翰·邓宁，律师、议员

1778 年　　约瑟夫·班克斯爵士，植物学家、库克船长的船友

威廉·温德姆，议员

威廉·斯科特，法学家

斯宾塞伯爵，政治家

1780 年　　政治家乔纳森·希普利，主教、本杰明·富兰克林的朋友

1782 年　　埃德蒙·马龙，爱尔兰学者、鲍斯威尔的密友

　　　　　托马斯·沃顿，约瑟夫·沃顿的兄弟、牛津大学教授、诗人

　　　　　爱德华·艾略特，议员、雷诺兹的朋友

　　　　　查尔斯·宾厄姆爵士（后来的卢坎勋爵），爱尔兰政治家、斯宾塞
　　　　　伯爵的岳父

　　　　　理查德·柏克，律师、埃德蒙·柏克的儿子

1784 年　　查尔斯·伯尼，音乐教师、演奏家、音乐学家

　　　　　威廉·汉密尔顿爵士，英国驻那不勒斯特使、古董学家

　　　　　亨利·坦普尔（后来的帕默斯顿勋爵），政治家、未来首相的父亲

　　　　　理查德·沃伦，医生

　　　汇编自 David Cannadine et al., *New Annals of the Club*（London: Henry Sotheran, 2014），124–125。

注 释

简称

 由于鲍斯威尔的《约翰逊传》有许多不同版本，我标出了长标准牛津版的页码，以及每个引文或插曲出现的日期。关于短小的作品，如约翰逊《漫游者》中的随笔或小说中的章节，给出篇章或章节编号而非页码，最为有用。其他参考信息都会完整提供。

Applause of the Jury	*Boswell: The Applause of the Jury, 1782–1785,* ed. Irma S. Lustig and Frederick A. Pottle (New York: McGraw-Hill, 1981)
Bate	Walter Jackson Bate, *Samuel Johnson* (New York: Harcourt Brace, 1977)
Boswell for the Defence	*Boswell for the Defence, 1769–1774,* ed. William K. Wimsatt and Frederick A. Pottle (New York: McGraw-Hill, 1959)
Brady	Frank Brady, *James Boswell: The Later Years, 1769–1795* (New York: McGraw-Hill, 1984)
Burney *Journals*	*The Early Journals and Letters of Fanny Burney,* ed. Lars E. Troide et al. (Oxford: Clarendon, 1988–)
Dictionary	*A Dictionary of the English Language,* ed. Samuel Johnson (London, 1755)
Early Biographies	*The Early Biographies of Samuel Johnson,* ed. O. M. Brack, Jr., and Robert E. Kelley (Iowa City: University of Iowa Press, 1974)

English Experiment	*Boswell: The English Experiment, 1785–1789,* ed. Irma S. Lustig and Frederick A. Pottle (New York: McGraw-Hill, 1986)
Extremes	*Boswell in Extremes, 1776–1778,* ed. Charles M. Weis and Frederick A. Pottle (New York: McGraw-Hill, 1970)
Germany and Switzerland	*Boswell on the Grand Tour: Germany and Switzerland, 1764,* ed. Frederick A. Pottle (New York: McGraw-Hill, 1953)
Great Biographer	*Boswell: The Great Biographer, 1789–1795,* ed. Marlies K. Danziger and Frank Brady (New York: McGraw-Hill, 1989)
Hawkins	Sir John Hawkins, *The Life of Samuel Johnson,* ed. O. M. Brack, Jr. (Athens: University of Georgia Press, 2013)
Hebrides	*Boswell's Journal of a Tour to the Hebrides with Samuel Johnson, 1773,* ed. Frederick A. Pottle and Charles H. Bennett (New York: McGraw-Hill, 1961)
Holland	*Boswell in Holland, 1763–1764,* ed. Frederick A. Pottle (New York: McGraw-Hill, 1952)
In Search of a Wife	*Boswell in Search of a Wife, 1766–1769,* ed. Frank Brady and Frederick A. Pottle (New York: McGraw-Hill, 1956)
Italy, Corsica and France	*Boswell on the Grand Tour: Italy, Corsica, and France, 1765–1766,* ed. Frank Brady and Frederick A. Pottle (New York: McGraw-Hill, 1955)
Johnsonian Miscellanies	*Johnsonian Miscellanies,* ed. George Birkbeck Hill (Oxford: Clarendon, 1897)
Journey	Johnson, *A Journey to the Western Islands of Scotland,* ed. Mary Lascelles, vol. 9 in Yale *Works* (1971)
Laird of Auchinleck	*Boswell, Laird of Auchinleck, 1778–1782,* ed. Joseph W. Read and Frederick A. Pottle (New York: McGraw-Hill, 1977)
Life	Boswell, *Life of Johnson,* ed. G. B. Hill, rev. L. F. Powell, 6 vols. (Oxford: Clarendon, 1964); vol. 5 is the published version of Boswell's *Journal of a Tour to the Hebrides*
Lives	Samuel Johnson, *Lives of the English Poets,* ed. George Birkbeck Hill (Oxford: Clarendon, 1905)
London Journal	*Boswell's London Journal, 1762–1763,* ed. Frederick A. Pottle (New York: McGraw-Hill, 1950)

Ominous Years	*Boswell: The Ominous Years, 1774–1776,* ed. Charles Ryskamp and Frederick A. Pottle (New York: McGraw-Hill, 1963)
Pottle	Frederick A. Pottle, *James Boswell: The Earlier Years, 1740–1769* (New York: McGraw-Hill, 1966)
Thraliana	*Thraliana: The Diary of Mrs. Hester Lynch Thrale (Later Mrs. Piozzi),* ed. Katharine C. Balderston, 2nd ed. (Oxford: Clarendon, 1951)
Yale *Works*	*The Yale Edition of the Works of Samuel Johnson* (1958–), many different editors of individual volumes

前言

[1] Johnson to Hester Thrale, Nov. 14, 1778, *Letters* 3: 140 (also quoted by Boswell, *Life* 3: 368).

[2] Hawkins, 55.

[3] "Boswell's *Life of Johnson,*" in *Thomas Carlyle's Collected Works* (London: Chapman and Hall, 1869), 45.

[4] *Life* 2: 261, May 10, 1773.

[5] Joshua Reynolds to Boswell, Oct. 1, 1782, *The Correspondence of James Boswell with Certain Members of the Club,* ed. Charles N. Fifer (New York: McGraw-Hill, 1976), 127; Johnson to Boswell, July 3, 1778, *Letters* 3: 118.

[6] W. H. Auden, "Young Boswell," *New Yorker,* Nov. 25, 1950, 146; *Life* 1: 421, July 5, 1763.

[7] *Ominous Years,* 351; *Life* 3: 57, May 1776.

[8] George Bernard Shaw, preface to *Man and Superman.*

[9] *Life* 2: 106, Oct. 26, 1769.

[10] Frances Reynolds, *Recollections of Dr. Johnson, Johnsonian Miscellanies* 2: 252; Hawkins, 235.

[11] Lewis Carroll, *Alice in Wonderland,* ch. 1; Asa Briggs, *How They Lived: An Anthology of Original Documents Written between 1700 and 1815* (New York: Barnes and Noble, 1969), xvii.

[12] Douglas Hay and Nicholas Rogers, *Eighteenth-Century English Society: Shuttles and Swords* (Oxford: Oxford University Press, 1997), 8.

[13] *Life* 2: 337, April 2, 1775; Tobias Smollett, *Humphry Clinker,* ed. Lewis M. Knapp and Paul-Gabriel Boucé (Oxford: Oxford University Press, 1984), 91, 88.

[14] Jerry White, *A Great and Monstrous Thing: London in the Eighteenth Century*

(Cambridge: Harvard University Press, 2013), 459.

[15] Caitlin Blackwell 曾对多位评说者的解读做过综述，参见 *John Collet: A Commercial Comic Artist* (PhD dissertation, University of York, 2013, available online), 1: 183–91。

[16] Ian Mortimer, *The Time Traveler's Guide to Medieval England: A Handbook for Visitors to the Fourteenth Century* (New York: Simon & Schuster, 2010), p. 1; George Macaulay Trevelyan, *Clio, A Muse, and Other Essays* (London: Longmans Green, 1930), 150.

[17] White, *A Great and Monstrous Thing*, 85.

第一章　遇见鲍斯威尔前的约翰逊：挣扎的岁月

[1] *Adventurer* 111.

[2] *Rambler* 95.

[3] *Diaries*, Yale *Works* 1: 3; Lawrence C. McHenry, "Neurological Disorders of Dr. Samuel Johnson," *Journal of the Royal Society of Medicine* 78 (June, 1985), 488.

[4] Yale *Works* 1: 3–5.

[5] 更多的细节参见 John Wiltshire, *Samuel Johnson in the Medical World: The Doctor and the Patient* (Cambridge: Cambridge University Press, 1991), 13–17。

[6] Hester Thrale, *Anecdotes, Johnsonian Miscellanies* 1: 152, quoted also by Boswell, *Life* 1: 43.

[7] Thrale, *Anecdotes,Johnsonian Miscellanies* 1: 154, 161, 163.

[8] *Life* 4: 393, Dec. 2, 1784; Nathaniel's letter quoted by Pat Rogers, *The Samuel Johnson Encyclopedia* (Westport, CT: Greenwood Press, 1996), 210; Johnson to Mary Prowse, Aug. 14 and Dec. 9, 1780, *Letters* 3: 298, 320.

[9] *Life* 1: 39 (1712); 关于"男子气概"的含义，参见 Felicity Nussbaum, *The Autobiographical Subject: Gender and Ideology in Eighteenth-Century England* (Baltimore: Johns Hopkins University Press, 1989), 123–24。

[10] *Life* 2: 407 (1775); Jonathan Swift to Charles Ford, Nov. 12, 1708, *The Correspondence of Jonathan Swift*, ed. David Woolley (Frankfurt: Peter Lang, 1999–2007), 1: 217; Edward Gibbon, *Memoirs of My Life*, ed. Georges A. Bonnard (London: Nelson, 1966), 44.

[11] *Life* 1: 49 (1725).

[12] *Johnsonian Miscellanies* 1: 332; Bate, 276.

[13] *Johnsonian Miscellanies* 1: 149.

[14] Thomas Tyers, *Early Biographies*, 78.

[15] *In Rivum a Mola Stoana Lichfeldiae Diffluentem*, Yale *Works* 6: 342; John Wain, *Samuel Johnson* (New York: Viking, 1975), 298.

[16] *Life* 4: 373, Nov. 1784; Nathaniel Hawthorne, *Our Old Home: A Series of English Sketches*, ed. William Charvat (Columbus: Ohio State University Press, 1970), 132. Helen Deutsch 的著作探讨过这个插曲, Loving Dr. Johnson(Chicago: University of Chicago Press, 2005), 197–207。

[17] *Life* 1: 73–74, 77 (1729–30); 关于 "粗野又暴躁", 参见 *The Correspondence and Other Papers of James Boswell Relating to the Making of the Life of Johnson*, ed. Marshall Waingrow, 2nd ed. (New Haven: Yale University Press, 2001), 52。

[18] *Life* 1: 79 (1731).

[19] *Life* 1: 272, 274 (1754); the quotation is from Alexander Pope's *Eloisa to Abelard*, line 38.

[20] *Life* 1: 63–64 (1729); Frances Reynolds, *Johnsonian Miscellanies* 2: 257.

[21] Hawkins, 173; Arthur Murphy, *An Essay on the Life and Genius of Samuel Johnson*, *Johnsonian Miscellanies* 2: 409.

[22] Thomas Carlyle, *Heroes and Hero-Worship*, *Thomas Carlyle's Collected Works* (London: Chapman and Hall, 1869), 12: 210, 211; and *Life* 4: 304, June 12, 1784.

[23] *Monthly Review*(1767), quoted by Susie I. Tucker, *Protean Shape: A Study in Eighteenth-Century Vocabulary and Usage* (London: Athlone, 1967), 27.

[24] George Irwin, *Samuel Johnson: A Personality in Conflict* (Oxford: Oxford University Press, 1971), 4–5, 91.

[25] Roy W. Menninger, M.D., "Johnson's Psychic Turmoil and the Women in His Life," *The Age of Johnson* 5, ed. Paul J. Korshin (New York: AMS Press, 1992), 182.

[26] *Life* 2: 440, March 20, 1776; Murphy, *Johnsonian Miscellanies* 2: 409.

[27] Robert Burton, *The Anatomy of Melancholy* (Oxford: Clarendon, 1989), 1: 239 (Part I, section 2, memb. 2, subsec. 6).

[28] Burney *Journals* 2: 225, March 27, 1777.

[29] *Portraits by Sir Joshua Reynolds*, ed. Frederick W. Hilles (New York: McGraw-Hill, 1952), 61.

[30] 这里没法长篇幅地介绍各种相互竞争的解释, 包括妥瑞综合征这种并非完全可信的诊断。一些相关文章包括 T. J. Murray, "Dr. Samuel Johnson's Movement Disorder," *British Medical Journal*(June 16, 1979), 1610–1614; Lawrence C. McHenry, "Neurological Disorders of Dr. Samuel Johnson," *Journal of the Royal Society of Medicine* 78 (June 1985), 480–90; and John G. Evans, "Psychogenic Pseudo-Tourette Syndrome: One of Dr. Johnson's Maladies?" *Journal of the Royal Society of Medicine* (Dec. 2010), 500–502。

[31] *Life* 1: 94–95 (1735).

[32] Thrale, Anecdotes, *Johnsonian Miscellanies* 1: 318.

[33] *Life* 1: 98–99 (1736).

[34] *Life* 2: 464, March 23, 1776; Thrale, *Anecdotes, Johnsonian Miscellanies* 1: 224.

[35] Roy Porter, *English Society in the Eighteenth Century* (London: Penquin, 1982), 48. *Life of Savage, Lives* 2: 329.

[36] *Rambler* 145.

[37] John Brewer, *The Pleasures of the Imagination: English Culture in the Eighteenth Century* (Chicago: University of Chicago Press, 1997), 155; *Life* 1: 304–5 (1756).

[38] *Life* 1: 111–12 (1738).

[39] *Obituary and Life of Edward Cave*, Yale Works19: 300–301.

[40] Arthur Murphy, *An Essay on Johnson's Life and Genius, Johnsonian Miscellanies* 1: 378.

[41] *Gentleman's Magazine* 11 (Jan. 1741), 46.

[42] Epictetus, *Moral Discourses*, trans. Elizabeth Carter (London: Dent, 1910).

[43] Montagu Pennington, *Memoirs of the Life of Mrs. Elizabeth Carter* (London: Cawthorn, 1825), 1: 39, 13, 161; Hawkins in his edition of Johnson's *Works*(1787), 11: 205.

[44] *Notes of Ben Jonson's Conversations with William Drummond of Hawthornden* (London: Shakespeare Society, 1842), 40, Jan. 19, 1619.

[45] Hawkins, 172.

[46] John Wiltshire, "Women Writers," *Samuel Johnson in Contex*t, ed. Jack Lynch (Cambridge: Cambridge University Press, 2012), 402.

[47] Henry Fielding, *Covent Garden Journal* 24 (March 24, 1752).

[48] 完整的地址清单, 见 Richard B. Schwartz, Daily Life in *Johnson's London* (Madison: University of Wisconsin Press, 1983), 23–26; also Rogers, *Samuel Johnson Encyclopedia*, 246。

[49] *Thraliana*1: 178; Hawkins, 188.

[50] *Laird of Auchinleck*, 142; Boswell to Malone, Feb. 10, 1791, *The Correspondence of James Boswell with David Garrick, Edmund Burke, and Edmond Malone* (New York: McGraw-Hill, 1986), 401. See Gay W. Brack, "Tetty and Samuel Johnson: The Romance and the Reality," *The Age of Johnson* 5, ed. Paul J. Korshin (New York: AMS Press, 1992), 147–78.

[51] *Applause of the Jury*, 82, 110–13.

[52] Fanny Burney to her sister Susanna, Nov. 28, 1784, *Journals and Letters*, selected by Peter Sabor and Lars E. Troide (London: Penguin, 2001), 205.

[53] Johnson to Lucy Porter, Dec. 2, 1784, *Letters* 4: 444; see Brack, "Tetty and Samuel Johnson," 168–69.

[54] Johnson to Thomas Warton, Dec. 21, 1754, *Letters* 1: 90.

[55] Johnson to Hill Boothby, Dec. 30, 1755, Jan. 8, 1756, *Letters* 1: 117–18, 123; Thrale, *Anecdotes, Johnsonian Miscellanies* 1: 257. 关于约翰逊的病, 见 Bate, 319。

[56] *London*, lines 176–77; *Life* 1: 129, May 1738; T. S. Eliot, *On Poetry and Poets* (London: Faber, 1957), 173.

[57] *Life* 1: 165, Feb. 1744.

[58] *Life of Savage*, ed. Clarence Tracy (Oxford: Clarendon, 1971), 97. 约翰逊最终收录在 the *Lives of the Poets* 中的版本改动很大。

[59] Richard Holmes, *Dr. Johnson and Mr. Savage* (New York: Vintage, 1993), 49–50, 185; see also Thomas Kaminsky, *The Early Career of Samuel Johnson* (New York: Oxford University Press, 1987), 87–89.

[60] *Life of Savage*, 114, 135, 140.

[61] *Life* 1: 441, July 20, 1763; *Rambler* 53.

第二章　遇见鲍斯威尔前的约翰逊：迟来的名声

[1] *Life* 4: 326, June 22, 1784.

[2] Review of Soame Jenyns, *A Free Inquiry into the Nature and Origin of Evil*, in *Samuel Johnson: The Major Works*, ed. Donald Greene (Oxford: Oxford University Press, 1984), 527; Bate, 494; Ecclesiastes 1: 2.

[3] *Vanity of Human Wishes*, lines 73–76.

[4] *Vanity* 345–46, 367–68.

[5] *Life* 1: 202, March 1750.

[6] *Life* 1: 210 (1750).

[7] Bate, 496.

[8] *Ominous Years*, 135, quoting Robert Orme. 鲍斯威尔在《约翰逊传》(2:300,1775) 中引用这句话时，把它修改得更为详尽一些。

[9] *Rambler* 62 and 115, *Idler* 47; see James G. Basker, "Dancing Dogs, Women Preachers, and the Myth of Johnson's Misogyny," *The Age of Johnson* 3, ed. Paul J. Korshin (New York: AMS Press, 1990), 63–90.

[10] "Recollections by Miss Reynolds," *Johnsonian Miscellanies* 2: 251; William Cooke, *Johnsonian Miscellanies* 2: 168; 亦参见 *Life* 4: 321–22，鲍斯威尔的故事版本要更简短。William Hazlitt, *Lectures on the English Comic Writers* (London: Dent, 1963), 104.

[11] *Idler* 38.

[12] *Thraliana* 1: 179.

[13] Blaise Pascal, *Pensées*, ed. Philippe Sellier (Paris: Classiques Garnier, 1991), 392, no. 515 (my translation).

[14] *Rambler* 8.

[15] *Rambler* 207.

[16] George Orwell, "Politics and the English Language," in *A Collection of Essays by George Orwell* (New York: Doubleday Anchor Books, 1954), 176.

[17] *Adventurer* 138.

[18] Richard Lanham, *Analyzing Prose* (New York: Scribner, 1983), 54.

[19] *Rambler* 208.

[20] Thomas Tyers, *A Biographical Sketch of Dr. Samuel Johnson, Early Biographies,* 70; "An English Saint Remembered," *The Times,* Dec. 13, 1984, p. 15.

[21] "Portable" is quoted (in this context) by John Brewer, *The Pleasures of the Imagination: English Culture in the Eighteenth Century* (Chicago: University of Chicago Press, 1997), xi; Smith, *Essays on Philosophical Subjects, The Glasgow Edition of the Works and Correspondence of Adam Smith* (Oxford: Clarendon, 1976–83), 3: 232.

[22] 鲍斯威尔在《约翰逊传》(1：301，1755) 引用了加里克的这首最初发表在报纸上的诗。

[23] *1 Henry IV,* II.iv.

[24] *Preface to the Dictionary, Yale Works* 18: 84, 89–90.

[25] *Johnsonian Miscellanies* 2: 390; Sir John Suckling, *Love's Offense*. Donald T. Siebert 对包括这些例子在内的诸多 "低俗" 词进行了注解，见 "Bubbled, Bamboozled, and Bit: 'Low Bad' Words in Johnson's *Dictionary," Studies in English Literature* 26 (1986), 485–96。

[26] 关于这则逸事，见 Robert Graves, *Goodbye to All That* (London: Penguin, 1979), 246; *Life* 2: 90, Oct. 16, 1769。

[27] *Life* 2: 367, April 18, 1775.

[28] *Life* 1: 287, April 1755.

[29] *Preface,* 113.

[30] Yale *Works* 18:59.

[31] *The World* (1755 edition) 3: 270–75; Lawrence Lipking, *Samuel Johnson: The Life of an Author* (Cambridge: Harvard University Press, 1998), 12.

[32] *Life* 1: 261–62 (1754–55).

[33] *Vanity,* line 160.

[34] Johnson to Sarah Johnson, Jan. 20, 1759, *Letters* 1: 177–78; Roy W. Menninger, M.D., "Johnson's Psychic Turmoil and the Women in His Life," *The Age of Johnson* 5, ed. Paul J. Korshin (New York: AMS Press, 1992), 184.

[35] Johnson to Samuel Richardson, March 16 and 19, 1756, *Letters* 1: 132.

第三章　遇见约翰逊前的鲍斯威尔：向广阔的世界进发

[1] *Laird of Auchinleck,* 38.

[2] *Laird of Auchinleck,* 163.

[3] *London Journal*, 102; *Confession of Faith, and the Larger and Shorter Catechism, First Agreed upon by the Assembly of Divines at Westminster* (1717), 217; "Sketch of the Early Life of James Boswell, Written by Himself for Jean-Jacques Rousseau," translated from French by Pottle, 3.

[4] Jacob Viner, "Man's Economic Status," *Man Versus Society in Eighteenth-Century Britain*, ed. James L. Clifford (Cambridge: Cambridge University Press, 1968), 22.

[5] *Life* 1: 387 (1754); on "Scotch" and "Scottish" see Duncan Forbes, introduction to David Hume, *The History of Great Britain: The Reigns of James I and Charles I* (London: Penguin, 1970), 7.

[6] Dane Love, *The History of Auchinleck* (Cunnock, Ayrshire: Carn, 1991), 64–65.

[7] Letter to Monsieur de Zuylen, father of a Dutch woman whom Boswell once thought of marrying, *Holland*, 337; *English Experiment*, 246.

[8] *Ominous Years*, 57.

[9] *The Great Biographer*, 180.

[10] *London Journal*, 192; Robert Chambers, *Traditions of Edinburgh* (Edinburgh, 1868), 245; *The Collected Works of Dugald Stewart* (London: 1854–60), 4: 230.

[11] *Journal of My Jaunt, Harvest 1762, Private Papers of James Boswell from Malahide Castle*, ed. Geoffrey Scott (New York: William Rudge, 1928–34), 1: 135.

[12] Ibid., 1: 60.

[13] *Boswell's Book of Bad Verse*, ed. Jack Werner (London: White Lion, 1974), 161.

[14] Unpublished manuscript by Boswell, mentioned by Marlies K. Danziger (ed.) in *Germany and Switzerland*, 64n.

[15] *In Search of a Wife*, 99; Boswell to John Johnston, Jan. 11, 1760, *Correspondence of James Boswell and John Johnston of Grange*, ed. Ralph Walker (New Haven: Yale University Press, 1966), 28.

[16] Boswell to John Johnston, Jan. 11, 1760, *Correspondence of James Boswell and John Johnston of Grange*, 7; on the University of Glasgow see Nicholas Phillipson, *Adam Smith: An Enlightened Life* (New Haven: Yale University Press, 2010), 131–32.

[17] Quoted by Pottle, 572n.

[18] *Grand Tour*, 169.

[19] *Life* 5: 396 and note, Nov. 20, 1773.

[20] *London Journal*, 281.

[21] Pottle, 76.

[22] *English Experiment*, 106.

[23] *London Journal*, 78; "Boswell's *Life of Johnson*," *Thomas Carlyle's Collected Works* (London: Chapman and Hall, 1869), 35.

[24] "气郁" (hipped) 一词的用例，可见于 *Grand Tour*, 71, and *Laird of Auchinleck*, 360。

[25] Cheyne, *The English Malady* (1733), 134–38; *Ominous Years*, 225.

[26] *The Hypochondriack,* ed. Margery Bailey (Stanford: Stanford University Press, 1928), 2: 238 (1782); *Macbeth* III.ii, *Hamlet* III.i.

[27] *Grand Tour,* 166.

[28] *London Journal,* 41.

[29] Ibid., 40–42.

[30] Arthur Young, *A Six Months Tour through the North of England* (1770), 4: 581–85.

[31] *London Journal,* 42–44.

[32] Ibid., 50.

[33] Ibid., 135.

[34] Ibid., 224.

[35] Smith, *Theory of Moral Sentiments* V.ii, *The Glasgow Edition of the Works and Correspondence of Adam Smith* (Oxford: Clarendon, 1976–83), 1: 203.

[36] "A Constitutional and Political English Catechism, Necessary for All Families," *Gentleman's Magazine* 36 (1766), 232.

[37] *London Journal,* 66.

[38] *Applause of the Jury,* 77; *Extremes,* 69; Vic Gatrell, *City of Laughter: Sex and Satire in Eighteenth-Century London* (New York: Walker, 2006), 364; *Life* 4: 23 (1780).

[39] *London Journal,* 53, 65, 198.

[40] Ibid., 238, 181; 这位朋友是埃格林顿勋爵。

[41] Ibid., 181, 201.

[42] Adam Sisman, *Boswell's Presumptuous Task: The Making of the Life of Dr. Johnson* (New York: Farrar, Straus and Giroux, 2001), 281; *London Journal,* 98.

[43] *London Journal,* 272, 282.

[44] Ibid., 169.

[45] Ibid., 52, 255.

[46] Pat Rogers, "Conversation," *Samuel Johnson in Context,* ed. Jack Lynch (Cambridge: Cambridge University Press, 2012), 153; Fintan O'Toole, *A Traitor's Kiss: The Life of Richard Brinsley Sheridan* (New York: Farrar, Straus and Giroux, 1998), xiv.

[47] *Life* 1: 389–90 (1763).

[48] *London Journal,* 74.

[49] Ibid., 94.

[50] Ibid., 289; Richard Altick, *The Shows of London* (Cambridge: Harvard University Press, 1978), 52.

[51] *London Journal,* 86–87.

[52] *The World of Hogarth: Lichtenberg's Commentaries on Hogarth's Engravings,* trans. Innes and Gustav Herdan (Boston: Houghton Mifflin, 1966), 275–78; Ronald Paulson,

Hogarth: His Life, Art and Times (New Haven: Yale University Press, 1974), 177–79.

[53] *London Journal,* 71–72.

[54] Fielding is quoted by Jerry White, *A Great and Monstrous Thing: London in the Eighteenth Century* (Cambridge: Harvard University Press, 2013), 361; Hawkins, 48.

[55] Geoffrey Chaucer, *Sir Thopas,* line 184; see Burford, *Wits, Wenchers and Wantons* (London: Robert Hale, 1986), 13.

[56] Fielding, *Tom Jones,* VII.x.

[57] Charles Hanbury Williams, quoted by White, *A Great and Monstrous Thing,* 366.

第四章 遇见约翰逊前的鲍斯威尔：寻找自我

[1] John Updike, "Through the Mid-Life Crisis with James Boswell, Esq.," *Hugging the Shore: Essays and Criticism* (New York: Knopf, 1983), 334.

[2] Bertrand H. Bronson, "Boswell's Boswell," *Johnson Agonistes and Other Essays* (Berkeley: University of California Press, 1965), 60; *London Journal,* 40, 166, 188, 324; *Ominous Years,* 265.

[3] *The Hypochondriack,* ed. Margery Bailey (Stanford: Stanford University Press, 1928), 1: 341 (1780).

[4] *Laird of Auchinleck,* 307; William K. Wimsatt, "The Fact Imagined: James Boswell," *Hateful Contraries: Studies in Literature and Criticism* (Lexington: University of Kentucky Press, 1965), 165–83; *In Search of a Wife,* 292.

[5] *London Journal,* 47; *In Search of a Wife,* 226; Pottle, 53.

[6] *London Journal,* 62.

[7] 我从 Richard A. Lanham 那里借鉴了这些术语，而他又是从 Werner Jaeger 那里化用了这些术语，参见 *The Motives of Eloquence: Literary Rhetoric in the Renaissance* (New Haven: Yale University Press, 1976), ch. 1。

[8] Hume, *A Treatise of Human Nature* I.iv.6; *Ominous Years,* 212.

[9] Thomas Reid, quoted by S. A. Grave, *The Scottish Philosophy of Common Sense* (Oxford: Clarendon, 1960), 98n.

[10] Hume, *Treatise* II.iii.

[11] Hume, "My Own Life," in *Essays Moral, Political, and Literary,* ed. Eugene F. Miller (Indianapolis: Liberty Classics, 1987), xl.

[12] *London Journal,* 81.

[13] Ibid., 183, 220–21.

[14] Ibid., 60.

[15] Ibid., 151, 61.

[16] Ibid., 178, 182.

[17] Moss Hart, *Act One: An Autobiography* (New York: Random House, 1959), 6.

[18] *London Journal,* 192, 199; Boswell to Temple, April 25, 1763, and Temple to Boswell, April 26, *Correspondence of James Boswell and William Johnson Temple, 1756–1795,* ed. Thomas Crawford (New Haven: Yale University Press, 1997), 34–35.

[19] *London Journal,* 77–79.

[20] Ibid., 77; *The Hypochondriack,* 2: 41 (1780).

[21] *London Journal,* 251–54.

[22] See Jacob Viner, "Man's Economic Status," *Man Versus Society in Eighteenth-Century Britain,* ed. James L. Clifford (Cambridge: Cambridge University Press, 1968), 38–39; see also *Albion's Fatal Tree: Crime in Society in Eighteenth-Century England,* ed. Douglas Hay et al. (London: Verso, 2011).

[23] *Life* 4: 188 (1783).

[24] *Rambler* 114.

[25] *London Journal,* appendix, 337–42.

[26] *London Journal,* 255–56.

[27] *London Journal,* 304, 54–55.

[28] *Lichtenberg's Visits to England, as Described in His Letters and Diaries,* trans. Margaret L. Mare (New York: Benjamin Blom, 1938), 65; *London Journal,* 49–50.

[29] Lawrence Stone, *The Family, Sex and Marriage in England, 1500–1800* (New York: Harper and Row, 1977), 618.

[30] *London Journal,* 227.

[31] Ibid., 231.

[32] Pottle, 321; William B. Ober, M.D., *Boswell's Clap and Other Essays: Medical Analyses of Literary Men's Afflictions* (Carbondale: Southern Illinois University Press, 1979), 14.

[33] Oscar Wilde, *The Picture of Dorian Gray,* ch. 2; Augustine, *Confessions* VIII.v.

[34] *London Journal,* 84.

[35] Ibid., 85, 89.

[36] Ibid., 115.

[37] Ibid., 117, 126.

[38] Ibid., 138–39; Vladimir Nabokov, *Lolita* (New York: Vintage, 1997), afterword, 313.

[39] *London Journal,* 139.

[40] Ibid., 149.

[41] Ibid., 142.

[42] Ibid., 145, 149, 155–56.

[43] Ibid., 158–59.

[44] Ober, *Boswell's Clap,* 6–7.

[45] *London Journal,* 140, 175, 187. David M. Weed 深入探讨了这个小插曲的意味，参
见 "Sexual Positions: Men of Pleasure, Economy, and Dignity in Boswell's *London
Journal*," *Eighteenth-Century Studies* 31 (1997–98), 225–31。

第五章　决定性的会面

[1] *London Journal,* 54.

[2] *Life* 1: 386 (1763).

[3] Ibid., 1: 453, July 28, 1763.

[4] Charles Churchill, *The Rosciad,* line 322; Leslie Stephen, *Studies of a Biographer* (New
York: Putnam, 1907), 113.

[5] *London Journal,* 260; *Life* 1: 392, May 16, 1763. 关于这一插曲的早期和后期版本之
间的差异，参见 William R. Siebenschuh, *Fictional Techniques and Factual Works*
(Athens: University of Georgia Press, 1983), 56–62。

[6] John A. Vance, "The Laughing Johnson," *Boswell's Life of Johnson: New Questions,
New Answers,* ed. John A. Vance (Athens: University of Georgia Press, 1985), 208.

[7] *Life* 1: 392, May 16, 1763.

[8] See William R. Siebenschuh, "Boswell's Second Crop of Memory: A New Look at the
Role of Memory in the Making of the *Life,*" *Boswell's Life of Johnson: New Questions,
New Answers,* 94.

[9] *Life* 1: 396, May 24, 1763.

[10] *Life* 1: 392.

[11] Derek Hudson, *Sir Joshua Reynolds: A Personal Study* (London: Geoffrey Bles, 1958),
187; and see Bruce Redford, *Designing the Life of Johnson* (Oxford: Oxford University
Press, 2002), 139–41.

[12] Bertrand H. Bronson, "Boswell's Boswell," *Johnson Agonistes and Other Essays*
(Berkeley: University of California Press, 1965), 75–76.

[13] Johnson to Giuseppe Baretti, July 20, 1762, *Letters* 1: 206; *Ominous Years,* 110.

[14] "Grandeur of generality": *Life of Cowley, Lives* 1: 45.

[15] Murphy, *Johnsonian Miscellanies* 1: 416.

[16] *Life* 2: 215, April 11, 1773.

[17] *London Journal,* 303.

[18] Ibid., 280.

[19] Ibid., 263–64.

[20] See Hugh Phillips, *Mid-Georgian London* (London: Collins, 1964), 139. *Harris's List
of Covent Garden Ladies* 由 Hallie Rubenhold 编辑 (London: Doubleday, 2012), 她在
The Covent Garden Ladies: Pimp General Jack and the Extraordinary Story of Harris's

List (London: Tempus, 2005) 中详尽描述了这个时代背景。

[21] *London Journal,* 272–73.

[22] Ibid., 327.

[23] *Rambler* 170–71; *Johnsonian Miscellanies* 2: 213n.

[24] *London Journal,* 310.

[25] Ibid., 329; 我遵循了《约翰逊传》(1: 458, 1763 年 7 月 30 日) 中稍微不同的版本。

[26] 约翰逊在 1784 年 1 月 6 日的一封信中曾提及 "桥上的书商", 见 *Life* 4: 257。

[27] 船运数据来源: https://en.wikipedia.org/wiki/Pool_of_London。

[28] *London,* lines 21–24; *London Journal,* 329–30.

[29] *London Journal,* 331, 321; *Life* 1:451 (July 21, 1763).

[30] *Life* 1: 465, Aug. 5, 1763.

[31] Ibid., 1: 470, Aug. 5, 1763.

[32] Ibid., 1: 472, Aug. 5, 1763.《伦敦日记》在这些临行谈话之前中断了。很显然, 它们是根据当时尚未扩充的简短笔记再现的, 参见 *James Boswell's Life of Johnson: An Edition of the Original Manuscript,* ed. Marshall Waingrow (New Haven: Yale University Press, 1994), 1: 328n。

第六章　鲍斯威尔在国外

[1]　*Holland,* preface, xiii.

[2]　See Adam Sisman, *Boswell's Presumptuous Task: The Making of the Life of Dr. Johnson* (New York: Farrar, Straus and Giroux, 2001), 297.

[3]　*Holland,* 7.

[4]　Ibid., 89.

[5]　Ibid., 92, 202.

[6]　Ibid., 215, 279–80.

[7]　Ibid., 219.

[8]　Ibid., 99, 115, 133.

[9]　Ibid., 227, 230.

[10] Ibid., 313, 328.

[11] Ibid., 305, 331.

[12] *London Journal,* 284.

[13] 关于男爵的社会地位, 参见 *Germany and Switzerland,* 163n。

[14] *Holland,* 37, 270, 395–96; 这五种颜色在 *Germany and Switzerland,* 146 中提及。

[15] Ibid., 11, 64.

[16] Ibid., 62.

[17] Ibid., 24, 31.

[18] Ibid., 118–19; Lytton Strachey, *Portraits in Miniature and Other Essays* (New York: Harcourt, Brace, 1931), 88.

[19] *Germany and Switzerland,* 37, 82.

[20] Ibid., 91, 130n.

[21] Ibid., 285n, 136.

[22] Ibid., 217.

[23] Ibid., 218.

[24] Ibid., 229.

[25] Ibid., 229, 258–59.

[26] Ibid., 223–24, 260; Jean-Jacques Rousseau, *Julie, ou La Nouvelle Héloise,* VI.viii (my translation).

[27] *Germany and Switzerland,* 260.

[28] *Life* 2: 12, Feb. 16, 1766.

[29] Gavin de Beer and André-Michel Rousseau, "Voltaire's British Visitors," *Studies in Voltaire and the Eighteenth Century* 49 (1967), 99.

[30] *Germany and Switzerland,* 280.

[31] Ibid., 293.

[32] Ibid, 304–5; *Italy and France,* 94.

[33] *Germany and Switzerland,* 320–21.

[34] Ibid., 275.

[35] Quoted by Frederick A. Pottle, *Pride and Negligence: The History of the Boswell Papers* (New York: McGraw-Hill, 1982), 97–100. 在对艾沙姆故事的这一最新讨论中，波特尔提到了几处明显不一致的地方，由此怀疑艾沙姆的故事是否有一部分是根据事实编造的，但他似乎倾向于认为它总体上可信。See also David Buchanan, *The Treasure of Auchinleck: The Story of the Boswell Papers* (New York: McGraw-Hill, 1974), 334–41.

[36] *Italy, Corsica, and France,* 279.

[37] Rousseau to Boswell, Aug. 4, 1766, *Correspondance Complète de Jean-Jacques Rousseau,* ed. R. A. Leigh (Oxford: Voltaire Foundation, 1998), 30: 203 (my translation).

[38] *Italy, Corsica, and France,* 22.

[39] Ibid., 10, 94.

[40] Ibid., 55, 84, 42n, 90.

[41] John Wilkes, *An Essay on Woman,* ed. Arthur H. Cash (New York: AMS Press, 2000), 97.

[42] *London Journal,* 187; *Italy, Corsica, and France,* 20.

[43] *Italy, Corsica, and France,* 209; 我稍微改动了波特尔的译文。

[44] Ibid., 74.

[45] Ibid., 40, 264.

[46] Ibid., 9.

[47] Ibid., 92–93, 98.

[48] Rousseau, *The Social Contract,* II.x（本人的翻译）。关于科西嘉和苏格兰，参见 Murray Pittock, *James Boswell* (Aberdeen: AHRC Centre for Irish and Scottish Studies, 2007)。

[49] James Boswell, *An Account of Corsica,* ed. James T. Boulton and T. O. McLoughlin (Oxford: Oxford University Press, 2006), 200. William C. Dowling 探讨过鲍斯威尔眼中的这种普鲁塔克式的保利形象，参见 *The Boswellian Hero* (Athens: University of Georgia Press, 1979)。

[50] *Account of Corsica,* 110.

[51] *Italy, Corsica, and France,* 159–60.

[52] Ibid., 236.

[53] Ibid., 273–74.

[54] Ibid., 272, 23.

[55] Ibid., 281.

第七章 "俱乐部"的诞生

[1] *Life* 1: 483, spring 1764.

[2] Thrale, *Anecdotes, Johnsonian Miscellanies* 1: 234.

[3] *Diaries,* Yale *Works* 1: 77–78; Matthew 25: 30.

[4] *Rambler* 110.

[5] *Rambler* 5.

[6] Thomas Percy, *The Life of Dr. Goldsmith, Miscellaneous Works* (London, 1801), 1: 70.

[7] *Life* 2: 258, May 7, 1773.

[8] Burney *Journals* 3: 77, August 1778（人们有时会从她半个世纪后出版的《回忆录》中引用这个对话，但表述略有不同，风格做了一点变动）。关于霍金斯退出"俱乐部"，参见 Hawkins, 255–56。

[9] John Francis Collingwood and John Woollams, *The Universal Cook and City and Country Housekeeper* (1792).

[10] *Boswell for the Defence,* 163.

[11] *London Journal,* 297; see Richard B. Schwartz, *Daily Life in Johnson's London* (Madison: University of Wisconsin Press, 1983), 71–72.

[12] *London Journal,* 303（《约翰逊传》中的表述稍稍缓和了一点，见 *Life* 1: 434); *Life* 3: 381, April 7, 1779; *Life* 2: 350–51, April 10, 1775。

[13] Thomas Love Peacock, *Melincourt* (1817), ch. 16, 121.

[14] *The Autobiography of Benjamin Franklin,* ed. Leonard Labaree et al. (New Haven: Yale University Press, 1964), 99–100, 149. 关于啤酒馆的数量，见 Jerry White, *A Great and Monstrous Thing: London in the Eighteenth Century* (Cambridge: Harvard University Press, 2013), 328。

[15] See Ronald Paulson, *Hogarth: Art in Politics, 1750–64* (London: Lutterworth, 1993), 24–25.

[16] Hawkins, 55–56.

[17] *Life* 2: 100, Oct. 26, 1769; 4: 274, May 15, 1784; 5: 292, Oct. 5, 1772.

[18] *Life* 2: 365, April 18, 1775; 3: 24, April 5, 1776.

[19] Leslie Stephen, *Samuel Johnson* (New York: Harper, 1879), 61.

[20] *Life* 2: 450, March 20, 1776; Hester Thrale, *Anecdotes, Johnsonian Miscellanies* 1: 290.

[21] *Life* 2: 450; Edmund Burke, *Reflections on the Revolution in France,* ed. Conor Cruise O'Brien (London: Penguin, 1969), 278.

[22] *Life* 4: 5–6 (1780).

[23] *Life* 2: 53, spring 1768.

[24] 这段对话出现在《约翰逊传》(3: 231–37) 中，1778 年 4 月 3 日 ；日记版出现在 *Extremes,* 234–39。

[25] Arthur Conan Doyle, *The Hound of the Baskervilles,* ch. 1.

[26] *Thraliana* 1: 188.

[27] C. S. Lewis, *Studies in Words* (Cambridge: Cambridge University Press, 1967), 21.

[28] John Wain, *Samuel Johnson* (New York: Viking, 1974), 120.

[29] Thomas Babington Macaulay, *Critical and Historical Essays,* ed. Hugh Trevor-Roper (New York: McGraw-Hill, 1965), 115.

[30] Helen Deutsch, *Loving Dr. Johnson* (Chicago: University of Chicago Press, 2005), 109.

[31] *London Journal,* 319; Frances Burney, *Memoirs of Doctor Burney* (London: Moxon, 1832), 2: 106.

[32] *Hebrides,* 53; *Life* 5: 76–77, Aug. 21, 1773.

[33] *Johnsonian Miscellanies* 2: 390; *Laird of Auchinleck,* 336. 关于兰顿的身高，参见 *Correspondence of James Boswell with Certain Members of the Club, Including ... Bennet Langton* (New York: McGraw-Hill, 1976), lxix。

[34] *Life* 1: 250 (1753).

[35] *Life* 4: 197 (1783).

第八章　约书亚·雷诺兹爵士

[1] Anthony Ashley Cooper, 3rd Earl of Shaftesbury, *Second Characters, or the Language*

of Forms, ed. Benjamin Rand (Cambridge: Cambridge University Press, 1914), 135.

[2]   Jerry White, *A Great and Monstrous Thing: London in the Eighteenth Century* (Cambridge: Harvard University Press, 2013), 140.

[3]   Quoted by Derek Hudson, *Sir Joshua Reynolds: A Personal Study* (London: Geoffrey Bles, 1958), 94.

[4]   Hudson, 64; *Life* 3: 5, March 29, 1776; Burney *Journals* 5: 213, Dec. 1782.

[5]   Martin Postle et al., *Joshua Reynolds: The Creation of Celebrity* (London: Tate Publishing, 2005), 74.

[6]   Richard Wendorf, *Sir Joshua Reynolds: The Painter in Society* (Cambridge: Harvard University Press, 1996), 53; 沃波尔的话引自 Ian McIntyre, *Joshua Reynolds: The Life and Times of the First President of the Royal Academy* (London: Allen Lane, 2003), 173。

[7]   *Life* 5: 102, Aug. 24, 1773; 3: 41, April 12, 1776; 3: 329, April 28, 1778.

[8]   McIntyre, 357.

[9]   Quoted by Kate Chisholm, *Wits and Wives: Doctor Johnson and the Company of Women* (London: Chatto and Windus, 2011), 173.

[10]   Yale *Works* 6: 269–70.

[11]   Hawkins, 214; review of Jonas Hanway (1757), *Samuel Johnson: The Major Works,* ed. Donald Greene (Oxford: Oxford University Press, 1984), 509.

[12]   *Ominous Years,* 149; *Life* 2: 362, April 18, 1775; *Anecdotes, Johnsonian Miscellanies,* 1: 207.

[13]   *Thraliana* 1: 268; Frances Burney, *Memoirs of Doctor Burney* (London: Moxon, 1832), 1: 332.

[14]   *Thraliana* 1: 79.

[15]   Hudson, 148. Wendorf 考察过雷诺兹家庭中的各种关系，颇有意思，参见第 65— 82 页。

[16]   *Life* 4: 312, June 1784; James Northcote, *The Life of Sir Joshua Reynolds,* 2nd ed. (London: Colburn, 1818), 2: 96.

[17]   *Life* 3: 19, April 5, 1776.

[18]   *Recollections by Miss Reynolds, Johnsonian Miscellanies* 2: 261.

[19]   *Thraliana* 1: 83.

[20]   Annotations to Reynolds's *Discourses, The Complete Poetry and Prose of William Blake,* ed. David V. Erdman (Berkeley: University of California Press, 1982), 655; 关于雷诺兹作品的销售，参见 Hudson, 52–56。

[21]   Reynolds, *Discourses on Art,* ed. Stephen O. Mitchell (Indianapolis: Library of Liberal Arts, 1965), no. 4, 53 and 41.

[22]   William Hazlitt, "On Sitting for One's Picture," *Complete Works,* ed. P. P. Howe

(London: Dent, 1930–34), 12: 110–11. The phrase Hazlitt quotes comes from a poem by Matthew Green called *The Spleen.*

[23] *Recollections by Miss Reynolds, Johnsonian Miscellanies* 2: 269.

[24] See Postle, "'The Modern Apelles': Joshua Reynolds and the Creation of Celebrity," *Joshua Reynolds: The Creation of Celebrity,* 19, and *Portraits by Sir Joshua Reynolds,* ed. Frederick W. Hilles (New York: McGraw-Hill, 1952), 28.

[25] *Johnsonian Miscellanies* 2: 269.

[26] *Life* 2: 83, Oct. 16, 1769.

[27] On the cane, see *Life* 2: 209n, April 3, 1773, and 501, Appendix B.

[28] Hudson, 75–76.

[29] Hudson, 161; McIntyre, 370.

[30] William Cotton, *Sir Joshua Reynolds and His Works* (London: J. R. Smith, 1856), 140; Lawrence Lipking, *The Ordering of the Arts in Eighteenth-Century England* (Princeton: Princeton University Press, 1970), 177.

[31] Tim Clayton, "'Figures of Fame': Reynolds and the Printed Image," *Joshua Reynolds: The Creation of Celebrity,* ed. Postle, 49–59.

[32] Herman W. Liebert, *Lifetime Likenesses of Samuel Johnson* (Los Angeles: Clark Memorial Library, 1974), 48; on the fading colors, see McIntyre, 202.

[33] Hudson, 151.

[34] McIntyre, 312–13.

[35] Mark Hallett, "Reynolds, Celebrity and the Exhibition Space," *Joshua Reynolds: The Creation of Celebrity,* ed. Postle, 44.

[36] Johnson to William Heberden, Oct. 13, 1784, *Letters* 4: 418.

[37] *Discourse* 7, p. 93.

[38] *Portraits by Sir Joshua Reynolds,* ed. Hilles, 74; *Discourse* 10, p. 145.

[39] *Discourse* 4, p. 44.

[40] Blake, *Complete Poetry and Prose,* 639.

[41] Ibid., 635–36, 641.

[42] Postle, 82.

[43] Ibid., 86.

第九章　埃德蒙·柏克

[1] Edmund Burke, *A Philosophical Inquiry into the Origin of Our Ideas of the Sublime and Beautiful,* III.xv.

[2] Ibid., IV.xx.

[3] Ibid., II.v; Job 39: 19–25.

[4] Quoted by Jesse Norman, *Edmund Burke: The First Conservative* (New York: Basic Books, 2013), 21.

[5] Burney *Journals* 3: 429, Nov. 15, 1779.

[6] Quoted by David Bromwich, *The Intellectual Life of Edmund Burke: From the Sublime and Beautiful to American Independence* (Cambridge: Harvard University Press, 2014), 112.

[7] Fanny Burney to Susanna Burney, July 9, 1782, Burney *Journals* 5: 70.

[8] *Life* 1: 453, July 28, 1763; *Boswelliana: The Commonplace Book of James Boswell* (London: Grampian Club, 1874), 328.

[9] *Spectator* 61; *Preface to Shakespeare,* Yale *Works* 7: 74.

[10] *Thraliana* 1: 27.

[11] *Ominous Years,* 121; *English Experiment,* 186.

[12] *Memoirs of the Life of Sir James Mackintosh,* ed. R. J. Mackintosh (London: Edward Moxon, 1835), 1: 92; *Recollections of R. J. S. Stevens, an Organist in Georgian London,* ed. Mark Argent (Carbondale: Southern Illinois University Press, 1992), 67.

[13] Jonathan Swift, *Journal to Stella,* ed. Harold Williams (Oxford: Blackwell, 1948), 1: 250.

[14] 马歇尔·麦克卢汉用这个笑话作为一篇文章的标题，该文为 "James Joyce: Trivial and Quadrivial," *Thought* 28 (1953), 75–98。

[15] Burke to Richard Shackleton, May 1, 1768, *The Correspondence of Edmund Burke* (Cambridge: Cambridge University Press, 1958–1978), 1: 351.

[16] Edward Gibbon to Lord Sheffield, Aug. 7, 1790, *Letters,* ed. J. E. Norton (New York: Macmillan, 1956), 3: 195.

[17] *Thoughts on the Present Discontents* and *Speech on Economical Reform, The Writings and Speeches of Edmund Burke,* ed. Paul Langford and William B. Todd (Oxford: Oxford University Press, 1981), 2: 317; 3: 547.

[18] *Life* 2: 348, April 7, 1775; *The Patriot,* Yale *Works* 10: 390.

[19] Copeland, *Our Eminent Friend Edmund Burke* (New Haven: Yale University Press, 1949), 74, quoting Lord Buckinghamshire.

[20] Johnson to John Taylor, July 22, 1782, *Letters* 4: 62.

[21] *Johnsonian Miscellanies* 1: 174n; "The Function of Criticism at the Present Time," *The Works of Matthew Arnold* (London: Macmillan, 1903), 3: 15.

[22] Copeland, 92.

[23] *Laird of Auchinleck,* 96; *Life* 4: 104, May 8, 1781.

[24] *Thraliana* 1: 475 and note.

[25] *Boswell for the Defence,* 165–66.

[26] *Retaliation,* lines 29–36; *Life* 4: 318, June 1784.

[27] Thomas Davies, *Memoirs of the Life of David Garrick* (London: Longman, Hurst, Rees, and Orme, 1808), 1: 198.

[28] Richard B. Schwartz, *Daily Life in Johnson's London* (Madison: University of Wisconsin Press, 1983), 74; Vic Gatrell, *City of Laughter: Sex and Satire in Eighteenth-Century London* (New York: Walker, 2006), 128.

[29] *Life* 2: 170, March 31, 1772.

[30] Bromwich, *The Intellectual Life of Edmund Burke,* 159; John Quincy Adams, *The Social Compact, Exemplified in the Constitution of the Commonwealth of Massachusetts* (Providence: Knowles and Vose, 1842), 31; *Life* 2: 14, spring 1766.

[31] *Life* 4: 408, June 25, 1763.

[32] Lawrence Stone, *The Family, Sex and Marriage 1500–1800* (New York: Harper and Row, 1977), 223; 关于"保守主义"内涵的演变，参见 Hannah Arendt, *On Revolution* (London: Penguin, 1973), 44。

[33] Hume, *Essays Moral, Political, and Literary,* ed. Eugene F. Miller (Indianapolis: Liberty Classics, 1987), 470.

[34] *London Journal,* 226–27.

[35] *Life* 2: 153, March 21, 1772; see Nicholas Hudson, *Samuel Johnson and the Making of Modern England* (Cambridge: Cambridge University Press, 2003), 24–25.

[36] *Life* 2: 261, May 10, 1773.

[37] *Life* 1: 447–48, July 21, 1763.

[38] Edward Gibbon, *The History of the Decline and Fall of the Roman Empire,* ed. David Womersley (London: Penguin, 1994), ch. 9, 1: 237.

[39] *Memoirs of My Life,* ed. Georges A. Bonnard (London: Nelson, 1966), 24.

[40] *Decline and Fall,* ch. 4, 1: 109.

[41] Smith, *Lectures on Jurisprudence, The Glasgow Edition of the Works and Correspondence of Adam Smith* (Oxford: Clarendon, 1976–83), 5: 7.

[42] Jean-Jacques Rousseau, *A Discourse on Inequality,* trans. Maurice Cranston (London: Penguin, 1984), 122.

[43] Edmund Burke, *Reflections on the Revolution in France,* ed. Conor Cruise O'Brien (London: Penguin, 1969), 372.

[44] Burke to the Duke of Richmond, Nov. 1772, *Correspondence* 2: 377; Paul Langford, "Edmund Burke," *Oxford Dictionary of National Biography,* online edition, page 6.

[45] *Adventurer* 137, Yale *Works* 2: 489; *Life* 2: 102, Oct. 26, 1769.

[46] Benjamin Franklin to John Ross and to Joseph Galloway, May 14, 1768, *The Works of Benjamin Franklin,* ed. Jared Sparks (Boston: Tappan and Whittemore, 1840), 7: 401–3.

[47] *Life* 3: 427, May 25, 1780.

[48] *Reflections,* 342.

[49] *Reflections,* 194–95; Thomas Paine, *The Rights of Man,* in *Common Sense and Other Political Writings,* ed. Nelson F. Adkins (New York: Liberal Arts Press, 1953), 77, 80; William Blake, *The Marriage of Heaven and Hell,* plate 7.

[50] *Reflections,* 99.

[51] *Thoughts and Details on Scarcity, The Writings and Speeches of Edmund Burke,* ed. Paul Langford and William B. Todd (Oxford: Oxford University Press, 1981), 9: 136–40.

[52] Boswell to the Rev. Andrew Kippis, July 11, 1791, *Great Biographer,* 149.

[53] 国王公告和英国出版业公会的决议引自 Michael Phillips, "Blake and the Terror 1792–93," *The Library,* sixth series, no. 16 (December 1994), 266, 272。

第十章　大卫·加里克

[1] Alan Kendall, *David Garrick: A Biography* (New York: St. Martin's, 1985), 12.

[2] *Life* 1: 101 (1737).

[3] Quoted by Kendall, 58.

[4] Allardyce Nicoll, *The Garrick Stage: Theaters and Audience in the Eighteenth Century* (Manchester: Manchester University Press, 1980), 3–7.

[5] *Richard III* V.iii. 在现代编辑手里，最后一行有时会变成"我就是我"，根据他们遵循的是哪个四开本。

[6] *Thraliana* 1: 495.

[7] Ian McIntyre, *Garrick* (London: Penguin, 2000), 140.

[8] Mark S. Auburn, "Theater in the Age of Garrick and Sheridan," *Sheridan Studies,* ed. James Morwood and David Crane (Cambridge: Cambridge University Press, 1995), 17–20; Nora Nachumi, "Theater," *Samuel Johnson in Context,* ed. Jack Lynch (Cambridge: Cambridge University Press, 2012), 367–74.

[9] Auburn, 19–20.

[10] McIntyre, 138; Thomas Davies, *Memoirs of the Life of David Garrick* (London: Longman, Hurst, Rees, and Orme, 1808), 2: 345.

[11] On Murphy and Garrick, see Vanessa Cunningham, *Shakespeare and Garrick* (Cambridge: Cambridge University Press, 2008), 14.

[12] T. Davies, 1: 153.

[13] *The Works of Arthur Murphy* (1786), 6: 271.

[14] Yale *Works* 8: 704.

[15] *The Early Life and Diaries of William Windham,* ed. Robert Ketton-Cremer (London: Faber, 1930), 79.

[16] *The Life of Mr. James Quinn, Comedian* (1766), 67–68.

[17] McIntyre, 164; *Much Ado about Nothing* II.iii.

[18] Tate Wilkinson, *Memoirs of His Own Life* (1790), 1: 118–19.

[19] Burney *Journals* 1: 225, May 30, 1771.

[20] *A General View of the Stage* (1759), 234–35. 这部著作有时被认为出自塞缪尔·德里克之手，但真实作者是爱尔兰作家托马斯·威尔克斯无疑：参见 William H. Miller, "The Authorship of *A General View of the Stage*," *Modern Language Notes* 8 (1941), 612–14。

[21] See Oliver Ford Davies, *Playing Lear* (London: Nick Hearn, 2003), 64.

[22] Arthur Murphy, *The Life of David Garrick* (Dublin: Wogan, 1801), 20–21.

[23] Frances Burney, *Evelina*, ed. Edward A. Bloom and Vivien Jones (Oxford: Oxford University Press, 2002), volume I, letter 10, p. 27; Murphy, *Life of David Garrick*, 31.

[24] *Lichtenberg's Visits to England, as Described in His Letters and Diaries*, trans. Margaret L. Mare (New York: [25] Henry Fielding, *Tom Jones*, XVI.vi.

[26] Goldsmith, "The Adventures of a Strolling Player," *Collected Works*, ed. Arthur Friedman (Oxford: Clarendon, 1966), 3: 138.

[27] *Thraliana* 1: 121n.

[28] McIntyre, 176–77.

[29] Burney *Journals* 1: 314, Oct. 14, 1773; *Life* 3: 34n.

[30] *Life* 3: 35, April 11, 1776.

[31] McIntyre, 3.

[32] Ibid., quoting *Correspondance Littéraire*, July 1, 1765.

[33] Goldsmith, *Retaliation*, lines 101–8.

[34] *Portraits by Sir Joshua Reynolds*, ed. Frederick W. Hilles (New York: McGraw-Hill, 1952), 87.

[35] Frances Burney, *Memoirs of Doctor Burney* (London: Moxon, 1832), 1: 354–57; 伯尼本人的一条零碎笔记可以证明在场之人将来客认作霍金斯：Roger Lonsdale, *Dr. Charles Burney: A Literary Biography* (Oxford: Clarendon, 1965), 225。

[36] Arthur Conan Doyle, *A Scandal in Bohemia*.

[37] *Rambler* 200; Thrale, *Anecdotes, Johnsonian Miscellanies* 1: 179.

[38] T. Davies, 2: 423; Murphy, *Life of David Garrick*, 378.

[39] McIntyre, 466–68, and Kendall, 152–54.

[40] Christian Deelman, *The Great Shakespeare Jubilee* (London: Michael Joseph, 1964), 98–99.

[41] William Roberts, *Memoirs of Mrs. Hannah More* (New York: Harper, 1834), 36.

[42] Simon Schama, *The Face of Britain: The Nation through Its Portraits* (London: Penguin Random House, 2015), 290.

[43] *London Journal*, 69.

[44] *Life* 4: 5 and note (1780); 2: 14, spring 1766.

[45] *Hebrides,* 207; *Life* 1: 480, spring 1764. 在鲍斯威尔的《赫布里底群岛游记》中，约翰逊关于加里克"装腔作势说些莎剧台词"的评论缓和了很多 : *Life* 5: 244–45。

[46] *Life* 1: 201 (1750); *Journal of My Jaunt, Harvest 1762, Private Papers of James Boswell from Malahide Castle* (New York: William Rudge, 1928–34), 1: 128.

[47] *Dr. Campbell's Diary of a Visit to England in 1775,* ed. James L. Clifford (Cambridge: Cambridge University Press, 1947), 58.

[48] *Life* 3: 263–64, April 10, 1778.

[49] *Life* 2: 326, March 27, 1775.

[50] *Johnsonian Miscellanies* 2: 195.

[51] Burney, *Memoirs* 1: 351.

[52] *Life* 2: 82–83, Oct. 16, 1769.

[53] "Anecdotes by the Rev. Percival Stockdale," *Johnsonian Miscellanies* 2: 333.

[54] McIntyre, *Garrick,* 562.

[55] Murphy, *Life of David Garrick,* 342; Kendall, 176.

[56] McIntyre, 316, 606; Schama, 274.

[57] *Laird of Auchinleck,* 328; Burney, *Memoirs* 2: 203.

[58] Quoted by Mary Alden Hopkins, *Hannah More and Her Circle* (New York: Longman's, Green, 1947), 89–90.

[59] Richard Cumberland, *Memoirs* (London: Lackington, 1806), 463.

第十一章　欢乐的精神

[1] Allardyce Nicoll, *The Garrick Stage: Theaters and Audience in the Eighteenth Century* (Manchester: Manchester University Press, 1980), 36, 44.

[2] Details from Nicoll, *The Garrick Stage,* and Mark S. Auburn, "Theatre in the Age of Garrick and Sheridan," *Sheridan Studies,* ed. James Morwood and David Crane (Cambridge: Cambridge University Press, 1995), 7–46.

[3] *A Comparison between Laughing and Sentimental Comedy, Collected Works,* ed. Arthur Friedman (Oxford: Clarendon, 1966), 3: 212.

[4] Ian McIntyre, *Garrick* (London: Penguin, 2000), 447. 这个故事里的剧作家是 Hugh Kelly。

[5] Richard Cumberland, *Memoirs* (1806), in *Goldsmith: Interviews and Recollections,* ed. E. H. Mikhail (London: St. Martin's Press, 1993), 59.

[6] *Retaliation,* lines 63–66; 赫斯特·思雷尔的话引自 *Memoirs of the Life of John Philip Kemble,* ed. James Boaden (London: Longman, 1825), 1: 438。

[7] *She Stoops to Conquer,* Act 3, *Collected Works* 5: 169.

[8] Ibid., Act 4, p. 178.

[9] *Boswell for the Defence,* 152, 167, 179–80; *Life* 2: 233, April 29, 1773.

[10] Fintan O'Toole, *A Traitor's Kiss: The Life of Richard Brinsley Sheridan* (New York: Farrar, Straus and Giroux, 1998), 24.

[11] Alan Chedzoy, *Sheridan's Nightingale: The Story of Elizabeth Linley* (London: Allison and Busby, 1997), 93.

[12] O'Toole, ch. 8; the quotation is from p. 67.

[13] Joseph Roach (quoting William Jackson, organist of Exeter Cathedral), "Mistaking Earth for Heaven: Eliza Linley's Voice," *Bluestockings Displayed: Portraiture, Performance and Patronage, 1730–1830,* ed. Elizabeth Eger (Cambridge: Cambridge University Press, 2013), 127.

[14] Burney *Journals* 1: 249–50, Feb. 25, 1773.

[15] 我的叙述主要参考 Roach 的文章。伊丽莎白的书信引自第 130—131 页。

[16] *Life* 2: 369, April 18, 1775; O'Toole, 86.

[17] Ibid., 78; *Rasselas,* ch. 49; *Thraliana* 1: 502n.

[18] *The Rivals* IV.ii, in *The School for Scandal and Other Plays,* ed. Michael Cordner (Oxford: Oxford University Press, 1998), 62.

[19] *The Rivals* III.iii, pp. 49 and 45; I.ii, p. 19. Oscar Wilde, *The Importance of Being Earnest.*

[20] *School for Scandal* I.i, p. 210.

[21] Charles Lamb, "On the Artificial Comedy," *Works* (London: Methuen, 1912), 2: 165; 关于帕尔默的莎士比亚角色，参见 Auburn, 30。

[22] Christian Deelman, "The Original Cast of *The School for Scandal,*" *Review of English Studies* 13 (1962), 258.

[23] Lamb, 2: 155; Auburn, 27.

[24] O'Toole, 123 (quoting Frederic Reynolds).

[25] Marlies K. Danziger, *Oliver Goldsmith and Richard Brinsley Sheridan* (New York: Ungar, 1978), 134.

[26] Quoted in Richard Brinsley Sheridan, *Dramatic Works,* ed. Cecil Price (Oxford: Clarendon, 1973), 470–71.

第十二章 斯特雷特姆的新生活

[1] Johnson to Hester Thrale, July 8, 1784, *Letters* 4: 343.

[2] Hester Thrale, *Anecdotes, Johnsonian Miscellanies* 1: 313; *Life* 3: 284–85, April 15, 1778; John Wain, *Samuel Johnson* (New York: Viking, 1975), 221.

[3] Thomas Tyers, *A Biographical Sketch of Dr. Samuel Johnson, Early Biographies,* 66.

[4] Quoted by James L. Clifford, *Hester Lynch Piozzi,* 2nd ed. with introduction by Margaret Anne Doody (Oxford: Clarendon, 1987), xxiii–xxiv.

[5] *Life,* 1: 494 (1765); *Thraliana* 1: 52–53; Yale *Works* 19: 519–20.

[6] Quoted from an 1819 manuscript by William McCarthy, *Hester Thrale Piozzi: Portrait of a Literary Woman* (Chapel Hill: University of North Carolina Press, 1985), 26.

[7] Mary Hyde, *The Thrales of Streatham Park* (Cambridge: Harvard University Press, 1977), 81–82.

[8] Clifford, 133.

[9] Hyde, 153–54.

[10] *Life* 2: 468–69, March 25, 1776.

[11] Giuseppe Baretti, quoted (in translation from the Italian) by Clifford, 136–37.

[12] Hyde, 162; *Thraliana* 1: 272.

[13] "Dr. Burney's Evening Party," *The Common Reader, Second Series* (New York: Harcourt Brace, 1948), 123.

[14] The Burney family's friend Samuel Crisp, quoted by Betty Rizzo, "Burney and Society," *The Cambridge Companion to Frances Burney,* ed. Peter Sabor (Cambridge: Cambridge University Press, 2007), 139.

[15] See Roy Porter, *English Society in the Eighteenth Century,* revised edition (London: Penguin, 1991), 85–87; J. Jean Hecht, *The Domestic Servant Class in Eighteenth-Century England* (London: Routledge and Kegan Paul, 1956), 8.

[16] David Piper, *The English Face,* ed. Malcolm Rogers (London: National Portrait Gallery, 1992), 138.

[17] Frances Burney, *Memoirs of Doctor Burney* (London: Moxon, 1832), 2: 104–5.

[18] "Anecdotes by William Seward," *Johnsonian Miscellanies* 2: 308.

[19] *Thraliana* 1: 471.

[20] *Life* 4: 82, April 1, 1781.

[21] "Anecdotes by Hannah More," *Johnsonian Miscellanies* 2: 182, 185–86; *Life* 2: 378, May 17, 1775.

[22] *Life* 2: 231, April 27, 1773.

[23] *Thraliana* 2: 699.

[24] *Journals* 3: 152, Sept. 16–21, 1778; *Life* 4: 275, May 15, 1784; *Thraliana* 1: 153.

[25] *Journals* 3: 150–51, Sept. 16–21, 1778.

[26] *Life* 4: 73, March 1781.

[27] Quoted by Kate Chisholm, "The Burney Family," *The Cambridge Companion to Frances Burney,* ed. Peter Sabor (Cambridge: Cambridge University Press, 2007), 19–20.

[28] Fanny to Hester Thrale, Aug. 17, 1782; to Susanna Burney, Aug. 24 and 31, Sept. 14;

Journals 5: 101, 104, 109, 117.

[29] Piper, 141.

[30] *Journals* 2: 119–20, 147, May 1775.

[31] Johnson to Hester Thrale, April 15, 1780, *Letters* 3: 238; *Thraliana* 1: 368.

[32] Fanny to Charles Burney, *Journals* 3: 345–47, Aug. 13, 1779.

[33] *Journals* 4: 168, June 1780; Oct. 29 and Nov. 1782, ibid., 5: 132, 152.

[34] *Journals* 3: 35, 66, July–August 1778.

[35] *Thraliana* 1: 368.

[36] Fanny Burney to Mrs. Waddington, uncertain date, quoted by Clifford, 160n.

[37] *Thraliana* 1: 413; Fanny to Hester, Feb. 8, 1781, *Journals* 4: 291.

[38] *Life* 2: 257, May 7, 1773; *Extremes,* 322.

[39] *Memoirs of Doctor Burney* 2: 191, 194–95.

[40] Johnson to Boswell, Feb. 24, 1773, *Letters* 2: 10; 18n; Mary Hyde, *The Impossible Friendship: Boswell and Mrs. Thrale* (Cambridge: Harvard University Press, 1972), 18n.

[41] *Life* 4: 324 (1784).

[42] Ian McIntyre, *Joshua Reynolds: The Life and Times of the First President of the Royal Academy* (London: Allen Lane, 2003), 204–5.

[43] Katharine C. Balderston, "Johnson's Vile Melancholy," *The Age of Johnson: Essays Presented to Chauncey Brewster Tinker,* ed. Frederick W. Hilles (New Haven: Yale University Press, 1949), 3–14.

[44] *Thraliana* 1: 415n; Yale *Works,* 1: 140.

[45] Johnson to Hester Thrale, June 1773, *Letters* 2: 38–39.

[46] Hester's reply is given in an earlier edition of Johnson's *Letters,* ed. R. W. Chapman (Oxford: Clarendon, 1952), 1: 331–32. See John Wiltshire, *Samuel Johnson in the Medical World: The Doctor and the Patient* (Cambridge: Cambridge University Press, 1991), 47–48, and James Gray, "*Arras/Hélas!* A Fresh Look at Samuel Johnson's French," *Johnson after Two Hundred Years,* ed. Paul J. Korshin (Philadelphia: University of Pennsylvania Press, 1986), 84–86.

[47] Hyde, *The Thrales of Streatham Park,* 80.

[48] *Life* 2: 407 (1775).

[49] "妖娆鸨儿" (Posture Molls) 和其他街头黑话的例子可以参见 Ned Ward, *The London Spy,* ed. Paul Hyland (East Lansing, Mich,: Colleagues Press, 1939), 336–58。关于法国警方的报告, 参见 Patrick Wald Lasowski, "La Fessée ou l'Ultime Faveur," in a special Rousseau number of the *Magazine Littéraire,* Sept. 1997, p. 30。

[50] Jean-Jacques Rousseau, *Confessions, Oeuvres Complètes,* ed. Marcel Raymond et al. (Paris: Gallimard, Bibliothèque de la Pléiade, 1959–95), 1: 17, my translation; Philippe

Lejeune, *Le Pacte Autobiographique* (Paris: Seuil, 1975), 70–75; Cocteau quoted by Georges May, *Rousseau* (Paris: Seuil, 1985), 8.

[51] *Thraliana* 1: 159.

[52] Ibid., 1: 219.

[53] Ibid., 1: 384–86.

[54] Balderston, 13; *Thraliana* 1: 415.

[55] *Anecdotes, Johnsonian Miscellanies* 1: 263.

[56] Hawkins, 275–76.

[57] Hawkins, 275; *Johnsonian Miscellanies* 1: 288.

[58] *Johnsonian Miscellanies* 1: 150.

[59] Hester Thrale to Johnson, Oct. 2, 1777, quoted by Clifford, 155; Johnson to Hester Thrale, Oct. 6, 1777, *Letters* 3: 81.

[60] Yale *Works* 1: 225, 264.

[61] Ibid., 1: 133.

第十三章　在苏格兰和斯特拉福德的鲍斯威尔

[1] Lawrence Stone, *The Family, Sex and Marriage in England 1500–1800* (New York: Harper and Row, 1977), 88.

[2] Brady, 43.

[3] *Applause of the Jury,* 42; *Boswell for the Defence,* 349.

[4] *Life* 1: 44 (1717–19).

[5] *Life* 2: 157, March 28, 1772.

[6] *In Search of a Wife,* 24n.

[7] Pottle, 404.

[8] Ibid., 407.

[9] Boswell to Temple, May 3, 1769, *In Search of a Wife,* 201.

[10] Girolama Nini Piccolomini to Boswell (writing in Italian), Nov. 16, 1767, *The General Correspondence of James Boswell, 1766–1769,* ed. Richard C. Cole (New Haven: Yale University Press, 1993–97), 1: 256.

[11] Stone, 487.

[12] *Ominous Years,* 72.

[13] Ibid., 92.

[14] *Life* 2: 442, March 20, 1776.

[15] *In Search of a Wife,* 156; *Life* 2: 56, spring 1768.

[16] *Applause of the Jury,* 280.

[17] *Laird of Auchinleck,* 150.

[18] Ibid., 164.

[19] Ibid., 203.

[20] *Wealth of Nations* III.ii, *Glasgow Edition of the Works and Correspondence of Adam Smith* (Oxford: Clarendon, 1976–83), 2: 383–84.

[21] *Ominous Years,* 231.

[22] *Extremes,* 106–7, 112, 192, 194, 198.

[23] Ibid., 206.

[24] *Life* 2: 82, Oct. 16, 1769.

[25] *Laird of Auchinleck,* 283, 297.

[26] Moray McLaren, *The Highland Jaunt: A Study of James Boswell and Samuel Johnson upon Their Highland and Hebridean Tour* (London: Jarrolds, 1954), 25.

[27] *Ominous Years,* 34.

[28] Ibid., 157, 178.

[29] Boswell to Johnson, March 3, 1772; Johnson replied on March 15, 1772, *Letters* 1: 388.

[30] *Life* 3: 198, Sept. 23, 1777.

[31] Johnson to Boswell, Aug. 21, 1766, *Life* 2: 22.

[32] See Murray Pittock, *James Boswell* (Aberdeen: AHRC Centre for Irish and Scottish Studies, 2007), 53.

[33] George Otto Trevelyan, *The Early History of Charles James Fox* (London: Longman's, Green, 1880), 153, 154n.

[34] *In Search of a Wife,* 59–60. 鲍斯威尔的许多匿名文章被收集在 *Selections from the Journalism of James Boswell,* ed. Paul Tankard (New Haven: Yale University Press, 2014)。

[35] James Boswell, *An Account of Corsica,* ed. James T. Boulton and T. O. McLoughlin (Oxford: Oxford University Press, 2006), 14.

[36] Ibid., 21, 25.

[37] *Life* 2: 80, Oct. 10, 1769.

[38] Fanny Burney, letter to Samuel Crisp, Oct. 15, 1782, Burney *Journals* 5: 125.

[39] Christian Deelman, *The Great Shakespeare Jubilee* (London: Michael Joseph, 1964), 7.

[40] *Retaliation,* lines 109–12.

[41] Ian McIntyre, *Garrick* (London: Penguin, 2000), 97.

[42] Deelman, 71.

[43] *In Search of a Wife,* 278.

[44] *London Magazine* 38 (Sept. 1769), *Selections from the Journalism of James Boswell,* ed. Tankard, 30.

[45] McIntyre, 437; Deelman, 286–87.

第十四章　在最遥远的赫布里底群岛之间

[1]　William Wordsworth, *The Solitary Reaper,* lines 15–16; *Journey,* 88.

[2]　Linda Colley, *Britons: Forging the Nation 1707–1837* (New Haven: Yale University Press, 1992), 15; Roy Porter, *English Society in the Eighteenth Century,* revised edition (London: Penguin, 1991), 35.

[3]　*Life* 5: 140, Sept. 1, 1773.

[4]　*Life* 5: 13.

[5]　*Life* 5: 14.

[6]　See Pat Rogers, *Johnson and Boswell: The Transit of Caledonia* (Oxford: Clarendon, 1995), ch. 1; Adam Smith to John Douglas, March 1787, *The Glasgow Edition of the Works and Correspondence of Adam Smith* (Oxford: Clarendon, 1976–83), 6: 301.

[7]　*Anecdotes, Johnsonian Miscellanies* 1: 263; *Life* 2: 453, March 21, 1776.

[8]　Thomas Creevey, quoted by T. H. White, *The Age of Scandal* (London: Penguin, 1962), 22.

[9]　*Life* 3: 162, Sept. 19, 1777.

[10]　*Extremes,* 47.

[11]　*Life* 5: 23.

[12]　Ibid., 55.

[13]　Ibid., 18.

[14]　Ibid., 347, 382; see Rogers, ch. 3.

[15]　*Life* 5: 53.

[16]　Ibid., 47, 61.

[17]　Ibid., 341.

[18]　Ibid., 18–19.

[19]　*Life* 3: 410, Oct. 12, 1779.

[20]　*Journey,* 40.

[21]　Ibid.

[22]　Ibid., 19; *Hebrides,* 71–75.

[23]　*Journey,* 19–20.

[24]　Ibid., 25; *Life* 5: 115–16.

[25]　*Journey,* 29.

[26]　Ibid., 33.

[27]　*Life* 5: 132–33 (slightly altered from *Hebrides,* 100).

[28]　*Hebrides,* 353, *Life* 5: 355.

[29]　*Hebrides,* 98n.

[30]　*Journey,* 51.

[31] *The Age of Johnson* 7, ed. Paul J. Korshin (New York: AMS Press, 1996) 中，有两百页的篇幅专门讨论了这个议题。可以着重参考 Donald Greene、Thomas M. Curley 和 Howard D. Weinbrot 的论证和详细探究，还可以参见 Weinbrot 的另一篇文章，"Review Essay: Johnson and Jacobite Wars XLV," *Age of Johnson* 14 (2003), 307–40。

[32] *Life* 1: 430, July 14, 1763.

[33] See Rogers, ch. 6.

[34] *Journey*, 67.

[35] *Life* 5: 186.

[36] Bernard Bailyn, *Voyagers to the West: A Passage in the Peopling of America on the Eve of the Revolution* (New York: Knopf, 1986), 26; *Hebrides*, 243.

[37] *Journey*, 38.

[38] Ibid., 97.

[39] *The Deserted Village*, lines 397–403.

[40] *Journey*, 103, 130.

[41] Ibid., 49.

[42] *Hebrides*, 226 and note; *Life* 5: 261.

[43] *Life* 5: 216–17.

[44] *Hebrides*, 176–77.

[45] Ibid., 188, 241.

[46] Ibid., 243; *Life* 5: 278 (slightly revised).

[47] *Hebrides*, 305; *Life* 5: 314–15; *Journey*, 103.

[48] *Hebrides*, 121, 192.

[49] *Oda*, Yale *Works* 6: 280–81.

[50] *Life* 5: 282.

[51] *Journey*, 145.

[52] *Hebrides*, 332.

[53] *Journey*, 148.

[54] *Hebrides*, 336, 338.

[55] *Life* 5: 360; 2: 148.

[56] Ibid., 5: 346–47.

[57] *Journey*, 56.

[58] *Hebrides*, 149.

[59] John Gibson Lockhart, *Memoirs of the Life of Sir Walter Scott* (Boston: Houghton Mifflin, 1901), 2: 195.

[60] *Life* 5: 382.

[61] Ibid., 2: 269n, Nov. 27, 1773.

[62] Brian Finney, "Boswell's Hebridean Journal and the Ordeal of Doctor Johnson,"

Biography 5 (1982), 323.

[63] *Life* 4: 199, April 10 1783.

[64] Ibid., 3: 36, April 11, 1776; Rogers, ch. 2.

[65] *Life* 1: 396, May 24, 1763.

[66] *Journey,* 118–19.

[67] James McIntyre, in *Samuel Johnson: The Critical Heritage* (London: Routledge, 1971), 240–41.

[68] *Life* 2: 298, Feb. 7, 1775; Johnson to James Macpherson, Jan. 20, 1775, *Letters* 2: 168–69.

第十五章 拓宽的河流

[1] Brady, 167.

[2] *Preface to Shakespeare,* Yale *Works* 7: 66.

[3] Garrick to Voltaire, 1764, quoted by Ian McIntyre, *Garrick* (London: Penguin, 2000), 347; *Preface,* 80.

[4] *Life* 2: 15, spring 1766.

[5] J. D. Fleeman, "The Revenue of a Writer: Samuel Johnson's Literary Earnings," *Studies in the Book Trade in Honour of Graham Pollard* (Oxford: Oxford Bibliographical Society, 1975), 211–30.

[6] Quoted by Ian McIntyre, *Joshua Reynolds: The Life and Times of the First President of the Royal Academy* (London: Allen Lane, 2003), 255.

[7] *Ominous Years,* 94.

[8] Lewis P. Curtis and Herman W. Liebert, *Esto Perpetua: The Club of Dr. Johnson and His Friends* (Hamden, CT: Archon Books, 1963), 73–74.

[9] Johnson to Boswell, March 11, 1777, *Letters* 3: 12. See the records of attendance given by Pat Rogers in his excellent account, "Gibbon and the Decline and Growth of the Club," *Edward Gibbon: Bicentenary Essays,* ed. David Womersley (Oxford: Voltaire Foundation, 1997), 106.

[10] *Life* 2: 238, April 30, 1773.

[11] *Thraliana* 1: 531–32.

[12] Ibid., 1: 184.

[13] Hawkins, 327.

[14] *Life* 1: 421, July 5, 1763.

[15] Johnson to Elizabeth Montagu, Sept. 22, 1783, and to Lucy Porter, Nov. 10, 1783, *Letters* 4: 203, 236.

[16] Yale *Works* 6: 271–74.

[17] *Recollections of Dr. Johnson by Miss Reynolds, Johnsonian Miscellanies* 2: 274; Herman W. Liebert, *Lifetime Likenesses of Samuel Johnson* (Los Angeles: Clark Memorial Library, 1974), 53–55.

[18] *Life* 2: 33, 40, Feb. 1767. This episode is interestingly discussed by Alvin Kernan, *Printing Technology, Letters and Samuel Johnson* (Princeton: Princeton University Press, 1987), ch. 1.

[19] *Life* 2: 40.

[20] *Boswell for the Defence,* 104.

[21] Brady, 31.

[22] *Hebrides,* 231; *Life* 5: 264–65.

[23] *Extremes,* 264; *Life* 3: 268, April 10, 1778.

[24] *Life of Samuel Johnson with Marginal Comments ... by Hester Lynch Thrale Piozzi,* ed. Edward G. Fletcher (London: Curwen Press, 1938), 2: 472.

[25] *Thraliana* 1: 62.

[26] *Life* 3: 178, Sept. 20, 1777, and 3: 167, Sept. 19, 1777.

[27] *Memoirs of Richard Cumberland, Written by Himself* (London: Lackington, 1806), 251–52.

[28] *Life* 2: 261–62, May 10, 1773.

[29] *Boswell for the Defence,* 188–89.

[30] *Hebrides,* 211–12, Sept. 23, 1773. 由于某种原因,在成书版的《约翰逊传》(5:520) 中,加里克的评论是"确实很可乐"。

[31] W. B. C. Watkins, *Perilous Balance: The Tragic Genius of Swift, Johnson, and Sterne* (Princeton: Princeton University Press, 1939); Robert Burton, *The Anatomy of Melancholy* (Oxford: Clarendon, 1989), 1: 239 (Part I, section 3, memb. 1, subsec. 2).

[32] *Hebrides,* 13n.

[33] *Thraliana* 1: 106.

[34] *The Patriot,* Yale *Works* 10: 394.

[35] Arthur H. Cash, *John Wilkes: The Scandalous Father of Civil Liberty* (New Haven: Yale University Press, 2006), 124; *Life* 5: 186.

[36] *Boswelliana: The Commonplace Book of James Boswell* (London: Grampian Club, 1874), 1: 274.

[37] *Life* 3: 66, May 15, 1776.

[38] See Bruce Redford, *Designing the Life of Johnson* (Oxford: Oxford University Press, 2002), 104–5.

[39] *Life* 3: 77, 79, May 15, 1776.

[40] *Life* 4: 107, May 8, 1781.

[41] *Life* 3: 302–7, April 17, 1778. See a perceptive analysis by Jo Allen Bradham, "Boswell's

Narrative of Oliver Edwards," *Journal of Narrative Technique* 8 (1978), 176–84.

[42] *Life* 3: 248, April 8, 1778.

[43] Max Beerbohm, "A Clergyman," *The Bodley Head Max Beerbohm,* ed. David Cecil (London: The Bodley Head, 1970), 279–80.

[44] Herman W. Liebert, "A Clergyman II," *Johnson, Boswell and Their Circle: Essays Presented to Lawrence Fitzroy Powell* (Oxford: Clarendon, 1965), 46.

[45] *Life* 4: 276–77, May 16, 1784.

第十六章　帝国

[1] George Macaulay Trevelyan, *A Shortened History of England* (London: Longman's, Green, 1942), 363.

[2] *Life of Savage,* ed. Clarence Tracy (Oxford: Clarendon, 1971), 93; *Idler* 81.

[3] *Samuel Johnson's Prefaces and Dedications,* ed. Allen T. Hazen (New Haven: Yale University Press, 1937), 227–28.

[4] *Wealth of Nations* IV.vii, *The Glasgow Edition of the Works and Correspondence of Adam Smith* (Oxford: Clarendon, 1976–83), 2: 588.

[5] *Thoughts on the Late Transactions Respecting Falkland's Islands,* Yale *Works* 10: 370–71; on mortality among soldiers, see Richard B. Schwartz, *Daily Life in Johnson's London* (Madison: University of Wisconsin Press, 1983), 144.

[6] Joseph Addison, *The Campaign* (1705), lines 313–14, 229–30.

[7] *Theory of Moral Sentiments* VI.iii, *Glasgow Edition* 1: 239.

[8] See Linda Colley, *Britons: Forging the Nation 1707–1837* (New Haven: Yale University Press, 2005).

[9] See J. H. Plumb, *England in the Eighteenth Century* (London: Penguin, 1950), 127. 普拉姆和其他人声称，"无代表权不纳税"实际上起源于爱尔兰，但证据并不充分。

[10] Jonathan Swift, *Causes of the Wretched Condition of Ireland, The Prose Works of Jonathan Swift,* ed. Herbert Davis (Oxford: Blackwell, 1939–68), 9: 200, 205; Joshua 9: 23.

[11] *Letter to Sir Hercules Langrishe, The Works of the Right Honourable Edmund Burke* (London: Bohn, 1854–89), 3: 343.

[12] Thomas Campbell, *Dr. Campbell's Diary of a Visit to England in 1775,* ed. James L. Clifford (Cambridge: Cambridge University Press, 1947), 95–96. 书名具有误导性，因为这个版本包含了第二次访问 (1781 年)。

[13] *Second Speech on Conciliation, The Writings and Speeches of Edmund Burke,* ed. Paul Langford et al. (Oxford: Clarendon, 1991), 3: 215.

[14] Johnson to William Samuel Johnson, March 4, 1773, *Letters* 2: 16.

[15] *In Search of a Wife,* 292.

[16] *Life* 2: 312 (1775), 5: 78, Aug. 21, 1773; *Life of Waller, Lives* 1: 277.

[17] *Taxation No Tyranny,* Yale *Works* 10: 430. On this subject see Thomas M. Curley, "Johnson and America," *The Age of Johnson,* vol. 6, ed. Paul J. Korshin (New York: AMS Press, 1984), 31–73.

[18] *Life* 2: 313 (1775).

[19] Quoted by John Cannon, *Samuel Johnson and the Politics of Hanoverian England* (Oxford: Clarendon, 1994), 113n.

[20] See the introduction to *Extremes,* xx; Boswell to Paoli, Jan. 8, 1782, an unpublished letter now at Yale, quoted by Murray Pittock, *James Boswell* (Aberdeen: AHRC Centre for Irish and Scottish Studies, 2007), 62.

[21] *Extremes,* 300–301; *Life* 3: 315–16, April 19, 1778.

[22] *Writings and Speeches of Edmund Burke,* 2: 458–59.

[23] Ibid., 2: 450–51.

[24] Ibid., 3: 165.

[25] Alexis de Tocqueville, *Democracy in America,* trans. Arthur Goldhammer (New York: Library of America, 2004), 331; Tocqueville, *Voyage en Amérique,* in *Oeuvres,* ed. André Jardin et al. (Paris: Pléiade, 1991–2004), 1: 43 (my translation).

[26] Richard Burke to Richard Champion, March 22, 1775, *The Correspondence of Edmund Burke,* ed. Thomas Copeland et al. (Cambridge: Cambridge University Press, 1958–78), 3: 139.

[27] Wentworth Woodhouse manuscripts, quoted by Paul Langford, "Edmund Burke," *Oxford Dictionary of National Biography,* online edition, page 23.

[28] *Life* 3: 233–35, April 3, 1778.

[29] David Bromwich, *The Intellectual Life of Edmund Burke: From the Sublime and Beautiful to American Independence* (Cambridge: Harvard University Press, 2014), 319–20.

[30] "Edmund Burke: The Man and His Times," *Woodrow Wilson: Essential Writings and Speeches of the Scholar-President,* ed. M. DiNunzio (New York: NYU Press, 2006), 92.

[31] *Wealth of Nations* II.vii, *Glasgow Edition* 2: 570; Colley, *Britons,* 104.

[32] Martin Postle et al., *Joshua Reynolds: The Creation of Celebrity* (London: Tate Publishing, 2005), 160.

[33] Bromwich, 312–13.

[34] Thomas Babington Macaulay, "Warren Hastings," *Critical and Historical Essays* (London: Methuen, 1903), 3: 148–49.

[35] *Writings and Speeches* 5: 389.

[36] Ibid., 4: 402.

[37] Macaulay, "Warren Hastings," 162.

[38] *Writings and Speeches* 6: 459.

[39] *The Speeches of the Late Right Honourable Richard Brinsley Sheridan* (London: Martin, 1816), 1: 296; Gibbon to Lord Sheffield, *The Letters of Edward Gibbon,* ed. J. E. Norton (New York: Macmillan, 1956), 3: 109.

[40] Lucy S. Sutherland, *The East India Company in Eighteenth-Century Politics* (Oxford: Clarendon, 1952), 367.

[41] *Life* 3: 212–13, Nov. 29, 1777, and 202–3, Sept. 23, 1777.

[42] Ibid., 3: 204.

[43] Ibid., 3: 200–201, Sept. 23, 1777.

[44] Brady, 421.

[45] *No Abolition of Slavery, or the Universal Empire of Love, a Poem* (1791), lines 167, 242–50, 297–98.

[46] *Narrative of the Life of Frederick Douglass, an American Slave, Written by Himself* (1845), ch. 7.

第十七章　亚当·斯密

[1] *Ominous Years,* 115.

[2] Nicholas Phillipson, *Adam Smith: An Enlightened Life* (New Haven: Yale University Press, 2010), 10.

[3] Phillipson, 84–96.

[4] Lady Mary Coke, *The Letters and Journals of Lady Mary Coke* (Bath: Kingsmead, 1970), 1: 141.

[5] Adam Smith to William Strahan, winter 1766, *Correspondence of Adam Smith,* ed. Ernest Campbell Mossner and Ian Simpson Ross (Indianapolis: Liberty Fund, 1987), 122.

[6] Donald W. Livingston, *Hume's Philosophy of Common Life* (Chicago: University of Chicago Press, 1984), 1; Hume, "My Own Life," in *Essays Moral, Political, and Literary,* ed. Eugene F. Miller (Indianapolis: Liberty Classics, 1987), xxxvi.

[7] Dugald Stewart, "Account of the Life and Writings of Adam Smith," *Essays on Philosophical Subjects,* ed. W. P. D. Wightman et al. (Oxford: Clarendon, 1980), 271; Boswell's letter to Temple is quoted in the *Life,* 2: 430n.

[8] *Ominous Years,* 337, 264; *Laird of Auchinleck,* 385n.

[9] *Theory of Moral Sentiments* VI.i, 1: 214.

[10] *The Bee, or Literary Weekly Intelligencer* (Edinburgh, 1791), 3: 2–3, May 11, 1791.

[11] *Life* 1: 397, May 24, 1763.

[12] Ibid.; Christopher Smart, *Jubilate Agno,* Fragment D.

[13] Adam Smith to Andreas Holt, Oct. 26, 1780, *Correspondence of Adam Smith,* ed. Ernest Campbell Mossner and Ian Simpson Ross (Indianapolis: Liberty Fund, 1987), 251.

[14] Matthew 26: 11.

[15] *Wealth of Nations* I.i, *The Glasgow Edition of the Works and Correspondence of Adam Smith* (Oxford: Clarendon, 1976–83), 2: 15.

[16] See Douglas Hay and Nicholas Rogers, *Eighteenth-Century English Society: Shuttles and Swords* (Oxford: Oxford University Press, 1997), 3, 130.

[17] *Ominous Years,* 289; *Life* 2: 458, March 22, 1776; Yale *Works* 1: 220.

[18] *Wealth of Nations* IV.ii, *Glasgow Edition* 2: 456.

[19] Ibid., I.ii, 2: 27.

[20] Ibid., V.i, 2: 715.

[21] Ibid., IV.ii, 2: 493, 267. 关于政府干预，参见 Andrew Skinner's introduction to his edition of *The Wealth of Nations* (London: Penguin, 1999), l–li。

[22] Hans Vaihinger, *The Philosophy of "As If": A System of the Theoretical, Practical and Religious Fictions of Mankind,* trans. C. K. Ogden (New York: Harcourt, Brace, 1924).

[23] Duncan K. Foley, *Adam's Fallacy: A Guide to Economic Theology* (Cambridge: Harvard University Press, 2006), 2–3.

第十八章　爱德华·吉本

[1] Thomas Barnard to Boswell, March 25, 1794, *The Correspondence and Other Papers of James Boswell Relating to the Making of the Life of Johnson,* 2nd ed., ed. Marshall Waingrow (New Haven: Yale University Press, 2001), 399–400.

[2] *Life* 2: 366, April 18, 1775.

[3] D. M. Low, *Edward Gibbon* (New York: Random House, 1937), 225.

[4] Edward Gibbon, *Memoirs of My Life,* ed. Georges A. Bonnard (London: Nelson, 1966), 29.

[5] Gibbon, *Memoirs,* 42–43; Low, 35.

[6] Gibbon, *Memoirs,* 56–61.

[7] Ibid., 85n.

[8] Ibid., 117.

[9] Sir William Temple, *An Essay upon the Ancient and Modern Learning* (1690), final sentence.

[10] Gibbon, *The History of the Decline and Fall of the Roman Empire,* ed. David Womersley (London: Penguin, 1994), ch. 9, 1: 237.

[11] Gibbon, *Memoirs,* 305.

[12] Ibid., 155.

[13] Patricia Craddock, *Edward Gibbon, Luminous Historian, 1772–1794* (Baltimore: Johns Hopkins University Press, 1989), 338.

[14] Gibbon to John Holroyd (later Lord Sheffield), Jan. 31 and April 8, 1775, *Letters,* ed. J. E. Norton (London: Cassell, 1956), 2: 64.

[15] J. G. A. Pocock, *Barbarism and Religion,* vol. 2, *Narratives of Civil Government* (Cambridge: Cambridge University Press, 1999), 387; Gibbon, *Memoirs,* 156.

[16] *The Memoirs of the Life of Edward Gibbon with Various Observations and Excursions by Himself,* ed. George Birkbeck Hill (London: Methuen, 1900), 331.

[17] *Life* 2: 443, March 20, 1776.

[18] George Colman, *Random Records* (London: Colburn and Bentley, 1830), 1: 122.

[19] *Decline and Fall,* ch. 49, 3: 142.

[20] Journal for August 28, 1762, *Gibbon's Journal to January 28th, 1763,* ed. D. M. Low (New York: Norton, 1929), 129.

[21] *Decline and Fall,* ch. 10, 1: 253.

[22] David Hume, "Of the Study of History," in *Essays Moral, Political, and Literary,* ed. Eugene F. Miller (Indianapolis: Liberty Classics, 1987), 566.

[23] Winston S. Churchill, *A Roving Commission: The Story of My Early Life* (New York: Scribner, 1942), 111.

[24] *Decline and Fall,* ch. 9, 1: 195 提及了年轻时的戈尔狄安。

[25] *Memoirs,* 188; Fielding, *Tom Jones,* XIII.i.

[26] Horace Walpole to Gibbon, Feb. 14, 1776, *Horace Walpole's Correspondence,* ed. W. S. Lewis (New Haven: Yale University Press, 1955), 41: 334–35.

[27] Duncan Forbes, introduction to David Hume, *The History of Great Britain: The Reigns of James I and Charles I* (London: Penguin, 1970), 10; Gibbon, *Memoirs,* ed. Bonnard, 159.

[28] Lytton Strachey, *Portraits in Miniature* (New York: Harcourt Brace, 1931), 161; G. M. Young, *Gibbon* (London: Rupert Hart-Davis, 1948), 93.

[29] *Decline and Fall,* ch. 52, 3: 336; J. W. Burrow, *Gibbon* (Oxford: Oxford University Press, 1985), 71. David Womersley 的 *The Transformation of the Decline and Fall of the Roman Empire* (Cambridge: Cambridge University Press, 1988) 证实了吉本对因果关系日益加深的怀疑。

[30] Leslie Stephen, *Studies of a Biographer* (New York: Putnam, 1907), 139.

[31] *Life* 2: 125 (1770), quoting William Maxwell; *Decline and Fall,* ch. 52, 3: 346.

[32] *Memoirs,* ed. Bonnard, 181, 330n.

[33] Ibid., 180.

第十九章　不信教者和信教者

[1]　约翰逊引用了洛克的《人类理解论》(1690)，IV.xix.6。

[2]　Locke, *Essay Concerning Human Understanding,* IV.15.

[3]　David Hume, *Enquiry Concerning Human Understanding,* II.x.2.

[4]　*Life* 1: 398, May 24, 1763.

[5]　Ibid., 1: 428, July 14, 1763.

[6]　Edward Gibbon, *The History of the Decline and Fall of the Roman Empire,* ed. David Womersley (London: Penguin, 1994), ch. 16, 1: 520.

[7]　Ibid., ch. 15, 1: 465.

[8]　Ibid., 512.

[9]　Ibid., ch. 16, 540.

[10]　Ibid., ch. 65, 2: 852.

[11]　Ibid., 874; Matthew 4: 19（同时对彼得的兄弟安德烈说："我要使你们成为得人的渔夫"）。

[12]　Ibid., ch. 58, 600.

[13]　*Life* 2: 447–48, March 20, 1776.

[14]　*London Journal,* 278.

[15]　*Anecdotes, Johnsonian Miscellanies* 1: 241; *Life* 3: 229, March 31, 1778.

[16]　Fielding, *Tom Jones,* III.iii.

[17]　*Life* 4: 216, April 30, 1773.

[18]　*English Experiment,* 238; *Ominous Years,* 143.

[19]　*Life* 2: 244, May 1, 1773.

[20]　Hume, *The Natural History of Religion,* ed. J. C. A. Gaskin (Oxford: Oxford University Press, 1998), 184.

[21]　*Laird of Auchinleck,* 470; *Life* 3: 339, May 8, 1778; W. B. Carnochan, *Gibbon's Solitude: The Inward World of the Historian* (Stanford: Stanford University Press, 1987), 164.

[22]　*Life* 4: 299, June 12, 1784.

[23]　*Decline and Fall,* ch. 58, 3: 591.

[24]　*Ominous Years,* 201.

[25]　Hume, *A Treatise of Human Nature,* II.ii.4.

[26]　Hume to Hugh Blair, April 6, 1765, to Allan Ramsay, June 1755, *The Letters of David Hume,* ed. J. Y. T. Greig (Oxford: Clarendon, 1932), 1: 498, 224.

[27]　William Mure, *Selections from the Family Papers Preserved at Caldwell* (Glasgow: Maitland Club, 1854), 2: 177–78.

[28]　*Life* 1: 444 (expanded from the version in the *London Journal,* 317).

[29] "An account of my last interview with David Hume, Esq.," *Extremes,* 11–13.

[30] *Extremes* 155, Sept. 16, 1777.

[31] *Applause of the Jury,* 176–77.

[32] Letter from Adam Smith to William Strahan, David Hume, *Essays Moral, Political, and Literary,* ed. Eugene F. Miller (Indianapolis: Liberty Classics, 1987), xlix; *Phaedo, The Collective Dialogues of Plato,* ed. Edith Hamilton and Huntington Cairns (Princeton: Princeton University Press, 1961), 98.

[33] *Life* 3: 119, June 9, 1777; *Life* 5: 31–32, quoting Psalm 99.

[34] Smith to Andreas Holt, Oct. 25, 1780, *The Glasgow Edition of the Works and Correspondence of Adam Smith* (Oxford: Clarendon, 1976–83), 6: 251.

第二十章　约翰逊大限将至

[1] *Johnsonian Miscellanies* 2: 391, 1: 288.

[2] Johnson to Hester Thrale, Sept. 18, 1777, *Letters* 3: 68.

[3] Johnson to Boswell, Aug. 24, 1782, *Letters* 4: 70; also quoted in the *Life* 4: 153.

[4] *Diaries,* Yale *Works* 1: 300; review in the *Monthly Review* of an account of Heberden's contribution, quoted by Susie I. Tucker, *Protean Shape: A Study in Eighteenth-Century Vocabulary and Usage* (London: Athlone, 1967), 20. See also T. Jock Murray, "Samuel Johnson: His Ills, His Pills and His Physician Friends," *Clinical Medicine* 3 (2003), 371.

[5] Johnson to Henry Thrale, June 3, 1776, *Letters* 2: 339.

[6] Burney to Johnson, Nov. 11, 1782, *Letters of Dr. Charles Burney,* ed. Alvaro Ribeiro (Oxford: Clarendon, 1991), 1: 353.

[7] Johnson to Hester Thrale, June 19, 1783, *Letters* 4: 151–53.

[8] Hawkins, 193, 273.

[9] 这段话被归于 "Hill"，即 John Hill's *History of the Materia Medica* (1751)。

[10] Johnson to John Ryland, Sept. 2, 1784, *Letters* 4: 389; Tim Aurthur and Steven Calt, "Opium and Samuel Johnson," *Age of Johnson* 17 (2006), 86.

[11] "Anecdotes by Hannah More," *Johnsonian Miscellanies* 2: 201; *Life* 4: 239, Sept. 1783, quoting William Bowles.

[12] *Life* 4: 99, April 20, 1781.

[13] See John Wiltshire, *Samuel Johnson in the Medical World: The Doctor and the Patient* (Cambridge: Cambridge University Press, 1991), ch. 6.

[14] Johnson to Dr. Thomas Lawrence, Jan. 17, 1782, *Letters* 4: 6; *On the Death of Doctor Robert Levet, Poems* 314–15; *Life* 4: 427, alluding to Luke 12: 48.

[15] Quoted by Ruby Cohn, *Just Play: Beckett's Theater* (Princeton: Princeton University

Press, 1980), 299–300.

[16] *Thraliana* 1: 145.

[17] On Thrale's responsibility for the bond, see Mary Hyde, *The Thrales of Streatham Park* (Cambridge: Harvard University Press, 1977), 219–20.

[18] Hester Thrale to Mrs. Lambart, quoted by James L. Clifford, *Hester Lynch Piozzi* (Oxford: Clarendon, 1987), 190.

[19] *Thraliana* 1: 489–90.

[20] Hester Thrale to Johnson, April 28, 1780, *Life* 3: 422–23; *Diaries,* Yale *Works* 304; Burney *Journals* 4: 386, June 29, 1781.

[21] 墓志铭由霍金斯印制，332–338；我遵照编辑提供的译文，442。

[22] John Wain, *Samuel Johnson* (New York: Viking, 1974), 355; Mary Hyde, *The Impossible Friendship: Boswell and Mrs. Thrale* (Cambridge: Harvard University Press, 1972), 66, 131–34.

[23] *Thraliana* 2: 824.

[24] Johnson to Hester Thrale, April 16, 1781, *Letters* 3: 340; *Thraliana* 1: 492.

[25] *Thraliana* 1: 495, 498; Hyde, *The Thrales of Streatham Park,* 232n.

[26] Yale *Works* 1: 337–38.

[27] Johnson to Boswell, May 3, 1777, *Letters* 3: 20; *Life* 1: 425, July 6, 1763; *Lives* 1: xxvi; *Diaries,* 303–4.

[28] *Lives* 1: 311, 2: 175.

[29] *Lives* 3: 420; *Life* 2: 164, March 28, 1772.

[30] *Lives* 3: 456; Horace Walpole to William Mason, Jan. 27, 1781, *The Yale Edition of Horace Walpole's Correspondence,* ed. W. S. Lewis (New Haven: Yale University Press, 1954–1983), 29: 97.

[31] *Life of Gray, Lives* 3: 441.

[32] *Life of Cowley, Lives* 1: 42.

[33] *Life of Dryden, Lives* 1: 454.

[34] *Life of Milton, Lives* 1: 194, 183–84.

[35] *Life of Pope, Lives* 3: 188.

[36] Ibid., 3: 217.

[37] Lytton Strachey, *Books and Characters* (New York: Harcourt Brace, 1922), 74–79; Walter Raleigh, *Six Essays on Johnson* (Oxford: Clarendon, 1910), 26.

[38] Johnson to Hester Thrale, Nov. 13, 1783, *Letters* 4: 238–40.

[39] Frances Burney, *Memoirs of Doctor Burney* (London: Moxon, 1832), 2: 110–11.

[40] *Thraliana* 1: 452.

[41] Ibid., 1: 559.

[42] Ibid., 1: 559–61.

[43] Burney *Journals* 5: 393–94, Sept. 1783.

[44] Leslie Stephen, *Studies of a Biographer* (New York: Putnam, 1907), 114.

[45] *Memoirs of Doctor Burney* 2: 246–47.

[46] Fanny Burney to Hester Thrale, June 1784, *Journals and Letters,* selected by Peter Sabor and Lars E. Troide (London: Penguin, 2001), 203–4.

[47] Elizabeth Montagu to Elizabeth Vesey, July 15, 1784, quoted by Clifford, *Hester Lynch Piozzi,* 229.

[48] Hester Chapone to William Weller Pepys, Aug. 24, 1784, ibid., 231; *Hamlet* iv.iii.

[49] Johnson to Hester Thrale, July 2, 1784, *Letters* 4: 338.

[50] *The Piozzi Letters,* ed. Edward A. Bloom and Lillian D. Bloom (Newark: University of Delaware Press, 1989–2002), 1: 81–82.

[51] Virgil, *Aeneid* VI. 425; Johnson to Hester Thrale, July 8, 1784, *Letters* 4: 343–44.

[52] Fanny to Susanna, Nov. 28, 1784, *Journals and Letters,* selected by Peter Sabor and Lars E. Troide (London: Penguin, 2001), 205.

[53] Katharine C. Balderston, "Johnson's Vile Melancholy," *The Age of Johnson,* ed. Frederick W. Hilles (New Haven: Yale University Press, 1949), 14.

[54] *Life* 4: 326 and 339, June 22 and July 1, 1784.

[55] Ibid., 4: 406–7, Dec. 1784.

[56] Ibid., 4: 411, 413.

[57] Ibid., 4: 400–401; *Macbeth* V.iii.

[58] Hawkins, 356.

[59] *Life* 4: 374; Hawkins, 357.

[60] *Life* 4: 417–18.

[61] Ibid., 420–21.

[62] *Rambler* 6.

[63] *Applause of the Jury,* 271.

[64] Thomas Tyers, *A Biographical Sketch of Dr. Samuel Johnson, Early Biographies,* 87.

第二十一章　鲍斯威尔在走下坡路

[1] Undated entry in *Boswelliana: The Commonplace Book of James Boswell,* ed. Charles Rogers (London: Grampian Club, 1874), 225.

[2] *Laird of Auchinleck,* 467.

[3] *Ominous Years,* 78.

[4] Ibid., 477.

[5] *Life* 1: 409, June 25, 1763.

[6] *Life* 3: 176–78, Sept. 20, 1777. 关于奥金莱克庄园，参见 John Strawhorn, "Master of

Ulubrae: Boswell as Enlightened Laird," *Boswell: Citizen of the World, Man of Letters,* ed. Irma S. Lustig (Lexington: University Press of Kentucky, 1995), 117–34。

[7] Boswell to Edmond Malone, Jan. 29, 1791, *Johnsonian Miscellanies* 2: 28.

[8] *Applause of the Jury,* 11.

[9] *Laird of Auchinleck,* 10.

[10] Ibid., 412.

[11] *Holland,* 55.

[12] *Hebrides,* 375.

[13] Robert Burns, *Tam O'Shanter,* lines 5–6; *The Author's Earnest Cry and Prayer, to the Right Honorable the Scotch Representatives in the House of Commons,* lines 55–58. 关于两人从未实现的会面，参见 David W. Purdie, "'Never Met—and Never Parted': The Curious Case of Burns and Boswell," *Studies in Scottish Literature* 33 (2004), 169–76。

[14] *Laird of Auchinleck,* 198; 缺失的十八页出现在 1780 年年底。

[15] Ibid., 429, 431.

[16] *Applause of the Jury,* 320, 330.

[17] *Life* 3: 167, Sept. 19, 1777.

[18] *Ominous Years,* 358.

[19] *Life* 2: 450; *Ominous Years,* 351–52. 关于这两人颇能说明问题的关系，参见 Gordon Turnbull, "Criminal Biographer: Boswell and Margaret Caroline Rudd," *Studies in English Literature* 26 (1986), 511–35。

[20] *English Experiment,* 45; Brady, 320, 382, 319.

[21] *English Experiment,* 10, 34–37.

[22] Ibid., 56.

[23] *Joshua Reynolds: The Creation of Celebrity,* ed. Martin Postle (London: Tate Publishing, 2005), 154.

[24] Brady, 293.

[25] Adam Sisman, *Boswell's Presumptuous Task: The Making of the Life of Dr. Johnson* (New York: Farrar, Straus and Giroux, 2001), 291.

[26] *English Experiment,* 189.

[27] Ibid., 191.

[28] Ibid., 31.

[29] Ibid., 78–79, 83.

[30] *Laird of Auchinleck,* 418.

[31] *Letters* 4: 4, Jan. 5, 1782; *Life* 4: 136.

[32] *English Experiment,* 201.

[33] Ibid., 204.

[34] Ibid., 280–81, 285–86.

[35] *Great Biographer,* 9.

[36] *English Experiment,* 110.

[37] *Great Biographer,* 68–69, 73, 86.

[38] *Anecdotes, Johnsonian Miscellanies* 1: 309.

[39] *Great Biographer,* 19; *Life* 1: 7.

[40] *Great Biographer,* 196.

[41] *Great Biographer,* 34, 207–8.

[42] Thomas Babington Macaulay, "Samuel Johnson," *Critical and Historical Essays* (London: Methuen, 1903), 1: 368.

[43] Boswell to Anna Seward, April 30, 1785; *The Correspondence and Other Papers of James Boswell Relating to the Making of the Life of Johnson,* 2nd ed., ed. Marshall Waingrow (New Haven: Yale University Press, 2001), 79; *Life* 1: 25; Ralph Rader, "Literary Form in Factual Narrative: The Example of Boswell's Johnson," *Essays in Eighteenth-Century Biography,* ed. Philip B. Daghlian (Bloomington: Indiana University Press, 1968), 8.

[44] *Great Biographer,* 146.

[45] *Critical Review,* second series 2 (1791), 334.

[46] *Professor Borges: A Course on English Literature,* ed. Martín Arias and Martín Hadius, trans. Katherine Silver (New York: New Directions, 2013), 96.

[47] Horace Walpole to the Countess of Upper Ossory, Jan. 16, 1786, *The Yale Edition of Horace Walpole's Correspondence,* ed. W. S. Lewis (New Haven: Yale University Press, 1954–1983), 33: 509 and note.

[48] *Great Biographer,* 201; Brady, 577.

[49] *Great Biographer,* 79.

[50] Ibid., 211, 57.

[51] Ibid., 258–59.

[52] Ibid., 221.

[53] Ibid., 64n.

[54] Ibid., 125.

[55] See Brady, 402, and *Great Biographer,* 302n.

[56] *Great Biographer,* 242, 245; *London Journal,* 98.

[57] Ian McIntyre, *Joshua Reynolds: The Life and Times of the First President of the Royal Academy* (London: Allen Lane, 2003), 446–47, 489, 527.

[58] *Great Biographer,* 305.

[59] Frances Burney, *Memoirs of Doctor Burney* (London: Moxon, 1832), 2: 191.

[60] "Boswell's *Life of Johnson,*" *Thomas Carlyle's Collected Works* (London: Chapman

and Hall, 1869), 33–34.

[61] Quoted by Sisman, *Boswell's Presumptuous Task*, 284.

[62] Joseph Farington, *Diary,* ed. James Grieg (London: Hutchinson, 1922), 1: 95; William B. Ober, M.D., *Boswell's Clap and Other Essays: Medical Analyses of Literary Men's Afflictions* (Carbondale: Southern Illinois University Press, 1979), 26–29.

[63] Brady, 489.

尾声

[1] Sheridan, *The Rivals* 4: 2.

[2] *Thraliana* 2: 744; Felicity A. Nussbaum, "Hester Thrale: 'What Trace of the Wit?'" *Bluestockings Displayed: Portraiture, Performance and Patronage, 1730–1830,* ed. Elizabeth Eger (Cambridge: Cambridge University Press, 2013), 203.

[3] *Thraliana* 2: 768.

[4] James L. Clifford, *Hester Lynch Piozzi,* 2nd ed. (Oxford: Clarendon, 1987), 407–8.

[5] *Thraliana* 2: 1099.

[6] Clifford, 455–56.

[7] *Letter to a Noble Lord, The Writings and Speeches of Edmund Burke,* ed. Paul Langford and William B. Todd (Oxford: Oxford University Press, 1981), 9: 162.

[8] Ibid., 164; Milton, *Paradise Lost* I. 196.

[9] *Letter to a Noble Lord,* 171.

[10] See Fintan O'Toole, *A Traitor's Kiss: The Life of Richard Brinsley Sheridan* (New York: Farrar, Straus and Giroux, 1998), 141–42.

[11] T. H. Sadlier, ed., *The Political Career of Richard Brinsley Sheridan* (Oxford, 1912), appendix, 85.

[12] Thomas Medwin, *Conversations of Lord Byron* (London: Colburn, 1824), 235.

[13] O'Toole, 459.

[14] Christopher Clayton, "The Political Career of Richard Brinsley Sheridan," *Sheridan Studies,* ed. James Morwood and David Crane (Cambridge: Cambridge University Press, 1995), 147.

[15] Edward Gibbon, *Memoirs of My Life,* ed. Georges A. Bonnard (London: Nelson, 1966), 189.

[16] John Thomas Smith, *Nollekens and His Times* (London: Colburn, 1829), 1: 49–50.

[17] *Life* 2: 262, May 10, 1773.

[18] *Edinburgh Review* 76 (1843), 545.

[19] Fanny to Susanna Burney, Feb. 1789, *Journals and Letters,* selected by Peter Sabor and Lars E. Troide (London: Penguin, 2001), 280–82.

[20] Fanny to Susanna and Frederica Locke, Nov. 1787, ibid., 253.

[21] See Margaret Anne Doody, "Burney and Politics," and George Justice, "Burney and the Literary Marketplace," *The Cambridge Companion to Frances Burney,* ed. Peter Sabor (Cambridge: Cambridge University Press, 2007), 101, 156.

[22] Fanny Burney to Susanna Burney, April 1793; see Margaret Anne Doody, "Burney and Politics," and Betty Rizzo, "Burney and Society," *Cambridge Companion to Frances Burney,* 101–2.

[23] Rizzo, 145.

[24] Thomas Babington Macaulay, "Madame D'Arblay," *Critical and Historical Essays* (London: Methuen, 1903), 3: 257–58.

[25] David Cannadine et al., *New Annals of the Club* (London: Henry Sotheran, 2014), 124–33.

一页 folio

始于一页，抵达世界

Humanities · History · Literature · Arts

出品人　范　新

品牌总监　恰　恰

版权总监　吴攀君

印制总监　刘玲玲

营销总监　张　延

装帧设计　山川制本 workshop

内文制作　燕　红

Folio (Beijing) Culture & Media Co., Ltd.
Bldg. 16C, Jingyuan Art Center,
Chaoyang, Beijing, China 100124

官方微博：@一页 folio | 官方豆瓣：一页 | 联系我们：rights@foliobook.com.cn

一页 folio
微信公众号